COLLECTION
FOLIO DOCUMENTS

Bob Woodward

Plan d'attaque

*Traduit de l'américain
par Gilles Berton, Delphine Chevalier
Raymond Clarinard, Isabelle Taudière
et Françoise Vella*

Denoël

Titre original :

PLAN OF ATTACK

Éditeur original : Simon & Schuster, New York.
© Bob Woodward, 2004.
© Éditions Denoël, 2004, pour la traduction française.

Mark Malseed, qui a obtenu son diplôme d'architecture à l'université Lehigh en 1997 et a été mon assistant sur *Bush s'en va-t-en guerre*, m'a également épaulé pour ce nouvel épisode de la saga Bush. Ce fut pour moi une bénédiction de pouvoir compter aveuglément sur lui pour l'investigation, la rédaction, les recherches et la conception générale de ce livre. Mark m'a épaté dans tous les domaines, surtout par sa capacité à aller à l'essentiel, clarifier le sens et trouver les mots et le rythme qui conviennent au récit. Il est incroyablement bien informé sur tout, de la littérature à la géographie en passant par l'actualité mondiale. C'est un informaticien chevronné et un as de la navigation sur Internet, un de ces jeunes gens d'aujourd'hui pour qui la maîtrise des nouvelles technologies est un sixième sens. Naturellement doué de rigueur, c'est un garçon d'une honnêteté absolue, qui a toujours insisté pour que nous rendions de manière précise les paroles, intentions et actes des différents protagonistes. Notre relation s'est transformée au fil du temps en une amitié qui m'est extrêmement précieuse. Lors de notre précédent travail, il était un simple collaborateur. Cette fois, il a été pour moi un véritable partenaire.

Pour Elsa

AUX LECTEURS

L'objectif de ce livre est de fournir le premier compte rendu détaillé de la façon dont, dans les coulisses de la Maison Blanche, le président George W. Bush, son conseil de guerre et ses alliés ont décidé de mener une guerre préventive en Irak dans le but de renverser Saddam Hussein.

Nos informations proviennent de plus de soixante-quinze personnages clés directement impliqués dans les événements, dont des membres du cabinet de guerre, du personnel de la Maison Blanche ainsi que des responsables à différents niveaux hiérarchiques au sein du département d'État, du département de la Défense et de la Central Intelligence Agency. Ces entretiens n'ont porté que sur le contexte, c'est-à-dire que j'étais autorisé à utiliser les informations qu'ils révélaient, mais pas à en identifier les sources dans le livre. Les principaux informateurs ont été interviewés à plusieurs reprises, avec souvent de longs intervalles entre les entretiens, de façon à ce que mes interlocuteurs puissent livrer leurs commentaires sur des informations que j'avais obtenues entre-temps par des canaux différents. J'ai de surcroît interviewé le président Bush pendant plus de trois heures et demie sur une période de deux jours, les

10 et 11 décembre 2003. J'ai également interrogé le secrétaire à la Défense Donald Rumsfeld pendant plus de trois heures au cours de l'automne 2003.

Beaucoup de citations de dialogues, dates, horaires et autres détails de ce récit proviennent de documents tels que notes personnelles, calendriers, chronologies, archives officielles ou non, transcriptions de conversations téléphoniques et mémorandums.

Lorsque j'attribue des réflexions, jugements ou sentiments à tel ou tel protagoniste, c'est que je les ai recueillis soit directement auprès de la personne citée, soit auprès d'un collègue proche, soit dans des rapports manuscrits.

J'ai consacré plus d'une année aux recherches et interviews qui m'ont permis de rassembler ce matériau. Mon travail d'enquête a débuté tout en bas de la chaîne d'information, grâce à de nombreuses sources qui ne sont pas mentionnées dans ce livre mais qui étaient disposées à livrer un fragment de cette histoire secrète.

C'est probablement en s'intéressant au processus de décision qui a mené à la guerre d'Irak — processus qui s'étend sur seize mois, de novembre 2001 à mars 2003 — que l'on peut le mieux comprendre qui est George W. Bush, comment il fonctionne et quelles sont ses priorités.

Je me suis efforcé de découvrir ce qui s'est réellement passé, de fournir quelques interprétations et, parfois, une analyse. Mon intention était de pouvoir amener le lecteur aussi près que possible du processus de décision qui a mené à la guerre.

J'ai ainsi relaté les stratégies, les réunions, les coups de téléphone, les séances de planning, les motivations, les dilemmes, les conflits, les doutes et les émotions brutes. Bien souvent, les événements historiques dépendent de moments presque insaisissables,

les instants critiques des débats, les changements d'orientation ou les décisions clés qui sont tenus secrets durant des années et ne sont révélés au grand public qu'après le départ des présidents et des autres acteurs. Cette histoire rend compte de beaucoup de ces moments, mais j'ai parfaitement conscience de ne pas les avoir tous mis au jour.

BOB WOODWARD
1er mars 2004
Washington, D.C.

PROLOGUE

Le mercredi 21 novembre 2001, à l'issue d'une réunion du Conseil de sécurité nationale qui s'était tenue dans la Salle de Situation de la Maison Blanche, le président George W. Bush passa son bras autour des épaules de Donald H. Rumsfeld, son secrétaire à la Défense. En cette veille de Thanksgiving, soixante-douze jours après les attentats terroristes du 11 septembre, Bush entamait le onzième mois de sa présidence.

« Il faut que je vous voie », déclara le président à Rumsfeld.

Ce geste affectueux fit comprendre à son interlocuteur que d'importantes questions touchant à la présidence devaient être discutées dans la discrétion la plus absolue. Il était tout à fait inhabituel pour Bush d'inviter ainsi son secrétaire à la Défense pour un tête-à-tête. Les deux hommes passèrent dans un des petits bureaux qui jouxtent la Salle de Situation, fermèrent la porte et s'assirent.

« Je veux que vous... », commença le président qui, comme il le fait souvent, se reprit aussitôt : « Quel genre de plan militaire avez-vous concernant l'Irak ? Qu'est-ce que vous en pensez ? »

Rumsfeld répondit qu'à son avis le plan de guerre

15

contre l'Irak n'était pas d'actualité. Il ne correspondait pas à ce qu'en attendait le général Tommy Franks, commandant des forces militaires américaines dans la région, pas plus qu'il ne reflétait sa propre pensée à lui, Rumsfeld. En réalité, expliqua-t-il, le plan n'était rien d'autre qu'un Tempête du Désert 2 Plus, à savoir une version légèrement améliorée de la force d'invasion massive mise sur pied par le père de Bush lors de la guerre du Golfe de 1991.

« Aucun de nos plans de guerre ne me convient », ajouta le secrétaire.

Puis il se mit à évoquer les soixante-huit plans militaires et autres plans d'urgence secrets du département qu'il étudiait depuis des mois, et fit part au président des frustrations et de la consternation que cette lecture avait suscitées en lui.

Bush et Rumsfeld forment un duo contrasté. Grand et costaud, doté de petits yeux bruns au regard profond, Bush, 55 ans, est d'un comportement vif et blagueur qui frise parfois l'impulsivité. Concentré, direct, doué de sens pratique mais parfois gêné pour s'exprimer, il n'avait occupé son premier poste politique, celui de gouverneur du Texas, que neuf années plus tôt, ce qui faisait de lui un novice propulsé à la présidence. Rumsfeld, 69 ans, avait été élu à son premier poste, comme représentant au Congrès du 13e district de l'Illinois, dans la banlieue de Chicago, quelque trente-neuf ans auparavant. Petit, aussi fringant qu'un jeune homme, avec des cheveux clairsemés ramenés en arrière, clignant des paupières derrière ses verres à triple foyer, Rumsfeld présente lui aussi une expression intense et concentrée. Son visage peut à tout instant se fendre d'un large sourire communicatif, ou au contraire se figer en une expression d'impatience, voire de condescendance, même s'il reste toujours déférent et respectueux envers le président.

De son ton un peu docte, Rumsfeld expliqua à Bush que dresser des plans de guerre était un processus si complexe qu'il prenait des années. Les plans militaires actuels, lui dit-il, étaient fondés sur des prémisses aujourd'hui dépassées, et ils ne prenaient malencontreusement pas en compte le fait qu'une nouvelle Administration, avec des objectifs différents, avait pris les choses en main. Le processus d'élaboration des plans militaires se trouvait dans un état déplorable et exaspérant. Il s'efforçait d'y remédier.

« Il faut s'y mettre, se souvient avoir rétorqué Bush. Et demandez à Tommy Franks d'étudier les moyens qu'il faudrait mettre en œuvre pour protéger l'Amérique en renversant au besoin Saddam Hussein. »

Il demanda également si cela pouvait se faire avec discrétion.

« Bien sûr, puisque c'est moi qui révise la totalité des plans », répliqua Rumsfeld.

La nécessité de réviser les plans militaires prévus pour toute éventualité aux quatre coins du monde lui fournirait une couverture parfaite.

« Il n'y a pas un seul commandant de théâtre qui ne connaisse mon opinion au sujet de ces plans et qui ne sache que je suis en train de tous les reprendre », ajouta-t-il.

Rumsfeld s'était entretenu avec l'ensemble des principaux commandants régionaux, avec les amiraux et généraux en charge des Commandements du Pacifique, d'Europe et d'Amérique latine, ainsi qu'avec le Commandement Centre (CENTCOM) de Franks, qui englobait le Proche-Orient, l'Asie du Sud et centrale et la Corne de l'Afrique.

Le président avait une autre exigence. « Ne parlez à personne de ce que vous êtes en train de faire.

« — Entendu, monsieur », répondit Rumsfeld. Mais il ajouta qu'il lui serait utile de savoir à qui il pourrait en parler une fois que le président aurait convaincu d'autres membres de son entourage.

« Il serait particulièrement important que je puisse m'entretenir avec George Tenet », précisa le secrétaire.

Le directeur de la CIA serait en effet indispensable pour ce qui concernait la collecte de renseignements et toute autre activité secrète en Irak.

« Entendu », fit le président pour signifier qu'en temps utile — mais pas pour l'instant — Tenet et d'autres pourraient être mis dans la confidence.

Lors d'entretiens menés deux ans plus tard, Bush expliqua qu'il ne voulait mettre personne d'autre dans le secret car une fuite aurait provoqué « une énorme indignation internationale et, sur le plan intérieur, d'interminables spéculations. Je savais ce qui se passerait si l'opinion nous soupçonnait de préparer un plan d'attaque contre l'Irak ».

Le travail du trio Bush-Rumsfeld-Franks demeura secret durant des mois et lorsque, l'année suivante, quelques éléments commencèrent à filtrer dans les médias, le président, Rumsfeld et d'autres responsables de l'Administration, s'efforçant de dissiper toute impression d'immédiateté, évoquèrent une banale élaboration de plans d'urgence, et insistèrent sur le fait que le président n'avait aucun plan d'attaque sous le coude.

Le président savait que toute publicité autour de ce travail aurait déclenché une tempête. « C'était une période cruciale, et si l'on reparlait de guerre aussitôt après la décision afghane [Bush venait d'ordonner les opérations en Afghanistan en réponse aux attentats du 11 septembre], cela risquait de faire croire que j'étais obnubilé par la guerre. Or je ne suis pas obnubilé par la guerre. » Sur quoi il insista : « Pour moi la guerre est la toute dernière solution. »

Mais dans le même temps, Bush savait très bien que le seul fait de demander à Rumsfeld d'étudier des plans militaires concernant l'Irak pouvait être le premier pas sur une voie qui entraînerait la nation dans une guerre contre Saddam Hussein. « Je le savais parfaitement », se souvient-il.

Ce qu'il n'avait peut-être pas réalisé, c'est que les plans de guerre et le processus de leur élaboration prennent forcément une tournure politique sous l'effet de leur propre dynamique, surtout lorsque le président et le secrétaire à la Défense sont étroitement impliqués dans le processus.

Or, le président ayant alors à l'esprit deux politiques simultanées, étudier l'histoire des décisions de Bush ayant conduit à la guerre contre l'Irak se résume à un enchaînement de dilemmes incessants. Il préparait des plans militaires, mais en même temps menait une action diplomatique destinée à éviter la guerre. À certains moments, la planification militaire aidait la diplomatie ; en beaucoup d'autres occasions, elle la contredisait.

Suite à la conversation qu'ils avaient eue ce jour-là dans le petit bureau adjacent à la Salle de Situation, Rumsfeld comprit à quel point Bush était préoccupé par l'Irak. « Le contraire m'eût étonné, se souvient le président. Car il a bien vu que j'étais très sérieux. »

Rumsfeld eut l'impression que Bush n'avait parlé à personne d'autre que lui. Ce n'était pas le cas. Cette même matinée, le président avait dit à Condoleezza Rice, sa conseillère à la sécurité nationale, qu'il avait l'intention de mettre Rumsfeld au travail sur l'Irak. Pour Rice, le 11-Septembre avait mis l'Irak en veilleuse. Le président ne lui expliqua pas pour quelle raison il y revenait, ni ce qui l'avait poussé à donner ses instructions à Rumsfeld.

Lors des interviews ultérieures, Bush déclara qu'il ne se souvenait pas s'il avait parlé au vice-président Dick Cheney avant d'entraîner Rumsfeld à l'écart. Mais il connaissait parfaitement la position de Cheney. « Après le 11 septembre, il était évident que le vice-président considérait Saddam Hussein comme une menace pour la paix, dit-il. Il était profondément convaincu que Saddam représentait un véritable danger. Et puis n'oubliez pas que je vois Dick très souvent et que comme il ne fait campagne pour aucun poste et ne se préoccupe pas de sa carrière, il est toujours dans les parages. Et donc je le vois très souvent. En fait, nous nous voyons constamment. C'est pourquoi je ne me souviens plus si j'ai parlé ou non avec lui à ce sujet. »

Sur le long chemin qui mena à la guerre contre l'Irak, Dick Cheney joua un rôle moteur de véritable rouleau compresseur. Depuis les attentats, il s'intéressait de près aux menaces que représentaient Saddam et Al Qaïda, le réseau d'Oussama Ben Laden responsable du drame du 11 septembre. Certains de ses collègues qualifiaient cette préoccupation de « fiévreuse », plusieurs allant même jusqu'à parler d'obsession inquiétante. Pour Cheney, s'occuper de Saddam était la première nécessité.

Le pays était nerveux en ce mois de novembre 2001. Toujours sous le choc des attentats du 11 septembre, la population se voyait sans arrêt harcelée d'alertes générales angoissantes mettant en garde contre de possibles attentats. Des courriers empoisonnés au bacille du charbon, expédiés en Floride, à New York et à Washington avaient tué cinq personnes. Mais l'attaque conjointe lancée par l'armée et des unités de la CIA contre le régime afghan des taliban et les terroristes d'Al Qaïda connaissait un succès foudroyant et quelque peu inattendu. Les forces soutenues par les États-Unis contrôlaient déjà la moitié de l'Afghanistan, dont la capitale Kaboul avait été abandonnée par des milliers de taliban et de membres d'Al Qaïda fuyant vers le sud en direction de la frontière pakistanaise. Faisant la démonstration efficace de la technologie américaine, la CIA, à coups de millions de dollars, grâce aussi aux contacts qu'elle avait tissés au fil des ans parmi les tribus afghanes, et les commandos des forces spéciales de l'armée américaine qui guidaient les bombardements de précision, semblaient avoir scellé le cours de la guerre en quelques petites semaines. Pour Bush, son cabinet de guerre, ses généraux et le pays, ce fut une période mêlée d'ivresse et de danger.

De retour au Pentagone, situé à trois kilomètres de la Maison Blanche, mais en Virginie, sur l'autre rive du Potomac, Rumsfeld demanda aussitôt à l'État-Major Interarmes de préparer un message top secret à l'intention du général Franks sollicitant une « estimation personnelle » de sa part, une réévaluation du plan de guerre contre l'Irak et des améliorations qu'il pouvait envisager. Le général avait une semaine pour soumettre ses réponses à Rumsfeld.

Franks, alors âgé de 56 ans, avait incorporé l'armée à 20 ans. Vétéran du Vietnam et de la guerre du Golfe, mesurant 1,90 m, avec un léger accent traînant du Texas, il pouvait être saisi de brusques accès de colère et avait la réputation de hurler sur ses subordonnés. Mais il passait également pour une sorte de franc-tireur réformiste à qui il arrivait de déplorer les manières pesantes et sans imagination des militaires.

Les soixante-douze jours écoulés depuis le 11 septembre avaient été difficiles pour Franks. Alors qu'il n'existait pas la moindre esquisse de plan de guerre pour l'Afghanistan, le président avait exigé une action militaire rapide. Rumsfeld s'était montré le partisan le plus acharné de l'envoi de troupes américaines au sol. Mais les premières bottes à fouler la terre afghane avaient été celles d'une équipe de la CIA infiltrée dès le 27 septembre — soit seize jours à peine après les attentats terroristes à New York et Washington. Ce qui avait mis les nerfs de Rumsfeld à rude épreuve. Il avait fallu attendre vingt-deux jours supplémentaires avant que le premier commando des forces spéciales arrive en Afghanistan. Pour Rumsfeld, chaque jour qui passait semblait durer un mois, voire un an. Les excuses qu'on lui présentait évoquaient des pannes d'hélicoptères, des communications brouillées ou de mauvaises conditions météo. Il était sans arrêt sur le dos de Franks et sa fureur ne faisait que croître.

« Je ne comprends pas, disait Rumsfeld. Qu'est-ce qui ne fonctionne pas ? » Le secrétaire à la Défense ne tarda pas à se mêler des prises de décisions au niveau opérationnel et à exiger détails et explications.

D'après ce que confia à l'époque Franks à certains de ses proches, il avait dit à Rumsfeld : « Monsieur le secrétaire, stop. Ça ne va pas marcher. Vous pouvez me virer, mais soit je suis le commandant, soit je ne le suis pas. Soit vous me faites confiance, soit vous ne me faites pas confiance. Et si vous ne me faites pas confiance, mieux vaut que je m'en aille. Alors, dites-moi à quoi je dois m'en tenir, monsieur le secrétaire. »

La version de Rumsfeld : « Au début, nous avons dû nous habituer l'un à l'autre, cela ne fait aucun doute. »

Les deux hommes eurent une discussion intense qui marqua un tournant dans leurs relations. Chacun préféra éviter la confrontation. Rumsfeld, l'ex-lutteur universitaire, appréciait un homme qui était suffisamment sûr de lui, en dépit de sa position de subordonné, pour lui tenir tête et lui résister, voire le faire chuter et le plaquer au sol durant quelques instants. Ils convinrent d'essayer de travailler comme une équipe. Et puis, même s'il réfléchissait à son éventuel remplacement, Rumsfeld avait besoin de Franks. Virer un général aux tout premiers jours d'une guerre contre le terrorisme, dont la durée et la complexité étaient autant d'inconnues, au beau milieu d'une campagne prometteuse mais encore incertaine en Afghanistan, et à l'aube de Dieu savait quoi en Irak, serait, d'un point de vue pratique, extrêmement délicat.

Mais après les succès initiaux de la campagne menée par l'armée et la CIA en Afghanistan, Rumsfeld déclara que Franks était l'homme qu'il lui fallait. Depuis toujours, les militaires savent qu'ils doivent s'adapter à leurs supérieurs, et que cette adaptabilité implique certes la soumission, mais est une garantie de survie. Franks réapprendrait donc à s'adapter. Rumsfeld pouvait se montrer rude, désagréable et sans concession, Franks décida de ne pas s'en formaliser. Rumsfeld avait aussi beaucoup de qualités admirables. L'armée devait se moderniser et Franks était séduit par la volonté de « transformation » qu'affichait Rumsfeld, par son désir de faire entrer l'armée dans le XXIᵉ siècle. Et cela faisait probablement dix ans que les plus grands généraux et amiraux — des gens comme Franks — n'avaient pas vu quelqu'un venir leur botter le train ou même discuter avec eux. De sorte que lorsque Rumsfeld disait qu'il n'était pas d'accord avec ceci, demandait pourquoi on faisait cela, ou exigeait qu'on trouve une solution immédiate à tel problème, les gars se sentaient menacés et étaient pris de vapeurs. Pas Franks. Il coopérerait. Peut-être n'était-ce pas la façon dont il aurait mené les choses, mais c'était intellectuellement captivant. Aussi décida-t-il d'encaisser les questions et les exhortations de Rumsfeld, et de les traiter comme des stimulants bienvenus. De grandes tâches devaient être accomplies, et ces tâches correspondaient à ce que Franks estimait nécessaire au pays. À ceux qui parlaient de tensions entre les deux hommes, Franks rétorqua beaucoup plus tard : « Ce sont des conneries. Il m'aiguillonnait sans arrêt, et cela me satisfaisait énormément. »

En ce même mercredi, veille de Thanksgiving, qui vit Bush confier à Rumsfeld la mission d'élaborer un plan de guerre contre l'Irak, le général de division aérienne Victor E. « Gene » Renuart Jr., directeur des opérations pour le général Franks au sein du Commandement Centre installé à Tampa, en Floride, était occupé à organiser et superviser les opérations militaires en Afghanistan, à près de huit mille kilomètres et neuf fuseaux horaires et demi de là. Avec son crâne dégarni, Renuart, 51 ans, pilote de chasse chevronné également titulaire d'une maîtrise de psychologie, était l'homme qui coordonnait tout pour Franks. Il n'avait pas eu un seul jour de répit depuis le 11 septembre, et les épais volumes reliés dans lesquels il prenait des notes durant les incessantes réunions et dressait d'interminables listes de choses à faire se multipliaient. L'assistant de Renuart avait pris l'habitude de baptiser chaque volume le plus récent « Le Livre noir de la mort » parce que le nombre toujours croissant des tâches à accomplir suffisait amplement à tuer son homme.

Sur une ligne téléphonique cryptée, Renuart prit une communication en provenance du Pentagone, émanant de son homologue, le général des Marines

Gregory S. Newbold, directeur des opérations, ou J-3, auprès de l'État-Major Interarmes. Newbold était le grand responsable des opérations au Pentagone, agissait comme officier de liaison avec les militaires engagés sur le terrain et constituait une source d'informations fiable sur tout ce qui se tramait.

« Voilà, fit Newbold de sa voix la plus solennelle, j'ai un gros problème à vous confier. Le secrétaire va vous demander d'étudier dans le détail vos plans pour l'Irak — et de lui fournir une nouvelle estimation personnelle.

— Vous vous foutez de ma gueule ou quoi ? répliqua Renuart. Vous ne savez pas que nous sommes comme qui dirait occupés sur autre chose ? Vous êtes sûr d'avoir bien compris ?

— Sûr et certain. Ça va vous tomber dessus. Alors, tenez-vous prêt. »

Le plan de guerre contre l'Irak, le Plan d'opérations 1003, faisait alors plus de deux cents pages, sans compter une bonne vingtaine d'annexes totalisant six cents pages supplémentaires concernant la logistique, les renseignements, les opérations terrestres, aériennes et navales. D'après ce plan il faudrait environ sept mois aux États-Unis pour déployer une force de 500 000 hommes au Proche-Orient avant de pouvoir déclencher des opérations militaires. Renuart alla voir le général Franks, qui n'avait été informé que très vaguement du fait que le plan de guerre irakien avait été discuté à Washington. À présent, Renuart en savait plus.

Il confirma à son patron qu'une demande officielle d'évaluation personnelle allait lui être adressée. « Mieux vaudrait nous y mettre tout de suite », ajouta-t-il.

Franks n'arrivait pas à le croire. Ils avaient déjà sur les bras une guerre en Afghanistan, et voilà qu'on lui demandait des plans détaillés en vue d'une autre guerre, en Irak cette fois ?

« Bordel de merde ! s'exclama-t-il. Qu'est-ce qui leur prend ? »

1

Au début du mois de janvier 2001, avant la prise de fonction officielle de George W. Bush, le futur vice-président Dick Cheney transmit un message au secrétaire à la Défense sortant, William S. Cohen, républicain modéré qui servait dans l'administration démocrate de Bill Clinton.

« Nous devons absolument informer le futur président de certaines choses », dit Cheney avant d'ajouter qu'il voulait avoir « une discussion sérieuse à propos de l'Irak et de différentes options ».

On n'allait pas servir au nouveau président le tour d'horizon mondial préenregistré que l'on fait écouter de manière routinière à tous les nouveaux occupants de la Maison Blanche. On parlerait avant tout de l'Irak. Cheney, qui avait été secrétaire à la Défense durant la présidence de George H. W. Bush, et donc pendant la guerre du Golfe de 1991, éprouvait un fort sentiment d'inachevé au sujet de l'Irak. Ce pays se trouvait être de plus le seul au monde que les États-Unis bombardaient de manière intermittente mais régulière.

Depuis la guerre du Golfe, conflit qui avait vu le père de Bush et une coalition soutenue par les Nations unies chasser Saddam Hussein et ses troupes du

Koweït, l'armée américaine était engagée en Irak dans une guerre non déclarée, limitée et frustrante. Les États-Unis avaient défini deux zones d'exclusion aérienne couvrant environ 60 % du territoire irakien, où les Irakiens ne devaient faire voler aucun avion ni hélicoptère. Cheney voulait s'assurer que Bush comprenait les problèmes, militaires et autres, qui étaient en jeu dans cette poudrière potentielle.

Un autre élément était l'héritage de la politique menée depuis des années par l'administration Clinton. Bien que généralement mal comprise, cette politique, dans son fondement, visait clairement à un « changement de régime ». Une loi votée en 1998 par le Congrès et ratifiée par le président Bill Clinton autorisait le versement aux forces d'opposition irakiennes d'une somme pouvant aller jusqu'à 97 millions de dollars, sous forme d'aide militaire, afin de « chasser le régime dirigé par Saddam Hussein » et « promouvoir l'émergence d'un gouvernement démocratique ».

Au matin du 10 janvier 2001, soit dix jours avant la prise de fonction officielle du nouveau président, celui-ci, accompagné de Cheney, Rumsfeld, Rice et du nouveau secrétaire d'État Colin Powell, se rendit au Pentagone pour y rencontrer Cohen. Après quoi Bush et son équipe descendirent dans le « Bocal », c'est-à-dire les bureaux et la salle de réunion sécurisés réservés aux réunions de l'État-Major Interarmes.

Bush y pénétra d'un pas souple, à la manière de Luke la Main froide, balançant légèrement les bras, visiblement mal à l'aise sous une apparente décontraction.

Deux généraux exposèrent la situation concernant les zones d'exclusion aérienne irakiennes. L'opération Northern Watch veillait au respect de l'interdiction de vol dans la partie septentrionale de l'Irak, qui représente environ 10 % du pays, afin de protéger la minorité kurde qui y est établie. L'année précédente, une cinquantaine d'appareils britanniques et américains avaient effectué cent soixante-quatre jours de patrouille dans l'espace aérien interdit. Au cours de presque toutes ces missions, ils avaient été accrochés, et parfois pris pour cible par le système de défense antiaérienne irakien, lequel comprenait entre autres des missiles sol-air. Les appareils américains avaient, selon les cas, riposté au canon ou largué des centaines de bombes et de missiles sur les positions irakiennes, la plupart visant des batteries antiaériennes.

Dans le cadre de l'opération Southern Watch, la plus importante, l'US Air Force patrouillait dans la presque totalité du sud de l'Irak, jusqu'aux banlieues méridionales de Bagdad. Si incroyable que cela paraisse, les pilotes affectés à cette mission avaient pénétré à cent cinquante mille reprises dans l'espace aérien irakien durant la décennie écoulée, et près de dix mille fois pendant la seule année précédente. Pas un seul pilote américain n'avait été perdu au cours de ces centaines d'attaques.

Le Pentagone avait défini cinq degrés de riposte graduée en cas de tirs irakiens sur un appareil américain. Les contre-frappes aériennes étaient automatiques ; les plus sérieuses, qui concernaient des frappes multiples contre des objectifs plus importants ou situés en dehors des zones d'exclusion aérienne, devaient être notifiées, et parfois approuvées directement par le président. Faire respecter ces zones était dangereux et onéreux. On risquait en effet des appareils coûtant plusieurs millions de dollars pour bombarder des canons antiaériens de 57 mm. Saddam en avait des entrepôts entiers. La politique de l'administration Bush consisterait-elle à continuer à donner d'inoffensifs coups d'épingle à Saddam ? Y avait-il une stratégie nationale derrière tout cela, ou s'agissait-il simplement d'un petit jeu susceptible de se prolonger indéfiniment ?

Au cas où un pilote américain se ferait descendre, la réplique consistait en un plan opérationnel baptisé Blaireau du Désert. Ce plan visait à désorganiser les capacités des Irakiens à capturer ce pilote en attaquant les centres de commandement et de contrôle de Saddam dans le centre de Bagdad. En cas de capture du pilote, le plan prévoyait une escalade de l'attaque américaine. Un autre plan nommé Tonnerre du Désert était prévu au cas où les Irakiens attaqueraient les Kurdes au nord.

On vit fleurir une profusion d'acronymes et de noms de programmes — la plupart familiers aux oreilles de Cheney, Rumsfeld et Powell, lequel avait passé trente-cinq ans dans l'armée et présidé l'État-Major Interarmes de 1989 à 1993.

Le futur président Bush posa quelques questions pratiques sur la façon dont les choses se passaient, mais il ne laissa aucunement transparaître ses souhaits.

Le personnel attaché à l'État-Major Interarmes avait posé un bonbon à la menthe devant chaque participant. Bush déballa et mangea le sien. Un peu plus tard, il se mit à lorgner sur le bonbon de Cohen et, par signes, lui demanda s'il le voulait. Voyant Cohen faire non de la tête, Bush se pencha, tendit le bras et le récupéra. Vers la fin de la réunion, qui dura une heure et quart, le président de l'état-major, le général Henry « Hugh » Shelton, remarquant que Bush lorgnait sur son bonbon, le lui fit passer.

Cheney écoutait mais, fatigué, il avait tendance à fermer les yeux et somnola même carrément à plusieurs reprises. Assis à une extrémité de la table,

Rumsfeld suivait la réunion avec attention, mais ne cessait de demander aux intervenants de bien vouloir parler plus fort.

« Ça commence bien, confia plus tard l'un des chefs d'état-major à un collègue. Le vice-président s'est assoupi et le secrétaire à la Défense est dur d'oreille. »

Cohen, qui devait quitter le département de la Défense dix jours plus tard, pensait que la nouvelle Administration comprendrait vite la réalité de la situation en Irak. Bush et son équipe ne trouveraient guère de soutien, sinon aucun, parmi les États de la région ou dans le monde, en faveur d'une action résolue contre Saddam, ce qui signifiait que les États-Unis devraient y aller seuls en cas d'attaque de grande ampleur. Que pouvait-on accomplir avec des frappes aériennes ? De l'avis de Cohen, pas grand-chose. L'Irak était un pays difficile. Une fois qu'elle aurait bien soupesé la situation, Cohen était convaincu que la nouvelle équipe ferait rapidement marche arrière et chercherait à se « réconcilier » avec Saddam, qui, pensait-il, avait été bloqué et isolé de manière efficace.

Dans des interviews accordées près de trois ans plus tard, Bush commenta la situation pré-11 septembre en ces termes : « Je n'étais pas satisfait de notre politique. » Celle-ci n'avait guère d'impact susceptible de modifier le comportement ou de provoquer le renversement de Saddam. « Avant le 11 septembre, cependant, un président pouvait très bien constater une menace et la contenir, ou y répondre par différents moyens, sans craindre que cette menace se matérialise sur notre propre territoire. » Saddam n'était pas encore en tête des priorités.

Bush participa quelques jours plus tard à un deuxième tour d'horizon crucial concernant la sécurité nationale. Le directeur de la CIA George Tenet et son adjoint aux opérations, James L. Pavitt, exposèrent à Bush, Cheney et Rice ce que l'on appelle le « briefing des secrets ». Pendant deux heures et demie, les deux hommes passèrent en revue les aspects tour à tour positifs, brutaux et carrément répugnants des opérations clandestines en cours, les résultats les plus récents des écoutes et autres techniques de surveillance, qui bénéficiait de fonds secrets, et comment.

Après avoir trié, soupesé et analysé tous ces renseignements, Tenet et Pavitt convinrent qu'il existait trois menaces majeures pour la sécurité nationale des États-Unis. L'une était Oussama Ben Laden et son réseau terroriste Al Qaïda, qui opérait à partir de son sanctuaire afghan. Le terrorisme de Ben Laden, affirmèrent-ils, représentait une « menace considérable » qui devait être envisagée comme « immédiate ». Il ne faisait aucun doute que Ben Laden allait s'en prendre d'une manière ou d'une autre aux intérêts américains. Mais on ignorait où, quand et sous quelle forme. À cinq reprises, le président Clinton avait autorisé la CIA à tenter de désorganiser et détruire le réseau Al Qaïda.

La deuxième menace était constituée par la prolifération croissante des armes de destruction massive sous forme nucléaire, chimique et biologique. C'était là, insistèrent les deux hommes, un sujet d'inquiétude substantielle. En troisième position venait l'émergence de la Chine, et en particulier de ses capacités militaires, mais ce problème ne se poserait pas avant cinq à quinze ans au minimum.

L'Irak fut à peine mentionné. Contrairement à ce qui se passait avec Ben Laden et Al Qaïda, Tenet n'avait aucun calendrier concernant l'Irak.

Le lundi 5 février, soit au dix-septième jour de la

présidence de Bush, Rice présida une réunion des dirigeants [les titulaires des principaux postes gouvernementaux, par opposition à leurs adjoints], parmi lesquels Cheney, Powell et Rumsfeld. Le directeur adjoint de la CIA, John E. McLaughlin, représentait Tenet. L'objectif de la réunion était d'évaluer la politique américaine en Irak et de préciser le statut respectif des options diplomatique, militaire et clandestine. Parmi les tâches assignées, on demanda au responsable de chaque département ou agence d'examiner et étudier la façon dont on pouvait renforcer la collecte de renseignements au sujet des armes de destruction massive que l'Irak était soupçonné de posséder.

Sur le papier en tout cas, les Nations unies menaient une politique de sanctions économiques à rencontre du régime de Saddam Hussein. Les responsables présents concédèrent que Saddam avait largement remporté la bataille de l'opinion publique en convainquant la communauté internationale que les sanctions appauvrissaient son peuple, tout en ne l'empêchant nullement de brasser de l'argent et de se maintenir au pouvoir.

Très rapidement, Powell déclara que l'on devait tenter d'amener l'ONU à revoir les sanctions afin de les renforcer dans les secteurs susceptibles de bénéficier aux programmes militaires et d'armes de destruction massive de Saddam. Les sanctions pourraient alors être partiellement levées sur les biens et matériels civils.

Un autre problème concernait les inspections de sites d'armement à l'intérieur de l'Irak, inspections que l'ONU avait autorisées après la guerre du Golfe afin d'établir que Saddam n'avait plus d'armes de destruction massive en sa possession. Les inspecteurs avaient contribué au démantèlement des programmes chimique, biologique et nucléaire — ce dernier étant étonnamment avancé — de l'Irak, mais le caractère suspect de certains rapports rendant compte de la destruction de munitions, ainsi que le mécanisme élaboré de dissimulation des Irakiens faisaient que de nombreuses questions restaient en suspens. Saddam avait expulsé les inspecteurs en 1998 et la question était à présent de savoir par quel moyen les faire revenir dans le pays. Personne n'avait de réponse satisfaisante.

Quelle devait être notre approche vis-à-vis des groupes d'opposition irakiens, tant à l'intérieur qu'à l'extérieur de l'Irak ? À quel moment devrions-nous leur fournir des armes et d'autres formes d'aide concrète ? Qui devrait s'en charger ? La CIA ou le département de la Défense ? Là encore, personne n'avait de réponse vraiment convaincante.

Rice demanda une révision des zones d'exclusion aérienne. Quel était leur but ? Quels en étaient les coûts et les risques ? Pour quels avantages ?

Bush lui-même était préoccupé par la surveillance des zones d'exclusion aérienne. L'Irak finirait fatalement par réussir à descendre un appareil américain. « J'ai demandé au secrétaire à la Défense, racontera plus tard le président, de définir une option plus musclée au cas où nous aurions besoin d'exercer une pression militaire accrue sur l'Irak afin de l'obliger à libérer un de nos pilotes. »

Le plan qui en résulta consistait à restreindre le nombre de sorties et à les effectuer de façon plus irrégulière pour accroître la sécurité des pilotes. Si un appareil essuyait des tirs, la réplique, d'une nature plus stratégique, consisterait à frapper les installations militaires irakiennes importantes pour Saddam.

Le vendredi 16 février, une vingtaine de chasseurs-bombardiers britanniques et américains frappèrent quelque vingt sites de radars et centres de commandement irakiens, dont certains à quelques kilomètres seulement de la banlieue de Bagdad. Un général de l'État-Major Interarmes en avait auparavant informé Rice, qui avait à son tour relayé l'information au président, à qui elle expliqua que Saddam était sur le point de relier certains sites vitaux de contrôle et de commandement par des câbles en fibre optique enterrés que l'aviation risquait d'avoir du mal à frapper. Il fallait donc les détruire avant qu'ils ne soient installés. Les attaques entraient dans le cadre des opérations de routine des zones d'exclusion aérienne. C'était la frappe aérienne la plus importante depuis deux ans.

Il se trouve que personne, ni au Pentagone ni à la Maison Blanche, n'avait songé à mettre Rumsfeld au courant. En ce premier mois d'activité, son secrétariat n'était pas encore tout à fait organisé — d'après un responsable de la Maison Blanche, il y régnait même « la confusion la plus totale ». Le poste de son adjoint ainsi que ceux de plusieurs hauts responsables civils du département de la Défense n'avaient pas encore été pourvus, ou leurs titulaires pas encore confirmés. Par ailleurs, le Pentagone n'avait pas su déterminer avec précision l'emplacement d'un site proche de Bagdad, de sorte que Saddam et son appareil avaient paniqué, persuadés que les États-Unis avaient déclenché une attaque de grande envergure. Les sirènes se mirent à hurler dans la capitale irakienne et Saddam apparut sur les écrans de CNN, ce qui rappela à la Maison Blanche et au Pentagone que le raïs, loin d'être condamné à subir, pouvait riposter à ces attaques, voire opter pour l'escalade.

Rumsfeld, furieux, déclara que la chaîne de commandement avait été mise à mal. Selon la loi, les ordres devaient venir du président, qui les transmettait au secrétaire à la Défense, lequel les relayait ensuite au général Franks du Commandement Centre. Toujours selon la loi, le rôle de l'État-Major Interarmes se limitait à la consultation, à la communication et au contrôle. C'était lui, Rumsfeld, qui devait traiter avec la Maison Blanche et le président pour tout ce qui concernait les problèmes opérationnels. Point. « Je suis le secrétaire à la Défense, rappela-t-il à un officier. Je fais partie de la chaîne de commandement. »

Le 1er mars, les dirigeants tinrent une nouvelle réunion et Powell se vit confier la mise au point d'un plan et d'une stratégie destinés à recentrer les sanctions économiques sur la question du contrôle des armements irakiens. Powell savait que les Français et les Russes, qui avaient des intérêts commerciaux substantiels en Irak, faisaient tout leur possible pour démanteler les sanctions, obtenir que l'on déclare que Saddam obtempérait et aboutir à la levée desdites sanctions. Le Pentagone, quant à lui, ne voulait entendre parler d'aucune modification ni d'aucun adoucissement. Rumsfeld et d'autres responsables du département de la Défense ne cessaient de clamer leur préoccupation concernant les matériels à double usage — c'est-à-dire les équipements à première vue inoffensifs, mais qui pouvaient être utilisés ou détournés par les Irakiens au profit de leurs programmes d'armement.

« Regardez ce qu'ils achètent, se plaignit un jour Rumsfeld à Powell. Ils achètent des camions à ordures. Ils peuvent très bien démonter les vérins hydrauliques qui font lever la benne et les utiliser sur un affût de lance-missiles. Vous voulez donc leur vendre les moyens de pointer des fusées sur nous ou sur Israël ?

— Pour l'amour du ciel, rétorqua Powell, quand on veut un cylindre pour pointer une fusée, on n'est pas obligé d'acheter des camions à 200 000 dollars pièce pour en récupérer ! »

Rumsfeld s'inquiétait également de ce qu'on appelle les TEL — transporteurs d'équipement lourd — que les Irakiens se procuraient. Il s'agissait de semi-remorques suffisamment solides pour pouvoir transporter un char. Les services de renseignements étaient en possession de photographies aériennes montrant que les Irakiens renforçaient certains de ces transporteurs. On pouvait donc en conclure qu'une révision des sanctions permettrait le développement clandestin d'une flotte de transporteurs de chars. Powell eut l'impression que Rumsfeld voyait déjà tout le Moyen-Orient submergé par les tanks irakiens.

« Allons, allons ! » fit Powell, qui devenait de plus en plus sceptique. Il s'ensuivit une vive querelle qui donna lieu à l'un des débats les plus bizarres auxquels il lui ait été donné d'assister au sein de l'Administration.

Rumsfeld fit également part de son mécontentement au sujet des zones d'exclusion aérienne. Les Irakiens prenaient régulièrement nos appareils pour cible. « À quel autre moment de notre histoire, demanda-t-il, nous étions-nous laissé ainsi tirer dessus ?

— Quelle alternative avons-nous ? » répliqua Powell. Que voulait le secrétaire à la Défense ? Personne ne proposait d'alternative viable. Rumsfeld continua à exprimer son mécontentement et finit par déclarer que l'Administration jouait « au chat et à la souris ».

« D'accord, alors à quoi voulez-vous jouer ? » lui

demanda Powell. La discussion aborda ensuite la demande formulée par le président, qui souhaitait un plan militaire plus efficace dans l'hypothèse où un de nos pilotes serait descendu. Existait-il un « big bang » susceptible de dissuader les Irakiens de tirer sur nos avions ? Existait-il un moyen d'avoir un impact stratégique capable à la fois d'affaiblir le régime et d'envoyer un message de fermeté à Saddam ?

Aucune alternative ne semblait envisageable pour l'instant.

Qu'un homme ayant servi comme secrétaire à la Défense, ou à n'importe quel poste gouvernemental de premier plan, retrouve vingt-cinq ans plus tard les mêmes fonctions était un fait sans précédent. C'était une occasion de reprendre la partie. Et cette fois, Rumsfeld était déterminé à mieux la jouer.

Pour toute une série de raisons, dont certaines remontaient à plusieurs décennies, d'autres à quelques mois seulement, Rumsfeld allait mettre la pression. Le terme est d'ailleurs faible. Non seulement Rumsfeld préférait l'ordre et la clarté, mais il insistait énormément dessus. Cela signifiait qu'il entendait gérer personnellement les choses, connaître tous les détails, poser des questions, mettre en forme les briefings présidentiels et en définir les conclusions. Les deux questions qu'il avait constamment à l'esprit étaient : Qu'est-ce que le président devait savoir ? et : Qu'est-ce que le président s'attend à ce que sache son secrétaire à la Défense ? En d'autres termes, Rumsfeld voulait exercer un contrôle quasi total.

Ce désir s'expliquait en partie par son expérience des années 1975-76 et la profonde frustration qu'il avait éprouvée alors qu'il était le secrétaire à la Défense du président Gerald Ford. Rumsfeld n'était resté à son poste que quatorze mois car Ford avait perdu les élections de 1976. Âgé de 44 ans seulement à l'époque, il avait trouvé que le Pentagone était une institution difficile et presque ingérable.

En 1989, soit douze ans après son départ du département de la Défense, j'invitai Rumsfeld à dîner chez moi. Au cours du repas, il évoqua les obstacles insurmontables auxquels il s'était fréquemment heurté. À l'époque j'étais en train d'écrire un livre sur le Pentagone et, à ce titre, interviewais tous les anciens secrétaires à la Défense et autres hauts responsables militaires. Le lutteur de Princeton n'avait rien perdu de son énergie. Notre dîner eut lieu dix jours exactement avant la prise de fonction officielle de son vieux rival au sein du Parti républicain, George H. W. Bush. Dans les années 60 et 70, Rumsfeld avait été l'une des étoiles montantes du parti et beaucoup dans ses rangs, y compris Rumsfeld lui-même, pensaient qu'il pourrait un jour devenir président. Rumsfeld trouvait que Bush senior était faible, qu'il manquait de substance et ne s'était donné comme image politique que celle d'un homme toujours disponible. Ce soir-là, alors que nous étions tous deux attablés dans ma cuisine, il ne manifesta aucune amertume, c'est à peine s'il parla d'une occasion manquée. SA grosse affaire restait le Pentagone, et il ne voulait pas la lâcher.

Le travail de secrétaire à la Défense était « ambigu », remarqua Rumsfeld, car il ne bénéficiait que d'un « contrôle civil particulièrement ténu ». Il expliqua que c'était « comme quand on tient un appareil électrique dans une main et la fiche dans l'autre, et qu'on cherche partout une prise où la brancher ». « Vous ne pouvez jamais compter sur un accord durable, ajouta-t-il. Personne ne peut vous faire part d'autre chose que de son point de vue provisoire. » Même le secrétaire à la Défense.

On ne dispose jamais d'assez de temps pour comprendre les vrais problèmes, poursuivit-il. Le Pentagone est conçu pour s'occuper de questions qui se posent en période de paix, comme la décision politique de déplacer tel ou tel porte-avions. Pendant une vraie guerre, souligna-t-il, ces questions seraient d'ordre militaire, et il alla jusqu'à déclarer qu'en cas de conflit, le pays aurait presque besoin d'un autre organisme que le Pentagone.

Rumsfeld me raconta qu'un soir, une quinzaine de hauts responsables civils et militaires s'étaient présentés dans son bureau du Pentagone aux alentours de 18 h 30. Ils voulaient connaître sa décision concernant le type de char que l'armée devait acquérir. On devait choisir entre le modèle équipé du moteur Chrysler et celui pourvu du moteur General Motors. « C'est vous qui devez décider, lui dirent-ils. Nous, nous ne pouvons pas. » Un communiqué de presse avait été préparé, il suffisait qu'il remplisse les blancs avec le type de char choisi. D'après ses propres termes, Rumsfeld commença alors à grimper aux murs de son bureau, leur déclarant qu'on devrait « tous [vous] pendre par les pouces et les roubignolles ». D'une voix de stentor, il leur avait hurlé : « Bande d'idiots, tas de crétins ! » Ils ne réfléchissaient pas — ils finiraient par n'obtenir du Congrès ni l'un ni l'autre de ces chars parce que « CETTE MAISON EST DIVISÉE ! » Or le Congrès finirait tôt ou tard par être au courant de ces divisions. Il refusa donc de prendre une décision et le communiqué de presse fut remisé. Cela nécessita trois mois de plus, mais Rumsfeld les obligea finalement à prendre une décision « unanime ».

« En lutte, quand on ne sait pas se battre, conclut-il, on prend des coups. Quand on ne sait pas comment bouger, on se retrouve avec un œil au beurre noir. C'est pareil au département de la Défense. »

Dans les coulisses de la campagne de Bush, en 2000, Rumsfeld avait bûché sur plusieurs questions importantes et, ayant décidé que la collecte du renseignement était un domaine qu'il importait au premier chef d'améliorer, avait souhaité devenir directeur de la CIA dans la nouvelle Administration. Il avait parlé avec son ami et ancien assistant Ken Adelman, qui avait été le responsable du contrôle des armements dans l'administration Reagan. Adelman déclara tout de go à Rumsfeld que la CIA n'était pas un bon choix pour lui. « C'est un endroit hostile où les gens se bouffent entre eux, dit-il. Et deuxièmement, je pense que c'est totalement irréaliste. Laisse-moi te dire comment ça va se passer. Tu t'assiéras dans la Salle de Situation et tu leur annonceras que nos renseignements montrent ceci ou cela, mais que tu ne peux recommander aucune ligne de conduite. » Le directeur de la CIA est censé s'abstenir de toute considération politique. « Tu ne pourras jamais garder ta langue dans ta poche. Tu peux bien prétendre le contraire, mais ça, ce n'est pas toi, ça n'arrivera jamais. » À ses yeux, Rumsfeld n'aurait jamais pu s'empêcher d'émettre une recommandation. « Je ne pense pas que tu devrais solliciter un poste où tu serais obligé de jouer un rôle pour lequel tu n'es pas taillé. »

En dernier ressort, lorsque les principaux candidats au poste de secrétaire à la Défense eurent échoué à leur entretien ou décliné la proposition, Bush et Cheney, lequel avait été l'adjoint de Rumsfeld à l'époque où ce dernier travaillait comme secrétaire général de la Maison Blanche auprès du président Ford, s'adressèrent à lui.

Pour illustrer la façon dont les choses se passent à Washington, signalons qu'au moment où Bush junior commença à penser à Rumsfeld pour le poste de secrétaire à la Défense, le vice-président élu Cheney — qui dirigeait l'équipe de transition — sollicita confidentiellement l'opinion de Brent Scowcroft, qui avait été conseiller à la sécurité nationale auprès de Ford (entre 1974 et 1977) puis de Bush père (de 1989 à 1993).

Comme le savait Cheney, lui confia Scowcroft, Rumsfeld est un homme secret. Aux yeux de Scowcroft, ce trait de caractère, sans être forcément un handicap, fait qu'il est difficile, sinon impossible, de savoir ce que Rumsfeld pense vraiment. Il n'émet aucun signal. Il pose des questions, fait part de ses doutes, mais déclare rarement : « Voilà, à mon avis, ce que nous devrions faire. »

Bien entendu, la description s'appliquait également à Cheney, qui souhaitait voir son ancien patron nommé à la Défense.

Avant que Rumsfeld devienne le secrétaire à la Défense de George W. Bush, il eut un entretien avec le nouveau président. C'était une sorte de test. Au cours des huit années de présidence Clinton, le comportement naturel du pays lorsqu'il était défié ou attaqué avait été ce que Rumsfeld appelait un « réflexe de retrait ». Il déclara qu'à son sens, la nouvelle administration Bush devrait adopter une attitude de « présence renforcée », ce que Bush approuva.

Après deux mois passés dans ses nouvelles fonctions, Rumsfeld rédigea un mémo de trois pages intitulé : « Lignes directrices lorsqu'une intervention militaire américaine est envisagée. » Il en apporta la quatrième version au président, avec lequel il en discuta en détail. Il s'agissait d'une série de questions auxquelles il convenait d'apporter des réponses au cas par cas : « L'action envisagée est-elle réellement nécessaire ? » ; « L'action envisagée est-elle réalisable ? » ; « En vaut-elle la peine ? »

Rumsfeld insistait sur la nécessité de la transparence. Un passage du document semble annonciateur des problèmes à venir : « En mettant au point un exposé clair des motifs sous-tendant cette action, il faut éviter les arguments de convenance. Ceux-ci peuvent être utiles au début pour obtenir des appuis, mais ils seront mortels par la suite. » Il écrivait également que « les dirigeants américains [devaient] être d'une honnêteté brutale avec eux-mêmes, avec le Congrès, avec l'opinion et avec les partenaires de la coalition ». Et il ajoutait : « Il est beaucoup plus facile de se lancer dans une entreprise que d'en sortir ! »

Rumsfeld découvrit que le président allait dans son sens, mais au cours des premiers mois de sa seconde prestation au Pentagone, il trouva l'institution plus détraquée qu'il ne s'y attendait.

Tandis que les discussions sur la politique à l'égard de l'Irak se poursuivaient au niveau gouvernemental et au second niveau, c'est-à-dire au niveau de ce que l'on appelle le sous-comité des adjoints, l'attention se porta sur le soutien aux groupes d'opposition irakiens — tant ceux agissant à l'extérieur du pays, comme le Congrès national irakien (CNI) dirigé par le très controversé Ahmed Chalabi, que ceux restés en Irak. Chalabi, un mathématicien de formation américaine qui avait quitté Bagdad en 1958, alors qu'il n'était encore qu'un enfant, était devenu le chéri des hauts responsables de la Défense qui les voyaient, lui et son organisation d'exilés basée à Londres, comme une force insurrectionnelle armée potentielle. Le département d'État et la CIA considéraient Chalabi avec scepticisme. Ils le trouvaient trop insaisissable, manquant de sens fédérateur, trop coupé des horreurs de la vie sous Saddam. L'homme était en outre sous le coup d'un avis de recherche en Jordanie pour fraude bancaire.

Au sein du comité des adjoints, qui comprenait l'adjoint au secrétaire à la Défense, Paul D. Wolfowitz, et le n° 2 du département d'État, Richard L. Armitage, le débat faisait rage sur la question de savoir jusqu'où il fallait aller avec l'opposition irakienne, et à quel rythme. À quel moment les États-Unis lui fourniraient-ils des armes ? À quel stade appuierait-on des actions armées au cas où les opposants exprimeraient le souhait de rentrer en Irak pour y mener des opérations ? L'entraînement des opposants serait-il confié à la CIA ou au département de la Défense ? Bien qu'Armitage ait fait adopter l'idée de réarmer les forces d'opposition en Afghanistan, il n'éprouvait qu'un médiocre enthousiasme à l'égard de Chalabi.

Armitage, 56 ans, est l'ami le plus proche, le meilleur conseiller et l'avocat inconditionnel de Colin Powell. Il décrocha son diplôme de l'Académie navale en 1967 et effectua quatre rotations au Vietnam, puis mit fin à sa carrière dans la Marine en 1973 après avoir enseigné les méthodes contre-insurrectionnelles. Dans les années 80, Powell et lui servirent sous les ordres du secrétaire à la Défense Caspar Weinberger, Armitage en tant que secrétaire adjoint à la Défense pour les affaires de sécurité internationale — le mini-département d'État du Pentagone — et Powell comme premier conseiller militaire auprès de Weinberger. Les deux hommes se téléphonent si souvent chaque jour que leurs assistants les voient comme des frères siamois, résolus à partager absolument tout.

L'objectif commun de tous les adjoints était d'accroître la pression sur Saddam, de tenter de provoquer des fissures et des désaccords au sein du régime. Mais toute la question était de savoir de quelle façon et jusqu'à quel point ceux-ci pourraient être exploités si l'on parvenait à les provoquer. Et sur ce point, les adjoints étaient loin d'être d'accord. Le 1er juin, ils demandèrent au Conseil de sécurité nationale de définir une politique qui aiderait les Irakiens à s'aider eux-mêmes. Un des participants résuma la ligne choisie comme consistant à « touiller la soupe pour voir ce qui se passerait ».

Or cette politique de demi-mesures comportait le risque de voir Saddam réagir. Le raïs pouvait attaquer les zones kurdes au nord, ou s'en prendre à nouveau à la population chiite des régions méridionales. Il pouvait agresser un voisin — Israël, ou à nouveau le Koweït. À moins qu'il ne tire des missiles Scud sur Israël, l'Arabie Saoudite ou le Koweït. Il n'existait aucune solution de facilité pour répondre à ce danger.

Entre le 31 mai et le 26 juillet 2001, Stephen J. Hadley, conseiller adjoint à la sécurité nationale, réunit à quatre reprises le comité des adjoints afin de préciser la politique irakienne. Hadley, 54 ans, était un avocat brillant qui avait œuvré pour Cheney à la Défense et était connu pour ses énormes capacités de travail. C'était lui qui, en tant qu'adjoint de Rice, présidait le comité. Le 1er août, celui-ci soumit aux dirigeants un document top secret intitulé « Une stratégie de libération ». Le texte proposait une politique consistant à augmenter graduellement la pression sur Saddam, à développer des outils, à favoriser les occasions d'accroître cette pression, et énumérait un certain nombre de moyens de tirer avantage des occasions ainsi dégagées. Le tout reposait largement sur l'opposition irakienne.

Le document comportait des annexes classifiées qui exposaient en détail ce qu'il était possible d'accomplir sur le plan diplomatique (sanctions économiques et inspecteurs en armements de l'ONU) et militaire (zones d'exclusion aérienne et actions envisageables en cas de perte d'un pilote), et sur ce que la CIA ou d'autres agences pouvaient faire pour soutenir, renforcer et crédibiliser l'opposition irakienne.

Le processus interagences avait engendré d'innombrables réunions et documents, mais pas le moindre plan ni la moindre initiative en vue d'un changement de régime. Cette situation suscita des discussions entre dirigeants et adjoints au sujet des circonstances dans lesquelles les forces américaines pourraient être directement engagées. Powell appela cette approche tortueuse d'une éventuelle attaque de l'Irak la stratégie du « Et-si-jamais-on-était-obligé-de-le-faire ? » Bien qu'il se passât beaucoup de choses au Pentagone dont n'étaient jamais avisés les hauts responsables, Powell en avait suffisamment entendu de façon officielle et non officielle de la bouche de ses anciens contacts militaires — le téléphone arabe des généraux.

Le parrain intellectuel et le partisan le plus acharné de l'idée selon laquelle il fallait absolument renverser Saddam était le secrétaire adjoint à la Défense Paul Wolfowitz. Âgé de 58 ans et titulaire d'une maîtrise de sciences politiques, doté d'une abondante chevelure grisonnante et d'un comportement d'une douceur quasi rabbinique, Wolfowitz était un faucon aux idées bien arrêtées. Pourquoi fallait-il se débarrasser de Saddam ? Parce que c'était nécessaire et que cela serait relativement aisé.

Wolfowitz pensait qu'il était possible d'envoyer l'armée s'assurer du contrôle des puits de pétrole irakiens dans le sud du pays — un millier de puits, qui représentaient environ un tiers de la production irakienne — et d'établir ainsi une tête de pont. Tous ces puits se trouvaient à moins d'une centaine de kilomètres de la frontière avec le Koweït. « Il n'y a rien qui puisse nous empêcher de nous en emparer », déclara-t-il. Sa proposition fut baptisée « stratégie de l'enclave ». À partir de cette enclave, il serait possible de fournir un soutien à l'opposition irakienne, laquelle serait alors à même de rassembler tout le pays et de chasser le dictateur.

Powell se fit la réflexion que Wolfowitz parlait comme si vingt-cinq millions d'Irakiens allaient se rallier comme un seul homme à une opposition soutenue par les États-Unis. À son avis, il s'agissait là d'une des propositions les plus absurdes et stratégiquement les plus tordues qu'il eût jamais entendues.

Mais une fois qu'il était lancé, il était impossible d'arrêter Wolfowitz. Son groupe de néo-conservateurs et lui se frottaient les mains en accouchant d'idées qu'ils présentaient comme des « projets de plan ».

Et Powell, secouant la tête, ne cessait de répéter que c'était « de la folie ». Il ne savait pas comment arrêter la machine, ni même si celle-ci était pourvue d'un bouton d'arrêt. Aussi le secrétaire d'État chercha l'occasion de parler directement au président.

« Ne vous laissez pas entraîner dans quoi que ce soit avant d'être fin prêt, conseilla-t-il à Bush, ou avant d'être convaincu que vous avez une bonne raison pour agir. Les choses ne sont pas aussi faciles que ce qu'on cherche à vous présenter, et, dans le cas qui nous occupe, vous devriez prendre votre temps. Ne laissez personne vous bousculer. »

« Soyez sans crainte, rétorqua le président. Il s'agit simplement de prévoir toutes les éventualités. Je sais

47

ce qu'ils font et je ne suis pas pressé d'aller au-devant des ennuis. »

Tout de même inquiet de l'éventualité qu'un tel projet puisse trouver des soutiens, Powell soumit une nouvelle fois au président l'hypothèse d'une frappe ou d'une incursion rapide en Irak. « Il ne faut pas vous laisser entraîner là-dedans », dit-il avant d'exhorter Bush à procéder avec prudence.

« J'ai pigé, fit le président. Je sais. »

Bush se souvient n'avoir jamais vu de plan officiel pour une frappe rapide. « L'idée a peut-être été dans l'air pendant quelque temps, comme une intéressante pépite à se mettre sous la dent », dit-il. Quoi qu'il en soit, le concept et la réflexion bâclée qui le sous-tendait devinrent une source de consternation croissante et permanente pour Powell.

Le 10 août, les chasseurs-bombardiers britanniques et américains détruisirent trois sites de défense antiaérienne irakiens. C'étaient les frappes les plus importantes depuis le mois de février. Elles ne firent même pas la une des journaux. L'article du *Washington Post* du lendemain, en page A18, décrivait cette attaque comme étant d'« ampleur relativement limitée » et parfaitement banale. « Les frappes d'hier semblent perpétuer la politique de l'époque Clinton, qui consiste à frapper les défenses antiaériennes irakiennes une fois tous les six mois environ. »

La majeure partie du travail concernant l'Irak s'interrompit durant le reste du mois d'août tandis que Bush et ses principaux conseillers prenaient des vacances. Le président ne reçut à aucun moment la moindre note de recommandation concernant la politique à adopter envers l'Irak.

Les divisions profondes et les vives tensions qui opposaient, au sein du cabinet de guerre, Powell le négociateur modéré et Rumsfeld l'activiste de la ligne dure signifiaient qu'aucune politique réelle ne serait définie avant que le président ne tranche, ou que les événements ne lui forcent la main.

Personne n'en avait plus conscience que Condoleezza Rice. Âgée de 46 ans, titulaire d'une maîtrise en sciences politiques, elle avait enseigné à Stanford où elle s'était hissée à la fonction de doyenne. Spécialiste de la Russie, elle avait fait partie du personnel du Conseil de sécurité nationale pendant la présidence de Bush père. De haute taille, gracieuse et le sourire radieux, elle avait forgé sa relation avec George W. Bush durant la campagne de 2000, où elle avait été son principal conseiller en matière de politique étrangère. Elle n'est pas mariée et n'a pas de famille proche ; dans son bureau de l'aile occidentale de la Maison Blanche, elle paraissait assurer la permanence présidentielle vingt-quatre heures sur vingt-quatre ; elle était à ses côtés lors de ses déplacements à l'étranger, dans son ranch texan ou à Camp David pendant les week-ends. Elle maintenait le contact avec les dirigeants. S'occuper du président et de ses priorités était son principal objectif.

2

Les attentats terroristes du 11 septembre 2001, qui tuèrent près de trois mille personnes à New York et Washington, ont transformé et redéfini la présidence Bush. Le président n'exagérait pas lorsque, ce soir-là, il nota dans son journal : « Aujourd'hui a eu lieu le Pearl Harbor du XXIe siècle. » Par certains côtés, ces attaques furent même plus dévastatrices que le raid nippon. Au lieu du Hawaï de 1941, qui à l'époque n'était pas un État, les cibles étaient les centres du pouvoir de la métropole. Au lieu du Japon, les attaques avaient été menées par un ennemi indéfini n'ayant ni patrie ni armée visible. Pire encore pour Bush, le directeur de la CIA George Tenet l'avait explicitement mis en garde contre le caractère immédiat et sérieux de la menace Ben Laden. Absorbé par les questions intérieures et la baisse d'impôts géante qu'il préparait, Bush avait largement ignoré le problème terroriste. « Je n'avais pas réalisé qu'il y avait urgence, devait-il reconnaître plus tard. Je ne peux pas dire que ça me mettait en transe. »

L'avion que les terroristes détournèrent sur le Pentagone percuta le bâtiment au niveau de l'aile opposée à celle où se trouvait le bureau de Rumsfeld.

L'appareil y causa une énorme brèche, tuant du même coup cent quatre-vingt-quatre personnes. D'après les notes prises par un de ses assistants, à 14 h 40 ce jour-là, alors que la poussière et la fumée noyaient le centre d'opérations où il tentait de comprendre ce qui venait de se passer, Rumsfeld évoqua devant ses proches conseillers l'éventualité d'une offensive contre l'Irak en réponse aux attaques de la matinée. Dans les notes de l'assistant, Saddam Hussein est désigné sous les initiales S.H. tandis que OBL désigne Oussama Ben Laden. Ces notes montrent que Rumsfeld s'était demandé s'il ne fallait pas « frapper S.H. au même moment — et pas seulement OBL », et qu'il avait demandé au juriste du Pentagone d'aborder avec Paul Wolfowitz la question des « liens entre l'Irak et OBL ». Le lendemain, devant le cercle restreint des membres du cabinet de guerre de Bush, Rumsfeld se demanda si les attentats ne fourniraient pas une « occasion » de lancer une offensive en Irak.

Quatre jours plus tard, au cours d'un débat approfondi qui eut lieu à Camp David, aucun des principaux conseillers du président ne recommanda de s'en prendre à l'Irak comme premier pas dans la guerre contre le terrorisme — pas même le vice-président Cheney, qui, ayant sans doute compris ce que projetait Bush, déclara : « Si nous dégommons Saddam, nous perdons notre statut légitime de gentils. » Cheney, pourtant, fit part de ses graves préoccupations vis-à-vis de Saddam, et déclara qu'il n'excluait pas l'éventualité qu'il faille l'attaquer à un moment ou à un autre. Colin Powell était farouchement opposé à ce que l'on déclare la guerre à l'Irak à la suite des attentats de New York et Washington. Il ne voyait aucun véritable lien entre Saddam et le 11-Septembre. Il affirma que partir en guerre sous ce prétexte ne ferait qu'inciter les pays membres de ce qui devenait rapidement une coalition internationale à quitter le train en marche. « Ils vont avoir l'impression qu'on les ferre après les avoir appâtés — ce n'est pas pour ça qu'ils se sont engagés », résuma froidement le secrétaire d'État. Il était debout sur la pédale de frein.

Le chef de cabinet de la Maison Blanche Andrew H. Card déclara que l'Irak ne devait être ni l'objectif principal ni l'objectif initial. Tenet était également d'avis que la première cible terroriste que les militaires devaient placer dans leur ligne de mire était l'Afghanistan, non l'Irak.

À ce moment-là, on constate donc qu'il y avait quatre voix contre une intervention initiale en Irak, une abstention, Rumsfeld, et aucune voix favorable. Powell trouva l'abstention de Rumsfeld très intéressante. Il se demanda ce qu'elle signifiait. Rumsfeld avait pour habitude de poser des questions — des questions, des questions, toujours des questions ! — sans dévoiler sa propre position.

Ayant lui-même présidé autrefois l'État-Major Interarmes, Powell put s'adresser en toute franchise à l'un de ses successeurs, le général Hugh Shelton, au cours d'une conversation privée que les deux hommes eurent après une réunion du Conseil de sécurité nationale. Quand Rumsfeld avait évoqué l'« éventualité » irakienne, Powell avait tourné la tête vers Shelton et levé les yeux au ciel.

« Nom de Dieu ! À quoi pensent donc ces types ? s'était exclamé Powell à l'adresse de Shelton. Ne pouvez-vous pas les faire rentrer dans leur trou ? »

Shelton lui assura qu'il essayait. Le seul partisan déterminé d'une attaque contre l'Irak à ce moment-là était Paul Wolfowitz, qui estimait qu'une guerre en Afghanistan serait risquée et incertaine. Wolfowitz redoutait la perspective de voir, six mois plus tard, cent mille soldats américains piégés dans les montagnes notoirement difficiles de ce pays. Le régime irakien, en revanche, était certes répressif, mais fragile, et il risquait de s'écrouler facilement sous les coups d'une opposition impatiente de renverser le dictateur. Il estimait qu'il y avait entre 10 et 50 % de chances que Saddam soit impliqué dans les attaques du 11 septembre — estimation étrange, fondée sur un profond sentiment de soupçon, mais qu'aucune preuve ne venait étayer.

Dans l'après-midi du lendemain, soit le dimanche 16 septembre, Bush annonça à Rice que le premier objectif de la guerre contre le terrorisme serait l'Afghanistan. « Pour l'instant, nous ne nous occupons pas de l'Irak, ajouta le président. Nous le mettons provisoirement de côté. Mais nous devrons un jour ou l'autre aborder à nouveau cette question. »

Le 17 septembre, le président signa l'ordre top secret autorisant la CIA et l'armée à mener dans le monde entier de nouvelles opérations antiterroristes. L'Afghanistan était la priorité absolue. Rumsfeld reçut comme instruction de continuer à travailler sur des plans d'attaque contre l'Irak, mais ce n'était plus une priorité.

Dans un entretien accordé près d'un an plus tard, le président Bush déclara que dans la période qui avait immédiatement suivi le 11 septembre, « certains évoquaient la possibilité d'attaquer l'Irak. Pour moi, c'était hors de question à ce moment-là. Je n'avais besoin d'aucun briefing là-dessus, je vous assure ». Et il ajoutait : « Don [Rumsfeld] — et je l'approuvai — eut l'intelligence de chercher d'autres endroits du monde où nous pourrions démontrer que la guerre contre le terrorisme se déroulait sur l'ensemble du globe. » Rumsfeld voulait également des troupes terrestres en Afghanistan, et pas seulement des bombardiers et des missiles de croisière tirés à distance. « C'est lui qui a insisté pour qu'on envoie des hommes sur place, afin de changer la vision psychologique que les Américains avaient de la guerre », souligna le président.

Bush estimait que Clinton cherchait à fuir les risques. Ce dernier avait eu recours à des missiles de croisière en 1998 pour attaquer Ben Laden en Afghanistan à la suite des attentats commis par Al Qaïda contre deux ambassades américaines en Afrique de l'Est. Pendant la guerre du Kosovo, échaudé par la désastreuse mission de 1993 en Somalie, qui avait vu dix-huit GI périr au cours de combats de rues acharnés, il avait limité l'engagement américain à une campagne aérienne.

« Rumsfeld voulait s'assurer que nos forces étaient actives dans d'autres régions. J'insistais sur le fait que le degré de difficulté devait être relativement faible de façon que nous soyons sûrs de remporter la première bataille. »

Deux ans après le 11 septembre, au cours d'un entretien dans le bureau de sa résidence à la Maison Blanche, le président Bush déclara : « Le 11 septembre a de toute évidence modifié profondément la conception que j'avais de mes responsabilités en tant que président. Parce que le 11 septembre a fait de la sécurité du peuple américain une priorité... un devoir sacré pour son président. C'est un devoir incontournable pour le président, parce que s'il ne s'en acquitte pas, qui d'autre le fera ? »

Les attentats du 11 septembre ont modifié sa position à l'égard de « la capacité de nuisance de Saddam Hussein », dit-il avant d'ajouter que « tous ses traits terrifiants sont devenus d'autant plus menaçants.

Réussir à le maintenir dans sa boîte m'est apparu de moins en moins réalisable ». Saddam était un « fou », ajouta-t-il. « Il a utilisé dans le passé des armes de destruction massive. Il est coupable d'une incroyable instabilité dans la région. » Saddam avait envahi l'Iran dans les années 80 et le Koweït dans les années 90.

« Pour qui entend jouer le jeu de l'endiguement, les options en Irak étaient relativement limitées », conclut-il.

Conservateur partisan d'une ligne dure, le sexagénaire Cheney s'était déjà ménagé une position spéciale au sein de l'Administration et exerçait une forte emprise sur le président. C'était le vice-président modèle : secrétaire général de la Maison Blanche sous la présidence de Gerald Ford à l'âge de 34 ans ; puis dix ans comme unique représentant du Wyoming, son État natal, au Congrès ; et enfin éphémère chef du groupe républicain à la Chambre des représentants avant d'être choisi par Bush père en 1989 pour être son secrétaire à la Défense. Jugé par de nombreux républicains comme étant l'homme du parti le plus qualifié pour accéder à la présidence, Cheney avait envisagé de se présenter à l'élection de 1996. Mais il trouva la collecte des fonds et l'attention médiatique par trop déplaisantes et accepta en 1995 de devenir PDG d'Halliburton, géant texan du pétrole et de la fourniture d'énergie. Il resta à ce poste jusqu'à ce que Bush lui propose à l'été 2000 de devenir son candidat à la vice-présidence en lui disant : « Si tout va bien, j'aurai besoin de votre avis, mais j'en aurai surtout besoin si les choses vont mal. »

Personne ne savait très bien à l'époque comment un homme à la personnalité aussi imposante, avec son instinct de grand patron habitué à donner des ordres, trouverait sa place au sein de la nouvelle administration Bush. En effet, en tant que vice-président, il n'aurait aucune responsabilité opérationnelle, aucun département ni aucune agence sous sa coupe. Or, deux rôles ont vite émergé pour lui.

À l'issue d'une élection serrée dans laquelle le ticket Bush-Cheney ne l'emporta qu'après un contretemps de trente-six jours consacré au recomptage des voix en Floride et au terme d'un arrêt de la Cour suprême, le sentiment général — le sentiment de ceux que Cheney aimait appeler « les petits esprits de Washington » — était que Bush serait contraint de procéder avec prudence. D'un point de vue technique, c'était un président minoritaire, puisque Al Gore avait engrangé 500 000 voix de plus que lui au total. Mais Bush annonça à Cheney qu'il n'était pas question de réduire la voilure et de se comporter comme un président minoritaire. « La première fois que nous sommes entrés à la Maison Blanche, se souvint un jour Cheney dans une conversation privée, nous avons senti sur nos épaules le poids d'une présidence entravée, mais ce sentiment dura tout au plus trente secondes. Nous ne nous y sommes pas attardés. Nous avions un projet, nous avions fait campagne sur ce projet et nous avions remporté l'élection. Alors, en avant toute ! » Cheney était ravi de cette approche. Il n'aimait pas donner l'impression de faiblir sur des questions qui lui tenaient profondément à cœur.

La première de ces questions était une réduction massive des impôts. En tant que vice-président, Cheney présidait le Sénat et disposait du pouvoir constitutionnel de décider de l'issue d'un vote en cas de résultat nul. Et comme le Sénat était divisé en deux groupes égaux de démocrates et de républicains, il avait techniquement les moyens de faire pencher la balance selon son gré. Aussi fut-il étroitement mêlé aux tractations qui se déroulèrent autour des premières baisses d'impôts voulues par George W. Bush. Lors d'une réunion à huis clos tenue dans la matinée du 4 avril 2001, il s'empara d'une des petites serviettes en papier jaune pâle portant l'inscription « Chef de la majorité parlementaire » qui provenaient du bureau du sénateur Trent Lott et y inscrivit trois chiffres :

1 600
1 425
1 250

La proposition émise par Bush pour l'ensemble des réductions d'impôts équivalait à 1 600 milliards de dollars, tandis qu'un groupe de sénateurs démocrates voulait s'en tenir à 1 250. À l'aide d'un stylo bleu, Cheney traça un large cercle autour du chiffre 1 425 — ce qui, pour la première initiative de l'Administration, représentait un compromis. Bush obtiendra finalement une réduction d'impôts de 1 350 milliards de dollars.

Cheney avait été l'un des personnages clés de l'Administration lors des longues négociations secrètes visant à obtenir le vote positif du sénateur républicain du Vermont, James Jefford, sur la question des réductions d'impôts. Or, non seulement l'Administration perdit la voix de Jefford, mais il démissionna du Parti républicain et adopta l'étiquette indépendante, procurant ainsi aux démocrates le contrôle provisoire du Sénat. Les compromis législatifs n'étaient pas le fort de Cheney.

Bush et Cheney convinrent ensemble d'un autre rôle pour le vice-président. Vu l'expérience que possédait Cheney dans le domaine de la sécurité nationale depuis l'époque de la présidence Ford, compte tenu du fait qu'il avait siégé à la commission sur le renseignement de la Chambre des représentants et occupé le poste de secrétaire à la Défense, Bush lui annonça que l'une des choses les plus importantes dont il voulait que Cheney s'occupe était le renseignement. Au cours des premiers mois de la nouvelle Administration, Cheney fit la tournée de toutes les agences de renseignements — la CIA, la NSA (National Security Agency), chargée de l'interception des communications, et enfin l'Agence de renseignements du département de la Défense, la DIA (Defense Intelligence Agency) au Pentagone. Il était déterminé à combler son retard sur tout ce qui avait pu apparaître pendant les huit années qui s'étaient écoulées depuis son départ du gouvernement. Bush demanda également à Cheney d'étudier la vulnérabilité du pays face au terrorisme, et en premier lieu face aux menaces chimique et biologique. Dès l'été 2001, Cheney avait engagé un amiral à la retraite, Steve Abbott, à qui il confia pour tâche de définir un programme destiné à aborder de manière plus sérieuse la Défense du pays.

Avec l'aval et les encouragements du président, Cheney devint l'évaluateur autoproclamé des pires scénarios imaginables. Sans que cet aspect ait été formalisé, il entreprit de se pencher sur les gouffres, d'envisager les hypothèses les plus terrifiantes. Étant donné son expérience et son tempérament, c'était la mission idéale pour Cheney. Il avait la conviction que l'on devait dorénavant être prêt à penser l'impensable. C'était une façon efficace d'être le numéro deux — sélectionner quelques problèmes, devenir un expert dans ces domaines, et ensuite exhorter le numéro un à adopter vos solutions.

Cheney estimait que l'administration Clinton avait

échoué dans ses réactions face aux actes terroristes, lesquels remontaient au premier attentat contre le World Trade Center en 1993, et qu'à chaque fois sa réplique avait été entachée de faiblesse : aucune réaction efficace en 1996 après l'attentat contre les Khobar Towers abritant des installations militaires américaines en Arabie Saoudite ; réplique insuffisante aux attentats de 1998 contre deux ambassades américaines en Afrique de l'Est, et aucune réaction après l'attentat contre l'USS *Cole* en 2000.

Après le 11 septembre, il devint clair pour Cheney que la menace terroriste avait changé et s'était considérablement accrue. Aussi, deux choses devaient-elles aussi changer. Tout d'abord, le niveau de preuve devait être abaissé — l'existence d'une preuve irréfutable ne serait plus exigée pour que les États-Unis prennent des initiatives pour se protéger. Et deuxièmement, on ne pouvait plus se contenter de rester sur la défensive. On devait passer à l'offensive.

La menace la plus grave pesant désormais sur les États-Unis était une arme nucléaire, ou un agent chimique ou biologique détenu par un terroriste à l'intérieur des frontières du pays. Et aux yeux de Cheney, tout devait être fait pour empêcher que cela ne se produise.

En ce 21 novembre, lorsqu'il entraîna Rumsfeld à l'écart, Bush avait décidé qu'il était temps de s'occuper de l'Irak. « Je veux savoir quelles sont les options », se souvint-il avoir dit à son secrétaire à la Défense. « Un président ne peut rien décider, ni prendre de décision rationnelle tant qu'il ne comprend pas la faisabilité de ce que l'on risque de devoir faire. C'est pourquoi, en discutant avec Don Rumsfeld à ce sujet, ce que je lui ai demandé à ce moment-là, c'est de me montrer ce qu'il avait prévu au cas où quelque chose devait arriver. D'ailleurs, nous avions déjà répété cet exercice [en Afghanistan]. »

Bush avait conscience qu'il s'agissait là d'un grand pas et qu'il impliquait de préparer le pays et le monde à la guerre. « Du fait que c'est pour moi un territoire inconnu, je n'ai aucune idée de ce qu'il faut mettre en œuvre pour que le Pentagone réponde à une demande. Je présume que Don Rumsfeld... faisait en sorte que le projet soit mis au point sans délai. » Le président connaissait son homme.

3

Une fois passée la colère qui l'avait saisi le 21 novembre quand on lui avait annoncé que Rumsfeld attendait de lui une évaluation personnelle sur le plan de guerre contre l'Irak, le général Franks retrouva rapidement son calme. « On va faire ce qu'on peut », confia-t-il à son chef des opérations, Renuart. Il savait que le personnel subissait une pression énorme et qu'en raison de la guerre en Afghanistan, l'écrasante charge de travail était sans cesse renouvelée. « Ne vous inquiétez pas outre mesure. Nous ferons seulement ce que nous pourrons. » Puis Franks ajouta d'un ton rassurant : « Mon vieux, je n'arrive pas à imaginer que nous allons bientôt nous lancer là-dedans. »

Mais dorénavant Rumsfeld avait ses ordres et entendait ne pas perdre une seule minute. Le président s'intéressait de près au plan d'attaque contre l'Irak, et quand le président était intéressé, Rumsfeld l'était aussi. Il avait passé la majeure partie de l'année en cours à chercher — « à se prendre les pieds dans le tapis », disaient certains — une réponse sur la façon dont il convenait de mener la prochaine guerre. Son document de soixante et onze pages sur la nouvelle stratégie de défense, publié cet automne-là, ne répondait pas vraiment à la question. Mais la méthode de Rumsfeld — les questions incessantes, les interrogations, les réévaluations infinies des réévaluations — avait d'ores et déjà mis au jour d'énormes problèmes. Le secrétaire à la Défense en avait pris la mesure plusieurs mois auparavant, quand il avait commencé à étudier les plans stratégiques et les plans d'urgence, la façon détaillée dont on envisageait de mener des guerres spécifiques.

« Montrez-moi le plan de guerre en Corée », avait ordonné Rumsfeld peu après son arrivée au secrétariat à la Défense. Le régime isolé, brutal et militariste de la Corée du Nord, dirigé par le timonier Kim Jong II, était considéré par beaucoup comme le prochain point chaud potentiel et la menace la plus aiguë. Kim avait produit ou était dangereusement près de produire des armes nucléaires.

Aussi les planificateurs briefèrent-ils Rumsfeld sur le Plan d'opérations 5027, le plan d'urgence ultrasecret en cas de guerre avec la Corée du Nord.

« J'étais sidéré », se souvint plus tard Rumsfeld dans un entretien. Le plan avait plusieurs années de retard et se concentrait sur les moyens de transporter un grand nombre de troupes dans la région. Il ne prenait pas non plus en compte le fait que les États-Unis avaient à présent un nouveau président, Bush, ainsi qu'un nouveau secrétaire à la Défense. Et que ces deux hommes avaient de nouvelles idées et de nouvelles stratégies. Rumsfeld en fut consterné.

Il voulait savoir si la Corée du Nord possédait ou non des bombes nucléaires. En cas de guerre, cela ferait à coup sûr une différence énorme. Partait-on du principe que les Coréens disposaient d'armes nucléaires ? Les stratèges du Pentagone n'avaient pas de réponse à cette question. Partaient-ils de l'hypothèse que les Nord-Coréens disposeraient de ces armes d'ici un an ? Deux ans ? Là encore, il n'y avait pas de véritable réponse.

Rumsfeld se souvint leur avoir posé d'autres questions. « Où en sont leurs capacités militaires ? Ont-elles augmenté ou diminué depuis l'élaboration du plan ? »

Le vice-amiral Edmund P. Giambastiani, ex-commandant de sous-marin nucléaire et principal conseiller militaire de Rumsfeld à l'époque, dut admettre que le plan ne proposait ni options ni solutions intermédiaires. L'alternative, d'après lui, se résumait ainsi : « Préférez-vous avoir recours à la rhétorique ou voulez-vous amener une batterie de marteaux-pilons pour réduire en bouillie ce moustique ? » C'était soit la diplomatie, soit la guerre totale.

« Ce que j'aimerais, c'est que samedi prochain, annonça Rumsfeld — qui aimait convoquer les gens le samedi —, les stratèges et les concepteurs de plans d'urgence viennent me briefer sur toutes les hypothèses de travail à partir desquelles sont élaborés ces plans. Je ne veux pas voir les plans, je veux voir les hypothèses sur lesquelles ils se fondent. »

C'est ainsi qu'un samedi du début du mois d'août 2001, le chef de l'État-Major Interarmes, le directeur du service des plans opérationnels et tous ses chefs de division se présentèrent dans le bureau de Rumsfeld.

Sur les soixante-huit plans existants, moins d'une dizaine étaient des plans d'ensemble, méthodiquement développés, comme ceux concernant la Corée, l'Irak et quelques autres points chauds potentiels. Les autres consistaient en des projets plus modestes d'évacuation en urgence de civils, ou de protection de zones clés comme le canal de Panamá. Après avoir consacré plusieurs heures à étudier en détail quatre ou cinq de ces plans, le vice-amiral Giambastiani, qui était censé faire respecter les horaires du train du Pentagone — c'est-à-dire Rumsfeld — déclara : « Nous en avons pour une semaine si nous n'accélérons pas le rythme. Il faut avancer plus vite. »

C'est ce que fit Rumsfeld. La principale solution préconisée par la plupart des plans dans la perspective d'une guerre consistait à redéployer en plusieurs mois une vaste portion de la machine militaire américaine, et dans certains cas une partie de l'infrastructure des transports et des capacités logistiques américaines dans la région concernée, que ce soit en Asie ou au Moyen-Orient.

« Eh bien, je ne suis pas d'accord avec cette conception », lâcha d'un ton sec le secrétaire à la Défense quand un des participants tenta de justifier ce qui avait été prévu.

Deux ans plus tard, Rumsfeld se souvenait encore de la scène. « Je suis resté là pendant... dans cette pièce là-bas, dit-il en désignant la salle de conférences qui s'ouvrait à l'extrémité de son vaste bureau du Pentagone. J'étais assis là et ces gens n'en croyaient tout simplement pas leurs oreilles. Ça a pris la plus grande partie de la journée. Un colonel se levait et énumérait les hypothèses de travail, et moi je les disséquais et on en parlait. » Certains participants racontèrent que Rumsfeld les avait en fait mis sur le gril en leur faisant remarquer que les colonels et les autres n'avaient pas vraiment isolé les hypothèses et qu'ils ignoraient ce que voulait la nouvelle Administration. « Et ensuite un autre type se levait et on passait les plans un par un au peigne fin. »

« Ils me briefaient seulement sur ce qu'ils avaient en rayon. » Et en fait de rayon, c'était une vieille étagère poussiéreuse qui remontait à quatre ou cinq ans en arrière dans certains cas. Les directives officielles transmises aux stratèges dataient souvent du milieu des années 90. « Et malgré ça, on n'en avait même jamais discuté dans le bureau du secrétaire à la Défense », se souvenait Rumsfeld avec dédain.

« À ce moment-là, de surcroît, nous avions une nouvelle stratégie de défense », ajouta-t-il en faisant allusion à son concept, qui préconisait de dissuader toute agression contre les intérêts américains en démontrant notre capacité à écraser rapidement une éventuelle attaque. « Bien entendu, les vieux plans n'étaient pas conçus du tout dans l'optique de ce nouveau contexte. Nous avons donc dû les mettre à jour. »

« Je leur ai dit : Écoutez, il nous faut faire deux choses. Nous nous devons de fournir au pays et au président des plans de guerre, des plans d'urgence, une réflexion actualisée. Et le seul moyen pour y parvenir est d'arriver à comprimer de façon radicale le processus d'élaboration. Au lieu qu'il prenne des années, nous devons le ramener à un rythme permettant de le tenir à jour au fur et à mesure que l'on intègre de nouvelles données et de nouvelles hypothèses. »

Il existait une convergence entre l'accélération du processus d'élaboration des plans de guerre voulue par Rumsfeld et les leçons du 11 septembre telles qu'il les voyait. Dans une interview accordée quatre mois après les attaques terroristes, il déclarait : « L'idée maîtresse de tout cela est qu'il est impossible de se défendre contre le terrorisme. » C'était une chose qu'il avait apprise durant les six mois où il avait agi comme envoyé du président Reagan au Proche-Orient en 1983 et 1984. « Il est impossible de défendre tous les lieux tout le temps contre toutes les méthodes d'attaque possibles. C'est tout simplement impossible parce que vos adversaires changent sans arrêt de technique et d'horaires, et vous, vous êtes obligés de suivre. Et comme vous devez les mettre hors d'état de nuire, vous êtes obligés de les frapper de manière préventive. »

Ces mots furent prononcés exactement quatre mois et demi avant que Bush n'expose officiellement sa doctrine de prévention. Rumsfeld imaginait un futur où les États-Unis devaient être prêts à frapper les premiers.

Rumsfeld entendait mettre au point la machine de guerre dans tous les domaines. « Ce que j'ai fait, c'est que je suis allé voir les commandants de théâtre de pratiquement toutes les zones de responsabilité géographique et je leur ai dit : "Sortez-moi les plans, étudions-les, adoptons un ordre de priorité et réduisons la durée du processus de façon à pouvoir les redéfinir beaucoup plus rapidement". » Ce qui impliquait de commencer par les hypothèses de départ, « chose que presque personne ne fait, remarqua-t-il, vu que la plupart des gens débutent avec le plan déjà élaboré, qu'ils se contentent ensuite de retoucher ».

Eh bien, désormais il n'y aurait plus de petites retouches, fini les modifications millimétriques. « J'ai annoncé que nous commencerions par les hypothèses de travail, qu'ensuite nous établirions les priorités, et qu'à ce moment-là seulement, chacun des commandants se mettrait à travailler sur ses plans. Et pendant qu'ils travaillaient dessus, j'ai demandé qu'ils viennent me voir toutes les six ou huit semaines. » Rumsfeld surveillerait les devoirs de ses subordonnés.

« Comme ça, poursuivit le secrétaire, tout le boulot d'intendance qui doit être accompli, et qui représente un travail énorme, ne sera fait qu'au dernier moment, une fois que l'approche globale aura été définie. » Ce « boulot d'intendance » consistait à établir les tableaux et graphiques détaillés concernant le déplacement des forces, la logistique et les communications nécessaires au rassemblement d'une armée à des milliers de kilomètres de ses bases.

« Je ne sais pas, ajouta Rumsfeld, si c'était [George] Marshall ou un autre, toujours est-il que quelqu'un a dit que si la stratégie est correcte au départ, un simple lieutenant sera capable de dresser un plan. Il suffit de savoir ce que vous faites et où vous allez. » Le problème était que personne d'autre que Rumsfeld ne le savait.

« Vous pouvez très bien parcourir une longue distance dans la bonne direction sans secouer les gens et leur faire perdre leur temps. Et ça me brise le cœur quand on voit des gens dévoués et talentueux travailler si dur sur quelque chose et, quand on étudie leur travail de près, d'être obligé de se dire : "Bonté divine, on n'aurait jamais dû prendre cette direction". »

La méthode de Rumsfeld était claire, et il n'en faisait pas mystère : « Le seul moyen pour que ces choses-là soient faites correctement consiste, dans les cas où le risque est élevé, à le mettre sur la table et à le discuter, au lieu d'essayer de l'atténuer et de le réduire à un niveau auquel on n'a pas la possibilité de le compenser et de l'équilibrer. » Il était prêt à assumer les risques d'un recours à une force moindre, et souhaitait en tout cas en identifier les avantages.

Aucun officier des grades inférieurs, comme les colonels, ne souhaitait prendre de risque. Ils préféraient ajouter une division supplémentaire à un plan, 20 000 hommes de plus, juste pour être sûrs. « Voilà comment on voit les choses à leur niveau, alors qu'on les aborde de manière tout à fait différente à un niveau supérieur. »

À la fin de la réunion d'évaluation de ce samedi-là, Rumsfeld prononça son verdict : « C'est dingue, tout ça est une vraie folie. » Les plans de guerre étaient mal conçus. « C'est soit la paix mondiale, soit la Troisième Guerre mondiale. Le bouton est allumé ou éteint. » Ses ordres étaient clairs. « On ne va pas procéder comme ça. »

C'était pendant qu'il était en train de réviser la totalité des plans de guerre et des plans d'urgence que le président lui demanda où en était le plan concernant l'Irak. Rumsfeld passa alors au braquet supérieur. « À un moment, c'est devenu beaucoup plus pressant, dit-il, et la demande était hautement prioritaire. »

Le lundi 26 novembre au matin, quelques jours après Thanksgiving, le président accueillit dans la Roseraie de la Maison Blanche deux membres bénévoles d'une association humanitaire. Heather Mercer et Dayna Curry avaient été secourues par les soldats américains en Afghanistan. Au cours de ce long entretien, les journalistes interrogèrent le président sur l'Irak et Saddam.

« Pour prouver au monde qu'il ne développe pas d'armes de destruction massive, il devrait autoriser les inspecteurs de l'ONU à revenir, déclara Bush.

— Et s'il ne le fait pas, quelles seront les conséquences ?

— Eh bien dans ce cas, il devra..., répliqua le président. Il verra bien. »

Le lendemain, le *New York Times* titrait en une : « Laissez revenir les inspecteurs, dit le président à l'Irak en laissant entendre : "Ou sinon..." »

Ce matin-là, six jours après que le président avait formulé sa demande au sujet du plan de guerre contre l'Irak, Rumsfeld se rendit en avion à Tampa pour voir le général Franks au QG du CENT-COM. Après avoir salué tout le monde, il vira de la pièce les assistants de Franks ainsi que ses propres conseillers, allant même jusqu'à dire à son adjoint militaire, le vice-amiral Giambastiani : « Ed, il faut que vous sortiez. »

« Allez chercher le plan sur l'Irak et voyons où nous en sommes », fit Rumsfeld à Franks une fois qu'ils furent seuls. Tel qu'il se présentait alors, le plan de guerre contre l'Irak, l'énorme document top secret dit Plan d'opérations 1003, traçait les grandes lignes d'une attaque et d'une invasion de l'Irak qui permettraient de renverser le régime de Saddam Hussein. « Ne commencez pas avant de m'avoir soumis vos hypothèses de départ, intima Rumsfeld à Franks, parce qu'il nous faut remettre en question tout ce que nous avons fait dans ce domaine. » Un des points qui intéressaient vivement Rumsfeld était de connaître l'état de l'armée irakienne. Quelles étaient ses capacités ? Son niveau d'entraînement ? Était-elle animée de la volonté de combattre pour Saddam ?

Rumsfeld déclara qu'à sa connaissance, le président ne souhaitait pas entreprendre quelque chose tout de suite, mais qu'il serait prudent de commencer à se pencher sur une telle éventualité.

Le plan existant était un véritable salmigondis. Rumsfeld le trouva pesant ; il promettait à l'évidence de rééditer la guerre du Golfe de 1991. Il prévoyait le déploiement d'une force de quelque 500 000 hommes, dont six divisions d'infanterie et de Marines sur le terrain, et n'envisageait au fond qu'un seul scénario, à savoir une initiative de Saddam semblable à son invasion du Koweït en 1990, qui exigerait une réaction massive tout en nécessitant un long laps de temps pour rassembler les forces susceptibles de lancer une offensive militaire. Un calendrier complexe confirmait qu'il faudrait quelque sept mois afin de déployer et de préparer les forces nécessaires dans la région avant de passer à l'attaque. Il s'agissait, aux yeux de Franks, de la classique et pesante accumulation de chars et de bombardiers datant d'une autre époque. Exactement le genre de raisonnement qui rendait Rumsfeld dingue.

Le Plan d'opérations 1003 avait été avalisé pour la dernière fois en 1996, et sa mise à jour en 1998 avait reçu l'approbation de tous les porte-tampons du Pentagone, à part qu'il n'avait pas été signé par le secrétaire à la Défense de l'époque, William Cohen.

Durant une heure, Rumsfeld et Franks examinèrent le plan, le processus de planification, les hypothèses de travail et le raisonnement éventé qui les sous-tendait.

« Mettons sur pied un groupe capable de réfléchir en dehors de tout cadre préconçu, lança Rumsfeld. Bien sûr que nous devons tenir compte de la planification militaire traditionnelle, mais libérons-nous un peu des contraintes et réfléchissons à un moyen de résoudre ce problème. »

Après la réunion, les deux hommes se présentèrent devant les médias pour faire le point sur la guerre en Afghanistan, l'opération Liberté Immuable. Physiquement, Franks semblait dominer Rumsfeld, qu'il dépassait d'une tête. Mais il était clair que c'était Rumsfeld le patron. La guerre en Afghanistan était pratiquement gagnée, en tout cas dans sa phase initiale. Les mises en garde généralisées contre un bourbier à la vietnamienne se trouvaient démenties, en tout cas pour l'instant, et Rumsfeld était d'excellente humeur.

« C'est fantastique ! J'ai un pointeur laser ! » s'exclama Rumsfeld après qu'on lui eut remis un de ces gadgets dernier cri en matière de briefings. « Fichtre ! » Il ne faisait pas courir que les taliban et

Al Qaïda, mais aussi, dans une certaine mesure, les médias, et il en tirait un plaisir manifeste.

« Franchement, dans quelle mesure cela est-il une surprise ? » s'enquit un journaliste en faisant allusion aux rapides résultats obtenus en Afghanistan.

« Je pense que ce qui s'est passé au cours des toutes premières phases s'est déroulé exactement comme il avait été prévu, répondit Rumsfeld. On avait l'impression qu'il ne se passait rien. En vérité, tout se passait comme si nous étions... (et là il demanda à l'assistance de se joindre à lui) — tous avec moi — dans un BOURBIER ! »

Il y eut quelques rires clairsemés.

Rumsfeld aborda alors un de ses thèmes de prédilection : les apparences sont trompeuses. « À présent, tout semble plutôt bien se passer, tout comme, durant les premières phases, on avait l'impression que tout allait de travers. À ce sujet je voudrais rappeler que ce que nous avions dit dès le départ était juste, à savoir que ça allait être une période très difficile. » Les villes afghanes n'étaient pas encore sûres. « Ce n'est pas terminé. Ça va prendre un certain temps. » L'Afghanistan était instable. Ben Laden et le mollah Omar étaient toujours en fuite. « Des gens vont mourir en raison des risques et des dangers qui existent là-bas. »

Rumsfeld savait très bien qu'il n'y avait pas eu de véritable plan pour l'Afghanistan, qu'on avait tout improvisé sous la forte pression et dans l'incertitude consécutives au 11 septembre. Il en irait différemment dans le cas de l'Irak. Il n'allait pas se laisser prendre de court, il serait prêt et engagé à fond.

Quatre jours plus tard, le 1er décembre, un samedi, Rumsfeld fit parvenir à Franks, par l'intermédiaire du chef de l'État-Major Interarmes, un ordre de planification top secret lui demandant de venir le voir avec son évaluation personnelle de la situation afin de jeter les bases d'un nouveau plan de guerre en Irak. En deux pages, l'ordre annonçait que Rumsfeld souhaitait savoir de quelle façon Franks entendait conduire les opérations militaires afin de chasser Saddam du pouvoir, éliminer la menace d'éventuelles armes de destruction massive et enrayer le soutien qu'on le soupçonnait d'apporter au terrorisme. Il s'agissait en réalité de l'ordre officiel incitant à réfléchir en dehors des cadres préconçus.

Le Pentagone était censé laisser trente jours à Franks pour présenter son évaluation — un rapide tour d'horizon et l'ébauche de quelque chose de nouveau, une première esquisse. « Il avait un mois et on lui a sucré vingt-sept jours », se souvient le général des Marines Pete Pace, vice-président de l'État-Major Interarmes et chouchou de Rumsfeld. Franks avait trois jours pour rendre sa copie.

Au département d'État, l'adjoint de Powell, Rich Armitage, avait appris que le *New York Times* préparait un article pour le samedi 1er décembre. On lui avait confié que l'article expliquait que Powell avait une position modérée sur l'Irak, alors que Rumsfeld poussait à la roue. Il était probable qu'il s'agirait d'un de ces reportages fondés sur les déclarations, fuites et déductions attribuées à d'anonymes « sources gouvernementales bien placées ».

Un article de presse ainsi référencé indique souvent une sorte d'approbation officieuse, il est le reflet d'une position pas tout à fait officielle, mais qui s'abstient de heurter les intérêts du président. Ce genre d'article peut toutefois s'avérer extrêmement agaçant dans la mesure où l'on ne sait pas si la personne citée appartient à la Maison Blanche ou à un autre département ou agence, ni même ce qui permet de la qualifier de « bien placée ».

Armitage décida d'intervenir de manière quelque peu spectaculaire dans l'article du *Times* en cours de rédaction et de protéger les flancs de Rumsfeld en livrant des commentaires officiels. Cela donnerait du poids à l'article, non pas tant du fait que le haut responsable serait identifié, mais parce qu'il était le n° 2 du département d'État et le meilleur ami du n° 1. Armitage déclara au *Times* que le président Bush était engagé dans un effort calculé destiné à utiliser la dynamique liée à la guerre en Afghanistan pour tenter de contraindre Saddam à autoriser le retour des inspecteurs en armements de l'ONU. Les inspecteurs, qui agissaient en vertu de l'accord signé à l'issue de la guerre du Golfe de 1991, avaient été expulsés par Saddam en 1998. Le département d'État de Powell étant en permanence soupçonné de tendances subversives, ou en tout cas de se ranger du côté des modérés et des colombes aux premiers cliquetis de sabre, Armitage voulait faire savoir sans ambiguïté que ses services avaient bien reçu le message. « Le président l'a dit, alors c'est comme ça, on en reparle, déclarait Armitage dans une citation. Je pense qu'il ne fait de doute pour personne qu'un Irak doté d'armes de destruction massive constitue une menace pour ses voisins et, à terme, pour nous-mêmes, aussi nous allons faire tout le nécessaire pour mettre un terme à cette menace. »

Les déclarations d'Armitage, ainsi que quelques remarques publiques de Rice, firent la une du *New York Times* du 1er décembre, sous un modeste titre imprimé sur une colonne : « Les États-Unis font pression sur l'Irak pour qu'il laisse l'ONU enquêter sur les armes interdites. » Pour Armitage, c'était un excellent article, qui démentait, au moins temporairement, les rumeurs selon lesquelles Powell avait adopté une position tiède. Quand il est loin des micros et caméras, Armitage, que son crâne chauve et son large torse font ressembler à un croisement entre Daddy Warbucks[1] et un champion de la Fédération mondiale de catch, affectionne un langage beaucoup plus expressif. L'article, remarqua-t-il plus tard dans une conversation privée, disait que « les gens du département d'État étaient dans le coup, qu'ils voulaient eux aussi se faire ces ordures ». Ce qui était parfaitement vrai, sauf que Powell et Armitage voulaient agir plus tard, et d'une façon qui permette de préserver la coalition internationale anti-Saddam qui avait soutenu la guerre du Golfe en 1991. La fonction du département d'État est d'ordre diplomatique, on attend de lui qu'il procède par discussions et négociations, et non par la guerre, en vue de résoudre des problèmes tels que celui posé par l'Irak.

Rumsfeld attendait impatiemment que Franks vienne au Pentagone le 4 décembre lui présenter sa première ébauche officielle du plan de guerre en Irak. L'entrevue devait se dérouler dans le plus grand secret. Franks demanda qui il pouvait faire venir aux réunions. Rumsfeld lui répondit que le général Gene Renuart, le directeur des opérations de Franks, pourrait y assister, et même les accompagner à la Maison Blanche pour participer aux réunions du Conseil de sécurité nationale avec le président. Renuart avait commandé une escadrille de chasseurs pendant la guerre du Golfe et pris personnellement part à trente-quatre missions. Avant de devenir le J-3 de Franks, il avait passé un an en Arabie Saoudite à la tête de Sou-

---

1. Personnage de la BD *Little Orphan Annie*. (*N.d.T.*)

thern Watch, chargée de faire respecter l'interdiction de vol dans la zone d'exclusion aérienne méridionale, de sorte qu'il avait une connaissance de première main de la région et de tous les renseignements concernant l'Irak.

« Écoutez, quand Gene est dans le coin, vous pouvez le faire participer à tout ce que vous voulez, je n'y vois aucun inconvénient », confia Rumsfeld à Franks.

C'est ainsi que le 4 décembre, Franks et Renuart se rendirent dans le bureau de Rumsfeld au Pentagone. Franks commença par déclarer qu'en raison de la brièveté du délai qu'on lui avait imparti, il n'avait pu procéder qu'à de simples retouches du Plan d'opérations 1003. Il était parvenu à réduire la quantité d'hommes nécessaires à 400 000 déployés sur six mois, soit un allégement de 100 000 hommes et une réduction d'un mois de la durée de transfert par rapport au plan initial.

« Voilà l'état de la planification telle qu'elle est aujourd'hui », déclara Franks à Rumsfeld et à une poignée d'adjoints. Lui-même avait étudié le plan avec Rumsfeld à Tampa la semaine précédente, mais c'était la première fois que les autres en prenaient connaissance. « Nous allons tous rencontrer de grosses difficultés avec ce plan. »

Surtout le secrétaire Rumsfeld, aurait-il pu ajouter.

Si ce plan était aussi important, souligna Franks, c'était parce qu'il s'agissait du seul dont ils disposaient. Comme aucun des présents ne l'ignorait, il fallait généralement deux, voire trois ans pour élaborer un plan de guerre. Aussi, plutôt que de le reprendre à zéro, pouvait-on remanier légèrement le Plan d'opérations 1003 du fait qu'il leur faudrait peut-être le mettre rapidement en application. « L'inconnue réside dans le moment où un avion se fera descendre dans le cadre de l'opération Southern Watch, remarqua-t-il. Une autre inconnue est le moment où nous établirons un lien entre Al Qaïda, les services de renseignements irakiens et le régime de Saddam. » On ne pouvait tout simplement pas jeter le Plan d'opérations 1003 à la poubelle en le déclarant mauvais. Si pour une raison ou pour une autre le président se levait un matin — disons le lendemain — et décidait de partir en guerre contre l'Irak, c'était ce plan-là que l'on appliquerait. « Je ne dis pas que je suis pour. Ce n'est pas la question. La question, c'est que c'est tout ce que nous avons sous la main. »

Franks et Rumsfeld se regardèrent. Ils avaient déjà convenu entre eux qu'ils n'allaient pas se laisser entraîner dans un tel plan.

« J'ai l'impression que ça va prendre un moment, dit Rumsfeld.

— C'est exact, monsieur le secrétaire, rétorqua Franks. Ce travail va nous demander beaucoup de temps.

— Je ne suis pas sûr que nous ayons besoin d'une telle force compte tenu des leçons que l'on peut tirer de l'Afghanistan », objecta Rumsfeld.

Le secrétaire à la Défense faisait allusion à ce que la guerre en cours avait d'ores et déjà démontré sur les armes à guidage laser et les progrès réalisés dans le domaine du renseignement, de la surveillance et de la reconnaissance. Les tout nouveaux Predator, ces petits avions sans pilote, ou drones, qui transmettaient des séquences vidéo en temps réel, pouvaient rester en vol durant vingt-quatre heures et tirer deux missiles Hellfire. Rumsfeld considéra les tableaux. « Je ne suis pas sûr que nous serons obligés de le faire, dit-il.

— Ce n'est pas moi qui vous contredirai, répliqua

Franks. Je pense aussi que rien ne nous oblige à le faire, mais ce plan est ce qu'il est. »

Personne ne savait, leur rappela Rumsfeld, de combien de temps on disposerait pour acheminer les troupes. Personne ne pouvait savoir ce qui déclencherait la décision présidentielle. D'après le plan, il leur faudrait six mois. Rumsfeld voulait quelques options et variantes, et attendait en particulier les résultats de la réflexion non conventionnelle qu'il avait demandé à Franks de mener. Comment pouvait-on réduire le laps de temps entre le moment où le président prendrait éventuellement la décision d'une guerre et celui où les opérations militaires pourraient commencer ? Et si l'on n'avait pas assez de temps pour transporter des forces importantes ? Quel était le temps minimum nécessaire à l'acheminement sur place de troupes en nombre suffisant pour atteindre les objectifs fixés ?

Franks ne connaissait pas les réponses. Il avait, bien entendu, compris l'importance de remettre en cause les hypothèses de travail. Il était en train de s'assurer qu'il les avait toutes identifiées et qu'il pourrait, dans un avenir proche, les exposer toutes.

La mission en cas de guerre en Irak était claire : changer le régime, renverser Saddam, éliminer les menaces qui lui étaient associées — les armes de destruction massive, les liens avec le terrorisme, le danger qu'il représentait pour ses voisins, et au premier chef pour Israël. C'était beaucoup demander. Une des réalités était le niveau des forces américaines sur place à l'époque. Celui-ci se réduisait à un bataillon de cinq cents hommes cantonnés au Koweït. Il existait dans la région des équipements prépositionnés ; de quoi suffire à un millier de personnels militaires supplémentaires. Et c'était tout. Quelque deux cents avions étaient habituellement basés dans la région — une centaine d'appareils de l'Air Force stationnés sur la base Prince Sultan en Arabie Saoudite dans le cadre de l'opération Southern Watch, et sur des bases en Turquie pour l'opération Northern Watch. Une autre centaine d'avions étaient embarqués sur le porte-avions de la Navy qui croisait dans les parages.

Rumsfeld exigea qu'on lui communique les meilleurs et les plus récents renseignements sur l'armée irakienne. Celle-ci avait été substantiellement réduite depuis la guerre du Golfe. Dans quelle proportion ? Quelles en étaient les implications ?

Cette fois, on accorda huit jours à Franks pour rassembler de nouveaux éléments, et le 12 décembre, Renuart et lui retournèrent au Pentagone pour soumettre leur appréciation à Rumsfeld. On la baptisa deuxième mouture de l'évaluation personnelle du commandant, et on l'entoura de tout le secret possible afin de respecter la ferme volonté du président Bush d'éviter toute fuite. Franks aborda deux questions essentielles : était-il possible de rassembler une force supérieure en un laps de temps plus court ? Pouvait-on réussir avec une force moindre ?

Rumsfeld estimait que la réponse était oui dans les deux cas, mais il avait d'autres questions à poser.

« L'opération sera-t-elle visible dans son ensemble ? » s'enquit-il. Quelles parties d'un déploiement militaire au Proche-Orient pouvaient être dissimulées ? Y aurait-il des choses, des mouvements d'équipements et de troupes, qui resteraient sous la ligne de flottaison, ni vus ni connus du public ?

Rumsfeld et Franks savaient tous deux que c'était possible.

Que pouvait-on faire pour accroître la part d'éléments invisibles ? voulait savoir Rumsfeld. Quelles étaient les choses que l'on pouvait faire sans que Saddam l'apprenne ?

Franks recommanda la prudence pour les éléments de grande taille. Si l'on procédait à de vastes mouvements de troupes ou à un déploiement de porte-avions, tout le monde le remarquerait et les journaux en parleraient.

Quels étaient les éléments qui coûteraient le plus cher ? s'enquit Rumsfeld, toujours économe. Y avait-il des éléments qui ne coûteraient pas grand-chose ?

Une pensée lui traversa alors l'esprit. « Déterminez tout ce que vous pourriez faire dès avril ou mai. » On était alors à quatre ou cinq mois du printemps.

La demande coupa le souffle à Renuart. Rumsfeld avait commencé par suggérer que rien ne pressait, et soudain tout devenait urgent. La perspective de déclencher une guerre contre l'Irak au printemps était déconcertante.

« Entendu, monsieur le secrétaire, répondit Franks. Nous allons étudier ça. » Il quitta la réunion avec un sentiment de frustration. Il aurait voulu arriver à chaque réunion avec une solution 100 % réalisable. C'était impossible, bien sûr, mais il ne cessait de harceler Renuart et le personnel de la planification. Il voulait qu'ils soient à l'avant-garde de son propre processus de réflexion — qu'ils puissent étudier et apporter une réponse aux questions avant même que Rumsfeld ne les lui pose.

Franks, qui est un lève-tôt, se réveille vers 3 ou 4 heures du matin, même s'il n'arrive généralement pas à son travail avant 7 heures. Un matin qu'il pressait particulièrement ses subordonnés, Renuart tenta de le calmer par une plaisanterie : « Patron, nous arrivons au travail à 6 heures, notre esprit commence juste à fonctionner et vous, vous avez déjà pris deux heures d'avance sur nous. »

Franks ne disposa que d'une semaine avant que Rumsfeld le convoque une nouvelle fois au Pentagone le 19 décembre pour la troisième mouture du plan. Et une fois encore, Rumsfeld déclara qu'il n'était pas satisfait — qu'il n'était pas « comblé », comme il lui arrivait de dire pour exprimer son mécontentement.

Plus tard, Rumsfeld remonta dans ses souvenirs lors d'un entretien conduit dans son bureau du Pentagone. « J'ai tendance à poser des tas de questions aux gens avec qui je travaille, mais à ne leur donner que très peu d'ordres. Cet endroit est si vaste et si compliqué, et il y a tant de choses que j'ignore que je dois en permanence me renseigner, chercher à savoir, insister, demander pourquoi on n'a pas fait ceci ou est-ce qu'on ne devrait pas faire cela. Mais ce sont de simples questions. »

Pourtant, Rumsfeld devait bien avoir conscience que lorsque le secrétaire à la Défense demande pourquoi telle chose n'a pas été faite, ou si on ne devrait pas faire telle autre chose, ou qu'il exprime ne serait-ce que le plus léger mécontentement, cela acquiert le poids d'un ordre, même si la phrase exprime une simple interrogation. Les questions de Rumsfeld ne sont pas de banales spéculations, il ne les pose pas dans un contexte abstrait ni à partir d'une vague perplexité. Il est peu probable qu'il ait mal jaugé son autorité au sein de l'institution militaire ; le patron, c'est le secrétaire à la Défense, point. Ou qu'il n'ait pas compris la force de sa personnalité expansive. C'est lui qui tient la barre, et comme il aimait le répéter, le pilotage devait se faire d'en haut, parce qu'aux niveaux inférieurs, les planificateurs ne résolvaient les problèmes qu'en ajoutant encore plus de troupes, qu'en prévoyant encore plus de temps. Il était disposé à accepter des risques accrus pour être prêt plus vite, et en tant que secrétaire à la Défense, c'était lui qui en définitive pouvait assumer la responsabilité de ces risques et les justifier devant le président. « Le président veut vous voir à Crawford », annonça Rumsfeld à Franks à l'issue de ce dernier briefing. Bush passait les vacances dans son ranch texan de près de 800 hectares situé à Crawford.

« Je n'irai pas à moins que vous y alliez aussi », répliqua Franks qui, sachant que Rumsfeld était très chatouilleux sur la question de la chaîne de commandement, y mit une pointe d'ironie.

« Eh bien, je verrai », rétorqua le secrétaire.

Plus tard, Rumsfeld expliqua que tout cela n'avait pas été dû au hasard. « Je savais sur quoi était fondée ma relation avec le président, je connaissais la façon de l'aborder, ses centres d'intérêt, comment il se sent et sa façon de réagir aux choses, et il m'est apparu — peut-être parce que j'ai lu beaucoup d'ouvrages d'histoire dans ma vie — que si je devais devenir un lien efficace entre le président et le commandant en chef, c'était tout cela qui devait être transmis à Franks, et à travers lui, à ses subordonnés. Aussi, je me suis mis à passer beaucoup de temps avec Franks, nous dînions ensemble, nous bavardions sur des tas de choses, on se téléphonait. On parlait de ceci et on discutait de cela, et je me suis dit que c'était vraiment d'une importance fondamentale si jamais nous devions mettre en danger la vie de nos soldats. Que ce serait un véritable canal du président à moi et de moi à lui, et de lui à moi et de moi au président. Je me suis également efforcé de le mettre aussi souvent que possible en contact avec le président, parfois même en mon absence. »

Rumsfeld parla au président, puis rappela Franks et lui transmit un ordre surprenant. « Le président veut que vous alliez le voir seul. »

4

Fin novembre, le MI6, le service des renseignements extérieurs britanniques, transmit à Washington le résultat d'une opération complexe qu'il menait sous couverture au Pakistan. Dans le cadre de cette action clandestine, destinée à enrayer la prolifération de la technologie et des armements nucléaires, des agents britanniques devaient se faire passer pour les représentants d'extrémistes ou d'un pays islamiste radical, afin d'établir des contacts avec des personnes potentiellement suspectées de vouloir favoriser cette prolifération. On craignait en effet que le Pakistan, disposant d'armes atomiques et d'un programme nucléaire relativement sophistiqué, ne transmette cette technologie à d'autres pays musulmans, voire au réseau d'Oussama Ben Laden.

Un scientifique nucléaire pakistanais avait ainsi proposé de vendre le schéma d'une bombe rudimentaire aux agents britanniques. Après l'avoir mis en confiance, les Anglais furent à même d'obtenir de lui des informations supplémentaires. Le savant finit par dessiner un plan nettement plus précis — et, d'après les Britanniques, à l'échelle correcte — d'une arme nucléaire. Le schéma révélait une compréhension très avancée des complexités de la technologie nucléaire militaire. On y trouvait même les éléments permettant de mettre au point une arme radioactive grossière, ou « bombe sale ». D'une conception relativement simple, la bombe sale n'en est pas moins terrifiante. Elle se composerait d'un matériau hautement radioactif, par exemple des barres de combustible usagées, dont on envelopperait des explosifs conventionnels. En détonant, ce dispositif est capable de contaminer plusieurs pâtés de maisons, voire un quartier entier. En outre, l'impact psychologique serait considérable.

Et pour couronner le tout, un autre rapport des services de renseignements signalait la présence d'Oussama Ben Laden à une réunion où l'un de ses lieutenants avait présenté un conteneur métallique censé abriter un matériau radioactif, qu'il brandit d'un air menaçant pour prouver que les responsables d'Al Qaïda ne plaisantaient pas quand ils affirmaient vouloir se procurer des équipements nucléaires. Lorsque les unités spéciales de la CIA s'étaient infiltrées en Afghanistan, le sanctuaire de Ben Laden, elles avaient découvert le plan d'une bombe sale ainsi que d'autres papiers relatifs à la mise au point d'armes nucléaires. En dépit de leur caractère grossier et de leur manque de précision, les documents indiquaient sans ambiguïté les intentions de leurs propriétaires. Peu de temps auparavant, Ben Laden lui-même avait déclaré à un journaliste pakistanais qu'il détenait des armes chimiques et nucléaires « à titre dissuasif ».

Ce fut un moment crucial pour le président Bush lorsque tous ces éléments lui furent soumis.

« George, dit-il à Tenet, je veux que vous alliez tirer ça au clair. Sautez dans un avion et partez sur-le-champ au Pakistan. Pas question de traîner. »

Quelques heures plus tard, Tenet était de l'autre

côté du globe. Grand, massif, s'exprimant d'une voix rauque et séduisante, Tenet exerce une présence assez incontournable. Il alla voir le chef des services de renseignements pakistanais avec l'intention de lui remonter sérieusement les bretelles. Après seize heures de vol, il bouillonnait. Réfractaire par nature à tout euphémisme diplomatique, il joua à la fois du bâton et de la carotte.

« Je ne peux pas me contenter de dire à mon président, déclara-t-il à l'officier pakistanais, qu'il n'y a pas de bombe nucléaire aux États-Unis ! S'il y en a une et qu'elle explose, ce sera votre faute ! »

Tenet rencontra le président pakistanais, le général Pervez Musharraf, pour lui transmettre le même message. Il s'efforça du mieux qu'il put de déciller les yeux de ce général réservé, occidentalisé et anglophone. Les autorités pakistanaises avaient interpellé plusieurs de leurs scientifiques, et leur interrogatoire confirmait que l'un d'entre eux au moins avait eu des contacts avec des membres d'Al Qaïda.

Tenet insista pour que les Pakistanais se consacrent vingt-quatre heures sur vingt-quatre et sept jours sur sept à cette affaire, qu'ils en explorent systématiquement tous les aspects et toutes les pistes, qu'ils enquêtent sur tous leurs scientifiques.

Tenet reprit l'avion pour Washington dans la nuit du 1er décembre. Cinq services de renseignements étrangers, dont celui de l'Arabie Saoudite, furent avertis qu'un dispositif nucléaire susceptible de se présenter sous n'importe quelle forme, depuis la bombe sale jusqu'à la tête militaire la plus sophistiquée, pouvait être en circulation. Les Saoudiens prirent des mesures de sécurité exceptionnelles à leurs frontières, redoublant les contrôles à l'aide de détecteurs de radiations.

Ces informations eurent un effet spectaculaire sur

Bush. Il ne voulait pas donner l'impression de réagir mollement. On émit le lundi suivant une nouvelle alerte terroriste nationale qui signalait de façon assez vague que « la quantité et les niveaux d'alertes [étaient] supérieurs à la normale » et qu'une attaque était à craindre « dans les prochaines semaines ». Le vice-président Cheney, qui était parti pour une destination sûre en dehors de Washington, dut tenir plusieurs réunions avec de hauts responsables étrangers en visite par l'intermédiaire d'un système sécurisé de vidéoconférence.

Deux journalistes du *Washington Post* avaient eu vent de la possibilité d'une menace à la bombe sale ou à la bombe nucléaire, et le journal s'apprêtait à publier des détails à ce sujet dans son édition du dimanche 2 décembre. En l'absence de Tenet, toujours à l'étranger, un très haut responsable de la CIA m'appela chez moi quelques heures à peine avant la mise sous presse du journal et insista pour que la publication de l'article soit retardée.

Ce responsable m'expliqua, à propos de Musharraf, que l'on « exerçait une forte pression sur lui », qu'on lui « serrait les boulons ». Il ajouta : « Nous venons de réussir à convaincre les Pakistanais de travailler avec nous. S'ils tombent sur ce genre d'article, ils risquent de se rétracter parce qu'ils considéreront ça comme une tentative de pression » par médias interposés. « Les renseignements sont vagues, souligna-t-il. Le matériau que nous avons est plus indicatif que formel. »

Len Downie, directeur de la publication du *Post*, discuta avec le responsable de la CIA et décida de retarder la sortie de l'article.

Le *Post* ne le publia donc que quelques jours plus tard, sans faire mention du voyage de Tenet au Pakistan. L'article fit la une de l'édition du mardi 4 décembre, avec un titre sur deux colonnes : « Les États-Unis craignent que Ben Laden ait progressé sur la voie nucléaire ; la possible existence d'une "bombe sale" alimente les inquiétudes. » Quatre mois plus tard, le haut responsable de la CIA qui m'avait contacté m'informa que l'Agence n'avait pas découvert ce qu'ils redoutaient en Afghanistan, mais qu'il était possible que cela se trouve ailleurs. « Je ne pense pas, ajouta-t-il, que nous en ayons terminé avec cette affaire[2]. »

Les craintes ne se dissipèrent jamais, et le président et son Conseil de sécurité nationale durent envisager la possibilité d'une attaque à une échelle telle qu'elle renverrait le 11 septembre au statut de simple péripétie. Dans ce contexte, on voyait mal en quoi une réaction aurait pu être exagérée. Après tout, personne n'aurait envisagé avant le 11 septembre qu'il fût possible de détourner des avions de ligne pour les utiliser comme missiles contre des bâtiments afin de faire des milliers de victimes. Tenet rappela qu'après la guerre du Golfe, les inspecteurs en désarmement avaient découvert que Saddam disposait de huit moyens différents pour acquérir une arme nucléaire — des moyens sans doute grossiers et inadaptés, mais qui n'en constituaient pas moins une menace.

[manuscript note: A MOINS L'UNE D'ELLES EST FAUSSE : LA FILIÈRE AFRICAINE]

Dans les jours pré[...] lement le rythme ral[...] quinquagénaire, vif [...] d'arrache-pied dans [...]

2. Il s'agissait de la prem[...] permit de mettre au jou[...] nucléaire par le responsab[...] Abdul Qadeer Khan, qui avoua plus tard avoir aidé l'Iran, la Corée du Nord et la Libye.

Office Building, à deux pas de la Maison Blanche. C'est une salle obscure et sans prétention, dont la cheminée a été le témoin de bien des événements historiques, puisque Theodore Roosevelt avait travaillé là lorsqu'il était secrétaire adjoint à la Marine, puis Franklin Roosevelt quand il occupa cette même fonction. Son occupant actuel compilait méthodiquement des fiches et des notes soigneusement rédigées. Il faisait partie d'une caste à part parmi les responsables politiques de Washington — celle des hommes de l'ombre, toujours discrètement présents dans les coulisses. C'était également un des principaux acteurs de l'appareil de sécurité nationale de Bush. Son nom est I. Lewis Libby Jr. Personnage digne et quelque peu solennel, Libby s'était vu affublé du sobriquet incongru de « Scooter » par lequel tout le monde le connaissait.

Libby avait trois titres officiels. Il était chef de cabinet du vice-président Cheney ; il était conseiller à la sécurité nationale auprès du vice-président ; enfin, il était un des assistants du président Bush. Le fait que ces trois fonctions soient détenues par une seule et même personne était probablement sans précédent. Scooter était un centre de pouvoir à lui tout seul, et par conséquent un multiplicateur au carré des projets et des conceptions de Cheney.

Protégé de Paul Wolfowitz, Libby avait travaillé pour lui dans les années 80 lorsque Wolfowitz était secrétaire d'État adjoint, puis dans les années 90 alors qu'il était le sous-secrétaire de Cheney au Pentagone, où Libby était chargé des armements chimiques et biologiques de Saddam Hussein.

Dans son nouveau rôle, Libby était une des deux seules personnes (l'autre étant l'adjoint de Rice, Stephen Hadley) qui, sans être l'un des principaux responsables de l'équipe dirigeante, pouvaient participer aux réunions du Conseil de sécurité nationale avec le président et aux réunions entre responsables présidées par Rice.

Depuis sa position stratégique, Libby assistait et participait au débat et au développement de la politique de sécurité nationale du président. Du fait que Cheney ne disposait d'aucune autorité directe sur les plans militaire, diplomatique ou du renseignement — ni d'ailleurs dans aucun autre domaine —, ni le vice-président ni Libby n'avaient à subir les escarmouches et crises quotidiennes, sauf bien sûr s'ils décidaient eux-mêmes d'y participer. Tous deux s'occupaient des questions essentielles en matière de politique et de prise de décision. Au bout du compte, comme le savait Libby, la seule chose qu'on attendait de Cheney, c'était qu'il donne son avis — au Conseil de sécurité nationale mais surtout, et de façon directe, au président.

Avocat chevronné, Libby connaissait la valeur de la prudence, de la patience, et du silence. Comme Cheney, il avait un véritable talent pour ne rien dire et était capable de se fermer totalement durant une conversation ou un entretien. Un style qui pouvait irriter et désarçonner leurs collègues. Libby était également expert dans l'art de détourner les questions sur ses opinions en posant à son tour des questions : « Que voulez-vous dire au juste ? » ou : « Dans quel sens employez-vous le terme "décision" ? »

Il avait décroché son diplôme à Yale en 1972, soit quatre ans après Bush, et neuf ans après que Cheney eut pu obtenir le sien s'il n'avait pas abandonné en route. À la différence de ses deux patrons, Libby avait obtenu son diplôme avec mention très bien. Il avait écrit en 1996 un roman qui n'avait pas fait grand bruit, *The Apprentice*, récit d'aventures pimenté de quelques scènes érotiques situé dans le Japon du début du XXᵉ siècle, un essai que la *New York Times Book Review* avait loué pour « sa prose délicate et ses descriptions émouvantes ».

Libby aimait s'immerger dans les détails — composition et caractéristiques de diverses tribus en Irak, ou même tactiques militaires. Pendant la crise du Golfe en 1990, Wolfowitz et Libby avaient proposé d'infiltrer des commandos des forces spéciales dans l'ouest de l'Irak afin de protéger Israël et éviter que ce pays ne s'implique dans la guerre. L'idée avait séduit Cheney, alors secrétaire à la Défense, mais n'avait pas intéressé le patron du Commandement Centre, le général Norman Schwartzkopf. Libby aimait faire remarquer que pendant la guerre, Schwartzkopf avait dû consacrer près du quart de ses moyens aériens pour sécuriser l'ouest de l'Irak. Si seulement le général l'avait écouté...

Dans les jours qui suivirent les attaques du 11 septembre, le *New York Times* publia en première page un article concernant le débat en cours au sein de l'administration Bush sur l'éventualité de s'en prendre à l'Irak dès la première phase des opérations militaires liées à la guerre contre le terrorisme. Sous le titre « Les conseillers de Bush divisés sur l'ampleur des représailles », l'article signalait que Powell était opposé à une action contre l'Irak, tandis que Wolfowitz et Libby en étaient présentés comme des partisans acharnés. Il était extrêmement rare que le nom de Libby soit mentionné dans la presse, et il en conçut un profond malaise. Les journalistes ne l'avaient pas contacté pour recueillir ses commentaires, et il jugeait ces indiscrétions « scandaleuses ». Il clama que l'article était « faux ». Mais quand on lui demanda s'il était « entièrement faux », il répondit par une pirouette de langage bien digne d'un avocat : « Pas entièrement faux, mais il est faux. » Il n'avait jamais parlé de l'Irak au sein des réunions élargies du Conseil de sécurité nationale, mais comme il disait, « on évoquait la question ici ou là ».

Libby alla voir Armitage. « J'ai l'habitude de voir le nom de Powell dans les journaux, lui expliqua-t-il. Mais je n'ai pas apprécié de voir le mien à côté, surtout dans ce contexte. C'est une histoire qui ne me concerne pas.

— Vous voulez que je transmette au secrétaire ? s'enquit Armitage.

— S'il vous plaît, oui.

— Je le lui dirai, fit Armitage. Je lui répéterai fidèlement vos propos, mais il ne s'agit pas d'un combat personnel. Ça concerne les affaires du pays, Scooter. Et la façon dont nous les menons.

— Il ne s'agit pas de savoir qui a de l'affection pour l'Irak et qui n'en a pas, rétorqua Libby. Il s'agit de savoir ce qui est faisable et ce qui ne l'est pas. »

Libby estimait qu'il avait été sage de se concentrer sur l'Afghanistan dans un premier temps, mais à présent, les choses se déroulaient bien là-bas. Il était persuadé que, selon l'acception la plus exacte et la plus étendue de la guerre contre le terrorisme, il fallait régler la question de l'Irak. Il était impossible à son avis de régler définitivement le problème du terrorisme sans, disait-il en privé, « se pencher sérieusement sur le problème irakien ». Vue sous cet angle, cette histoire, en réalité, le concernait tout à fait.

Comme le voulaient ses différentes fonctions, ainsi que sa propre nature, il étudiait soigneusement le président, prenant des notes sur sa gestuelle et son langage oral quand il ordonnait que l'on mette au point un plan de guerre contre l'Irak, sur ses questions, ses attitudes et le ton de sa voix. Libby avait l'impression que le président n'avait peut-être pas pris la décision de partir en guerre, mais qu'en tout cas il était déterminé à résoudre le problème irakien d'une façon ou d'une autre. Il savait qu'un plan de guerre solide était en cours d'élaboration. Il sentait, plus même que Cheney, que le président était déjà bien avancé dans sa détermination à faire tomber Saddam Hussein. C'était un tournant important.

5

Le matin du vendredi 28 décembre, dans son ranch de Crawford, dans le Texas, le président se leva à 5 heures, puis passa un moment avec sa femme Laura. La maison, petite, très moderne, presque austère, se dresse sur les rives d'un lac artificiel. En dehors des signes extérieurs de la présidence — personnel de sécurité et domestiques pour la cuisine et le service —, elle pourrait passer pour la résidence secondaire joliment aménagée d'un couple aisé. Bush venait d'achever la lecture du *Theodore Rex* d'Edmund Morris, un portrait élogieux du président Teddy Roosevelt et de la « diplomatie du gros bâton » qu'il avait menée au début du XXe siècle. Même un lecteur pressé de cet ouvrage de cinq cent cinquante-cinq pages, et même un lecteur enclin à sauter des passages comme aurait pu l'être Bush, ne pouvait manquer d'en saisir le message : Teddy Roosevelt avait dominé et marqué son époque en exerçant avec fermeté son pouvoir présidentiel, en agissant, en exigeant des résultats, tout cela avec un style personnel à la fois optimiste et exubérant, et fondé sur une telle assurance qu'il en devenait parfois hautain et arrogant. D'habitude, Bush serait alors parti pour un jogging de trois ou quatre kilomètres, mais ce jour-là, il attendait une visite dans la matinée.

Le président se rendit dans un autre bâtiment du ranch, un bâtiment spécial dénommé SCIF — Sensitive Compartmented Information Facility — où il pouvait recevoir des briefings sensibles de vive voix, ou par l'intermédiaire d'une liaison vidéo sécurisée. Le briefing concocté par les services de renseignements ce jour-là, entre Noël et le jour de l'An, comprenait un document top secret portant le nom de code Threat Matrix (Matrice de la menace), qui constituait le dernier rapport en date sur les menaces et activités terroristes. Le paragraphe 8, sur les dix-neuf figurant dans le texte de quatorze pages, décrivait une communication interceptée en provenance de l'une des zones d'Afghanistan où Al Qaïda, le réseau terroriste d'Oussama Ben Laden, était encore actif. La personne, non identifiée, déclarait qu'« une bonne nouvelle serait bientôt annoncée », et semblait indiquer à demi-mot que de nouvelles attaques étaient en préparation. C'était précisément le même genre d'avertissement vague, mais qui faisait froid dans le dos, qu'on avait signalé au cours des mois précédant les attentats du 11 septembre. Quoi qu'il en soit, le rapport donnait à réfléchir et allait peser sur l'ambiance de la réunion qui allait se tenir.

Le général Tommy Franks et son directeur des opérations, le général Renuart, rejoignirent le président dans la salle de conférences vidéo sécurisée. Sur les écrans apparurent Cheney, qui se trouvait dans sa résidence de vacances du Wyoming, Rumsfeld, depuis sa retraite de Taos au Nouveau-Mexique, et enfin Condi Rice, Powell et Tenet, restés à Washington.

Le président aimait voir les visages des membres de son cabinet de guerre.

Franks, qui revenait juste d'Afghanistan, résuma les opérations en cours dans ce pays. La première phase de la campagne afghane s'étant conclue de manière satisfaisante, les membres du cabinet de guerre lui témoignaient le respect dû à un général victorieux. Quelqu'un, probablement un survivant du réseau de Ben Laden ou du régime en fuite des taliban, avait tiré un missile sol-air sur son hélicoptère, mais avait raté sa cible.

« Franks, lui dit Bush, la dernière chose dont j'ai besoin, c'est que vous vous fassiez descendre. »

Powell remarqua avec ironie que les seuls censés prendre des risques étaient les capitaines, les commandants et tous ceux qui leur étaient inférieurs en grade, et non les généraux quatre étoiles.

Franks aborda alors la raison principale de la réunion, à savoir l'élaboration du plan de guerre contre l'Irak.

« Monsieur le président, commença-t-il, il nous reste beaucoup à faire sur ce plan, mais laissez-moi vous montrer où nous en sommes pour l'instant. » Il tendit alors au président une copie papier des vingt-six diapositives qui illustreraient le briefing. Sur chaque feuille figurait au stylo rouge la mention Top Secret/Polo Step — ce qui correspondait à la classification spéciale des informations concernant les plans militaires opérationnels. L'accès à ces documents est strictement limité aux personnes qui doivent impérativement les connaître. Sous certains aspects, il s'agit de la classification la plus sensible, et ces vingt-six pages représentaient le travail secret le plus important mené au sein du gouvernement. Des copies en avaient été transmises par ordinateur classifié à Cheney, Powell, Rice et Tenet. Comme pour insister sur le caractère ultrasensible des documents, la première

page du dossier portait en majuscules la mention :
PLAN HAUTEMENT CONFIDENTIEL.

Le plan était le reflet du travail de réexamen que Rumsfeld avait confié à Franks. Il s'agissait de rien moins qu'un concept novateur en vue d'une guerre contre l'Irak, une guerre susceptible d'être menée en tant que frappe préventive. L'opération de style Tempête du Désert était toujours dans les cartons sous le nom de Plan d'opérations 1003, mais celui-ci prévoyait encore l'envoi de 400 000 hommes avec un délai de préparation de près de six mois. On ne pouvait guère tabler sur l'effet de surprise.

Franks fit remarquer que pour la guerre en Afghanistan, il avait essayé de s'éloigner du scénario classique préconisant une campagne aérienne massive suivie d'une intervention au sol. Il avait préféré développer ce qu'il appelait des « lignes d'opérations », des actions pouvant être menées de façon indépendante et souvent simultanée. Du fait de l'absence de bases de départ et de ravitaillement en Afghanistan ou dans les environs immédiats, il avait été contraint de compter largement sur les forces spéciales, les petites unités de commandos d'élite. Le champ de bataille afghan avait démontré que les unités des forces spéciales pouvaient être mises à contribution, par exemple pour guider avec précision, à l'aide de pointeurs laser, les bombes larguées par des appareils de l'Air Force ou de la Navy. Cette intégration des forces aériennes et terrestres dépassait de loin tout ce qui avait été fait dans les opérations militaires antérieures.

Aussi la notion de campagne aérienne suivie d'une campagne terrestre était-elle à présent dépassée. Il n'y aurait qu'une seule campagne.

Parcourant les différents tableaux et graphiques, Franks déclara qu'en ce qui concernait l'évaluation personnelle que lui avait demandée Rumsfeld le 1er décembre, il en avait soumis trois versions successives au secrétaire à la Défense les 4, 12 et 19 décembre. La directive du secrétaire était de réfléchir en dehors des méthodes habituelles de planification militaire.

Les lignes d'opérations constituaient la clé de voûte du nouveau plan. Ces lignes d'opérations reposaient sur les différents éléments de ce que les militaires, la CIA et même les diplomates pouvaient faire pour accentuer la pression sur l'Irak. Franks et son équipe s'étaient efforcés d'élaborer un plan qui ne se limitait pas à une opération militaire, mais conjuguait tous les éléments de la puissance nationale. Chacune de ces lignes d'opérations pourrait être menée de façon indépendante, mais ensemble, elles développeraient une masse critique qui réduirait la puissance militaire conventionnelle à mettre en œuvre. Ces lignes d'opérations étaient loin d'avoir toutes le même poids, mais c'était un moyen de définir les capacités américaines. Franks expliqua que les sept lignes d'opérations étaient les suivantes :

1. Des opérations cinétiques ou « tirs opérationnels » qui incluraient la campagne de bombardements aériens classique, ainsi que le déploiement de missiles de croisière Tomahawk lancés depuis des navires ou des avions, plus des systèmes sol-sol longue distance tels que le Tactical Missile System (TACMS) de l'armée de terre, qui expédie un missile semi-balistique de 4 mètres de long à une distance de 150 à 270 km. En gros, cette ligne concernait le largage d'armes de précision en profondeur sur le territoire ennemi.

2. Des opérations de guerre non conventionnelle, à l'aide des forces spéciales qui effectueraient des

pénétrations en Irak, par exemple des raids d'annihilation destinés à interdire le tir de missiles Scud sur Israël ou l'Arabie Saoudite. Là encore, l'Afghanistan avait montré les vastes possibilités qui s'ouvraient dans le domaine de la rapidité et de la furtivité.

3. Des manœuvres opérationnelles, autrement dit les opérations classiques au sol menées par des forces conventionnelles comme les divisions de l'armée de terre et des Marines.

4. Opérations d'influence — diffusion d'informations, ainsi qu'une grande variété d'opérations psychologiques et de désinformation.

5. Appui aux groupes d'opposition dans l'ensemble de l'Irak, dont les Kurdes au nord et les groupes chi'ites mécontents du sud du pays, et même au sein de l'appareil militaire irakien. Cet appui se ferait en pleine coordination avec la CIA. Il pourrait comprendre toutes sortes d'aspects, depuis les livraisons d'armes jusqu'à un soutien apporté à ces groupes pour les aider à collecter des renseignements et à mener des opérations de reconnaissance stratégique et de sabotage.

6. Les aspects politico-militaires de la diplomatie, y compris des opérations civiles-militaires auprès de la population, en particulier après la fin des principaux combats.

7. Assistance humanitaire à la population irakienne.

Telles étaient les choses qu'il était possible de faire, conclut Franks, qui précisa qu'il ne s'agissait là que d'une esquisse et que les lignes d'opérations étaient susceptibles d'être à la fois élargies et affinées.

En tout cas, il estimait que ce qu'il venait d'énumérer représentait une rupture avec les conceptions traditionnelles. Il avait l'intention de déployer ces lignes d'opérations contre ce qu'il appelait les « tranches » de capacité ou de vulnérabilité du régime irakien. Il s'agissait des différents centres de gravité au sein du gouvernement de Saddam.

Franks en avait alors défini neuf :

1. Le cercle dirigeant, le premier cercle autour de Saddam et de ses deux fils Oudaï et Qoussaï.

2. La sécurité intérieure et l'appareil de renseignements du régime, dont le cercle rapproché des gardes du corps du Service spécial de sécurité [ou *Amn Al Khas*] ; le réseau de commandement, de contrôle et de communication.

3. L'infrastructure des armes de destruction massive.

4. Les capacités de production, de maintenance et d'emploi des missiles.

5. Les divisions de la Garde républicaine et de la Garde républicaine spéciale qui protégeaient Bagdad.

6. Les régions et territoires à l'intérieur de l'Irak d'où il était possible d'exercer une pression, comme la zone septentrionale kurde, qui jouissait déjà d'une autonomie de fait.

7. L'armée régulière irakienne.

8. L'infrastructure commerciale et économique irakienne ; et aussi l'infrastructure diplomatique à l'étranger, qui comprenait des agents opérant à partir de leurs ambassades.

9. La population civile.

Franks présenta alors un graphique en forme de matrice algébrique, avec les « tranches » du pouvoir irakien représentées le long de l'axe supérieur ou horizontal, tandis que les « lignes d'opérations » étaient figurées le long de l'axe latéral ou vertical. La matrice comprenait un total de soixante-trois cases — soit sept lignes d'opérations multipliées par neuf tranches de pouvoir irakien.

De petits pictogrammes représentant des explosions ou des étoiles marquaient les cas dans lesquels des « lignes d'opérations » particulières pourraient être utilisées efficacement contre certaines « tranches » de vulnérabilité du régime.

Par exemple, des bombardements cinétiques pouvaient s'avérer particulièrement efficaces contre : 1. les dirigeants ; 2. les services de sécurité intérieure ; 5. les divisions de la Garde républicaine ; 7. l'armée régulière irakienne ; mais certainement pas contre : 9. la population civile. Les opérations d'influence, en revanche, pouvaient être menées avec efficacité contre l'infrastructure commerciale, économique et diplomatique. Elles pouvaient même être utilisées contre le cercle dirigeant et certainement en direction de l'armée régulière, qui n'était pas aussi loyale envers Saddam que l'était la Garde républicaine.

« Si vous souhaitez que le régime s'écroule, poursuivit Franks, une campagne de bombardements ne suffira pas. Il vous faut susciter dans l'esprit des gens l'envie irrépressible de se débarrasser de Saddam. Les opérations d'influence et d'information seraient cruciales. »

Les forces spéciales pouvaient être utilisées pour prendre le contrôle des puits de pétrole dans le sud, opération qui ne nécessitait pas un grand nombre de troupes, et pour s'emparer de territoires relativement peu défendus dans l'ouest du pays afin d'empêcher les tirs de missiles Scud. Les forces spéciales pouvaient également être envoyées aux côtés des Kurdes dans le nord du pays et ainsi, avec le soutien simultané de la CIA aux groupes d'opposition et, pourquoi pas, à certains responsables militaires irakiens mécontents de leur sort, créer les conditions permettant à l'opposition intérieure irakienne de contribuer au renversement du régime.

Franks précisa qu'il allait s'attacher à mieux comprendre les liens entre ces lignes d'opérations et les tranches de vulnérabilité ennemie. C'était un concept en gestation, toujours en développement.

D'un point de vue général, Franks souligna que grâce à cette approche, on pourrait éviter la phase de déploiement, longue et laborieuse, d'une grande quantité de troupes dans la région, de façon qu'une attaque puisse être lancée dans un délai plus court, et avec des effectifs moindres. Mais il fallait prendre garde à ne pas déclencher les opérations trop tôt, au risque de ne pas disposer d'une force suffisante.

Le président fut séduit par l'idée que la force pouvait être appliquée de manière précise et sélective contre les différentes tranches. Il comprit qu'il serait possible de susciter puis d'exploiter les vulnérabilités irakiennes avec plus d'efficacité si les moyens, militaires et autres, étaient combinés de façon correcte.

Lors d'un entretien mené deux ans plus tard, Bush se souvenait très bien des « petites étoiles » figurant sur la matrice, mais pas des autres détails.

Franks passa alors à la diapositive Top Secret/Polo Step montrant les bases et dépôts de ravitaillement qu'il serait nécessaire d'obtenir d'autres pays dans la perspective d'une guerre. Que pouvait-on raisonnablement espérer sur ce plan-là ? Franks présenta trois options — la plus large, la réduite et l'unilatérale.

La première, la plus large et la plus solide, demanderait l'appui des trois pays bordant l'Irak sur ses flancs sud et ouest — soit le Koweït, l'Arabie Saoudite et la Jordanie — ainsi que celui de la Turquie, qui possède environ 150 km de frontière commune avec l'Irak. Il faudrait également solliciter l'aide de quatre petits États du Golfe — le Bahreïn, le Qatar, les Émirats arabes unis et le sultanat d'Oman — et celle du Royaume-Uni. La barre, placée assez haut, exigerait un certain doigté diplomatique afin de s'assurer ces différents soutiens. Mais globalement, ce niveau élevé de soutien étranger permettrait aux lignes d'opérations d'être exécutées de façon simultanée.

S'il bénéficiait d'un tel soutien, Franks expliqua qu'il aurait besoin d'une force américaine de seulement 105 000 hommes pour déclencher la guerre. Dans une telle hypothèse, le déploiement se poursuivrait durant soixante à quatre-vingt-dix jours pour atteindre un total d'environ 230 000 personnels.

Un soutien moindre de la part de pays étrangers signifierait que certaines tranches de vulnérabilité devraient être attaquées de façon séquentielle, ce qui accroîtrait les risques et allongerait le temps nécessaire. Si, par exemple, la Turquie et l'Arabie Saoudite refusaient leur soutien, les conséquences seraient énormes.

Franks souligna que pour une attaque bilatérale impliquant la participation du Royaume-Uni, il serait nécessaire d'obtenir le soutien d'au moins quatre autres pays — le Koweït, Bahreïn, le Qatar et le sultanat d'Oman — pour installer des bases et mener des opérations de survol aérien.

Dans le cas d'une opération unilatérale, sans les forces britanniques, Franks indiqua qu'il leur faudrait quand même le concours du Koweït, du Qatar et du sultanat d'Oman — et éventuellement de Bahreïn.

« Monsieur le président, si nous voulons exécuter une telle opération, il va nous falloir commencer à rassembler et positionner des forces », déclara Franks. Rumsfeld et lui avaient convenu au cours du mois précédent que les États-Unis devaient, disaient-ils avec délicatesse, « renforcer graduellement leur position ». Washington disposait de plusieurs milliers de personnels militaires au Proche-Orient, mais ils étaient engagés dans d'autres missions.

Franks indiqua qu'il maintenait au Koweït un modeste groupe terrestre de 500 hommes, soit l'équivalent d'un bataillon, afin d'appuyer l'opération Southern Watch, qui avait pour but de faire respecter la zone d'exclusion aérienne dans le sud du pays. Cette force était là pour protéger le Koweït au cas où Saddam l'envahirait à nouveau mais ce dispositif était plus largement un fil tendu en travers du chemin de Saddam Hussein : s'il passait à l'attaque, il se heurterait aussitôt aux forces américaines. Ce bataillon et une autre force de soutien de 500 hommes étaient également chargés d'assurer l'entraînement des Koweïtiens.

« Nous devrions avoir sous peu trois fois plus de personnels au Koweït, soit 3 000 hommes », souligna Franks. Le secrétaire à la Défense Rumsfeld avait donné son accord et les choses allaient se mettre en place.

« Parfait », intervint le président. Cela ne serait pas considéré comme une provocation ni comme engageant le pays sur la voie de la guerre. Ce serait une simple rotation de routine.

« Il va falloir nous couvrir », remarqua Franks. Du fait que les États-Unis étaient engagés en Afghanistan, il y avait des chances pour que Saddam interprète de façon erronée ces mouvements de troupes et ne comprenne pas qu'il s'agissait d'un début de déploiement en force. Toujours dans l'idée de faire quelque chose sans que cela passe pour un engagement du pays vers une guerre, Franks expliqua qu'il voulait déplacer une partie des équipements prépositionnés, qui se trouvaient alors à 500 km au sud, dans le petit émirat du Qatar, pour les redéployer au Koweït. Tout d'abord, cela permettrait d'avoir ces équipements à disposition immédiate ; il était possible d'amener rapidement des troupes sur place par avion, mais les équipements comprenaient toutes sortes de matériels dont le transport exigeait beaucoup de temps. Franks précisa que les Marines possédaient également des équipements prépositionnés que l'on pouvait aisément rapprocher du Koweït. Cela se ferait en toute discrétion. Personne, dit-il, ne prêterait grande attention à des mouvements de navires et de camions.

« Ensuite, du fait que l'équipement serait évacué de nos installations au Qatar, j'aimerais, dit Franks, consacrer 200 millions de dollars à ces installations pour les transformer en un centre de commandement et de contrôle qui, vu de l'extérieur, passerait pour un ensemble de banals entrepôts, mais qui aurait un tout autre aspect à l'intérieur. »

Franks prit soin de préciser que rien n'avait encore été décidé à ce sujet en raison du coût de l'opération, mais qu'il en discutait avec Rumsfeld.

Le président parut réceptif.

La diapositive suivante était intitulée : « Réflexions sur le timing ».

« Monsieur le président, dit Franks, nous ignorons quand et si vous avez l'intention de déclencher cela, mais quand et si vous le décidez, certaines choses devront avoir été effectuées au préalable. »

Tout d'abord, la CIA devait parvenir à infiltrer des agents en Irak. En Afghanistan, la liaison entre les équipes de la CIA au sol et les forces spéciales militaires avait joué un rôle clé. En fait, la guerre d'Afghanistan n'avait demandé au départ que cent quinze agents de la CIA et trois cents membres des forces spéciales au sol. Pour l'Irak, Franks annonça qu'il faudrait de cent vingt à cent quatre-vingts jours avant que la CIA soit prête à agir.

« Pour que l'opération d'influence soit efficace, nous devons commencer sur-le-champ, déclara Franks. Pas en proclamant que nous allons envahir l'Irak, mais en harcelant le régime irakien, en ciblant par exemple ses services de renseignements et leurs agents à l'œuvre aux quatre coins du monde dans les ambassades irakiennes. »

Sur le front diplomatique, il faudrait au moins trente jours pour faire la tournée des chefs d'État du Koweït, de la Turquie et des autres, afin de leur demander s'ils étaient avec nous ou contre nous, pour reprendre la fameuse formule par laquelle le président Bush, après le 11 septembre, avait mis les pays du monde au pied du mur.

Le renforcement des effectifs et le déplacement au Koweït de l'équipement prépositionné prendraient soixante jours. Installer le QG au Qatar nécessiterait également soixante jours.

Il faudrait près de quatre-vingt-dix jours pour approvisionner et transférer au Koweït la totalité de la 3e division d'infanterie, celle dont certains éléments étaient déjà déployés sur place, avant qu'elle soit prête au combat. Transporter dans la région la logistique nécessaire à la durée des combats prendrait de trente à quatre-vingt-dix jours si l'on agissait de façon relativement ouverte et ostensible ; procéder par petits pas successifs nécessiterait plus de temps.

Une lecture attentive de la liste de Franks permettait de fixer une date possible de déclenchement des opérations de combat d'ici quatre à six mois, soit entre avril et juin 2002.

« Monsieur le président, dit Franks, nous comprenons que prendre la décision de lancer une telle opération ne doit se faire qu'au tout dernier moment. Mais, ajouta-t-il, il y a certaines décisions que nous serons amenés à vous demander de prendre, car elles nous permettront de créer les conditions favorisant notre conduite des opérations. »

Franks en voyait une douzaine, qu'il entreprit d'énumérer :

1. Mettre sur pied les capacités de renseignements interagences.

2. Lancer les opérations d'influence.

3. Obtenir le soutien de pays susceptibles d'accueillir les troupes américaines.

4. Déplacer les équipements prépositionnés et le QG du CENTCOM.

5. Déployer la division de tête.

6. Créer une ligne d'approvisionnement sûre.

7. Déménager le centre de commandement et de contrôle aérien secondaire au Qatar pour ne pas avoir à dépendre du centre principal de la base aérienne Prince Sultan en Arabie Saoudite.

8. Positionner la Brigade expéditionnaire des Marines (Marine Expeditionary Brigade, MEB), qui constituerait le fer de lance des forces des Marines.

9. Baser dans la région les unités chargées des missions de combat, recherche et sauvetage nécessaires, ainsi que les avions de renseignement, de surveillance et de reconnaissance.

10. Amener dans la région un troisième porte-avions et son escorte.

11. Positionner le reste des équipements des Marines pour les mettre à la disposition d'autres unités que la MEB.

12. Prépositionner des avions autour du globe

pour que le pont aérien nécessaire au transport des troupes et du matériel soit prêt.

Prises individuellement, ces mesures constituaient autant de petits pas prudents et progressifs. Ensemble, elles créaient toutes les conditions d'une guerre.

« Monsieur le président, voici ce que nous considérons être nos hypothèses de travail », poursuivit Franks en satisfaisant à la demande de Rumsfeld qui avait exigé que ces hypothèses soient mises sur la table aussi tôt que possible. Il voulait identifier tout ce qui ne pourrait être contrôlé, ou ce que le Pentagone, la CIA ou le département d'État devaient s'efforcer de contrôler.

« En ce qui concerne l'Irak, souligna Franks, ces hypothèses sont les suivantes :

1. Des pays de la région accepteront d'accueillir nos troupes afin de permettre au moins une opération unilatérale.

2. L'Irak possédant des capacités dans le domaine des armes de destruction massive, les États-Unis doivent se préparer à les affronter et à combattre sur un champ de bataille potentiellement contaminé.

3. Une guerre contre l'Irak représentera l'effort américain le plus important et sera prioritaire pour ce qui concerne les ressources, même si cela implique de prélever des missiles de croisière sur d'autres opérations.

4. Certains groupes d'opposition irakiens appuieront les soldats américains en Irak, ou accepteront au moins de fournir un minimum de coopération.

5. L'Irak est capable d'attaquer Israël, aussi devrons-nous engager des moyens pour défendre ce pays.

6. L'opération Liberté Immuable en Afghanistan et les opérations liées à la guerre globale contre le terrorisme serviront de bruit de fond à l'abri duquel des forces pourront être déplacées ; ces opérations ne connaîtront aucun ralentissement.

7. Le CENTCOM disposera d'au moins 105 000 hommes dans la région avant de déclencher les opérations de combat.

8. Le département d'État poussera à la création d'un gouvernement provisoire fédérateur et crédible, comme il a été fait pour l'Afghanistan au début de ce mois dans le cadre de la conférence de Bonn. Le département d'État devra impliquer les Nations unies ou d'autres pays dans ce processus. Les militaires, commenta Franks, ne sont pas très doués pour ce qui est de bâtir des nations.

9. Les États de la région ne s'opposeront pas à notre action.

10. Le CENTCOM disposera de munitions en quantité suffisante.

11. Les pays membres de l'OTAN accorderont les autorisations de stationnement et de survol adéquats, bien qu'il soit à craindre que la France, l'Italie, l'Allemagne ou la Belgique les refusent.

12. La flotte marchande de réserve pourra aider à l'acheminement des troupes et du matériel. »

Cette liste informait le président et les autres responsables concernés de ce qui serait exactement exigé ou espéré de la région, du département d'État, de la CIA, de l'Europe et du président lui-même. Près de deux ans plus tard, lors d'un entretien, on montra à Rumsfeld la liste de ces hypothèses. Il approuva et se souvint de la plupart d'entre elles, déclara qu'il n'avait pas gardé souvenir de quelques-unes, en explicita spontanément plusieurs et, bien entendu, contesta la façon dont certaines étaient formulées.

« Quand vous énumérez des hypothèses, vous devez y faire figurer soit les choses que vous ne pouvez pas contrôler, soit celles qui sont de toute façon incontrôlables, expliqua-t-il. En d'autres termes, certaines d'entre elles sont extérieures au département, mais elles doivent être mentionnées sur la liste pour que les autres personnes qui l'examinent le sachent. »

Rumsfeld voulait que tout le monde s'engage dans la planification de guerre, et si guerre il devait y avoir, qu'on y aille avec aussi peu d'illusions que possible. La liste fit comprendre au président que les militaires entretenaient certaines attentes, que la réussite de toute opération reposerait sur le fait que d'autres satisfaisaient aux conditions posées. Mais en même temps, la liste pouvait être considérée comme une série d'exigences.

Arrivé à la page 26, Franks demanda ce que l'on devait faire à partir de là.

« Quand vous en arriverez au point, monsieur le Président, de vouloir, ou d'envisager de faire cela, dit Franks prudemment, vous devrez nous autoriser à accroître l'activité HUMINT (renseignement humain) à l'intérieur du pays. » Reprenant point par point la liste des actions à entreprendre avant un éventuel conflit, il déclara qu'il importait de développer et de fournir des moyens aux groupes d'opposition à l'intérieur de l'Irak. « Nous devons commencer l'opération d'influence, renforcer à la fois nos forces terrestres et nos capacités aériennes en utilisant comme couverture l'opération en cours en Afghanistan, et faire respecter les zones d'exclusion aérienne. Enfin nous souhaiterions commencer immédiatement à évacuer l'équipement de nos entrepôts au Qatar, afin de libérer l'espace permettant au QG du Commandement Centre de s'y installer.

— Don, dit le président, nous devons commencer à mettre en route certaines de ces mesures. » À Franks, il déclara : « C'est du bon travail. Continuez à bûcher. »

Rumsfeld avait paru vouloir intervenir à deux ou trois reprises pendant le briefing de Franks, mais la technologie le réduisait à une simple silhouette sur un écran, parmi les images des autres participants. « Oui, monsieur le Président, dit-il. Tom et moi allons discuter de tout cela. » Bien entendu, ajouta-t-il, Franks et lui ne recommandaient aucune date pour le déclenchement des opérations.

« Tom et moi rediscuterons de tous ces points, et je vous soumettrai alors une recommandation », ajouta-t-il. C'était Franks qui procédait au briefing, mais c'était Rumsfeld qui était la voix du département de la Défense.

Le président déclara qu'il comprenait très bien les points sur lesquels les choses pouvaient être améliorées dans le but de réduire le nombre d'hommes qui seraient exposés aux dangers des combats. C'étaient là des économies d'échelle, dit-il. Il comprenait également que certaines choses devaient être mises en route. Il avait été particulièrement attentif au passage concernant la CIA, ayant eu l'occasion de constater à quel point les relations clandestines de l'Agence avec les groupes et les responsables de l'opposition afghane, et en premier lieu avec l'Alliance du Nord, avaient accéléré le cours de la guerre en Afghanistan.

Tenet l'arrêta. Il souligna que le cas de l'Irak était très différent. La CIA avait établi au fil des années des contacts avec les différents groupes d'opposition en Irak, les Kurdes au nord, les chi'ites au sud. Or les conséquences en avaient été désastreuses car ces personnes et ces groupes avaient été tout bonnement abandonnés à leur sort. Et cela s'était produit si souvent que les Irakiens étaient désormais sceptiques. « Tant que les États-Unis ne s'engageront pas véritablement, ils ne les suivront pas. Vous pouvez bien échafauder toutes sortes d'idées, dit-il, elles ne porteront pas leurs fruits tant qu'ils ne constateront pas un engagement concret. Cet engagement peut se présenter sous la forme d'armes, d'entraînement ou encore d'une forte présence militaire américaine, mais en tout cas, il est indispensable de vous investir là-dedans. »

Bush demanda à Powell et Rumsfeld de travailler sur l'aspect politique. « Il nous faut convaincre les pays de la région, dit le président. Proposez-moi une stratégie sur la meilleure façon de faire. »

Rice posa une question : Que se passerait-il si Saddam rassemblait ses forces et se retirait dans Bagdad pour un baroud d'honneur, transformant la capitale en une forteresse que nous serions obligés d'investir maison par maison ?

« C'est là un point que nous allons examiner de près dans notre planning de façon à empêcher que cela se produise », répondit Franks.

Cheney exprima ses inquiétudes : « Il va nous falloir étudier très sérieusement la manière de nous protéger des armes de destruction massive, à la fois sur le champ de bataille et à l'arrière.

— En effet, monsieur », acquiesça Franks, qui s'adressa ensuite au président : « Nous devrons bientôt revenir vous voir pour faire évoluer ce plan principal, ou le relier à ce que vous connaissez, monsieur le Président, sous le nom de Blaireau du Désert. » Bush avait été briefé au sujet de Blaireau du Désert, plan qui lui permettait de déclencher en quatre heures une attaque de faible ampleur, soit avec des avions américains, soit avec la cinquantaine de missiles de croisière embarqués sur les bâtiments de la Navy croisant dans le golfe Persique. Il disposait à présent de plusieurs modules parmi lesquels il pouvait choisir, dont une série de frappes substantielles et plutôt dévastatrices sur des objectifs irakiens d'intérêt militaire, jusqu'à des sites de production de missiles.

Juste avant dix heures du matin, Bush, dans la tenue décontractée qu'il porte dans son ranch, jeans, chemise et bottes, et Franks, avec son béret et ses bottes de combat, sortirent du bâtiment pour une conférence de presse.

« Nous bouclons à l'instant une téléconférence avec l'équipe de sécurité nationale, déclara le président, au cours de laquelle nous avons discuté du voyage du général Franks et de la situation en Afghanistan. » Il ne fit aucune allusion au sujet principal de la téléconférence, l'Irak. Et personne ne l'interrogea à ce sujet. Toutes les questions concernaient Ben Laden, l'Afghanistan et l'effondrement récent d'Enron, la compagnie texane de fourniture d'énergie.

Interrogé sur la nouvelle année qui s'annonçait, Bush répondit : « J'espère que 2002 sera une année de paix. Mais je suis quelqu'un de réaliste. »

Bush et Franks se rendirent à la Governor's House, la petite maison d'hôte installée sur le ranch, où le président signa une loi de crédit budgétaire pour la défense et enregistra son allocution radiodiffusée hebdomadaire.

« Venez, Tommy, fit Bush. Sautez dans mon pick-up, je vais vous faire faire le tour de la propriété. » Sur quoi il emmena le général pour une longue promenade à travers le ranch.

Enfin ils s'arrêtèrent devant la bâtisse principale, pour que Franks rencontre Laura Bush. Tous deux sont originaires de la ville texane de Midland et ont fréquenté la même école, mais ils ne se connaissaient pas. Le président invita Franks et Renuart à rester pour le déjeuner.

« Non, monsieur le Président, rétorqua Franks. Je dois repartir. » Il était le commandant en chef d'une guerre qui diminuait d'intensité en Afghanistan, et d'une autre qui couvait.

Durant le vol de retour à Tampa, Renuart reprocha à Franks de ne pas avoir accepté l'invitation. Il avait faim, on ne servait pas à manger dans l'avion et il aurait aimé déjeuner avec le président. « Patron, dit Renuart, vous nous faites rentrer à la maison sans rien à se mettre sous la dent. »

Ils burent donc des sodas et grignotèrent des cacahuètes tout en partageant la même excitation. Ils étaient heureux de voir que le président paraissait comprendre la complexité de l'opération envisagée et les problèmes de timing qu'elle posait, ainsi que le fait que cela ne se produirait pas du jour au lendemain.

« Je pense qu'il a pigé, fit Renuart.

— On a fait un premier pas », renchérit Franks.

« En tant que président, je voulais savoir quelles étaient mes options », déclara Bush deux ans plus tard lors d'un entretien pour expliquer dans quel état d'esprit il avait assisté à ce premier briefing concernant les plans de guerre contre l'Irak. Il connaissait bien son secrétaire à la Défense, et Rumsfeld n'aurait pas continué s'il n'avait pas été lui-même satisfait de l'avancée du plan. « Ils en étaient à un stade du processus où il se sentait suffisamment à l'aise pour pousser Franks sur le devant de la scène », se souvient Bush. C'est pourquoi il s'était efforcé de deviner ce que pensait Franks.

« J'essaie de trouver des questions intelligentes à

poser à un commandant qui vient de m'impressionner avec ce qu'il a accompli en Afghanistan. J'essaie de déceler sa logique. J'observe attentivement son langage corporel », raconta Bush. Il prêta une grande attention à la gestuelle, au regard, à l'attitude. Ces détails étaient parfois plus importants que le discours. C'était aussi pour cette raison qu'il avait convoqué Franks à Crawford : il voulait le voir en personne, et non comme un visage de plus sur un mur d'écrans.

« Pensez-vous que ce plan suffise à nous assurer la victoire ? » se souvint-il avoir demandé à Franks. Tout en disant ces mots, il se pencha en avant sur son siège et fit un geste tranchant de la main pour me mimer la scène.

Absolument, lui avait répondu Franks, mais on pouvait encore l'améliorer.

« À ce moment-là, nous n'étions pas encore prêts à passer à l'action, me confia le président. Nous en étions même loin. » Mais il avait quitté la réunion avec deux choses en tête : Saddam représente une menace. Ce plan constitue une option.

6

Au début de l'année 2002, la cote du directeur de la CIA George Tenet auprès du président était au plus haut. Son programme clandestin d'infiltration d'équipes de la CIA en Afghanistan avait permis de nouer les premiers contacts et d'élaborer la stratégie qui allait chasser les taliban du pouvoir. Tenet avait amélioré de façon spectaculaire la collecte des renseignements humains et accéléré la formation des officiers traitants, ce qui, en multipliant leur nombre par plus de dix, avait rendu possibles ces actions clandestines.

À 48 ans, Tenet était l'unique ex-membre de haut niveau de l'administration Clinton à faire partie de l'équipe de sécurité nationale mise sur pied par Bush. Il s'était élevé dans le monde du renseignement d'abord en tant que membre de la commission des renseignements du Sénat, puis comme membre du Conseil de sécurité nationale de Clinton, où il était précisément chargé des renseignements. Clinton l'avait nommé directeur adjoint de la CIA en 1995, avant de le promouvoir directeur en 1997.

Fils d'immigrants grecs, nerveux, concentré et extrêmement doué pour les briefings, Tenet connaissait l'importance de forger des rapports personnels et prenait le temps nécessaire pour cultiver ses relations avec des gens importants tant sur le plan privé que professionnel. « Tout est du *mano a mano*, absolument tout », avait-il dit un jour. Il connaissait la biographie et la famille des chefs de plusieurs grands services de renseignements étrangers et demandait fréquemment de leurs nouvelles. De temps à autre, Tenet prenait le petit déjeuner avec Karl Rove, principal conseiller politique du président, à la cantine de la Maison Blanche et disait en manière de plaisanterie qu'il partageait avec Rove des secrets que même Rice n'était pas autorisée à connaître.

Mais surtout, il avait noué des liens avec le président Bush, qu'il retrouvait presque tous les jours à 8 heures dans le Bureau Ovale pour lui délivrer personnellement un briefing. « Je l'aime bien, disait de lui le président, et j'ai confiance en lui, ce qui est essentiel. » Tenet répétait souvent qu'il se sentait une double responsabilité : « La première envers le président. Et la seconde envers les 17 000 personnes qui travaillent à la CIA. »

Avant même le 11 septembre, Tenet avait compris que l'Irak serait une grosse épine dans le pied de l'administration Bush. Même s'il n'était pas d'emblée placé sous les projecteurs, l'un des postes clés à la CIA serait celui de chef du Groupe des opérations en Irak (GOI), la personne qui mènerait les actions clandestines contre Saddam. Tenet fit clairement comprendre à toute la chaîne de commandement de l'Agence qu'il souhaitait voir nommer à ce poste un dur à cuire, un vrai fils de pute.

Saul[3] était une véritable vedette au sein de la Direction des opérations (DO), le département de la CIA chargé des opérations clandestines. Âgé de

3. Un pseudonyme. Les noms des agents clandestins de la CIA ont été changés.

43 ans, le crâne dégarni, arborant une courte barbe parfaitement taillée et une carrure d'armoire à glace, il avait travaillé pendant des années à des postes sensibles en tant qu'officier traitant et agent de haut niveau dans différentes stations de la CIA à travers le monde. Il était né dans une petite ville cubaine et son père avait participé à l'un des échecs les plus retentissants de la CIA — le fiasco de la baie des Cochons en 1961, opération au cours de laquelle 1 200 exilés cubains avaient été abandonnés sur la plage par leurs « protecteurs » de la CIA. « Si je suis là, racontait-il à ses partenaires, c'est grâce à une opération clandestine ratée de la CIA. »

Vers la fin des années 90, afin de pouvoir former davantage d'officiers traitants et durcir les conditions d'admission dans l'Agence, Tenet avait décidé de nommer des officiers chevronnés à la tête du centre d'entraînement secret de la CIA situé à Williamsburg (Virginie) et surnommé « la Ferme ». Saul se vit confier la responsabilité du programme et enseigna lui-même, dispensant une formation de première main à quelque 250 futurs agents. Puis, en 2000-2001, il décrocha le poste envié d'assistant auprès de l'adjoint de Tenet, John McLaughlin. Là, il eut connaissance de tous les grands secrets et put observer de l'intérieur le fonctionnement de la CIA. Après son année de fonction aux premières loges, Saul se mit en quête d'un emploi au QG de la CIA à Langley. Pour des raisons familiales, et en premier lieu les études de ses enfants, il était contraint de rester dans la région de Washington. Il se trouvait justement qu'au sein de la division Proche-Orient de la CIA, qui s'occupait d'Israël, de l'Afghanistan, de l'Iran et de l'Irak, soit quelques-uns des pays les plus durs et les plus violents, venait d'être créé le poste de responsable du Groupe des opérations en Irak. Les candidats ne se bousculaient pas. Le poste était considéré comme fatal aux carrières. Dans la division, le Groupe des opérations irakiennes était surnommé « la Maison des jouets cassés ». Il était composé essentiellement de bleus de la DO, d'agents à problèmes ou en attente de la retraite.

Saul sollicita le poste. Il se disait que l'administration Bush allait certainement prendre des mesures contre Saddam. Il avait eu connaissance de certaines rumeurs. Il débuta comme chef du GOI le 4 août 2001.

Le Conseil de sécurité nationale avait demandé à la CIA ce qu'elle pouvait faire concernant l'Irak. La question n'était pas : Pouvez-vous renverser Saddam ? ou : Êtes-vous en mesure d'appuyer une invasion militaire ? mais plus simplement : Que pensez-vous de l'Irak ? Que pouvez-vous faire ? Comment envisageriez-vous une action clandestine sur place ?

Saul entreprit donc de procéder à un examen détaillé de ce qui avait été fait dans le passé. Il prit comme adjoint un formateur de la Ferme qui avait étudié les questions irakiennes au sein de la DO depuis la guerre du Golfe de 1991.

Saul comprit vite que les problèmes de la Maison des jouets cassés n'étaient pas tous imputables à des carences humaines. La liste des opérations menées depuis une dizaine d'années ressemblait à un manuel des actions clandestines ratées et idiotes. C'était un catalogue d'échecs : trop peu, trop tard, trop précaire, manque de planification, manque de réalisme. Le comique y côtoyait l'effrayant.

Sous l'administration Nixon, l'Irak était devenu un pion dans le jeu de la guerre froide. En 1972, Saddam Hussein, qui était déjà l'homme fort du pays mais pas encore son dirigeant, signa un traité d'amitié avec l'Union soviétique. Pour contrer cette influence soviétique au Proche-Orient, le président Nixon signa alors un ordre demandant à la CIA de verser clandestinement 5 millions de dollars aux Kurdes, une population d'environ 25 millions d'âmes réparties en une quarantaine de tribus établies sur cinq pays différents, l'Iran, la Turquie, la Syrie, ce qui était encore l'Union soviétique, et le nord-est de l'Irak.

Les Kurdes irakiens recevraient 5 millions de dollars pour le ravitaillement et les armes. Israël, la Grande-Bretagne et l'Iran (alors dirigé par le shah Mohammed Reza Pahlavi, un ami des États-Unis) versèrent 7 autres millions de dollars en aide, clandestine. En 1973, le secrétaire d'État Henry Kissinger recommanda d'augmenter cette aide secrète car l'Irak était devenu le principal client de l'Union soviétique sur la scène moyen-orientale, et le régime baasiste sous Saddam, comme le formula Kissinger dans ses *Mémoires*, « continuait de financer des organisations terroristes jusqu'au Pakistan » et constituait un obstacle sur le chemin de la paix israélo-palestinienne. Le shah d'Iran porta sa contribution à 30 millions de dollars et promit 75 millions pour l'année suivante.

Sous bien des aspects, le soutien apporté par la CIA aux Kurdes était d'abord et avant tout une faveur consentie au shah. La CIA signala que les Kurdes, qui d'après certaines estimations étaient capables d'aligner une force de 100 000 hommes, immobilisaient les deux tiers de l'armée irakienne — fait qui, même s'il n'était vrai qu'en partie, n'en constituait pas moins un exploit incroyable. La clé de cette puissance était l'artillerie lourde fournie par le shah. Mais en 1975, celui-ci, après être parvenu à un accord avec Saddam, stoppa net son aide aux Kurdes et interrompit les livraisons d'armes de la CIA qui leur étaient destinées. Les appels angoissés que les

Kurdes adressèrent à la CIA et à Kissinger en personne demeurèrent sans réponse. Les opérations clandestines furent démantelées et Saddam liquida un grand nombre de Kurdes.

Après la guerre du Golfe de 1991, le président George H. W. Bush signa un décret présidentiel autorisant la CIA à renverser Saddam Hussein. La CIA avait financé la plupart des groupes d'opposition, y compris les exilés irakiens en Europe ou même des prisonniers capturés lors de la guerre du Golfe et qui avaient refusé de rentrer en Irak. Le président demanda publiquement aux Irakiens de « prendre leurs affaires en main » et de chasser Saddam eux-mêmes. Quand les Kurdes au nord et les chi'ites dans le sud se soulevèrent contre Saddam, Bush refusa de leur apporter un appui militaire américain. Il s'ensuivit un nouveau massacre.

Sous l'administration Clinton, la CIA continua à cafouiller dans sa participation à différentes initiatives anti-Saddam. Une de ces opérations absurdes consista à répandre dans Bagdad des tracts se moquant du raïs le jour de son anniversaire. En 1996, les services de sécurité de Saddam parvinrent à infiltrer un groupe d'anciens officiers irakiens fomentant un coup d'État avec le soutien de la CIA. Cent vingt d'entre eux furent exécutés. En 1998, la CIA proposa un nouveau plan, mais le Congrès le repoussa, préférant verser une aide officielle de 97 millions de dollars aux groupes d'opposition irakiens.

Saul mit sur pied un groupe d'agents clandestins chevronnés et d'analystes issus de la Direction du renseignement (DR) afin de passer au crible les actions antérieures. Certains de ces experts travaillaient depuis douze à quinze ans sur les questions irakiennes, tandis que d'autres avaient participé à des opérations clandestines dans les Balkans. La question centrale était de déterminer comment l'on envisageait ce type d'opérations en Irak même.

La CIA, telle que la voient le cinéma et la mythologie moderne, est composée de guerriers fanatiques toujours prêts à affronter des risques inconnus et à accomplir des missions impossibles. Saul parvint cependant à une conclusion qui contredisait les stéréotypes attachés à l'Agence. « Ce n'est pas l'action clandestine qui parviendra à renverser Saddam Hussein », résuma-t-il. La CIA devait affronter la réalité : depuis son accession au pouvoir en 1979, Saddam avait mis en place un appareil de sécurité quasi parfait pour protéger sa personne et faire échouer toute tentative de putsch. Le SSS, le Service spécial de sécurité irakien, était chargé de sa sécurité personnelle ; une garde présidentielle l'accompagnait partout et la Garde républicaine spéciale protégeait les palais présidentiels et les autres bâtiments gouvernementaux de la capitale. Quatre services de renseignements les épaulaient dans leur tâche. Concrètement, plusieurs dizaines de divisions de l'armée irakienne étaient en mesure d'étouffer dans l'œuf toute tentative de complot.

Le gouvernement irakien n'avait qu'un seul objectif : préserver la vie de Saddam et le maintenir au pouvoir. La surveillance permanente, la suspicion généralisée, le chevauchement des rôles et des autorités, la fragmentation des responsabilités permettaient à Saddam de rester au centre de tout.

Saul conclut que son renversement nécessiterait les efforts concertés de l'ensemble du gouvernement américain. En considérant globalement la politique des États-Unis, il y décela une contradiction flagrante. Par le biais de l'ONU, le gouvernement américain tentait de contenir et de dissuader Saddam au moyen de sanctions économiques et de l'action diplomatique, alors que dans le même temps, il poussait à son renversement par la CIA. « Conneries ! » se dit Saul. La double politique consistant à contenir d'une main et à tenter de renverser de l'autre ne marcherait jamais. La seule façon de réussir était que la CIA apporte son soutien à une invasion militaire de l'Irak. C'était l'unique chemin possible vers le succès. L'Agence avait joué un rôle moteur en Afghanistan. Elle devrait jouer un rôle de soutien en Irak. La mission et l'objectif étaient trop gros pour elle. Creuser une brèche dans le mur qui entourait Saddam serait pratiquement impossible sans opérations militaires et sans invasion.

Au matin du 11 septembre 2001, Saul et quelques membres de son équipe s'apprêtaient à rejoindre l'Old Executive Office Building adjacent à la Maison Blanche pour communiquer certaines de ces conclusions aux responsables du Conseil de sécurité nationale. Alors qu'ils franchissaient un pont reliant la Virginie au district de Columbia, ils entendirent à la radio l'annonce des attaques terroristes et de l'évacuation de la Maison Blanche. « Merde ! s'exclama Saul. Demi-tour, on rentre. » Ils faillirent croiser le directeur Tenet, qui regagnait l'immeuble de la CIA depuis le centre de Washington où il venait de prendre son petit déjeuner.

Au cours des mois suivant le 11 septembre, et même si le vice-président Cheney avait demandé à la CIA de le tenir au courant de ce qui pouvait être entrepris à ce sujet, la question irakienne fut mise en veilleuse. Le 3 janvier 2002, Saul, Tenet, le responsable adjoint de la division Proche-Orient et deux agents qui avaient travaillé sur des opérations en Irak allèrent voir le vice-président et « Scooter » Libby.

Saul ne fit pas dans la dentelle. Il déclara à Cheney que l'action clandestine ne suffirait pas à renverser

Saddam. La solution ne viendrait pas de la CIA. S'il y avait une chose à laquelle était préparé le régime du dictateur, c'était bien à faire échouer toute tentative de coup d'État, souligna-t-il. Saddam lui-même était parvenu au pouvoir grâce à un putsch. Par la suite, il avait déjoué plusieurs tentatives. Ce fils de pute savait ce qu'était un coup d'État. Si vous êtes une unité militaire irakienne et que vous avez les munitions pour tenter un putsch, vous n'avez pas le carburant nécessaire pour vos chars. Et si vous avez le carburant, alors vous ne disposez pas de munitions. Personne n'occupe une position de pouvoir suffisamment longtemps pour pouvoir fomenter un coup d'État.

« Si nous essayons de provoquer un coup d'État, nous nous plaçons sur le terrain de l'adversaire », leur expliqua-t-il. Saddam décapiterait le complot — en découpant les conspirateurs en petits morceaux s'il le fallait. Seule une opération militaire américaine et une invasion en bonne et due forme appuyée par la CIA avait une chance de chasser Saddam du pouvoir, déclara Saul. L'Agence avait procédé à un examen sans concessions des opérations clandestines menées en Irak au cours des années précédentes et franchement, dit-il, la CIA n'en ressortait pas grandie. « Nous avons un sérieux problème de crédibilité », leur confia-t-il. Les Kurdes, les chi'ites, d'anciens officiers de l'armée irakienne et probablement la plupart des personnes informées en Irak étaient au courant des dramatiques volte-face de la CIA. Pour rétablir cette crédibilité perdue, il fallait que les États-Unis fassent preuve d'une détermination solide aux yeux des forces anti-Saddam potentielles. Or seuls les préparatifs d'une invasion militaire massive seraient à même d'envoyer un tel signal.

Saul exposa devant Cheney les problèmes que suscitait le fait de parler d'endiguement et de négociations devant l'ONU, tout en confiant secrètement aux Saoudiens et aux Jordaniens que les États-Unis s'apprêtaient à renverser le régime par une action clandestine. Ce qu'il fallait, c'était que les États-Unis n'aient qu'une seule politique que tout le monde serait capable d'expliquer de la même façon et d'appuyer.

« Il faut vous attendre à ce qu'on ait des pertes », souligna Saul.

Cheney rétorqua qu'il le comprenait.

« Par ailleurs, poursuivit Saul, nous avons commis par le passé des erreurs sur la façon de gérer nos agents. Le travail, dans le domaine de la protection des sources, des couvertures et des prête-noms, communications, paiements, doit être amélioré. »

Une autre des leçons qu'on avait tirées était que la CIA était incapable de mener une opération clandestine prolongée. Le régime finirait forcément par mettre la main sur certaines des sources recrutées par l'Agence et les neutraliserait. On devait donc agir vite.

D'habitude, les gens qui venaient briefer Cheney dans son bureau le gratifiaient de déclarations ambitieuses et lui promettaient que leur agence ou service atteindrait les objectifs exposés. Or le message, d'une humilité inattendue, de la CIA était tout le contraire, et il était très inhabituel qu'une agence de ce type se juge incapable d'accomplir le travail.

Les agents de la CIA transmirent ensuite le même message au président.

« Pouvons-nous réaliser nos objectifs par une action clandestine ? » leur demanda-t-il.

La réponse fut négative.

« Mince ! » se souvint avoir pensé le président. Un coup en douce n'était donc pas envisageable.

Aux membres de l'Agence qui critiquaient la politique ambiguë consistant à avancer en direction d'une guerre tout en poursuivant les efforts diplomatiques dans le cadre de l'ONU, Bush rétorqua qu'il allait pourtant continuer à en être ainsi.

« Je sais que je vous place dans une position difficile, expliqua le président. Je sais que c'est dur, mais c'est la voie sur laquelle nous sommes engagés. Et nous devons continuer à faire avancer simultanément ces différents éléments. »

Pour Condoleezza Rice, il s'agissait là d'un des dilemmes les plus ardus auxquels elle avait à faire face : poursuivre deux lièvres à la fois et parler de manière aussi convaincante et résolue au sujet de l'un et de l'autre. Elle réalisait que la diplomatie coercitive impliquait de s'accommoder d'un certain nombre de dissonances et contradictions. La CIA déclarait sans ambiguïté que pour être en mesure de recruter des sources en Irak même, ses agents devaient pouvoir annoncer que les États-Unis étaient résolus et que l'armée américaine allait intervenir. L'attitude du président parut indiquer qu'il avait compris le message, mais il ne fit aucune promesse.

Quand Powell fut mis au courant de tout cela, il en conclut que la CIA ne voulait surtout pas commettre une nouvelle boulette. À l'occasion, Tenet adoucit un peu le message, déclarant que l'action clandestine seule n'avait qu'entre 10 et 20 % de chances de réussir. Mais il le disait de telle façon que l'on comprenait que les chances étaient plutôt égales à zéro. La CIA ne disposait d'aucune véritable source en Irak et il n'y avait aucun moyen d'atteindre Saddam sans une opération militaire. Powell comprit alors que quand quelqu'un dit qu'il ne peut pas faire telle ou telle chose, mais qu'il est prêt à soutenir l'action des autres, la pression en faveur de la guerre augmente de façon substantielle.

7

Après le briefing présidentiel du 28 décembre à Crawford, Rumsfeld ordonna à Franks de revenir le voir sous dix jours avec un nouveau plan de guerre. La réunion, prévue pour le 9 janvier, dut être annulée au dernier moment. Rumsfeld et Franks s'entretinrent donc sur une ligne téléphonique sécurisée. Franks avait fait installer une dérivation, ce qui permettait à l'un de ses assistants immédiats, un capitaine de vaisseau de la Navy, d'écouter les conversations, de prendre des notes et de rédiger un mémo de chaque entretien. Ce procédé accoucha de plusieurs milliers de pages de discussions classifiées de haut niveau. Les notes prises ce jour-là montrent que Rumsfeld souhaitait que des réponses soient apportées dès la prochaine réunion aux questions suivantes :

— Que ferions-nous si Saddam avait recours à des armes de destruction massive ?

— Dans quelle mesure exacte l'armée irakienne avait-elle été affaiblie depuis la guerre du Golfe de 1991 ?

— Quel serait le rôle précis des pays voisins où Franks voulait implanter des bases et des dépôts d'approvisionnement ?

— Quels étaient les objectifs irakiens, du point de vue à la fois tactique et stratégique ?

— Comparer les matrices des lignes d'opérations et des tranches de vulnérabilité qu'on avait montrées au président, et dégager les cibles prioritaires. Quels étaient les objectifs les plus significatifs ? Combien de temps faudrait-il pour obtenir l'effet voulu sur ces objectifs ?

— Les délais nécessaires seraient-ils raccourcis si la guerre non conventionnelle et l'obtention de renseignements humains permettaient de désigner les cibles avec précision ?

— Si plusieurs dizaines d'objectifs clés pouvaient être détruits de façon simultanée, est-ce que cela permettrait d'accentuer la pression sur le régime, de provoquer son effondrement et, par conséquent, d'éviter une guerre prolongée nécessitant des forces importantes ? Si vous disposiez des renseignements appropriés, seriez-vous en mesure d'identifier les cibles les plus vitales afin d'accélérer la chute de Saddam ?

Franks transmit la liste à quelques-uns de ses assistants. « Patron, c'est dingue », fit Renuart. La tâche était écrasante, impossible.

« OK, les gars, déclara Franks à Renuart et aux autres, tâchons de comprendre. On nous a mis en main le marché, alors prenons garde de ne pas mener le mauvais combat. Les gentils, c'est nous, alors essayons de nous battre ensemble dans la même direction. » En d'autres termes, n'allons pas clamer que Rumsfeld est le méchant sous prétexte qu'il nous bombarde de questions. Franks leur expliqua que, tout comme eux, il devait agir par l'intermédiaire de Rumsfeld. Ils allaient devoir s'adapter au style de Rumsfeld et le refléter fidèlement. Chaque fois que Franks le briefait, le secrétaire à la Défense soulevait de nouveaux cailloux et trouvait dessous de nouvelles questions. Il continuerait fatalement d'en être ainsi.

Lors d'un entretien que j'eus plus tard avec lui, je montrai à Rumsfeld la liste des questions qu'il avait posées. Il gloussa et remarqua que la liste était incomplète. Elle était même « loin » de contenir la moitié des questions qu'il se posait à ce stade-là, ajouta-t-il.

Du fait que Rumsfeld avait adopté un programme de « planification par paliers », ce qui signifiait concrètement que rien n'était jamais terminé, Franks développa à son tour un processus de planning par paliers. Dans son QG de Tampa, il réunissait régulièrement Renuart et une quinzaine d'autres officiers. Il avait également créé un groupe de planificateurs militaires que Renuart appelait les « cerveaux de 25 kilos », composé de jeunes commandants, lieutenants-colonels ou colonels, de commandants et capitaines de vaisseau de la Navy ayant reçu une formation stratégique.

Un autre groupe formé de spécialistes des opérations venus du J-3 et des experts en renseignement issus du J-2, la Direction du renseignement, avait reçu le surnom collectif de « cibleurs ». Ils étudiaient les objectifs et les classaient par priorités. On les enferma dans une salle discrète, sans doute pour que personne ne les voie ou ait de leurs nouvelles jusqu'à ce qu'ils soient capables de répondre aux questions de Rumsfeld concernant les objectifs.

À un moment donné, l'équipe de Franks se posa la question de ce que l'on pouvait accomplir en moitié moins de temps avec une force moitié moindre. On alla ensuite plus loin, pour tenter d'évaluer les capacités nécessaires pour pallier une réduction du délai et des forces mises en œuvre. Par quoi pouvait-on compenser cette réduction ? On évoqua de meilleurs renseignements, des armes de précision, une attaque de l'Irak sur plusieurs fronts, les forces spéciales et des opérations d'information et de propagande.

Quel impact réel pouvait-on attendre d'une opération d'information ? Une propagande efficace pouvait-elle vraiment se substituer à l'action des troupes ? Personne ne le savait au juste.

Comment pouvait-on accroître l'efficacité des forces d'opposition, en particulier celle des Kurdes au nord ? Quelle contribution réelle les Kurdes pouvaient-ils apporter à un plan de guerre ? Et quel impact politique cela aurait-il en Turquie, où vit une importante population kurde défavorisée, sachant que les Turcs verraient d'un œil inquiet l'émergence d'une force kurde en Irak, sans parler de l'éventualité d'un État kurde ?

Finalement, les planificateurs convinrent que des éléments des forces spéciales pourraient pénétrer dans le nord de l'Irak, qui était quasiment autonome par rapport à Bagdad, pour y organiser une force d'environ 10 000 combattants kurdes. L'entreprise paraissait réalisable et c'était une force suffisamment modeste pour ne pas heurter les sensibilités politiques turques.

Franks fit plancher ses planificateurs plusieurs jours d'affilée, limitant l'exercice à quelques heures chaque fois, parce qu'au bout d'un moment les cerveaux se mettaient à bouillir. Il veillait à ce qu'un nombre très restreint de personnes soit au courant de chaque ligne d'opérations. Un petit groupe était chargé d'étudier les opérations d'information, un autre les tirs opérationnels, et ainsi de suite pour chacune des lignes restantes. Il interdit aux différents groupes de se concerter. On attribua à chaque groupe une classification top secret avec son propre mot de passe. Seuls Renuart et quelques autres avaient une vision d'ensemble de l'état d'avancement du plan.

Au fur et à mesure de leurs travaux, Franks et Renuart commencèrent à voir les points où les différentes lignes d'opérations se rejoignaient et se renforçaient mutuellement — par exemple les forces spéciales et la partie aérienne des tirs opérationnels traitant une même cible.

Powell, le fier ex-général devenu le premier des diplomates, était troublé par ce qu'il lisait et entendait. Il avait vu de près à quoi ressemblait un échec à l'occasion de ses deux rotations au Vietnam, alors qu'il n'était encore que sous-officier. Les généraux n'avaient pas dit la vérité aux dirigeants politiques, qui eux-mêmes n'avaient pas fait preuve d'un scepticisme suffisant vis-à-vis des militaires. Un jour, alors qu'il était chef de l'État-Major Interarmes à la veille de la guerre du Golfe de 1991, assis dans son bureau du Pentagone, la salle 2E878, il s'était souvenu de la phrase célèbre de Robert E. Lee : « Il est préférable que la guerre soit aussi terrible, faute de quoi nous finirions par trop l'aimer. » Le général confédéré connaissait les horreurs de la guerre. En cette année 2001, vue depuis Washington, le Pentagone et la Maison Blanche, et même depuis son propre département d'État, la guerre pouvait paraître aseptisée, et même passer parfois pour un jeu formidable.

Intimement, profondément, Powell savait que la guerre est faite par des gosses, des adolescents qui risquent de mourir à cause de décisions prises à Washington. Le cercle supérieur de l'administration Bush était remarquablement dépourvu de gens ayant l'expérience du combat. Bush avait servi dans les rangs de la Garde nationale aérienne du Texas mais n'avait pris part à aucune bataille. Bien qu'il ait été secrétaire à la Défense pendant la guerre du Golfe, Cheney n'avait lui-même jamais été incorporé dans l'armée. Rumsfeld avait été pilote de chasse dans la Navy dans les années 50, mais pas en temps de guerre. Rice et Tenet n'avaient pas fait leur service militaire. Seul lui, Powell, avait combattu.

Lorsqu'il était chef de l'État-Major Interarmes, il avait vaguement esquissé une « doctrine Powell ». On disait qu'elle recommandait, en cas de recours à la force dans le cadre de n'importe quelle opération, un usage écrasant de la force militaire permettant de garantir le succès. Powell estimait qu'on avait caricaturé ses idées et que c'était pour cette raison qu'on lui avait collé l'image du « Guerrier réticent », refusant de prendre le moindre risque, désireux d'éviter tout engagement militaire limité. En réalité, sa doctrine était un peu plus subtile : elle prévoyait que les militaires aient recours à une force décisive afin d'atteindre des objectifs politiques. Pourtant, face à ceux qui l'accusaient d'être le Guerrier réticent, il avait bel et bien plaidé coupable dans ses mémoires, parus en 1995 avec un énorme succès sous le titre *My American Journey*. Il avait connu trop de gens prêts à appuyer sur la détente sans s'être assurés au préalable que cela serait fait avec une force décisive en vue de réaliser un objectif politique impérieux, bénéficiant par ailleurs du soutien du Congrès et de l'opinion publique.

Powell était également confronté à un autre problème. Au bout de près d'une année passée au poste de secrétaire d'État, il n'avait pas réussi à nouer une relation personnelle avec le président Bush. Les deux hommes étaient mal à l'aise quand ils se trouvaient en présence l'un de l'autre. Une sorte d'esprit de compétition flottait à l'arrière-plan de leurs rapports, une pulsation sourde mais quasi permanente. Powell avait envisagé de se présenter à l'élection présidentielle de 1996. Il avait bénéficié de sondages stratosphériques en tant qu'homme le plus admiré des Américains. Pour des raisons personnelles, et après avoir estimé qu'il n'existait aucune garantie dans la vie politique américaine, il avait renoncé. Mais il était resté l'homme présent dans les coulisses, l'ancien général et héros de guerre, voix modérée qui s'était abstenue de se présenter en 2000 quand Bush était monté sur la scène.

En tant que secrétaire d'État, il s'était souvent senti mis à l'écart par la Maison Blanche, « au frigo » ou « dans la glacière », comme Armitage et lui disaient souvent en plaisantant. La semaine précédant les attentats du 11 septembre, le magazine *Time* avait publié un dossier qui pouvait sembler piloté par la Maison Blanche et destiné à égratigner Powell. Sous le titre : « Mais où est passé Colin Powell ? » l'article prétendait que celui-ci était isolé, décalé par rapport aux durs de l'Administration qui fixaient le cap en matière de politique étrangère.

Powell demanda à Richard N. Haass, un républicain qui avait une position modérée sur la question et qui était son directeur de la planification au département d'État, ce qu'il pensait de l'article de *Time*.

« C'est dégueulasse, répondit Haass. La seule chose qui aurait pu être pire, ça aurait été qu'ils vous présentent comme le responsable de tout ça. Là, vous auriez été dans la merde jusqu'au cou ! »

Powell partit d'un rire sonore.

En fait, la politique étrangère de l'Administration était une vraie pagaille avant le 11 septembre. Absorbé par les problèmes intérieurs et les baisses d'impôts, le président n'avait fixé aucune orientation claire.

Powell avait également noté que si Bush avait

132

écouté religieusement le briefing Polo Step de Craw-ford, et s'il avait posé quelques questions factuelles, il n'avait pas essayé d'approfondir. Bush, estimait-il, n'allait pas au fond des choses.

Troublé par ce qui était planifié et par la façon dont cela se faisait, Powell contacta le général Franks. Il ne l'avait pas connu à l'armée, puisqu'il était son aîné de près de dix ans, mais tous deux appartenaient au réseau informel des généraux et anciens généraux. Powell eut donc plusieurs entre-tiens téléphoniques avec Franks. Un tel contact per-sonnel en dehors de la chaîne de commandement était risqué pour tous les deux, surtout pour Franks, qui devait se protéger et serait peut-être contraint de mettre Rumsfeld au courant de ces conversations. Powell, qui était chef de l'État-Major Interarmes à l'époque où le Plan d'opérations 1003 avait été conçu, fit part à Franks de sa profonde inquiétude devant la possibilité que l'armée se laisse convaincre de met-tre en œuvre une force inférieure à ce qui serait nécessaire. « Ne vous laissez pas convaincre de vous rendre vulnérables en vertu de quelque nouvelle théorie », le prévint Powell. Le changement, ce que Rumsfeld appelait la « transformation », pouvait être une bonne chose, mais c'est le réalisme qui fait la force d'un plan militaire quel qu'il soit. L'idée d'avoir une force terrestre de 105 000 hommes seulement, soit le cinquième de la force proposée initialement par le Plan d'opérations 1003, était grotesque, impensable. Aux yeux de Powell, la ligne directrice qu'on avait fixée à Franks était de voir petit, le plus petit possible tout en restant viable.

Franks rétorqua qu'il était avant tout un officier et qu'il n'avait aucune intention de perdre une guerre tant qu'il serait aux commandes.

Le 17 janvier 2002, Franks et Renuart se présentèrent dans le bureau de Rumsfeld pour lui soumettre la quatrième mouture de leur plan.

Franks déclara tout d'abord que Renuart, les gens des renseignements et lui-même avaient procédé à une évaluation de la force de l'armée irakienne comparée à ce qu'elle était douze ans auparavant lors de la guerre du Golfe. Les sanctions économiques avaient ralenti le rythme de maintenance de ses équipements, souligna Franks, et empêché Saddam de moderniser son armée, ce qui avait affaibli de manière substantielle ses capacités offensives.

Les chiffres : avant Tempête du Désert, il y avait sept divisions de la Garde républicaine, à présent on n'en comptait plus que six — soit une baisse de 15 %. L'armée régulière, qui disposait de vingt-sept divisions avant la guerre de 1991, n'en alignait plus que dix-sept — soit une baisse de 35 %. L'aviation tactique était passée de huit cent vingt à trois cent dix appareils — soit une baisse de 60 %. De nombreux avions irakiens n'étaient plus que des carcasses immobilisées en raison de la pénurie de pièces détachées. Le nombre des missiles sol-air avait baissé de cent à soixante. La marine irakienne, qui avait toujours été une force dérisoire avec quinze à vingt navires, ne pouvait désormais compter que sur deux ou trois bâtiments.

Le soutien au régime de Saddam, souligna Franks, dépendait directement de la perception qu'avait le peuple irakien de la détermination des États-Unis à venir à son aide. Plus les États-Unis s'engageraient, moins le peuple irakien soutiendrait le régime. Cet argument de poids reposait moins sur les renseignements collectés en Irak que sur l'idée préconçue que l'on se faisait des sentiments que les gens devraient éprouver envers un dictateur brutal. Du fait du manque de sources humaines de renseignement en Irak même, les éléments permettant de juger de l'état de l'opinion irakienne ou de ses réactions à une éventuelle invasion américaine étaient des plus minces. L'hypothèse était que les Irakiens se rallieraient s'ils avaient le sentiment que les États-Unis s'apprêtaient à intervenir. Quelle qu'en soit la valeur, un tel argument contribuait à la marche vers la guerre, puisqu'il suggérait que progresser de quelques pas vers le conflit avec une détermination affichée rendrait la victoire d'autant plus facile. Et comme aucun d'entre eux ne l'ignorait, il y avait peu de choses qui plaisaient autant au président Bush que de montrer sa détermination.

Reprenant les conclusions de la CIA sur la quasi-impossibilité de déposer Saddam par une action clandestine, Franks déclara qu'aucun des groupes de l'opposition n'était capable d'agir avec une autonomie suffisante pour pouvoir renverser le régime. L'armée américaine devrait intervenir si l'on voulait chasser Saddam.

Passant alors à la diapositive n° 13, Franks expliqua que si l'on acceptait les hypothèses concernant la dégradation de l'armée irakienne et que l'on prenait en compte notre capacité à déplacer nos forces, le délai nécessaire avant une invasion serait réduit de manière significative dans le cadre du nouveau plan en cours d'élaboration. Une fois la décision présidentielle prise, Franks précisa qu'il ne lui faudrait que quarante-cinq jours pour déployer la force initiale nécessaire. Ensuite il mènerait une campagne d'opérations aériennes pendant quarante-cinq jours supplémentaires. Au quatre-vingt-dixième jour, on serait en mesure de lancer les opérations terrestres. La guerre terrestre pourrait prendre jusqu'à cent cinquante jours avant que l'on puisse vraiment remplacer le régime. De nouvelles troupes seraient envoyées sur place durant cette période, pour arriver à un total de 245 000 hommes.

Avec ce nouveau plan, expliqua Franks, on se concentrerait sur les tranches de capacité du pouvoir — cercle dirigeant, vecteurs d'armes de destruction massive, Garde républicaine, Garde républicaine spéciale, sécurité intérieure.

Dans l'ancienne option, plus prudente, fondée sur le Plan d'opérations 1003, il fallait compter jusqu'à six mois pour rassembler les forces nécessaires. Cette option permettrait de procéder simultanément à des opérations terrestres et aériennes. Ensuite il ne faudrait que quatre-vingt-dix jours pour attaquer, isoler et défaire le régime.

À la vingt-troisième diapositive, Franks répéta une fois de plus que quelle que soit l'option retenue, il devait pouvoir compter sur le Koweït, le Qatar, Oman et le Royaume-Uni pour installer des bases, et devait obtenir de nombreux pays de la région une autorisation de survol.

Que faire à présent en fonction de tous ces éléments ? C'était la question posée par la vingt-quatrième et dernière diapo. Franks annonça qu'il voulait tester ces différentes options au moyen d'un *wargame*, une modélisation informatique qui permettrait de s'assurer qu'il ne vendait pas du vent à Rumsfeld. La méthode du *wargame* mesurerait la faisabilité du plan. Il lui faudrait également suivre le processus interagences, département d'État, CIA et autres, afin de répartir les tâches spécifiques, préciser les détails du plan et étudier les différentes options.

Rumsfeld dit à Franks de revenir voir le président trois semaines plus tard afin de discuter des actions préparatoires à entreprendre.

Paul Wolfowitz, qui était au courant des détails de ces briefings, pensait qu'il était possible de fissurer le régime dans des secteurs clés avant même les opérations terrestres.

Franks et ses planificateurs en doutaient. Jusqu'ici, les frappes aériennes n'avaient en rien fait céder Saddam, et celui-ci semblait s'estimer capable d'encaisser n'importe quelle campagne de bombardements.

« J'aimerais que vous vous penchiez sur quelques-uns de ces concepts », déclara Rumsfeld. Le secrétaire à la Défense paraissait d'accord sur l'importance d'une force suffisante. Mais qu'en allait-il de la vulnérabilité stratégique dans le cas d'une guerre prolongée impliquant essentiellement des combats terrestres ? Ne fallait-il pas une force capable d'atteindre un certain nombre d'objectifs décisifs dans un temps relativement court ? Faute de quoi, on risquait d'être entraîné dans une spirale qui verrait d'une part la poursuite des opérations de combat et d'autre part un probable fléchissement du soutien international à l'intervention.

« Le délai de quatre-vingt-dix jours est trop long, décréta Franks. La force que je viens d'évoquer dans mon briefing est elle aussi trop importante. » Il expliqua qu'il étudiait les lignes d'opérations afin de trouver une meilleure solution. Le plan était conçu pour une offensive américaine unilatérale. On n'avait pas encore réfléchi ni procédé aux démarches permettant de déterminer quels pays pourraient apporter leur contribution. On ne savait même pas ce qu'il était raisonnable d'attendre d'eux.

Le plan n'envisageait qu'un seul front, une opération terrestre pénétrant dans le sud de l'Irak à partir du Koweït et fonçant vers le nord en direction de

Bagdad. Franks souleva la possibilité de l'ouverture d'un second front au nord à partir de la Turquie.

Rumsfeld lui demanda de continuer à travailler sur l'hypothèse d'un front unique dans le sud, mais de lui présenter des suggestions sur la façon dont certaines forces pourraient attaquer à partir de la Turquie.

Franks avait-il une réponse à l'ahurissante question formulée par Rumsfeld le mois précédent concernant ce qui pouvait être fait rapidement, dès avril ou mai ? La force terrestre minimum pour entreprendre quoi que ce soit était toujours fixée à 105 000 hommes environ, répondit Franks. « Il faut de trente à quarante-cinq jours pour transporter cette force dans la région. Donc si vous pensez vouloir faire ça en avril, vous devez m'autoriser à déplacer des forces à partir de la mi-février. C'est-à-dire dans quatre semaines. »

De retour à Tampa, Franks réalisa que la question du temps, c'est-à-dire déterminer s'il faudrait six mois ou seulement trois pour transporter les forces nécessaires au Proche-Orient, représentait un énorme problème. Certains civils du département de la Défense estimaient qu'il serait possible de procéder à ce déploiement en secret. Pour Franks, c'était tout à fait possible, à condition de disposer d'au moins cinq ans. Il ignorait combien de temps il avait pour être tout à fait prêt, mais certainement pas des années. Et il n'y avait aucune chance pour que le transport de divisions entières ou le déploiement de porte-avions, ingrédients indispensables à une guerre, passe inaperçu. Ainsi décida-t-il que dans le cadre des opérations d'influence, ils allaient mener une campagne calculée de désinformation. Il baptisa cette notion du terme de « pic ». On pourrait ainsi envoyer des forces supplémentaires, éveiller l'intérêt des médias, puis les choses reviendraient à la normale, rien ne se passerait et le pic de l'attention médiatique retomberait.

L'idée était de jouer avec les nerfs de Saddam, tour à tour faire craindre et démentir l'imminence d'une attaque. On lancerait à grand bruit des opérations aériennes dans le cadre de l'opération Southern Watch. On serait très « cinétique », comme aimait à le dire Franks, mais sans que cela débouche sur la guerre. « Je voulais que Pierre se mette à crier au loup pendant toute la période d'attente qui nous restait », expliqua Franks. Pierre, c'était l'Irak, mais aussi le monde, et les médias ; et l'opinion publique.

L'idée plut à Rumsfeld.

Franks pensait qu'il n'y avait aucun moyen d'éviter les « pics » d'attention médiatique, et qu'il importait donc d'en tirer avantage. Il voulait accélérer autant que possible les préparatifs. Il fallait susciter rapidement l'émergence de nouveaux pics. On pouvait par exemple faire croiser durant cinq à dix jours un second porte-avions et son groupe d'escorte dans le golfe Persique, lancer à partir de ces porte-avions des missions liées à l'opération Southern Watch, suscitant ainsi un pic médiatique, puis retirer un des porte-avions. Ces manœuvres n'étant suivies d'aucune guerre, on espérait qu'elles provoqueraient la confusion dans l'esprit de Saddam.

8

Assis dans son bureau exigu de l'aile ouest de la
Maison Blanche, dont un pilier de soutènement
occupait le centre, Michael Gerson, le rédacteur des
allocutions présidentielles, relisait le brouillon de
huit pages du prochain discours sur l'état de l'Union
qu'il avait soumis au président juste avant Noël.

Depuis le 11 septembre, Gerson pensait que l'Administration vivait « un moment perméable, pédago-
gique » et qu'il fallait profiter de ce moment pour
éduquer et expliquer. Le monde avait changé. Le président devait exposer au pays et à la planète ce qui
se passait et quelles étaient ses intentions. C'était
l'occasion rêvée pour façonner et se rallier l'opinion
publique, pour souligner une fois de plus que l'Amérique avait compris les intentions de ses ennemis, et
que le terrorisme constituerait désormais la menace
des cinquante prochaines années. Mais c'était par
certains points précis que le discours aurait le plus
d'impact.

Le président avait dit qu'il voulait un discours
ambitieux. Il établirait les nouvelles règles du jeu et
définirait l'orientation qu'il entendait adopter en
matière de politique étrangère. Bush était intimement convaincu que le 11-Septembre ne constituait

pas un incident isolé. Le flot incessant des mises en garde et le rapport top secret quotidien sur la Matrice des menaces semblaient indiquer qu'une nouvelle attaque était imminente.

Gerson n'était pas au fait de la totalité des renseignements les plus sensibles qui arrivaient, mais il avait passé suffisamment de temps avec le président au cours des mois qui avaient suivi le 11 septembre pour avoir une idée de ce qu'il pensait et éprouvait. Le président ne parlait pas seulement d'enrayer les menaces, il voulait réorienter la politique de défense et la politique étrangère des États-Unis. Nous n'étions plus à l'époque de la Seconde Guerre mondiale, se disait Gerson, quand un président américain pouvait attendre que l'ennemi attaque avant de riposter. Il pensait qu'on allait pour la première fois pouvoir formuler sans ambiguïté cette réorientation à l'occasion du prochain discours sur l'état de l'Union.

Gerson a quelque chose d'un professeur nerveux et distrait, et son amabilité dissimule un esprit acéré, une énergie inépuisable et le don de trouver des formules mémorables. Ayant suivi des études de théologie au Wheaton College de l'Illinois, dans la même université que l'évangéliste Billy Graham, il travaillait comme journaliste politique au *US News & World Report* en avril 1999 lorsque le gouverneur Bush, avant même d'avoir annoncé sa candidature, le recruta pour être son auteur personnel. « Je veux que vous me rédigiez ma déclaration de candidature, mon discours à la convention [républicaine] et mon discours inaugural », lui avait dit Bush. Gerson accepta, car il souhaitait aider le Parti républicain à trouver le ton juste en politique intérieure. Il était donc un peu paradoxal de voir aujourd'hui Gerson, à 37 ans, rédiger un discours de guerre pour un président en guerre.

Gerson, qui comme le président se déclare protestant et « conservateur compatissant », admirait la façon dont Bush n'hésitait pas à exposer ses convictions religieuses et ses principes moraux dans ses interventions. Dans les nombreux discours liés au 11-Septembre qu'il avait écrits pour Bush, Gerson avait progressivement développé un style qui mêlait bon sens populaire et grandes références bibliques.

Il avait travaillé dur sur le projet de discours sur l'état de l'Union, pour lequel il avait effectué de nombreuses recherches. Il s'était longuement entretenu avec Rice et son adjoint, Hadley, et demandé à d'autres membres de l'équipe chargée de la rédaction des discours à la Maison Blanche d'approfondir certains points. Ainsi, il avait chargé David Frum, un rédacteur conservateur respecté qui faisait partie de ses assistants, de lui soumettre une ou deux phrases résumant les raisons de faire la guerre à l'Irak.

Frum estimait que la relation que Bush cherchait à établir entre le régime de Saddam Hussein et le 11-Septembre avait un corollaire dans les liens entre les États qui patronnaient le terrorisme et les terroristes qui ne faisaient allégeance à aucun État. Il qualifia ce rapport d'« axe de la haine ». Il cita nommément l'Irak dans le texte qu'il proposa. C'était une belle formule, qui rappelait les « puissances de l'Axe » de la Seconde Guerre mondiale.

Gerson se souvint que lorsque Cheney avait accepté d'être le cocandidat de Bush à l'été 2000, il avait, dans des débats internes liés à la campagne, soulevé la question du lien entre les armes de destruction massive et le terrorisme. C'était là le véritable axe, se disait Gerson. Il modifia donc la formulation de Frum et remplaça « axe de la haine » par

« axe du Mal », ce qui en élargissait la notion, lui conférant un caractère plus sinistre et plus menaçant. C'était comme si Saddam était un agent du diable. Tout contact entre d'une part son régime et ses armes de destruction massive et d'autre part le terrorisme international pouvait ouvrir la voie à l'Apocalypse.

Lorsque Rice prit connaissance d'un des premiers brouillons du discours, elle fut satisfaite de constater que le président entendait soulever la question du lien entre armes de destruction massive et terrorisme. C'est un point qui avait été écarté du discours que Bush avait prononcé le 20 septembre 2001 devant le Congrès, car il ne voulait pas affoler le pays plus qu'il ne l'était déjà. Définir ce lien comme un « axe » était astucieux, et le qualifier d'« axe du Mal » était excellent, se dit-elle.

Rice et Hadley étaient au courant de la planification secrète concernant une éventuelle guerre en Irak. Ils craignaient que le fait de désigner l'Irak comme l'incarnation de ce lien entre armes de destruction massive et terrorisme, qui définissait précisément l'« axe du Mal », n'apparaisse comme une déclaration de guerre.

Rice observait ce qui était alors le jeu de devinette en vogue dans les salons de Washington : À quand le début de la guerre en Irak ? Elle souhaitait protéger l'élaboration du plan Polo Step, mais n'entendait pas renoncer à l'idée d'un débat plus général sur le risque que pouvaient représenter des terroristes dotés d'armes de destruction massive. C'est pourquoi Hadley et elle proposèrent de mentionner d'autres pays. La Corée du Nord et l'Iran étaient des candidats tout désignés car ces deux pays soutenaient le terrorisme et poursuivaient des programmes d'armes de destruction massive.

Le président apprécia l'idée des trois pays — Irak, Iran et Corée du Nord.

Hadley fut ensuite pris de doute quant à la pertinence de faire figurer l'Iran sur cette liste. Ce pays avait une structure politique compliquée, avec à sa tête un président démocratiquement élu, même si le pouvoir réel était détenu par les extrémistes religieux et les ayatollahs. Au début, Rice dit partager l'avis de son adjoint, inquiète de ce que l'on pourrait reprocher au président de ne pas comprendre que l'Iran était différent et qu'un mouvement démocratique était en train d'y émerger.

Rice et Hadley proposèrent que l'on renonce à citer l'Iran. Hadley déclara que cela risquait de mettre le feu aux poudres.

« Non, décréta le président. Je veux que l'Iran y soit. » On garderait donc l'Iran. Lors d'un entretien accordé plus tard, le président se souvint qu'il avait des raisons précises pour cela. « Il était très important, à ce stade de l'Histoire, que le président américain évoque clairement les maux auxquels le monde devait faire face, dit-il. Il ne faisait aucun doute que la Corée du Nord, l'Irak et l'Iran représentaient à ce moment-là les plus grandes menaces contre la paix. » L'Iran constituait un cas unique, expliqua-t-il, parce qu'il existait dans ce pays « un mouvement pour la liberté et parce que l'Iran est relativement ouvert comparé à d'autres pays qui sont gouvernés par, vous savez, des théocrates, grâce à l'Internet, à la diaspora qu'il y a ici aux États-Unis et en Iran.

« Et le fait que le président des États-Unis se lève pour dire que l'Iran est comparable à l'Irak et à la Corée du Nord — en d'autres termes : "Vous, les Iraniens, vous avez un problème, nous savons que vous avez un problème et le président n'hésite pas à le dire" —, tout ça fait partie de la façon dont il faut traiter avec l'Iran. Ça permet d'inspirer les défenseurs de la liberté dans le pays. »

Quand je lui demandai comment il s'attendait à ce que les Iraniens réagissent en apprenant qu'on les associait à « l'axe du Mal », Bush répondit : « Je doute que les étudiants, les réformateurs et les libéraux iraniens en aient été contrariés. J'avais tablé sur le fait que cela les satisferait. Ils ne pouvaient que se féliciter d'entendre le président [américain] parler de manière aussi claire de la nature du régime, de sa dureté et de la répression qu'ils subissaient. Mais que les dirigeants aient été mécontents, ça, j'en suis certain.

« Si vous le permettez, je voudrais être sûr que vous ayez bien compris ce que je viens de dire concernant le rôle des États-Unis. Je crois profondément que les États-Unis sont le phare de la liberté dans le monde. Et je pense que nous avons la responsabilité de promouvoir la liberté, et que cette responsabilité est aussi exigeante que la responsabilité de protéger le peuple américain, car les deux sont indissociables. Non, vraiment, c'est très important que vous compreniez ça à propos de ma présidence. »

Je lui rappelai qu'au cours de l'été 2002, avant la guerre en Irak, nous étions précisément en train de discuter de cela lorsqu'il avait dit : « Je saisirai l'occasion d'accomplir de grandes choses. »

« Je n'ai pas l'intention de vous faire un long discours, rétorqua-t-il. Je dis juste que ce n'est pas l'Amérique qui a donné la liberté au monde. La liberté est un don de Dieu à tous les hommes de la terre. C'est ce que je crois. En fait, c'est moi qui ai écrit cette formule, ou qui l'ai prononcée. Non, je ne l'ai pas écrite, je l'ai dite dans un discours, et depuis elle a été reprise partout. En tout cas c'est une chose que je crois. Et je crois que nous avons le devoir de libérer les peuples. Je préférerais que nous n'ayons pas à le faire militairement, mais c'est notre devoir. »

Je lui demandai alors si c'était cette conviction qui se traduisait par une politique qui pouvait sembler « dangereusement paternaliste » aux citoyens d'autres pays.

« Pas si vous faites partie des personnes à qui cette politique permet de découvrir la liberté », rétorqua-t-il avant d'ajouter qu'il avait l'intention d'évoquer cette stratégie de libération avec d'autres leaders mondiaux comme les dirigeants britannique, espagnol ou australien. « Tony Blair, José María Aznar, John Howard : tous partagent le même enthousiasme pour la liberté. Cela semble probablement paternaliste aux yeux de certaines élites, mais ça n'est pas le cas aux yeux de ceux que nous libérons. Ceux qui retrouvent la liberté apprécient cet enthousiasme. Et ils apprécient la passion que nous y mettons. »

Tandis que Gerson progressait dans la rédaction du discours sur l'état de l'Union, il se félicitait du langage fort qui avait été adopté. Les pays dangereux étaient traditionnellement qualifiés d'« États voyous » ou « hors-la-loi ». Gerson estimait que le qualificatif était trop bénin et qu'il sous-estimait l'importance du problème, comme si ces gens étaient un peu trop portés sur la bouteille. « Axe du Mal », en revanche, faisait écho à la déclaration provocante de Ronald Reagan en 1983, quand il avait qualifié l'Union soviétique d'« empire du Mal », formule qui donna le ton à l'époque du dénouement de la guerre froide, dans les années 80. Reagan avait alors affirmé qu'il ne pouvait y avoir la moindre équivalence morale entre la Russie soviétique et les États-Unis.

Bush était encore dérouté par ces pays qui produisaient des idéologies et des individus ayant pour objectif de tuer des Américains dans des attentats terroristes. Il se demandait comment les États-Unis pouvaient réformer de telles sociétés, et entendait promouvoir la démocratie et les droits des femmes dans le monde musulman. Aucun président n'avait dit cela avant lui. Cela participait du changement que Gerson avait pu constater chez le président et dans le monde depuis les attentats du 11 septembre, changement qu'il considérait comme aussi fondamental que les débuts de la guerre froide. Aussi ajouta-t-il au discours des phrases sur la défense de la démocratie et d'autres valeurs humaines.

« Scooter » Libby travaillait lui aussi sur le projet de discours dans la suite vice-présidentielle du premier étage de l'Old Executive Office Building. Une des versions mentionnait l'Irak, mais ne comportait aucune allusion à un « axe de la Haine » ou à un « axe du Mal ». Puis la formule apparut dans une version où seul l'Irak était mentionné. Craignant lui aussi que cela ne semble annoncer une action imminente, il était favorable à ce que l'on y ajoutât d'autres pays, tels que la Corée du Nord. Il voulait également faire figurer la Syrie, avec laquelle les États-Unis entretenaient des relations diplomatiques, mais Rice et Hadley s'y opposèrent.

Il revint à Hadley et Gerson de trouver les termes à employer à l'égard de l'Iran. Ce pays serait intégré à l'axe du Mal, mais dans des termes qui le distingueraient du cas irakien. La formulation sur laquelle ils tombèrent d'accord était : « L'Iran poursuit avec agressivité le développement de ces armes et exporte la terreur, pendant que quelques dirigeants non élus répriment l'aspiration du peuple iranien à la liberté. » Hadley trouvait que cela collait bien avec la politique de la main tendue que l'Administration poursuivait à l'égard des réformateurs iraniens.

Karl Rove, principal conseiller et stratège politique de Bush, ne prenait aucune part directe au processus de décision concernant l'élaboration d'un plan de guerre en Irak, mais il assistait aux réunions de préparation du discours présidentiel. Pour lui, le terme d'« axe du Mal » était une formule choc, qui faisait savoir au monde que la politique étrangère américaine avait changé, et que le pays s'était fixé une grande mission. C'était tout à fait nouveau et différent, pensait-il. La guerre contre le terrorisme allait être étendue aux États voyous, et la liste de ces pays serait le problème dominant de la politique étrangère américaine tant que Bush serait président. Sûr de lui au point de friser l'insolence, Rove, 52 ans, était convaincu que cette idée d'axe ferait partie de l'héritage que Bush léguerait à son successeur. Personne ne savait qui serait ce successeur, mais Rove était persuadé que Bush ne quitterait la Maison Blanche que le 20 janvier 2009, au terme de deux mandats.

Du point de vue politique, tout cela allait compliquer l'existence du président, et celle de Rove. La première question était la suivante : À présent que nous sommes en guerre, pourquoi voulez-vous à nouveau baisser les impôts ? Dans toutes les guerres jusqu'à présent, le président et le Congrès avaient au contraire augmenté les impôts. Bush avait également l'intention de procurer aux personnes âgées une couverture santé solide dans le cadre du programme Medicare. Comment cette mesure, ainsi que les autres mesures politiques courantes, pouvait-elle être appliquée pendant une guerre ? Rove répondait : difficilement. Son autre réponse consistait à expliquer que le 11-Septembre avait fourni à Bush le levier politique dont il avait besoin.

« Tout comme la génération de nos pères a été mobilisée pour la Seconde Guerre mondiale, avait confié Bush à Rove peu après le 11 septembre, c'est aujourd'hui à notre génération d'être appelée à se battre. Je suis ici pour accomplir quelque chose, et c'est là-dessus que nous serons jugés. »

Environ deux tiers des Américains considéraient Bush comme un président fort. Même si certains peuvent désapprouver sa performance en tant que chef de l'exécutif, être en désaccord avec sa politique ou ne pas l'aimer en tant qu'individu, un président fort est généralement en mesure de mettre en œuvre sa politique s'il sait défendre ses idées et se battre pour elles. Si, en d'autres termes, il sait faire de la politique. Ce qui implique les campagnes, les médias, le Congrès et la communication.

Avec son discours sur l'axe du Mal, Rove estimait que Bush allait annoncer au pays qu'il pouvait à nouveau dormir tranquille.

Trois ou quatre jours avant la date prévue pour le discours présidentiel sur l'état de l'Union, la Maison Blanche en soumit le texte au département d'État pour avis. Powell et Armitage le trouvèrent trop alarmant. Une phrase mentionnait que cent mille terroristes bien entraînés étaient encore dans la nature. Powell appela Rice pour lui dire que ce chiffre était trop effrayant. On le remplaça par « plusieurs dizaines de milliers ».

Powell, qui pensait que la réussite de Reagan avait été largement due à son optimisme et au ton enthousiasmant de ses déclarations, évoqua le caractère déprimant du discours lors d'une conversation qu'il eut avec Bush à l'occasion du dîner annuel de l'Alfalfa Club, le soir du samedi 26 janvier. Du coup, Bush fit ajouter quelques paragraphes plus inspirants à la fin de son texte.

Dans les brouillons que consultèrent Powell et

Armitage, la formule « axe du Mal » était accompagnée de la mention des trois pays incriminés. « Hum, fit Powell à Armitage, il va falloir qu'on s'explique là-dessus. » Mais la formulation ne parut problématique ni à l'un ni à l'autre. Powell trouvait que la formule avait de l'allure, bien qu'elle restât loin en deçà du célèbre : « *Ich bin ein Berliner.* » Cela détonnait-il avec ce qu'il avait entendu Bush dire jusque-là ? Non. Après tout, il ne s'agissait que d'un discours sur l'état de l'Union, et la formule était enfouie au milieu. Aussi Powell n'émit-il aucune suggestion.

Près de deux ans plus tard, Rumsfeld déclara dans un entretien qu'il n'avait probablement pas lu le discours avant qu'il soit prononcé. « Il me semble que je ne l'avais pas lu, mais je n'en mettrais pas ma main au feu. » Il expliqua que ce n'était que plus tard qu'on avait commencé à lui soumettre les discours présidentiels avant qu'ils soient définitivement adoptés, lui permettant ainsi de faire connaître sa réaction ou d'émettre des suggestions. « Il y a deux manières différentes de voir quelque chose à l'avance, remarqua-t-il. La première, c'est quand ça vous arrive déjà ficelé, que ça défile sur le prompteur et que vous devez vous préparer à donner vos commentaires. La seconde, c'est quand on vous soumet la cinquième ou sixième mouture d'un texte qui en connaîtra finalement quinze, et que vous avez la possibilité à chaque étape de faire adopter vos suggestions. » Il affirma qu'il ne gardait aucun souvenir des différentes versions du discours sur l'état de l'Union, avant d'ajouter, curieusement : « Ce discours ne ressortait pas exactement de mon domaine. »

Le discours sur l'état de l'Union prononcé devant le Congrès en assemblée plénière est un rituel télévisé annuel qui recueille toujours une audience phénoménale. Près de 52 millions d'Américains regardèrent l'allocution diffusée en prime time le mardi 29 janvier, soit le public le plus nombreux pour un discours sur l'état de l'Union depuis celui du président Clinton en 1998, à l'apogée du scandale Monica Lewinski. Comme le veut la coutume, le président Bush invita un certain nombre de personnalités distinguées, qui s'installèrent au balcon aux côtés de la première dame du pays, Laura Bush. Parmi ces invités figurait Hamid Karzaï, le nouveau dirigeant du gouvernement provisoire afghan, qui avait pris ses fonctions cinq semaines auparavant.

Bush commença par saluer Karzaï et la campagne militaire victorieuse dirigée par les États-Unis qui avait permis de chasser les taliban, mais il en vint vite à l'essentiel, qui était d'esquisser sa vision de l'avenir. Son grand objectif, déclara-t-il, était d'éliminer les menaces que représentaient les terroristes et les régimes qui cherchaient à se procurer des armes de destruction massive. Il consacra une phrase à la Corée du Nord, une à l'Iran et cinq à l'Irak.

« Des États comme ceux-ci, et leurs alliés terroristes, dit Bush, constituent un axe du Mal qui menace la paix du monde. En cherchant à se procurer des armes de destruction massive, ces régimes représentent un danger grave et croissant. » Sur quoi il fit un serment : « Je n'attendrai pas sans réagir pendant que les dangers s'accumulent. »

L'idée qui semblait sous-tendre ces phrases était que l'Irak, l'Iran et la Corée du Nord étaient d'une certaine façon de mèche et que ce trio travaillait de concert comme l'avait fait l'Axe Berlin-Rome-Tokyo pendant la Seconde Guerre mondiale. Gerson prit conscience qu'il était responsable de ce manque de clarté.

Le thème de la promotion de la démocratie, de

l'État de droit, de la liberté d'expression, de la tolérance religieuse et des droits des femmes dans le monde islamique avait été atténué dans la version finale du discours, ce qui n'empêcha pas Bush de déclarer avec optimisme que « l'Amérique défendra[it] toujours fermement les droits inaliénables de la dignité humaine ».

« Aujourd'hui nous sommes déterminés dans nos objectifs. Nous avons connu le prix de la liberté. Nous avons démontré la puissance de la liberté. Et dans ce grand conflit, mes chers compatriotes, nous assisterons à la victoire de la liberté. »

Le président avait parlé quarante-huit minutes d'affilée pour prononcer soixante-trois longs paragraphes. Rice était convaincue que la presse du lendemain ferait ses gros titres sur le souhait exprimé par Bush de promouvoir la démocratie et le changement politique au Moyen-Orient, des sujets sur lesquels aucun président américain, pensait-elle, n'avait jamais insisté auparavant.

Mais les médias ne retinrent que la formule de l'« axe du Mal ». C'était un concept neuf, sujet à interprétation. Les trois pays désignés étaient-ils liés d'une façon ignorée jusqu'alors ? Constituaient-ils les objectifs de guerre de Bush ? Celui-ci avait fait monter les enjeux. Le cow-boy à la rhétorique guerrière avait placé trois pays dans sa ligne de mire, dont celui dirigé par l'ennemi juré de son père : Saddam Hussein. La Maison Blanche fit savoir que la guerre n'était pas imminente et, de façon pas très convaincante, tenta d'expliquer que l'« axe » était constitué par le lien entre terrorisme et armes de destruction massive, et non par les trois pays désignés. Mais la force de la formule, qui renvoyait à la Seconde Guerre mondiale et à Ronald Reagan, balaya tout le reste.

George Tenet ne remarqua pas grand-chose de neuf dans les paroles de Bush. Les nègres écrivent des discours, c'est leur boulot. Il ne constatait pas de réel changement de perspective. La CIA continuait de se concentrer sur la guerre contre le terrorisme, en Afghanistan et dans le reste du monde.

L'adjoint de Rumsfeld, Wolfowitz, n'avait pas eu connaissance du discours avant qu'il soit prononcé. Il en fut surpris, mais pensa que Bush n'avait fait que planter un jalon. Le discours prouvait que le président avait entendu certaines des choses que Rumsfeld et lui-même avaient expliquées au sujet des liens entre le terrorisme et les armes de destruction massive. Au départ, il s'était demandé s'il était bien judicieux de lier les trois pays, mais sans une puissante métaphore, personne n'y aurait prêté attention. Wolfowitz constata une fois de plus combien il était important de faire les gros titres, chose que les intellectuels universitaires n'avaient pas encore comprise. La simplification maximum, voilà ce que demandait une culture régie par les petites phrases. Wolfowitz considéra l'axe du Mal comme un moment décisif. Bush avait défini le problème en des termes imagés, presque bibliques, sans opter publiquement pour une solution particulière.

Dan Bartlett, le responsable du service de communication de la Maison Blanche, était enchanté. Quelle formule, en quatre petites syllabes ! Bartlett, âgé de 30 ans, avait rejoint en 1994 la campagne de Bush pour le poste de gouverneur du Texas alors qu'il sortait à peine de l'université et, depuis, n'avait plus cessé de travailler pour lui. Il sentait que la formule de l'axe du Mal resterait car, en plus d'être d'une extrême clarté, elle avait quelque chose d'audacieux. Une fois balancée sur la table, sa dureté tranchait avec le fouillis alentour. Les grands prêtres de la politique étrangère soutenaient souvent que ce qui importait en politique et en diplomatie, c'étaient les nuances, en d'autres termes, le fouillis. Ce qui faisait ricaner Bartlett. Tout faux. Ce qui marchait, c'était le combat du Bien contre le Mal.

Powell fut surpris par l'attention que suscita la formule et comprit bientôt qu'elle pourrait se transformer en une sorte de liste de choses à faire pour la période à venir. La communauté diplomatique s'agitait : les mots prononcés avaient déclenché des sonnettes d'alarme dans le monde entier. Il souleva donc la question lors d'une réunion de hauts responsables qui se tint deux jours après l'allocution présidentielle. « Les paroles du président, déclara Powell, ont valeur de politique. C'est comme ça, nous avons tous entendu ce qu'il a dit. Il n'y a rien à discuter ni à débattre. » Il ne voulait pas que chaque membre de l'Administration aille proposer son interprétation devant les journalistes en disant : « Ce que le président a voulu dire, c'est que... »

Les trois pays cités publièrent des démentis. « Cette déclaration du président Bush est stupide », estima le vice-président irakien. Bush tomba sur un rapport issu de l'entourage de Powell qui semblait indirectement suggérer que le président serait peut-être contraint de faire machine arrière. Il en parla à Rice, qui devait prononcer un discours le vendredi suivant.

« Vous allez revenir dessus et insister, lui dit-il. Nous sommes sérieux sur la question. Nous n'abandonnons pas notre position, nous ne reculons pas. »

Le discours de Rice devant la Conservative Political Action Conference (CPAC), rassemblement annuel de dirigeants et de militants conservateurs, étant déjà prêt, elle appela ses rédacteurs quelques heures à peine avant la réunion et leur demanda d'ajouter quelques formules bien senties au sujet des trois pays incriminés.

« Ça doit être absolument clair », leur dit-elle au téléphone avant d'esquisser brièvement ce qu'elle voulait. Les rédacteurs reformulèrent en toute hâte le discours en reprenant ce que Bush avait dit le mardi précédent au sujet des pays de l'axe du Mal.

On remit à Rice la version finale de son allocution au moment où elle montait en voiture, et elle en prit connaissance pendant le court trajet jusqu'à Arlington, en Virginie.

« Notre pays fera tout ce qui est en son pouvoir pour empêcher les puissances les plus dangereuses du monde de se procurer les armes les plus dangereuses du monde », déclara-t-elle. Elle modifia l'ordre de classement des trois pays et énuméra pour chacun les menaces qu'il était censé représenter, évoquant d'abord la Corée du Nord, puis l'Irak et enfin l'Iran.

« Comme l'a dit le président, nous ne devons pas attendre les bras croisés alors que les dangers s'accumulent », souligna-t-elle.

Charles Krauthammer, chroniqueur conservateur du *Washington Post*, avait tout de suite saisi le sens profond du discours de Bush, qu'il qualifia de « déclaration d'une audace stupéfiante » avant d'ajouter : « Le véritable objet de ce discours, c'était l'Irak. Si un débat sérieux a eu lieu au sein de l'Administration au sujet de l'Irak, il est à présent terminé. Ce discours équivaut quasiment à une déclaration de guerre. »

Comme il se souvint par la suite, le président apprécia l'impact de sa formule sur l'axe du Mal. « On a l'impression que ça résonne de partout. » Et l'écho suscité était bien supérieur à la normale.

« Quand je l'ai relu, et quand je l'ai vu sur le prompteur, je ne me souviens pas que quelqu'un m'ait dit : "Au fait, monsieur le Président, en disant axe du Mal, vous êtes sûr de faire les gros titres." C'était simplement une de ces expressions qui frappent et qu'on retient. »

Avec cette formule, Bush fit d'une pierre deux coups. Tout d'abord, elle donna une impression de détermination. Depuis Reagan, aucun président n'avait aussi ouvertement brandi son sabre. Et d'autre part, le discours avait jeté le flou en évoquant la Corée du Nord et l'Iran, dissimulant un peu plus le processus secret de planification d'une action clandestine — et d'une guerre — en Irak.

9

Rumsfeld ne perdit pas de temps. Le vendredi 1er février, soit trois jours après le discours sur l'état de l'Union qu'il devait juger plus tard comme « ne relevant pas particulièrement de [son] domaine », il convoqua à nouveau Franks au Pentagone pour qu'il lui soumette la cinquième mouture de son évaluation personnelle du plan. Franks lui annonça qu'il avait désormais un plan d'invasion de l'Irak qui pouvait être exécuté sous la forme d'une opération unilatérale américaine. Le Plan d'opérations 1003 avait été rebaptisé « plan de Départ en position ». La force nécessaire serait entièrement en position dans la région avant que la guerre soit déclenchée.

Le calendrier, expliqua le général, demanderait trente jours pour la préparation des pistes d'envol et le prépositionnement de l'équipement, les « capaciteurs de théâtre ». Puis les soixante jours suivants seraient consacrés au transport des troupes dans la région. Au bout de ces quatre-vingt-dix jours, le niveau des forces serait d'environ 160 000 personnels. On entamerait alors une vingtaine de jours d'opérations aériennes agressives avant de lancer l'assaut terrestre. Il faudrait environ cent trente-cinq jours pour achever les opérations de combat et passer à la Phase Quatre, la stabilisation de l'Irak occupé. Durant cette quatrième phase, le reste des unités serait déployé sur place pour atteindre un total d'environ 300 000 hommes.

Il s'agissait donc d'un vaste rassemblement de forces, de taille certes plus modeste que Tempête du Désert, mais qui restait un déploiement substantiel. Franks avait cependant réduit de moitié le temps de préparation nécessaire, le faisant passer de cent quatre-vingts à quatre-vingt-dix jours, ce qui représentait un net progrès.

« Ce n'est pas le problème, la question n'est pas là », observa pourtant Franks. La question essentielle était de savoir à quel stade du déploiement ils seraient prêts à déclencher la guerre. Pour sa part, il fixait approximativement ce moment au quarante-cinquième jour de la Phase Deux, la période d'environ deux mois pendant laquelle les troupes seraient amenées sur place. On disposerait alors de 105 000 hommes au sol, soit un peu moins que les 160 000 prévus au terme de cette deuxième phase.

« Je comprends la logique de tout ça, dit Rumsfeld. Quand souhaiteriez-vous commencer ?

— Commencer ? » fit Franks. Comme il l'avait appris du maître des questions lui-même, il inversa les rôles et demanda à son tour : « Que voulez-vous dire ?

— Ma foi, je veux parler de la force terrestre, dit le secrétaire.

— Je ne veux pas que les troupes au sol soient les premières à entrer en action, répliqua Franks.

— Non, bien entendu, acquiesça Rumsfeld. Nous enverrons d'abord l'aviation.

— Non, monsieur, rétorqua le général, ça n'ira pas non plus. » Franks voulait que tout se passe de façon simultanée, ou quasiment simultanée. Ce qui suscita un débat sur qui ou quoi interviendrait en premier, ou en second, même si tous deux préféraient de loin des actions synchronisées.

Ils discutèrent également des moyens de réduire le temps nécessaire au rassemblement de la force initiale, ce qui permettrait d'envisager un « départ lancé », grâce aux discrets préparatifs clandestins en cours.

Les deux hommes abordèrent également la question des impondérables, les revers toujours possibles. Un de ces revers serait d'échouer à prendre le contrôle des régions occidentales de l'Irak où, pensait-on, étaient déployés les redoutables Scuds. L'Irak en avait lancé contre Israël et l'Arabie Saoudite pendant la guerre du Golfe. Un échec sur cette question-là serait un véritable « dislocateur stratégique », souligna Franks, un événement d'une telle portée qu'il entraînerait une modification de l'ensemble de la stratégie et du calendrier des opérations. Comment l'éviter ? Une des solutions consistait à investir tout l'ouest de l'Irak, soit environ un quart du pays. Le général précisa qu'une des idées retenues était d'envoyer un régiment de l'arme blindée cavalerie de 6 000 à 7 000 hommes dans cette région à partir du port jordanien d'Akaba, situé à environ 500 km de l'angle sud-ouest de l'Irak.

Franks déclara que quand on lui avait soumis le problème, un officier des forces spéciales avait répondu : « Attendez une seconde et regardez ce qu'on a appris en Afghanistan. » Que se passerait-il si on envoyait des forces spéciales dans l'ouest de l'Irak avant que Saddam ait eu le temps de réaliser que la guerre a commencé ? Selon toute probabilité, Saddam ne croirait au déclenchement de la guerre que lorsque les premiers missiles Tomahawk explo-

159

seraient dans le centre de Bagdad, comme cela s'était produit en 1991.

Rumsfeld disposait d'une ligne sécurisée pour appeler Franks. Ils l'utilisaient régulièrement, presque chaque jour et parfois plusieurs fois par jour. Le secrétaire continua à bombarder Franks de questions, hissant chaque fois un peu plus haut la barre de ses exigences. Franks répondait souvent qu'il ne savait pas, ou qu'il lui faudrait réfléchir au problème. Ou alors, il disait qu'il ne savait pas encore, laissant entendre qu'il aurait la réponse un jour, sinon bientôt. Rumsfeld était comme une roulette de dentiste qui ne s'arrêtait jamais.

À 8 h 45, le jeudi 7 février, le président prononça un discours à l'occasion du National Prayer Breakfast organisé dans l'International Ballroom de l'hôtel Hilton de Washington. Le 11-Septembre était encore très présent dans son esprit. « Aucun d'entre nous ne souhaiterait à son pire ennemi ce qui s'est passé ce jour-là, déclara Bush. Pourtant, comme toujours dans la vie, les souffrances que nous n'avons en rien souhaitées peuvent nous apporter une sagesse et une force qu'il eût été impossible d'acquérir d'une autre façon. Cette conviction est l'élément central de nombreuses croyances religieuses, elle l'est en tout cas de la foi qui place espoir et réconfort dans une croix. » Dans un sens, le 11-Septembre lui avait donné sa présidence, et il paraissait soutenir qu'une adversité extrême était capable de redonner des forces à chacun.

« D'immenses défis attendent ce pays, et nous connaîtrons des temps difficiles », dit-il.

Plus tard ce même jour, le président et son équipe de sécurité nationale se réunirent dans la Salle de Situation.

Franks présenta une version affinée du plan de Départ en position pour une guerre en Irak. C'était la première fois que Bush avait sous les yeux un véritable plan dont il pouvait demander l'exécution.

Franks l'avait légèrement modifié par rapport à la version qu'il avait soumise à Rumsfeld la semaine précédente. D'après cette nouvelle variante, une guerre contre l'Irak prendrait toujours deux cent vingt-cinq jours. Franks utilisait l'expression « 90-45-90 », c'est-à-dire quatre-vingt-dix jours de préparation et de déploiement de forces jusqu'au déclenchement de la guerre, suivis de quarante-cinq jours de violents bombardements précédant les opérations terrestres majeures. Il qualifiait cette période intermédiaire de « paravent » cinétique provisoire au cours duquel on utiliserait les opérations aériennes pour fixer Saddam et son armée pendant que l'on poursuivrait le regroupement des forces terrestres jusqu'au niveau requis. La phase dite « 45 » impliquerait également l'intervention des forces spéciales. Ces éléments seraient largués dans le sud de l'Irak avec pour objectif de s'emparer des puits de pétrole afin d'empêcher Saddam de les incendier comme il l'avait fait au Koweït en 1991. Au terme de ces quarante-cinq jours, la force d'invasion serait disponible en totalité, soit quelque 300 000 hommes, après quoi il faudrait encore quatre-vingt-dix jours pour mener à bien les opérations de combat décisives qui permettraient de renverser le régime.

La phase finale de quatre-vingt-dix jours ferait entrer en action deux corps entiers d'unités terrestres, peut-être six divisions en tout, ainsi qu'un corps supplémentaire dans le nord, qui arriverait par la Turquie si l'on parvenait à un accord avec ce pays.

Franks présenta alors un tableau intitulé « Calendrier », divisé en mois, mars, avril, mai, juin, juillet, août, septembre et octobre, ce qui représentait le délai minimum pour être techniquement en mesure de déclencher les opérations. Ce délai rendait encore plus concret le calendrier des actions préparatoires qu'il avait présenté à Crawford six semaines auparavant. La moitié supérieure du tableau énumérait les conditions stratégiques à considérer : les périodes où les Nations unies seraient en session, ainsi que les autres initiatives diplomatiques ; les périodes où le Congrès siégerait ; le déroulement prévu des événements en Afghanistan, l'autre théâtre d'opérations actif de Franks. « Messieurs les secrétaires Rumsfeld et Powell, remarqua-t-il, ces questions-là sont de votre ressort. »

En dessous du niveau stratégique, Franks avait indiqué son propre agenda : le moment où il déplacerait un porte-avions, déménagerait l'équipement depuis le Qatar ou rapprocherait son QG du théâtre des opérations.

En bas du tableau, une troisième ligne montrait les cycles d'entraînement habituels de l'armée irakienne, présentés sous forme de feux tricolores. Franks avait déjà eu recours à ce genre de graphique en vert, orange et rouge pour la guerre en Afghanistan, et le président avait apprécié. Le vert signifiait que c'était bon pour les États-Unis, l'orange que c'était neutre, le rouge, que c'était mauvais pour nous.

Dans la période comprise entre mai et septembre, les Irakiens seraient en meilleur état de préparation du fait qu'ils procédaient à des exercices impliquant de vastes unités. Ce fait était indiqué en rouge sur le tableau. Octobre et novembre figuraient en orange, tandis que décembre, janvier et février apparaissaient en vert puisque l'armée irakienne se consacrait durant ces mois à l'entraînement individuel de petites unités, sans les regrouper en vastes formations intégrées.

Une autre ligne du tableau indiquait les conditions météorologiques. Les mois d'hiver, de décembre à mars, figuraient en vert, avril passait à l'orange, le rouge commençait à partir de mai et se poursuivait durant tout l'été. La ligne indiquait également les conditions de visibilité pour chacun de ces mois.

Bien que la période d'octobre et novembre fût une fenêtre possible, il était clair, souligna Franks, que le meilleur moment pour une action militaire s'étendait en gros entre le 1er décembre 2002 et le mois de février 2003.

Bush acquiesça. Cela signifiait-il que les opérations militaires ne pouvaient être entreprises dans des conditions de haute température ?

« Certainement pas, répondit Franks. Nous pourrions évidemment mener des opérations dans ces conditions, mais si vous me demandez où vont mes préférences, alors je dirais que j'aimerais autant agir par un temps qui nous soit favorable plutôt que défavorable. » Il serait plus judicieux, par exemple, d'éviter autant que possible les tempêtes, fréquentes durant les mois de mars et avril.

« Il n'est pas toujours possible de prévoir un timing précis, remarqua le président. Si les choses doivent se passer, on ne peut pas toujours savoir à quel moment elles se produiront. Mais je comprends sur quoi nous devons nous concentrer si nous avons le loisir de suivre notre propre calendrier.

— Quand pourriez-vous mettre tout ça en branle ? voulut savoir Rumsfeld.

— Voilà une question sacrément simple, rétorqua Franks, mais la réponse ne l'est pas. Je veux dire que ça dépend de toutes ces hypothèses dont vous et moi aimons discuter. Si vous partez de l'hypothèse selon laquelle nous allons avoir un grand nombre de pics en activité, dépenser plus d'argent et faire avancer le pays vers le moment de l'engagement, alors le calendrier pourrait être modifié. » Il ajouta qu'il avait considéré plusieurs autres hypothèses concernant le temps qu'il faudrait au département d'État pour obtenir les autorisations d'installation de bases, d'installation de dépôts d'approvisionnement et de survol aérien de la part des pays de la région ainsi que de ceux d'Europe orientale. Tout cela risquait de modifier le calendrier.

« Dans la situation présente, et tout bien considéré, déclara Franks, la meilleure période se situerait de novembre-décembre jusqu'à environ la fin du mois de février, soit dans un an.

— Pourriez-vous commencer avant ? s'enquit Rumsfeld.

— Nous pouvons y aller dès que le président des États-Unis nous dira d'y aller, répondit Franks.

— Mais pourriez-vous déclencher ça plus tôt ? insista Rumsfeld.

— Nous pourrons nous y mettre sitôt que le président le décidera, répliqua Franks.

— En cas de nécessité, intervint le président, pourrions-nous y aller plus tôt ?

— Oui, monsieur le Président, on pourrait toujours y aller plus tôt », répondit Franks.

Qu'est-ce que cela voudrait dire ?

« Ça voudrait dire que ça serait moche », rétorqua Franks.

Bush éclata de rire. « Eh bien, expliquez-vous...

— Dans la perspective que nous avons retenue pour le rassemblement de nos forces, expliqua Franks, et pour que le rideau de fumée sur les opérations en cours produise les effets escomptés, la période optimale serait comprise entre novembre et février prochain. Bien entendu, nous pouvons déclencher les opérations à n'importe quel moment d'ici là, mais si nous agissons trop tôt, une ou plusieurs de ces lignes d'opérations en seraient affaiblies. En d'autres termes, nous nous retrouverions avec un rendement inférieur à certains endroits. »

Chacun comprit alors que le terme « moche » employé par Franks signifiait que la guerre pourrait être plus longue que prévu, et les pertes américaines plus lourdes. Lancer les choses trop tard pourrait également créer des problèmes. De météo, en particulier.

Rumsfeld déclara qu'ils travaillaient sur un autre scénario. Il avait demandé au général Franks, expliqua-t-il, de voir s'il était possible, grâce à une accumulation et une simultanéité écrasantes de forces, d'opérer une pression suffisante sur le régime pour le lézarder et provoquer son effondrement rapide. Une frappe massive pourrait engendrer une pression insupportable et briser les reins du régime dès les premières phases de la guerre.

La première réaction des personnes présentes dans la Salle de Situation fut une exclamation de surprise presque audible : « Ouah ! » Était-il donc possible d'atteindre les objectifs avec une force substantiellement moindre, et éviter ainsi une guerre de deux cent vingt-cinq jours ?

Franks doucha vite leur enthousiasme. Il fallait rester prudent, les exigences qu'il avait énumérées demeuraient. L'ennemi aurait son mot à dire ; « Saddam ne fléchirait peut-être pas aussi vite que nous l'espérons », dit-il. Et il n'était pas question de se retrouver dans une position fragile avec une force réduite. Même si Franks n'y fit aucune allusion, c'était la crainte que Powell avait formulée dès le départ.

Franks souligna qu'il restait beaucoup à faire. Un gros travail interagences était nécessaire pour préparer les opérations de stabilisation de la Phase Quatre, après la fin des combats. De plus, rappela-t-il, s'il devait y avoir formation d'une coalition, il faudrait commencer à engager les discussions avec les pays étrangers.

Il déclara également que l'on devait déterminer les plans de vol souhaitables pour Southern Watch et Northern Watch. Ces opérations pouvaient en effet fournir l'occasion de détruire quelques objectifs importants, ce qui améliorerait notablement notre position avant le début de la guerre. « De quel degré d'agressivité sommes-nous prêts à faire preuve ? » demanda-t-il. Il devait également travailler sur la liste des objectifs irakiens, déterminer les cibles, les priorités et les munitions à utiliser pour chacune d'entre elles.

Mais le plus pressé, souligna-t-il, était de se concentrer sur les tâches préparatoires. Franks décrivit cette « Phase Zéro », qui prendrait au minimum un mois et pourrait s'étirer sur un trimestre, comme la période nécessaire à la préparation des pistes d'envol et des ports, et au transport sur place de l'équipement, du carburant et des autres approvisionnements. Il explicita également la notion de pics, déploiement d'un second porte-avions et de son groupe d'escorte, accélération des bombardements dans le cadre de Northern et Southern Watch, annonce de grandes manœuvres au Koweït pour déstabiliser Saddam, lui faire croire qu'une guerre commençait, puis faire rentrer les troupes sur leurs bases. Franks prévoyait ainsi de très nombreux pics, des feintes destinées à tromper l'adversaire.

Bush déclara que l'idée de tels pics lui plaisait, mais il se demanda si des pics moins nombreux mais plus accentués ne seraient pas plus efficaces. Le président s'inquiéta aussi des réactions éventuelles de Saddam, qui pouvait trouver un *casus belli* nécessitant une riposte américaine immédiate. Il pouvait envahir à nouveau le Koweït, ou encore attaquer les Kurdes. Pourraient-ils prévoir une réplique susceptible d'être prolongée sur une longue période ?

Franks répondit que la capacité à répliquer augmenterait tout au long de la Phase Zéro, à mesure que la position américaine se renforcerait.

C'est alors que Rumsfeld soumit pour la première fois au président le concept de « choc et stupeur ». À ce stade-là, la notion signifiait simplement qu'une accumulation écrasante de forces, couplée à différents pics d'opérations et de bombardements, pourrait éventuellement suffire à entraîner un changement de régime.

Le président gloussa. « Choc et stupeur », remarqua-t-il, était une excellente trouvaille. Il se demanda si elle ferait un bon slogan.

Franks présenta une trentaine de diapositives lors de ce briefing. L'essentiel, résuma-t-il, était que les actions préparatoires se poursuivent. Il fallait obtenir l'appui des pays de la région. « Nous devons nous remettre au travail et essayer d'étoffer tout ça, dit le général. Voyez-vous, monsieur le Président, tout ce que nous vous avons présenté jusqu'à maintenant, ce sont des concepts. Nous allons nous efforcer de vous soumettre quelque chose de plus consistant. »

Le président semblait avoir enclenché le point mort. Il ne dit pas qu'il ne pouvait pas attendre aussi longtemps, mais il ne dit pas non plus qu'on avait tout le temps qu'on voulait. La réunion avait duré soixante-dix minutes.

Une fois de plus, Franks trouva que le briefing s'était fort bien passé. Il lui restait encore un peu de temps avant la guerre. En insistant sur un calendrier réaliste et sur le volume de forces nécessaire, il n'avait même pas eu à répondre à la question de Rumsfeld, qui voulait savoir si l'on pouvait être prêts dès mars ou avril. Il était clair que Bush avait saisi l'ampleur du problème, et l'absolue nécessité d'une force importante. On n'allait pas se lancer dans une telle entreprise avec des bouts de ficelle.

Powell, lui aussi, estima que le briefing s'était bien déroulé. Personne ne semblait être pressé de jouer de la gâchette. Il trouva même un léger réconfort dans le fait que personne n'avait reparlé de l'idée foireuse consistant à s'emparer des puits de pétrole du sud irakien afin d'établir une tête de pont ou une enclave à l'intérieur de l'Irak avec une force de moins de 10 000 hommes.

Le 12 février, Powell témoigna devant la commission budgétaire du Sénat. Il adopta une position dure à l'égard de Saddam, soulignant que depuis 1998, la ligne politique américaine avait été celle d'un « changement de régime » en Irak. « Nous sommes en train d'étudier une série d'options susceptibles de faciliter la réalisation de cet objectif », précisa-t-il. Et dans une formulation destinée à calmer le jeu, Powell ajouta que le président Bush « n'avait pour l'instant sur son bureau aucun plan de guerre contre quelque pays que ce soit ». La guerre n'était pas imminente.

Le lendemain, lors d'une conférence de presse, le président déclara au sujet de l'Irak : « Je garde en réserve toutes les options disponibles, je les garde sous le coude. » C'était une manière prudente de ne rien dire, en laissant toutes les options ouvertes, mais sans indiquer la direction choisie. Par la suite, le président ferait fi d'une telle prudence.

Cheney trouvait que l'élaboration du plan de

guerre traînait en longueur. Donner du temps à Saddam, c'était risquer de le voir procéder au minage des puits de pétrole ou recourir à des armes de destruction massive, attaquer à l'arme chimique les troupes américaines, ou les siennes dans l'intention d'en imputer la responsabilité aux Américains. À moins qu'il ne garde ses armes non conventionnelles pour un usage futur. Il importait donc de le virer au plus vite, ou au minimum de l'isoler hermétiquement.

Andy Card, le chef de cabinet de la Maison Blanche, qui avait pris part au briefing, en tira la conclusion que les militaires n'étaient pas prêts. Franks parlait de concepts et de cadre de travail, mais guère plus. C'était la meilleure preuve qu'il fallait transformer l'armée, lui donner les moyens d'être prête. Card s'inquiétait aussi de ce qu'une guerre en Irak était le rêve de tout général : un champ de bataille traditionnel, des plans vastes et complexes, des unités motorisées, des milliers de sorties aériennes et des bataillons de chars fonçant à travers le désert. Comme l'avait avoué le général George Patton un jour qu'il observait l'évolution de ses troupes sur le champ de bataille : « J'adore ça. Dieu me pardonne, mais j'adore ça. »

Card, âgé de 54 ans, jouait un rôle important auprès de Bush, pour lequel il était un soutien omniprésent. C'était le père de Bush qui lui avait permis de revenir à la Maison Blanche. En 1987, pendant la présidence Reagan, il faisait partie du personnel de la Maison Blanche quand le vice-président George H. W. Bush lui avait demandé de diriger sa campagne présidentielle dans le New Hampshire, le premier État où se déroulent les primaires. Les partisans de Bush y étaient divisés en trois factions rivales. Card, originaire du Massachusetts voisin, s'installa pendant un an dans le New Hampshire. Il passait une partie de chaque matinée à rencontrer séparément les dirigeants des trois factions, puis menait une campagne méticuleuse auprès de la base pendant le reste de la journée. Quand Bush battit le sénateur du Kansas Bob Dole au cours de cette primaire cruciale, la plupart des journalistes et des consultants politiques estimèrent que la victoire était due à la campagne de spots télévisés. Bush père, lui, savait que le mérite en revenait à Card, qu'il nomma ensuite adjoint au chef de cabinet de la Maison Blanche, puis secrétaire aux Transports.

Au cours des années Clinton, Card fut le principal agent d'influence des fabricants d'automobiles à Washington, puis le lobbyiste attitré de General Motors. Bush père déclara à son fils qu'il n'y avait pas personne plus loyale et directe que Card, ingénieur en génie civil de formation, dont la femme, Kathleene, est pasteur méthodiste. Card estimait que son rôle était de veiller à ce que le président puisse recevoir ses informations et prendre ses décisions dans les meilleures conditions possibles.

Durant les premiers temps de l'Administration, bien avant le 11 septembre et les rumeurs de guerre, Card avait eu une conversation avec Bush sur ce que signifiait le rôle de commandant en chef, dont était investi le président en matière de décisions militaires.

« Monsieur le président, lui avait-il dit, vous seul avez la capacité d'envoyer des jeunes gens au-devant du danger. » Le président, bien entendu, pouvait solliciter des conseils, et même recevoir de fortes recommandations, et il ne s'en priverait pas. Il pouvait exister un courant favorable à la guerre dans le pays, au Congrès, dans les médias, jusque dans son propre cabinet, tout comme il pouvait y avoir un mouvement favorable à la paix. Mais il n'y aurait aucun vote au sein du Conseil de sécurité nationale.

Card raconta au président qu'une douzaine d'années auparavant, en 1989, il était secrétaire général adjoint de la Maison Blanche lorsque Bush père avait décidé d'intervenir au Panama pour renverser son dirigeant, Manuel Noriega. L'opération avait été baptisée Juste Cause. « Il se trouve que j'étais là, dans le Bureau Ovale », précisa Card. Il s'occupait du chevalet utilisé pour présenter les cartes durant les briefings.

Dans le Bureau Ovale se trouvaient réunis le secrétaire d'État James A. Baker III, le secrétaire à la Défense Cheney, le chef de cabinet de la Maison Blanche John Sununu et le général Colin Powell, chef de l'État-Major Interarmes. Card se souvenait qu'il y avait eu de vifs débats sur les répercussions de l'opération à tous les niveaux, politique, diplomatique ou autre. « Le président a posé des questions très dures, puis tout s'est finalement réduit à la question de savoir si nous y allions ou pas. » Personne ne savait ce que diraient les autres, mais il se trouve que tous les participants se prononcèrent en faveur de la guerre, y compris Jim Baker. Bush père et Baker étaient des amis proches, ils avaient vécu des tas de choses ensemble, ils étaient de la même génération et avaient participé ensemble à de nombreuses batailles politiques au cours des huit années d'administration Reagan. Baker s'avança vers le bureau du président et déclara : « C'est une décision que vous seul pouvez prendre, monsieur le Président. »

« Ensuite tout le monde est sorti en laissant votre père seul, dit Card à Bush junior. Moi, je suis resté pour ranger le chevalet. À un moment le président a regardé droit devant lui, j'étais dans son champ de vision mais je suis convaincu qu'il ne m'a pas vu. Je n'en jurerais pas, mais il m'a bien semblé qu'il était en train de prier, là, assis à son bureau. Il était calme, contemplatif. Alors il a levé les yeux et a dit : "Je suis en train de prendre une décision qui va coûter la vie à de jeunes hommes." Il exprimait en paroles ce qu'il venait de penser. Puis il s'est levé et a quitté la pièce. Ça m'a beaucoup marqué. » C'était ça, la solitude du pouvoir.

« Je sais », répliqua le président.

10

Le terrorisme, et plus particulièrement Al Qaïda, était encore au centre de l'univers de Tenet ; il occupait les cinq premières places du classement des grands problèmes actuels. L'Irak n'arrivait qu'en sixième position. C'était Saul, le chef du groupe des opérations en Irak, qui en était chargé, et il travaillait avec son patron, le directeur adjoint de la CIA John McLaughlin, un analyste chevronné du renseignement aux manières douces qui s'était hissé au poste de n° 2 de l'Agence.

Parallèlement, Saul voyait régulièrement les principaux responsables. Il avait rencontré Rumsfeld le 1er février, afin d'esquisser un plan d'action clandestine destinée à appuyer l'armée américaine pendant les opérations visant à un changement de régime en Irak. À partir de février, la Direction des opérations de la CIA se mit à tenir des réunions hebdomadaires sur l'Irak. Saul était en train de découvrir que les sources d'information de la CIA en Irak étaient plutôt clairsemées.

Clairsemées comment ?

« Je peux les compter sur les doigts d'une main, répondit Saul qui observa un temps de silence pour ménager son effet, sans que ça m'empêche de me curer le nez. »

Les fameuses sources étaient au nombre de quatre. Toutes opéraient au sein de ministères irakiens comme ceux des Affaires étrangères ou du Pétrole, lesquels ne permettaient guère de s'approcher du premier cercle de l'entourage de Saddam. L'Agence avait eu de grosses difficultés à infiltrer l'armée, la Garde républicaine ou le Service spécial de sécurité.

« Comment se fait-il que les meilleures informations me viennent du SIS ? », s'enquit Tenet en faisant allusion aux services de renseignements britanniques.

« Désolé, on va s'occuper de ça », promit Saul.

Recruter des Irakiens était une tâche difficile, comme s'en aperçut Saul. La CIA pouvait offrir entre 5 000 et 10 000 dollars, une grosse somme, à quelqu'un pour se livrer à l'espionnage. Cet individu courait alors le risque d'être arrêté, de voir sa femme et sa fille violées sous ses yeux, ses fils tués et sa maison rasée avant d'être soumis à des tortures inimaginables. Face à cela, que représentaient 10 000 dollars mensuels ? Les quelques sources recrutées transmettaient des rapports, des communications clandestines. Les États-Unis n'ayant pas d'ambassade à Bagdad, les sources devaient envoyer leurs informations par ordinateur, émettre de courts messages vers un satellite qui les répercutait aussitôt au siège de la CIA. Mais cette activité avait de quoi vous faire dresser les cheveux sur la tête.

Saul ne cessait de le répéter : une simple action clandestine ne parviendra pas à débarrasser le monde de Saddam. Seule une invasion militaire, fortement appuyée par la CIA, serait à même d'y parvenir. L'unique moyen viable de recruter de nouvelles sources en Irak consistait à démontrer sans détour que les États-Unis étaient déterminés, et qu'ils s'apprêtaient à intervenir avec toute leur puissance pour destituer Saddam une fois pour toutes.

Avec l'aval de Tenet, Saul, McLaughlin et Jim Pavitt, le directeur adjoint aux opérations, travaillèrent sur un nouveau document top secret contenant les propositions des services de renseignements afin de provoquer un changement de régime en Irak. Le président Bush signa cet ordre le 16 février. Le document demandait à la CIA d'aider l'armée américaine à renverser Saddam et énumérait sept recommandations explicites :

1. Soutenir les groupes d'opposition et les opposants individuels qui souhaitent le départ de Saddam.

2. Mener des actions de sabotage en Irak.

3. Travailler avec des pays tiers, comme la Jordanie et l'Arabie Saoudite, et appuyer leurs opérations clandestines de renseignement.

4. Mener des opérations d'information visant à diffuser des informations authentiques sur le régime.

5. Lancer des opérations de désinformation et de déception destinées à induire en erreur Saddam et les responsables politiques, ceux du renseignement, de l'armée et des organismes de sécurité du régime.

6. Attaquer et désorganiser les revenus, le système bancaire et les finances du régime.

7. Désorganiser les filières par lesquelles le régime se procure de manière illicite du matériel lié à son appareil militaire, et en particulier à ses programmes d'armes de destruction massive.

Le coût de ces opérations était fixé à 200 millions de dollars par an sur deux ans. Les responsables des commissions du renseignement du Sénat et de la Chambre des représentants furent secrètement informés. Après un âpre débat au Congrès, le budget de l'opération fut finalement ramené à 189 millions de dollars pour la première année.

Saul serait en mesure de mener ce qu'il appelait des opérations de « contre-espionnage offensif » destinées à empêcher l'appareil de sécurité de Saddam d'identifier les sources de la CIA. L'essentiel était que la CIA pouvait désormais collaborer activement avec les forces d'opposition en Irak et mener des actions paramilitaires à l'intérieur du pays.

Mais vu la multiplication des opérations antiterroristes menées dans soixante pays, dont l'Afghanistan, la Direction des opérations de la CIA avait été mise à contribution au-delà de ses capacités. Or son vivier d'agents n'était pas inépuisable.

Saul avait besoin sans délai d'une cinquantaine d'agents. Il estimait que ce nombre devrait être porté six mois plus tard à cent cinquante, jusqu'à atteindre trois cent soixante, sur le terrain et au siège de l'Agence, à la veille du déclenchement des hostilités. Il demanda des volontaires. Au moins une station entière, du chef au dernier employé, se porta volontaire. L'Agence merdait en Irak depuis des années et beaucoup de ses membres, pas tous, loin de là, étaient prêts à donner un coup de main.

L'Afghanistan avait démontré qu'il était vital de disposer de commandos action à l'intérieur du pays. La collecte de renseignements fiables sur le terrain et les opérations armées efficaces ne sauraient être menées depuis le banc de touche. Même si la CIA avait déployé de gros moyens sur toutes les frontières de l'Irak, elle avait besoin d'avoir des gens à l'intérieur.

Le 20 février, soit vingt jours après la signature de la directive, une équipe de reconnaissance de la CIA entra secrètement dans la zone kurde du nord de l'Irak afin de préparer le déploiement d'unités de la CIA baptisées NILE, Northern Iraq Liaison Elements.

Le jeudi 28 février, quand Franks se présenta dans le bureau de Rumsfeld au Pentagone, il portait deux classeurs top secret, aussi épais que des annuaires téléphoniques, contenant les coordonnées de quatre mille objectifs possibles en Irak. Ces objectifs, identifiés presque exclusivement grâce aux photographies satellite les plus récentes, allaient des installations de commandement et de contrôle, des dispositifs de sécurité et des grandes concentrations de troupes à de simples compagnies d'infanterie ou de blindés ou à des unités de défense aérienne.

L'identification d'objectifs en vue d'une campagne aérienne américaine représentait un grand pas en avant par rapport à la planification abstraite des mois précédents. Dans les classeurs figurait la description détaillée des tranches de vulnérabilité du régime définies par Franks, qui les faisait ainsi passer du statut d'étoiles tracées sur le papier à celui de bâtiments et de concentrations d'individus situés dans la mire des systèmes d'armes des forces américaines.

Rumsfeld fut agréablement surpris par le nombre d'objectifs identifiés. Quelques mois plus tôt, avant et pendant la campagne de bombardements sur l'Afghanistan, il s'était régulièrement plaint devant le Conseil de sécurité nationale du faible nombre d'objectifs disponibles dans ce pays primitif. Il arrivait souvent que seulement trois ou quatre dizaines de cibles soient recensées. La déclaration qu'il avait faite lors d'un briefing de presse au troisième jour des bombardements en Afghanistan était encore dans toutes les mémoires : « Nous ne manquons pas d'objectifs à bombarder : c'est l'Afghanistan qui en manque. »

L'Irak, en revanche, était une vraie mine d'or sur ce plan-là. Rumsfeld demanda à ce qu'on classe les objectifs par priorités. Quelle sorte d'attaques et de campagne de bombardements était susceptible d'avoir l'impact maximum sur le régime ? Qu'est-ce qui pourrait provoquer l'effondrement du régime ? Les deux hommes discutèrent des différentes catégories d'objectifs, les centres de commandement et de contrôle, les axes de communication, les lieux de vie du cercle dirigeant, comme la cinquantaine de palais de Saddam, les principales forces paramilitaires du régime, dont le SSS et la Garde républicaine spéciale. Où pouvait-on appliquer rapidement une pression susceptible d'entraîner la chute du régime ? Le secrétaire à la Défense comprit que cela prendrait du temps ; il voulait voir comment Franks et son équipe classeraient tous ces objectifs par catégories précises.

La discussion s'orienta ensuite sur les tâches préparatoires destinées à améliorer les installations militaires dans la région. Rumsfeld se demanda ce qui pouvait être accompli dans le cadre des accords existants avec différents pays hôtes, sans que cela soit considéré comme une préparation à la guerre. Il voulait également que Franks lui communique la liste de toutes les mesures qu'il pourrait avoir à activer.

Ils passèrent un moment à discuter du potentiel en matière d'opérations d'information. Par exemple sur la façon dont on pouvait adresser des messages à l'armée régulière irakienne : Ne résistez pas, Ne minez pas les puits de pétrole, Ne tirez pas de missiles...

Franks déclara que l'État-Major Interarmes et le Conseil de sécurité nationale devaient s'impliquer et qu'on devrait attribuer à un haut responsable de la Maison Blanche la responsabilité des opérations d'information, car celles-ci nécessiteraient des déclarations politiques exposant les motifs de la guerre. Les opérations d'information tactiques devaient correspondre et être liées à ce que tout le monde, jusqu'au président, dirait.

Rumsfeld convint que les différents messages devaient être coordonnés. Il parlerait à Rice et aux autres. Qui se chargerait de cette question ? Le Conseil de sécurité nationale, ou le département de la Défense ?

Le vice-président Cheney informa le général Franks qu'il avait l'intention d'effectuer une tournée au Proche-Orient en mars et lui demanda dans quels pays il devait se rendre. Lesquels accepteraient d'être sollicités, lesquels devrait-on soumettre à des pressions avant qu'ils acceptent d'apporter leur soutien à une guerre en Irak ? Ils tombèrent d'accord sur une dizaine de pays potentiels : l'Égypte, Oman, les Émirats arabes unis, l'Arabie Saoudite, le Yémen, Bahreïn, le Qatar, la Jordanie, Israël et la Turquie.

Le 6 mars, Franks briefa Cheney à Washington. Le général était porteur d'un document top secret qu'il avait mis au point avec Rumsfeld et qui recensait ce que l'on attendait de chacun de ces pays. Dans certains cas, il s'agissait d'une assistance active, peut-être même sous la forme de troupes, d'avions ou d'agents de renseignements. Dans d'autres cas, il s'agissait simplement d'obtenir des facilités pour l'installation de bases et de dépôts de ravitaillement, ou d'autorisations de transit ou de survol par l'armée américaine. Tous ces pays arabes ou musulmans se déclareraient publiquement contre la guerre, mais pratiquement tous souhaitaient, en privé, la chute de

Saddam. Leur aide devrait donc être au moins en partie tenue secrète. Franks fournit à Cheney un profil de chaque chef d'État ou responsable des renseignements. En Jordanie, par exemple, où Tenet bénéficiait d'une coopération extraordinaire, Franks et Tenet avaient travaillé Saad Khair, le chef du GID, les services de renseignements jordaniens. Franks et Tenet avaient également travaillé le président du Yémen, Ali Abdallah Saleh.

La mission de Cheney était de mettre la pression sur tous ces pays, de sonder les sentiments de leurs dirigeants à l'égard de l'Irak, mais sans nécessairement les enrôler ou discuter dans le détail les problèmes de bases, de troupes, d'avions, de bâtiments et autres. Le message qu'il était chargé de transmettre à ces dirigeants était que si les États-Unis étaient amenés à recourir à la force, ils le feraient avec détermination.

Cheney eut de la chance en Jordanie, où Tenet avait pratiquement acheté le GID, mais fut moins heureux en Égypte, dont le président Hosni Moubarak opposa une forte résistance. Le 15 mars, Cheney se fit déposer à bord de l'USS *John C. Stennis*, le porte-avions qui croisait en mer d'Arabie avec un équipage de 5 000 hommes. Des appareils étaient constamment catapultés depuis l'immense pont d'envol pour des missions de bombardement en Afghanistan.

Le vice-président exposa ce qu'il avait en tête aux milliers d'hommes et de femmes qui l'accueillirent. « Notre prochain objectif est d'empêcher les terroristes, ainsi que les régimes qui leur apportent leur soutien, de menacer l'Amérique, ses amis et ses alliés, avec des armes de destruction massive. Nous prenons cette menace très au sérieux. C'est notre devoir et notre responsabilité de représentants du gouvernement américain. Les États-Unis ne laisseront pas

les forces de la terreur se procurer des outils de géno-
cide. »

Le programme de la tournée de Cheney comportait
la visite de trois pays en une seule journée, dont le
Qatar, un allié essentiel qui devait accorder des facilités pour l'installation de plusieurs bases et d'un QG.
Le programme chargé fut la cause d'une boulette de
première grandeur. Lynne Cheney, la femme du vice-
président, passa deux heures à la table de l'épouse
favorite de l'émir du Qatar.

« À quel âge les enfants vont-ils à l'école, ici à
Bahreïn ? s'enquit Mme Cheney au cours du repas.

— Vous n'êtes pas à Bahreïn », répliqua la favorite.

Le voyage constitua une sorte d'avertissement
pour le vice-président. Le sujet sur lequel les différents dirigeants insistèrent le plus ne fut pas l'Irak,
ni la menace représentée par Saddam Hussein, ni le
terrorisme, mais le processus de paix au Moyen-
Orient. Il s'entendit répéter sur tous les tons que le
président ferait mieux de s'impliquer et de jeter tout
son poids dans la balance pour que la région s'engage
sur un processus susceptible de régler le conflit
israélo-palestinien. C'était le message que Powell ne
cessait depuis des mois de transmettre à la Maison
Blanche. Franks était à peu près sur la même longueur d'onde. L'autre conclusion de Cheney fut que
le Moyen-Orient n'avançait pas dans la bonne direction. Une paix durable serait impossible tant que Yasser Arafat resterait aux commandes de l'Autorité
palestinienne.

Le 21 mars, tôt dans la matinée, le vice-président
prit son petit déjeuner avec le président puis, aux
alentours de 8 h 15, les deux hommes répondirent
aux questions de quelques journalistes dans le

Bureau Ovale. L'un d'entre eux demanda si les dirigeants arabes soutiendraient une action résolue contre l'Irak.

Cheney s'en tint à la version officielle. « Je suis allé m'entretenir avec eux, solliciter leur avis et leurs conseils, afin de pouvoir en rendre compte au président. »

Bush intervint. « Je pense que le vice-président a, à juste titre, fait comprendre à nos interlocuteurs que quand cette Administration dit qu'elle va faire quelque chose, elle le fait ; que nous étions résolus à mener la guerre contre le terrorisme ; que ce n'était pas pour nous une stratégie à court terme ; que nous sommes convaincus que l'histoire nous demande d'agir ; et que nous n'allons pas manquer cette occasion de rendre le monde plus pacifique et plus libre. Voilà le message que le vice-président a transmis. Je lui suis reconnaissant d'y être parvenu. Il est très important que ces dirigeants comprennent la nature de cette Administration, afin qu'il n'y ait aucun doute dans leur esprit que lorsque nous parlons, nous parlons sérieusement, que nous ne nous contentons pas de prendre la pose. On n'a pas besoin d'un tas de sondages et de commissions pour nous dire ce que... comment nous... ce que nous devons faire dans le monde. »

Ce jour-là, le 21 mars, et le lendemain, Franks rassembla les commandants en chef des différentes armes — Armée de Terre, Navy, Air Force et Marines — sur la base aérienne de Ramstein, en Allemagne, un vaste complexe militaire utilisé par l'armée américaine et l'OTAN. Ces officiers généraux seraient responsables de la conduite de la guerre sur le terrain. Le commandant des Opérations spéciales, le général de brigade Gary Harrell, était également présent. On avait par ailleurs créé une unité spéciale

182

chargée de missions clandestines, la Task Force 20, dont le commandement devait être confié au général de division Del Dailey.

Franks était prêt pour la guerre. Il était convaincu qu'on allait le faire. Par « le faire », il voulait dire soit que Saddam Hussein et sa famille décideraient d'abandonner le pouvoir et de quitter le pays, soit que le président déclencherait la guerre. Saddam et sa famille jetteraient-ils l'éponge ? La conclusion de Franks était « non ».

« Les gars, y a un cambrioleur dans la maison », lança Franks à ses commandants au cours d'une réunion à huis clos. C'est une expression des forces spéciales qui signifie que si vous êtes un pilote, vous devez vous repasser mentalement les objectifs de votre mission et vous assurer que vous connaissez la localisation des objectifs et le moment exact prévu pour l'attaque ; que si vous appartenez aux forces terrestres et que vous dites que vous pourrez fournir telle force tel jour, vous devez être absolument sûr que vous disposerez des moyens de transport adéquats, et que vous serez en mesure de respecter les horaires que vous annoncez. Bref, Franks leur fit comprendre qu'il ne s'agissait pas d'un exercice abstrait de planification. Il leur fit comprendre que le moment décisif se rapprochait. Ne faites pas de promesses que vous serez incapable de tenir. « Et maintenant, mettez-vous au travail. » D'une façon ou d'une autre, on allait « le faire ». « N'allez pas croire que ça ne se produira pas. »

Franks leur exposa également sa vision de l'opération telle qu'elle était souhaitée, plus modeste, plus légère, plus rapide. Il déclara qu'il espérait un plan en 90-45-90, une guerre de deux cent vingt-cinq jours. Il leur expliqua schématiquement les sept lignes d'opérations et les neuf tranches de pouvoir du régime.

Franks estimait qu'il n'était pas important qu'il rapporte à ses commandants tous ses contacts avec Rumsfeld. En revanche, le travail qu'il avait effectué avec le président était essentiel pour leur faire comprendre que le commandant en chef était d'accord avec ce qui était envisagé. Cela soulignerait le sérieux de l'affaire. Franks se mit donc à décrire en détail chacun des briefings qu'il avait eus avec le président, y compris celui organisé à Crawford juste après Noël et le briefing de soixante-dix minutes qu'ils avaient eu le mois précédent. En d'autres termes, leur commandant en chef était à la fois derrière cette planification et très impliqué dans ses détails. Dans une certaine mesure, le cambrioleur dans la maison, c'était George W. Bush.

Le lendemain, soit le 23 mars, l'État-Major Interarmes lança un exercice baptisé Prominent Hammer (Gros marteau), une sorte de *wargame* en miniature n'impliquant aucun mouvement de troupes, mais censé évaluer la faisabilité du vaste Plan d'opérations 1003. Si ce dernier était mis à exécution, le plan de transport fonctionnerait-il, et quel serait son impact sur les forces américaines à travers le monde ? Quelle conséquence aurait-il en Corée, où les États-Unis maintenaient une force de quelque 37 000 soldats ? Quel impact aurait-il sur la guerre contre le terrorisme ? Sur la sécurité du territoire américain ?

Sur le moment, rien ne filtra de cet exercice, mais deux mois plus tard, dans un article consacré aux résultats de ces grandes manœuvres virtuelles, le *New York Times* écrivit qu'une guerre en Irak « entraînerait une sérieuse pénurie de personnels et de graves ruptures de stock de certains armements cruciaux ».

Au cours de cette période, Saul se rendit à Tampa afin d'y briefer Franks sur le programme d'action clandestine que la CIA s'apprêtait à mettre en œuvre contre l'Irak.

« Vous savez, dit Franks, je me suis déjà battu contre ces gens. » Général de brigade durant la guerre du Golfe, il avait occupé la fonction d'adjoint au commandant de la 1re division de cavalerie. « J'ai eu l'occasion de les jauger. Je n'ai aucune inquiétude. »

« Parfait, répliqua Saul, vous connaissez votre boulot. C'est pour ça qu'on vous paie. »

Lors d'une autre réunion avec ses subordonnés, Franks se fit insistant. « C'est foutrement sérieux, les gars. Si vous pensez que ça va pas se produire, vous vous mettez le doigt dans l'œil. Va falloir vous bouger le cul. »

11

En mars, Tenet eut un entretien secret avec deux personnalités qui allaient jouer un rôle crucial dans l'action clandestine en Irak : Massoud Barzani et Jalal Talabani, chefs des deux principaux groupes kurdes du nord de l'Irak. Les deux hommes contrôlaient des secteurs distincts dans une région kurde environ de la taille du Maine. Si ces secteurs jouissaient d'une autonomie effective vis-à-vis du régime de Bagdad, des unités militaires irakiennes étaient stationnées à quelques kilomètres seulement des bastions kurdes et Saddam pouvait facilement les envoyer combattre et massacrer les Kurdes comme il l'avait fait après la guerre du Golfe, quand ils s'étaient soulevés en escomptant la protection des États-Unis. Saddam les avait sauvagement écrasés, faisant des milliers de victimes et provoquant la fuite de millions de réfugiés vers la Turquie et l'Iran voisins. Les Kurdes entretenaient des relations extrêmement hostiles avec le gouvernement turc, lequel, historiquement, ne reconnaissait ni cet important groupe minoritaire ni sa langue.

Tenet avait un message essentiel à transmettre à Barzani et Talabani : les États-Unis étaient sérieux, l'armée et la CIA allaient venir. Cette fois, c'était différent. La CIA ne serait pas seule. L'armée attaque-rait. Le président Bush ferait ce qu'il disait. C'était une ère nouvelle. Saddam allait tomber. Bien sûr, Tenet ne savait pas s'il disait la vérité, si la guerre éclaterait. Mais il lui fallait donner de l'espoir aux Kurdes pour s'assurer de leur collaboration et de leur engagement. Il s'apprêtait à envoyer quelques mem-bres des services action et agents de liaison dans un environnement particulièrement dangereux. Sa posi-tion en tant que directeur de la CIA était simple : il vendrait de l'eau bénite au pape si cela devait garan-tir la protection de ses agents.

Personne, et en particulier les chefs de tribu, ne pouvait en aucune manière éviter de se heurter à la personnalité de Tenet. L'homme est d'une nature débordante, passionnée, volcanique. Il est exaspé-rant. Chez lui, c'est presque tribal. Tenet savait que dans cette partie du monde, chacun avait quelque chose à vendre. Ils ne seraient donc pas surpris que lui aussi. C'était un univers de rumeurs et d'exagé-rations. Il avait besoin de protections, de garanties, d'engagements et il offrait les mêmes choses en retour. Il s'agissait de survivre. Et c'était encore un autre dilemme à affronter, il fallait faire des promes-ses qui risquaient de ne pas être tenues. Comme cer-tains de ses prédécesseurs l'avaient appris et souvent dit, l'Agence ne respecte pas les règles du marquis de Queensberry qui, au XIXᵉ siècle, avait introduit le port des gants et fixé la durée des reprises dans la boxe. Sur le ring des actions clandestines de la CIA, tous les coups bas étaient permis.

Cependant, Tenet possédait un atout considéra-ble : l'argent. Il avait à sa disposition des millions, des dizaines de millions, en coupures de cent dollars. Si des personnels civils ou militaires du département de la Défense ou des diplomates du département d'État payaient quelqu'un pour suivre une ligne politique ou en changer, cela risquait de passer pour de la corruption. La CIA était le seul service gouvernemental américain autorisé à soudoyer les gens.

Tenet avait dit à Bush que certaines sommes seraient investies pour instaurer des liens et démontrer le sérieux des États-Unis. Et que l'on pourrait parfois avoir l'impression qu'elles n'avaient pas toutes été dépensées à bon escient. C'était comme des amorces, des petits morceaux de poisson répandus à la surface de l'eau pour attirer les grosses prises. En matière d'espionnage, il fallait souvent appâter généreusement. Sur ce point-là aussi, le président et Tenet s'accordaient. Bush, l'un des plus gros collecteurs de fonds en politique de tous les temps, et Tenet, l'argentier secret du gouvernement américain, connaissaient le pouvoir roboratif de l'argent. Donc, Tenet demandait beaucoup et offrait beaucoup. « Vous allez voir, dit-il aux chefs kurdes, tout, vraiment tout, est en route : l'armée, la CIA, l'argent. »

Le 29 mars, ce fut en terrain hostile que le général Franks se retrouva quand il pénétra dans le Bocal, la salle de réunion sécurisée de l'État-Major Interarmes, qui regroupait les commandants en chef de chacune des quatre armes. À bien des égards, ce titre de chef de l'État-Major Interarmes est un anachronisme. D'après le paragraphe 10 du code américain qui traite des questions militaires, les quatre chefs d'état-major, de l'armée de terre, de la Navy, de l'Air Force et des Marines, sont responsables du recrutement, de la formation et de l'équipement de leurs propres armes. Cependant, ces commandants en chef ne commandent aucune force au combat. Ce sont les commandants de théâtre tels que Franks lui-même qui dirigent les unités en opération.

Dans la mesure où Franks rendait compte directement au secrétaire à la Défense, le chef de l'État-Major Interarmes n'était pas son patron et les commandants des forces armées encore fichtrement moins, bien que selon des critères techniques d'ancienneté, ils fussent tous de grade supérieur. En fait, Franks n'était pas loin de se considérer lui-même comme extérieur à l'armée. Il était un combattant universel. « Je suis résolument pourpre », avait-il dit une fois, le pourpre étant la couleur qui serait ressortie si l'on avait passé au mixer les uniformes de chaque corps d'armée.

La tension entre Franks et les chefs d'état-major était palpable. L'année précédente, au plus fort de la campagne en Afghanistan, les chefs d'état-major, comme ils ont tendance à le faire, avaient tenté d'imposer une participation plus grande de leur service à la guerre. La Marine voulait un porte-avions de plus, l'armée de terre, une brigade supplémentaire et l'armée de l'air une autre escadrille.

Un jour, en plaisantant à demi, Franks s'emporta contre les commandants : « Vous autres, espèce d'enculés de bureaucrates, permettez-moi de vous dire qu'à la fin de la journée, c'est nous les combattants, c'est-à-dire ou bien moi ou bien l'homme qui est mon patron [Rumsfeld], qui allons mettre sur pied une opération combinée et il n'est pas question qu'on commence à gratter chacun de vos services là où ça le démange. »

Plusieurs des généraux présents considèrent aujourd'hui que la saillie de Franks était plus humoristique qu'agressive, mais ils se rappellent nettement s'être fait traiter d'« enculés de bureaucrates ».

Il fallait donc à présent que Franks les mette au courant de son plan d'action en Irak. Ce fut un long briefing, comportant plus de soixante-dix diapositives. Il s'efforça de le présenter le plus possible comme un concept d'opérations, le dernier en date pour le Départ en position, impliquant probablement 180 000 à 200 000 hommes, soit la moitié des effectifs de Tempête du Désert.

Franks dit qu'il avait six mois pour se préparer, pour pouvoir, si le président l'exigeait, passer à l'action le 1er octobre. Mais pas avant. L'un des chefs d'état-major se souvient qu'il lui avait paru difficile d'évaluer dans quelle mesure la discussion était sérieuse. Cela ressemblait en partie à une manœuvre destinée à effrayer Saddam. Ils posèrent des tonnes de questions.

À un moment donné, pendant les combats en Afghanistan, Franks avait utilisé cinq porte-avions de la marine, combien lui en faudrait-il pour l'Irak ? Comment assurer le repos et la rotation des forces si la guerre durait ? Qu'en était-il des armes de destruction massive présumées ? Quelle serait la réaction de l'Irak ? Que ferait l'État hébreu en cas d'attaque ? Comment s'empare-t-on d'une capitale peuplée de plusieurs millions d'habitants comme Bagdad ?

Le commandant en chef de l'armée de terre, le général Eric K. Shinseki, fit part de ses inquiétudes concernant le soutien logistique nécessaire à l'invasion massive d'un pays de la taille de l'Irak. Comment les forces sur le terrain seraient-elles approvisionnées ? De quels effectifs devrait-on disposer pour gagner ?

Wolfowitz et la clique politique estimaient qu'une guerre avec l'Irak serait relativement facile, dit l'un des chefs d'état-major. Franks était-il d'accord ?

On lui demanda aussi ce qu'on faisait des forces déployées en attendant le début des opérations.

Franks s'efforça de répondre à leurs questions mais les chefs d'état-major ne parurent guère satisfaits. Les enculés de bureaucrates avaient été mis sur la touche depuis 1986 et la loi Goldwater-Nichols, qui confiait la quasi-totalité du pouvoir consultatif au chef de l'État-Major Interarmes.

Les Bush reçurent Tony Blair, le Premier ministre britannique, avec sa famille, dans leur ranch de Crawford pendant le week-end des 6 et 7 avril. Lors d'une interview sur la chaîne de télévision britannique ITV, le journaliste Trevor McDonald poussa le président à parler de l'Irak. « J'ai décidé que Saddam doit partir, dit Bush. C'est à peu près tout ce que je suis disposé à vous dire.

— Donc il faut que Saddam s'en aille ? demanda McDonald.

— C'est ce que je viens de dire, répondit Bush, irrité. C'est la politique de mon gouvernement qu'il s'en aille.

— Les gens pensent que Saddam Hussein n'a aucun lien avec le réseau Al Qaïda, et je me demande pourquoi vous avez...

— Le pire qui pourrait se produire serait de permettre à une nation comme l'Irak dirigé par Saddam Hussein, de développer des armes de destruction massive, puis de s'allier avec des organisations terroristes pour faire chanter le reste du monde. Ça n'arrivera pas avec moi.

— Et comment allez-vous vous y prendre, monsieur le Président ?

— Attendez, vous verrez bien. »

McDonald l'interrogea sur les inspecteurs. Bush dit qu'il voulait qu'ils retournent en Irak. « Mais ce n'est pas un problème d'inspection. Le problème, c'est que [Saddam] tienne sa parole et ne développe pas d'armes de destruction massive.

— Donc, qu'il laisse ou non venir les inspecteurs,

191

il est sur la liste des gens à attaquer, demanda McDonald. C'est votre prochaine cible ?

— Vous essayez toujours... commença Bush, avant de se reprendre. Vous faites partie de ces journalistes astucieux qui s'efforcent toujours de me faire dire des choses.

— Loin de là, monsieur le Président.

— Si, j'en ai bien peur, monsieur. Mais de toute façon, je vous ai répondu sur la question. » Les questions avaient entraîné Bush sur un terrain glissant, lorsqu'il ajouta : « Et je n'ai pas de plans de guerre sur mon bureau. » Bien que techniquement exacte, cette remarque masquait la nature directe et personnelle de son implication dans la planification de la guerre.

Le 11 avril, Franks fit une mise au point pour Rumsfeld par vidéo sécurisée, en se concentrant sur ceux des préparatifs de guerre qui pouvaient être entrepris sans trop éveiller l'attention du public. Dans la mesure où le concept prévoyait une attaque américaine unilatérale venue du sud par le Koweït, ils avaient beaucoup à faire pour moderniser les divers terrains d'aviation dans les pays du Golfe tels que Oman, les Émirats arabes unis et le Koweït lui-même. De plus en plus d'équipements et de matériels prépositionnés étaient en route et il fallait construire des pistes bétonnées pour les parquer.

De plus, il leur faudrait disposer de grandes quantités de carburant lorsque les forces terrestres finiraient par pénétrer en Irak. Comment les États-Unis pourraient-ils se servir dans les oléoducs avec l'accord des Koweïtiens sans que les autres nations le sachent ?

De tels préparatifs, et ce n'était qu'un début, coûteraient peut-être entre 300 à 400 millions de dollars.

Horrifié par ces chiffres bruts, Rumsfeld réagit en se demandant tout haut s'il y aurait moyen d'amener d'autres pays à payer une partie de l'addition. Il dit qu'il voulait anticiper. « Comment réagir si Saddam entreprenait quelque action susceptible de tout gâcher ? » fit-il, reformulant la question déjà posée par le président.

La discussion évolua ensuite sur l'opération Southern Watch qui, six mois plus tôt, au début des bombardements sur l'Afghanistan, avait été en quelque sorte mise entre parenthèses. Toujours prête à répondre aux provocations, son véritable but était de collecter des renseignements et de contrôler les zones d'exclusion aériennes. Serait-il à présent envisageable de renforcer l'activité de renseignement ? Devait-on intensifier les vols ? De telles actions permettraient-elles de renforcer progressivement la position des États-Unis avant une guerre ?

Le 20 avril, à peine plus d'une semaine plus tard, Franks briefa le président lors de la séance du samedi à Camp David.

« Je commence à me sentir un peu plus en accord avec l'idée d'une action brève, plus légère, plus rapide, dit Franks. Elle semble se mettre en place. Monsieur le président, je vais probablement être en mesure de réduire le temps de préparation d'environ un tiers par rapport à mes premières prévisions. À la fin de cette période, on pourrait déployer à peu près 180 000 hommes. Si on ne réussissait pas immédiatement, on pourrait aller jusqu'à 250 000 dès la fin de la Phase Trois, au moment des opérations de combat décisives. »

« Je ne suis pas encore satisfait », ajouta Franks. Il y avait encore des simulations à faire pour calculer les problèmes de temps et de distance. « Ne considérez pas ces chiffres comme définitifs, monsieur le Président. C'est juste là où nous en sommes aujourd'hui. »

« Il est capital pour nous que nous ne restions pas à découvert dans la région », dit Bush. Il fit remarquer que plus les combats seraient longs, plus les États-Unis risqueraient d'être affectés par la dynamique politique de la région. Il voulait que l'action se déroule aussi efficacement et brièvement que possible. En même temps, le président déclara à Franks que ni cette discussion ni son souci de trouver des moyens de réduire la durée des préparatifs et les combats ne devaient l'amener à croire que cela serait réalisable sans disposer des moyens requis.

« Tommy, dites-moi ce qu'il vous faut pour réussir, dit le président. Il va sans dire que je veux m'assurer que nous le ferons vite et bien. »

Franks comprit le problème. Bien sûr, « vite » et « bien » risquaient de ne pas coïncider. Faire vite pouvait en fait signifier ne pas faire bien. Il prit cette remarque pour ce qu'il appelait une « incitation présidentielle », particulièrement vague en l'espèce.

« Je vais devoir évaluer les risques avant de vous dire que mon plan est prêt, dit le général. Les questions clés, ajouta-t-il, étaient les suivantes : combien de forces sur le terrain devons-nous rassembler et en combien de temps, afin que, quand ça commencera, ça ne dure pas longtemps ; et combien de temps vous faut-il pour que vous preniez votre décision et qu'on en finisse ?

— Ouais, dit le président, c'est exactement ça. Tommy, vous êtes mon expert. C'est à vous de me dire ce qu'il vous faut pour le faire. Vous aurez tout ce qu'il vous faut. »

Plus tard, Bush ajouta : « Si ça traîne, Dick Cheney pense que la région... ça va poser un problème. »

Doux euphémisme pour parler de désastre, et nouvelle incitation présidentielle. Le président se rattrapa : « Ça durera autant qu'il faudra que ça dure, mais je voulais juste le dire. »

Par la suite, Bush se souvint qu'il avait effectivement essayé de glisser des incitations. « Très important pour un président d'éviter de micro-diriger un plan de guerre en l'adaptant : 1) à la politique intérieure, 2) à la politique internationale. D'un autre côté, pendant que Tommy planifiait, je voulais qu'il saisisse certaines nuances, ou qu'il comprenne les problèmes de manière nuancée. La pire chose qu'un président puisse faire est de dire : "Oh non ! Le plan de guerre doit se conformer à l'agenda politique."

« Il est très délicat pour un président de traiter avec ses généraux. Il doit faire très attention. Ils prennent tout..., commença-t-il avant de se reprendre : La structure du commandement est ainsi faite que quand le président dit quelque chose, ce qu'il dit est pris extrêmement au sérieux à tous les niveaux de la chaîne de commandement. Et donc, je fais attention. » C'est pourquoi il incitait sans pour autant « compromettre » ce que Franks avait l'intention de faire. « Souvenez-vous bien de ceci : si un président essaie de concevoir un plan de guerre, il met ses soldats en danger, parce que moi sur ce terrain-là, je suis nul. »

Le 24 avril, Franks réunit à nouveau ses principaux commandants, à Doha, au Qatar cette fois-ci. Le nombre de tâches préliminaires semblait infini et beaucoup de détails apparemment mineurs pouvaient, si on les négligeait, retarder, voire entraîner l'avortement partiel ou total d'une action. Il était arrivé à la conclusion qu'un commandant en chef n'avait que deux moyens de faire avancer les choses : 1) demander à Washington d'accomplir ces tâches ou de lui donner la permission de les accomplir lui-même, 2) agir tout simplement. Bush lui avait explicitement donné des pouvoirs exceptionnels en déclarant que le coût serait ce qu'il serait.

Franks demanda à ses commandants sur le terrain de lui indiquer ce dont ils avaient besoin, parce que désormais il ne demanderait plus d'autorisations financières à Washington. Donc, s'il leur fallait travailler sur une passerelle pour véhicules de combat au Koweït qui coûtait plusieurs millions de dollars, qu'ils le fassent. Même chose s'il fallait prolonger une piste à Oman. Ou couler du béton en Jordanie. « Faites-le. »

Peu après, Franks annonça à Rumsfeld que les factures allaient arriver. « Le contrôleur financier du Pentagone a l'argent, répondit le secrétaire, donc, allons-y. »

Le 9 mai, Franks demanda à ses commandants de développer un plan envisageant une deuxième option, la possibilité d'attaquer l'Irak par le front nord en passant par la Turquie. Comme il n'était pas convaincu de la bonne volonté d'Ankara, toute la planification s'était concentrée autour d'une attaque par le sud ou uniquement par le Koweït. Mais puisqu'il y avait une petite chance que la Turquie coopère, Franks voulait s'y attarder. Dans la mesure du possible, on pourrait utiliser les 160 km de la frontière turco-irakienne pour déployer l'équivalent d'une division, soit 15 000 à 20 000 hommes. En comptant tout le personnel de soutien, Franks calcula que cela reviendrait à installer en Turquie entre 25 000 et 30 000 hommes. Les Turcs en prendraient ombrage. Néanmoins, se disait-il, ça valait le coup d'essayer.

Le jour suivant, le 10 mai, Franks résuma ces discussions à Rumsfeld. Le secrétaire était à la recherche d'une formule sans bavure. Quelles étaient toutes les facettes de la situation ? À quelles surprises devaient-ils s'attendre ? Qu'avait-on négligé ou non anticipé ? Il y avait tant de variantes et d'inconnues. Et s'ils ne voyaient pas ce qui se trouvait sous leurs yeux ? La tendance et l'aptitude de Saddam aux provocations de grande envergure étaient une « inconnue connue ». Plus inquiétantes encore étaient les « inconnues inconnues » dont Rumsfeld parlait si souvent.

Une question sans réponse se dessinait : Supposons que Saddam pousse les États-Unis à la guerre avant qu'ils ne soient prêts ?

Pour le moment, tout ce dont ils disposaient comme moyen de riposte était les avions de l'armée de l'air et de la Marine déjà sur place. Les opérations en cours, Southern Watch et Northern Watch, comprenaient un groupe de porte-avions avec environ 70 appareils, auxquels s'ajoutaient 120 avions de l'Air Force basés à terre. En tout, cela faisait près de 200 avions. On appelait cela le plan Bleu : le matériel qui serait disponible en quatre à six heures pour une riposte improvisée destinée à gagner du temps.

Comment pourrait-on muscler l'élément aérien et mener progressivement une série d'opérations aériennes qui laisseraient assez de temps aux forces terrestres pour gagner la région en vue d'une offensive ?

Selon les premiers calculs, environ 450 avions, le niveau Blanc en termes de déploiement aérien, pouvaient se trouver dans la région dans les sept jours qui suivraient une provocation. Ensuite, en l'espace d'environ deux semaines, on pourrait atteindre ce qu'on appelait le plan Rouge, soit 750 à 800 appareils.

Cela représentait à peu près la moitié de la puissance aérienne de combat déployée pour l'opération Tempête du Désert en 1991.

Plus tard dans la journée, Franks présenta son dossier sur la version la plus récente du plan Départ en position aux responsables du Conseil de sécurité nationale à la Maison Blanche. Dans ce briefing auquel n'assistait pas le président, Franks montra une carte de l'Irak et de ses pays voisins. Il expliqua où l'on en était en termes d'autorisation de passage dans chaque pays, ceux dont il pensait pouvoir obtenir accès ou assistance, et ceux dont il n'était pas sûr.

Comme le dernier plan en date, le 90-45-90, prévoyait une montée en puissance des opérations en 225 jours, Rice demanda s'il n'y avait pas une manière plus rapide de procéder, d'abréger la phase initiale. Le temps était synonyme de vulnérabilité.

Franks dit qu'il y travaillait. Il leur présenta les plans Bleu, Blanc et Rouge concernant les actions aériennes en cas de provocation de Saddam.

Powell posa beaucoup de questions sur le soutien qu'on pouvait, de manière réaliste, attendre de la part de certains pays qui adoptaient deux attitudes différentes, l'une publique, l'autre privée. Les conséquences pour la région étant imprévisibles, ces pays avaient tendance à se dérober. Powell voulait aussi mettre d'autres problèmes sur la table. Considérant la carte, il fit remarquer qu'il y avait un seul port de mer au Koweït, par lequel toutes les unités de combat et tout le matériel devraient passer. Pour Tempête du Désert, il y en avait eu plusieurs.

« Tommy, dit-il, vous êtes un expert sur la question maintenant, et je n'en suis pas un, mais d'après ce que je comprends... » Il se mit alors à faire l'éloge du planning et de son éventuel impact tactique. « Avez-vous réfléchi à la logistique ? Est-ce que le *through-*

put — terme logistique pour désigner le point de transit que Powell employa à dessein — peut s'en charger, avez-vous ce dont vous avez besoin et pouvez-vous faire transiter tout ce dont vous avez besoin par ce port-là uniquement ? »

Franks considérait Powell « un peu comme un ami », et le général en chef constata que l'ancien patron de l'État-Major Interarmes prenait des gants. Il s'agissait d'une question sensée, apparemment posée pour deux raisons : d'une part, c'était un moyen de la poser devant les autres, sachant par conséquent qu'elle remonterait jusqu'au président, et d'autre part, il incitait ainsi subtilement Franks à accorder la plus grande attention à sa logistique.

Sûr de lui, Franks répondit en soulignant que, comme pour tout le reste, on travaillait dur sur le problème mais qu'on ne possédait pas toutes les réponses, qu'on n'en approchait même pas et qu'on ne connaissait même pas toutes les questions.

De plus, Franks présuma que Powell avait des inquiétudes qu'il ne formulait pas. Franks n'était pas en train de concevoir une opération militaire écrasante du genre de celle que Powell avait mise en place pendant la guerre du Golfe, mais se dirigeait vers un plan plus léger, plus rapide, qui, du fait de sa grande mobilité, était plus complexe. Peut-être Powell pensait-il que c'était trop risqué.

Powell était partisan du recours à une force militaire maximale au moment décisif. Il n'allait pas manquer de poser des questions et de se livrer à des commentaires, qu'on le lui ait demandé ou non. « Pensez-vous que les forces impliquées soient en quantité suffisante ? »

Franks répondit qu'il travaillait sur la question des quantités appropriées.

Et le coût ?

Franks expliqua qu'à ce stade le coût total des opérations était une inconnue, parce qu'il continuait à réfléchir, à ajuster et modeler la dimension des forces.

Le samedi 11 mai, Franks emporta sa carte et ses briefings à Camp David pour une longue séance avec le président. Il présenta son plan d'attaque sous un angle différent, disant qu'il se déroulerait sur cinq fronts. Le premier était le front ouest, où il déploierait les forces spéciales avec pour mission de prévenir le lancement de missiles Scud. Le deuxième était le front sud, l'axe principal de l'attaque depuis le Koweït : il se composerait au minimum de deux divisions de l'armée de terre et d'environ deux divisions de Marines. Le troisième front serait celui de toutes les opérations de communication. Le quatrième, une frappe verticale sur Bagdad. Et le cinquième opérerait depuis la Turquie si l'on arrivait à obtenir l'accord d'Ankara.

Franks détailla les moyens ennemis. Au nord, Saddam disposait de 11 divisions de l'armée régulière et 2 divisions de la Garde républicaine. Au sud, il alignait 5 divisions de l'armée régulière, le reste de ses divisions de la Garde républicaine et la Garde républicaine spéciale se trouvant autour de Bagdad.

Rice et Card s'inquiétèrent du scénario « Forteresse Bagdad », Saddam se repliant sur Bagdad et imposant de terribles et interminables combats de rues.

Le président posa aussi des questions sur Forteresse Bagdad. Franks pensa que le président se faisait l'écho d'une anxiété ressentie par les autres, qu'on lui avait en quelque sorte soufflé la question.

« Compte tenu des 480 km qui séparent Bagdad des frontières du Koweït, de la Turquie et de la Jordanie, il n'y a aucun moyen, dit Franks, qu'on puisse prendre les devants pour empêcher ce type de concentrer ses forces dans Bagdad, si c'est ce qu'il choisit de faire. » En particulier, ajouta-t-il, si les États-Unis décidaient d'attaquer avec une force militaire moins importante et de le faire très vite ; Saddam aurait alors le temps de se retirer dans sa capitale s'il le voulait. « S'il décide de faire ça, ce ne sera pas une mince affaire, mais en fin de compte, nous gagnerons. »

12

« Laissez-moi tranquille ! » dit le président à **Karl
Rove** ce samedi 11 mai. Rove avait attiré son attention sur un article que le *New York Times* préparait
sur la participation croissante de Rove dans les décisions de politique étrangère. C'était toujours mieux
de s'assurer que Bush ne soit pas surpris par de nouveaux articles traitant de conflits internes. Rove
insista sur le fait qu'il n'avait pas été à l'origine de
l'article et ne coopérait pas avec les journalistes. « Ne
vous inquiétez pas, dit le président. Les conflits
domestiques, c'est le territoire de Condi, plaisanta-
t-il. C'est une femme.

— Monsieur le président, répondit Rove sur le
même ton, c'est une remarque sexiste. »

Ces derniers temps, Rove s'était plus souvent pris
de bec avec Powell qu'avec Rice. L'ancien général
était en effet l'un de ceux qui avaient le plus nettement un comportement territorial. Le bureau de
Rove contrôlait toutes les nominations au sein du
gouvernement, et dans trois cas récents, le département d'État avait essayé de placer des fonctionnaires
à des postes conçus pour des politiques. Ces candidats politiques étaient sous la tutelle de Rove et
incarnaient son influence dans les départements. Il

les surveillait comme un faucon. À trois reprises, Powell avait tenté de contourner le système. Il avait voulu confier à un fonctionnaire un poste non destiné à un fonctionnaire à l'USAID (US Agency for International Development, Agence américaine pour le développement international). Il avait fait de même avec un poste d'ambassadeur. Et, la troisième fois, il avait voulu placer un démocrate au service des programmes du bureau d'Armitage. Rove renvoya le message suivant : « Nous ne vous dirons jamais non... Que comptez-vous faire pour nous ? »

Mais le *Times* n'était au courant de rien de tout cela. Rove avait refusé d'être interviewé et avait répondu par e-mail : « Je ne suis pas vraiment impliqué dans la politique étrangère ! »

Le dimanche, le président appela Rove pour le taquiner. « Je n'ai pas vu l'article sur vous. » Celui-ci sortit le lendemain, lundi 13 mai, en première page avec le titre : « Récriminations dans l'Administration : le rôle du conseiller gagne en influence ». L'article disait que Powell était « désarçonné » par la déclaration de Rove selon laquelle la guerre en Afghanistan devait servir Bush politiquement. Mais il apportait peu de précisions, et ne donnait aucune indication sur un conflit entre Rove et Rice.

Le lundi matin, vers 6 h 30, Rove se trouvait dans son bureau du deuxième étage de l'aile ouest lorsque Powell lui téléphona.

« Tout ça, c'est de la foutaise, lui dit le secrétaire d'État. Nous sommes amis. Et j'ai toujours pensé que nous avions de bonnes relations. » S'il y avait quelqu'un qui comprenait qu'il existait des ramifications politiques qui devaient être prises en compte à tout moment, c'était Powell. « Et vous êtes le conseiller politique du président, vous êtes censé le conseiller.

— Eh bien, merci, répondit Rove. J'apprécie, monsieur le secrétaire. »

Rove avait pensé que le département d'État, ou Powell, voulait se venger de la Maison Blanche, et que le meilleur moyen de le faire était de déclarer que tout était politique, d'essayer de minimiser toute position sans concession. Il était juste un dommage collatéral, se disait-il, et pourtant il maintenait qu'il ne comprenait pas la raison qui avait déclenché cette histoire et que franchement il s'en fichait.

Lorsque le président, qui était au courant de cette tension, vit Rove plus tard dans la journée, il dit à son principal conseiller politique, non sans une certaine délectation : « Comment allez-vous aujourd'hui, monsieur le secrétaire ? »

De son côté, Cheney savait qu'au sein de l'Administration, la véritable lutte en politique étrangère ne concernait pas Rove, mais Powell. Un soir il remarqua qu'à Washington, en privé, les responsables se livraient à des discussions acharnées au sujet des deux visages du gouvernement iranien, celui du président démocratiquement élu, Mohammad Khatami, et celui du puissant chef religieux, l'ayatollah Ali Khamenei. « On se demande si ce sont deux faces d'un même gouvernement ou bien si ce sont deux gouvernements distincts », dit-il de l'Iran. Et d'ajouter, sur le ton de la plaisanterie : « On peut se demander la même chose à propos de Don Rumsfeld et Colin Powell. »

L'une des différences fondamentales entre Rumsfeld et Powell portait sur la question des attaques préventives. Depuis le 11 septembre, Rumsfeld soutenait catégoriquement que l'on ne pouvait se contenter de rester sur la défensive, que les États-Unis avaient besoin de se montrer offensifs. Il fallait porter la guerre dans le camp des terroristes, il fallait les attaquer, les détruire préventivement. Powell craignait de plus en plus que le recours à la force soit systématisé de façon théorique, au lieu de n'être qu'une réaction à une menace immédiate pour la sécurité nationale du pays.

Le 29 mai, George P. Shultz, ancien secrétaire d'État du gouvernement Reagan, qui était maintenant membre de la Hoover Institution, cellule de réflexion belliciste et généreusement dotée de l'université de Stanford, prononça un discours sans concession lors de la cérémonie inaugurale du National Foreign Affairs Training Center (Centre de formation national des Affaires étrangères) près de Washington, centre qui portait son nom. Shultz loua les récentes remarques de Rumsfeld sur le fait que la bataille devait être portée dans le camp des terroristes. Il déclara que le droit de prévenir les attaques terroristes s'étendait aux menaces provenant de l'intérieur des frontières d'un autre pays. Selon lui, cela équivalait à ce qu'il ne se contentait pas d'appeler une poursuite acharnée, mais une « prévention acharnée ».

Cheney dit à sa femme que c'était Shultz « au meilleur de sa forme ».

Dans le même temps, cette semaine-là, le président Bush s'était envolé pour l'Europe afin de rencontrer le chancelier allemand Gerhard Schröder, le 23 mai et le président français Jacques Chirac, le 26. Durant les conférences de presse dans chaque capitale, le président assura à ces deux alliés essentiels du continent européen : « Je n'ai pas de plan de guerre sur mon bureau. » Bush avait déjà utilisé trois fois cette formule en public. Il n'était pas dans l'obligation de révéler les efforts considérables en cours pour préparer la guerre, et il n'aurait pas été sage de le faire, car cela aurait déclenché un torrent de conjectures et d'investigations de la part des journalistes. Mais rétrospectivement, il ne fait aucun doute qu'il aurait été plus utile à Bush de simplement répéter sa déclaration de trois mois auparavant : « Je garde en réserve toutes les options disponibles, je les garde sous le coude. »

La même semaine, dans une déclaration publique trompeuse, le général Franks alla plus loin. Lors d'une conférence de presse à Tampa, le 21 mai, à une question sur les forces nécessaires à l'invasion de l'Irak et sur la durée de l'opération, le commandant en chef du Commandement Centre répondit : « C'est une question importante, et je n'ai pas la réponse, parce que mon patron ne m'a pas encore demandé de mettre un plan au point pour ça. » Il ajouta : « En dehors de toutes les conjectures que j'ai lues dans la presse, mes patrons ne m'ont pas encore demandé de monter quoi que ce soit, et donc ils ne m'ont pas demandé de leur fournir ce genre de chiffres. »

Les journalistes qui jouissaient de bonnes connexions au Pentagone savaient qu'une guerre en Irak se préparait d'une façon ou d'une autre. Pourtant, des sources au sein du département de la Défense, en particulier celles qui n'étaient pas dans le secret des réunions entre Rumsfeld et Franks, affirmaient aux journalistes que le travail de Franks ne dépassait pas le stade du « concept d'opérations » et ne constituait pas un « plan ». Le *New York Times* poursuivit avec agressivité ses articles sur la préparation de la guerre en Irak. Un article en première page, le dimanche 28 avril, sous le titre prémonitoire : « Les États-Unis envisagent un plan pour l'Irak prévoyant une invasion de grande envergure l'année prochaine », disait que ces travaux n'étaient encore que provisoires, que Bush n'avait « pas ordonné au Pentagone de mobiliser ses forces », et qu'à ce jour « il n'[existait] pas de "plan de guerre" officiel ».

Au même moment, Franks renforçait son dispositif furtif. Il aurait bientôt deux brigades sur place au Koweït et de l'équipement prépositionné pour quatre brigades. À l'insu des journalistes, Franks avait déjà annoncé au président que le grand plan, le Plan d'opérations 1003, pouvait être exécuté à n'importe quel moment, lui donnant par là même un caractère « officiel » ; et pourtant Franks réfléchissait encore à de nouvelles idées, jonglant avec toute une variété de niveaux de forces militaires, sans aucunement demander ni recommander que le plan soit approuvé ou mis en œuvre.

Tôt le matin du dimanche 1er juin, Michael Gerson, le principal rédacteur des discours présidentiels, accompagna le président dans l'hélicoptère *Marine One*. Ils remontèrent la rivière Hudson vers West Point, dans l'État de New York, où Bush devait prononcer le discours de remise des diplômes de l'École militaire des États-Unis. D'ordinaire, Gerson n'assistait pas aux discours du président, préférant les regarder chez lui à la télévision. C'était là, comme la plupart des gens les entendaient et les voyaient, que l'on pouvait mesurer leur véritable impact. Mais Gerson pensait que ce discours-là était le plus important sur lequel il avait jamais travaillé, et il tenait à être présent.

Il avait passé un temps incroyable sur ce discours, y compris lors d'un long vol sur *Air Force One* en compagnie du président. Ils le concevaient comme une continuation du thème de l'axe du Mal abordé par Bush dans son discours sur l'état de l'Union en janvier : les États-Unis avaient pour mission d'améliorer le monde, de le rendre, selon les termes de Rice, « plus sûr et meilleur ». C'était la conséquence logique du dessein frisant le grandiose que Bush associait à son mandat depuis le 11 septembre. Gerson estimait que son travail était de permettre à ce dessein de s'exprimer clairement.

Il était conscient de l'hésitation fondamentale des Américains, voire leur extrême répugnance, à s'engager dans les affaires du monde. Pour changer cela, le pays devait être convaincu que ses intérêts en matière de sécurité et ses idéaux étaient en péril. Du point de vue de Gerson, le perpétuel débat de politique étrangère entre le réalisme de la « politique du bâton » de Teddy Roosevelt et le projet idéaliste de Woodrow Wilson d'« édifier un monde sûr pour la démocratie » était stérile. Un président avait besoin de réalisme et d'idéalisme en même temps, et Gerson estimait que Bush voulait les deux afin de pouvoir dire, effectivement, « nous prenons le pouvoir au sérieux, nous prenons les idéaux au sérieux ».

Au cours de ses recherches, Gerson avait consulté le discours de 1947 du président Truman dans lequel il proclamait la doctrine Truman d'assistance aux peuples libres de Grèce et de Turquie dans leur lutte contre le communisme. Non sans surprise, il s'était aperçu que les explications de Truman n'avaient pas été des plus limpides. Le discours de dix-huit minutes de la doctrine Truman était tout simplement ennuyeux. Du point de vue de Gerson, ni Truman ni Eisenhower n'avaient su expliquer la nécessité de lutter contre le communisme. Pour cela, il avait fallu attendre John Kennedy, le démocrate de la guerre froide, qui avait évoqué dans son discours inaugural de 1961 « le fardeau d'une longue lutte crépusculaire ». À ce sujet, les instincts de Bush semblaient clairs, et Gerson voulait leur donner une structure qui définirait leur sens historique. L'objectif n'était rien moins que de bouleverser la mentalité américaine, tout comme au début de la guerre froide.

Le discours sur l'axe du Mal avait identifié les pays cibles. Bush allait maintenant préciser le moyen, la « prévention ». Le raisonnement était le suivant : si les États-Unis remettaient l'action à plus tard, hésitaient à frapper ceux qui les menaçaient, les conséquences pourraient ne pas être immédiates. Mais la perspective de perdre la moitié des habitants d'une ville américaine était si insoutenable que le devoir en devenait impératif.

Gerson le savait. Depuis la campagne de 2000, Cheney avait soulevé la question de la menace potentielle de voir des terroristes acquérir des armes de destruction massive. Depuis le 11 septembre, c'était devenu l'obsession du vice-président. À ses yeux, c'était la principale menace qui planerait sur la sécurité nationale des États-Unis pour les décennies, sinon les générations à venir. L'Irak était donc simplement la source potentiellement la plus à même de fournir de telles armes au terrorisme.

Pour relever ce défi, il fallait définir en termes explicites une doctrine d'action américaine aussi ambitieuse qu'audacieuse. Le président fit savoir à Gerson qu'il ne voulait pas jouer, selon ses propres termes, « petit bras ». Il avait décidé qu'à l'avenir, les États-Unis lutteraient préventivement contre les menaces plutôt que de compter sur l'endiguement et la dissuasion.

« Nous ne gagnerons pas la guerre contre la terreur en restant sur la défensive », déclara Bush devant quelque mille cadets diplômés et leurs familles réunis au stade Michie de West Point. « Nous devons porter la bataille dans le camp de l'ennemi, déjouer ses plans et affronter les pires menaces avant qu'elles émergent. »

Le seul chemin vers la sécurité, c'était l'action, dit-il, « et notre nation agira ». Il mit le point final à son discours agressif en appelant à la propagation des valeurs américaines. « La cause de notre nation a toujours dépassé le simple souci de notre défense, lança-t-il. Nous avons une formidable occasion d'imposer une paix juste de par le monde en substituant à la pauvreté, la répression et la rancune, l'espoir d'un jour meilleur. » L'objectif n'était pas seulement une absence de guerre mais aussi une « paix juste » indissociable d'objectifs moraux, la démocratie, le libre échange et les droits de la femme.

Par la suite, Gerson déclara à un journaliste : « Vous savez, ce discours va être cité pendant longtemps. Vous devez y faire très attention.

— Il n'y a rien de nouveau dans ce discours, rétorqua le journaliste. Vous n'utilisez pas le mot Irak. »

Gerson en resta sans voix. Bush venait de présenter le fondement de toute sa stratégie de sécurité nationale et de politique étrangère.

Le discours fit la une du *New York Times* et du *Washington Post* le lendemain, mais ne fut pas immédiatement l'objet d'analyses exhaustives. Dans un éditorial, le *Times* dit que la doctrine de prévention de Bush représentait « un changement aux implications profondes » et que les États-Unis devaient prendre garde à ne pas donner un exemple dangereux ni « se mettre à envahir unilatéralement les autres pays ou à renverser les autres gouvernements ».

Rumsfeld ne trouva pas grand-chose de neuf dans ce discours. Lui-même parlait publiquement de prévention depuis le 11 septembre, et il n'avait aucun doute que la guerre en Afghanistan et la guerre secrète contre le terrorisme mondial étaient plus ou moins préventives. Cette doctrine était vieille de plusieurs siècles, lui rappela un ami. Au XVIᵉ siècle, sir Thomas More traitait de la prévention dans son *Utopie*, de l'idée que, lorsqu'on sait qu'un voisin se dispose à attaquer, on ne peut se contenter d'attendre — il faut agir. C'était, semblait-il, une simple question de bon sens. Ce qui valait la peine d'être discuté, pensait Rumsfeld, c'était la connaissance sous-jacente d'une menace venant d'un autre pays, le pouvoir et la qualité du renseignement. De quels renseignements aurait-on besoin, et avec quel degré de certitude, avant de lancer une attaque préventive ?

Franks était submergé d'ordres venant du Pentagone au sujet de l'Irak. Le 20 mai, Rumsfeld avait envoyé à Franks un ordre de planification appelé « Libération de Bagdad ». Cela signifiait qu'il lui fallait encore préparer une planification spécifique en vue de contrer ou de faire tomber la Forteresse Bagdad, qui inquiétait particulièrement la Maison Blanche, et surtout Rice et Card. Quatre jours plus tard, par l'entremise de l'État-Major Interarmes, Rumsfeld ordonna une planification de la Phase Quatre, la stabilisation de l'Irak après les opérations de combat.

Constamment en contact, Rumsfeld et Franks revenaient toujours à l'idée de faire plus petit, et plus vite. Le plan Départ en position en 90-45-90 était fin prêt, mais ils ne l'aimaient ni l'un ni l'autre. Il était trop étalé dans la durée. Au lieu de restreindre, couper et comprimer, comme on l'avait fait depuis six mois, peut-être avait-on besoin de quelque chose d'entièrement nouveau, un nouveau départ qui faisait abstraction de tous les projets existants. Rumsfeld aimait beaucoup repenser les problèmes. Rien ne lui plaisait plus que de prendre une feuille blanche ou son dictaphone et tout remettre en chantier.

Il fallait non seulement prendre en compte la possibilité que Saddam tente une provocation, mais aussi envisager que le président, pour une raison ou une autre, veuille empêcher l'Irak d'agir, veuille appliquer sa doctrine de prévention, et pour cela ait besoin d'une option rapide. Disons demain ? ou le mois prochain ? Rumsfeld était vivement conscient que les discours présidentiels de Bush étaient politiques. Et s'ils se retrouvaient obligés de déclencher les opérations aériennes, les frappes aériennes niveau Bleu, Blanc ou Rouge, tout en essayant de faire avancer rapidement des forces terrestres sur le champ de bataille pour réagir à tout développement éventuel de la situation ?

Le 3 juin, par le biais d'une liaison vidéo sécurisée, Franks présenta à Rumsfeld ce qu'il appelait le plan « Départ lancé » : il s'agissait de commencer la guerre avant que toutes les forces américaines aient bouclé leur déploiement opérationnel dans la région. Il serait alors essentiel de mettre en œuvre les plans de frappes aériennes Bleu, Blanc et Rouge pour compenser le déplacement des forces terrestres. Les problèmes portaient sur les effectifs, la synchronisation, la composition et le transport de ces forces terrestres.

Ils en revinrent à la question de ce qui pourrait déclencher la guerre, parce qu'ils n'avaient aucune idée de ce qui se passait dans la tête de Saddam. C'était la suprême « inconnue connue ». La seule solution était d'être préparés à toute éventualité.

Rumsfeld apprécia le concept du « Départ lancé » et demanda à ce qu'il soit davantage élaboré. Le style en serait plus classique, plus séquentiel, d'abord les forces aériennes puis la composante terrestre, modification qui pourrait s'avérer nécessaire. « Lancé » comportait bien la notion de la fluidité du monde dans lequel ils évoluaient, un monde fait de surprises possibles et de ce qu'il considérait comme la nécessité d'être parés à toute éventualité.

Sur la liaison vidéo sécurisée, Franks présenta un nouveau concept concernant la Forteresse Bagdad. Il l'appelait « centrifuge », ce qui signifiait que ses forces attaqueraient avec agressivité pour neutraliser la capacité de commandement et de contrôle de Saddam, et s'attaqueraient aussi aux divisions irakiennes les plus proches de la ville. Le but en serait d'empêcher les unités irakiennes de se rassembler immédiatement dans le centre de Bagdad. Les forces de Franks progresseraient alors de l'intérieur de la ville vers le reste du pays. Cela empêcherait l'armée régulière postée hors de la ville ou les divisions de la Garde républicaine de revenir dans Bagdad.

Le mercredi 19 juin, Franks présenta ce dernier projet à Bush. Il le mit rapidement au courant du plan Départ en position. Le général déclara que si le président lui disait : « OK, vous avez 90 jours », il n'aurait pas de problème à démarrer le grand plan de guerre. « Si vous avez du temps, monsieur le Président, et que nous utilisons avantageusement ce temps, nous pourrions mettre en place notre propre calendrier, une invasion relativement simultanée et à grande échelle sur le plan aérien et terrestre, le Plan 90-45-90, qui signifierait une guerre de 225 jours pour en finir avec le régime. »

Il assura au président qu'avec ce plan, ils gagneraient.

Plus important, dit Franks, à force d'envisager toujours plus d'hypothèses, Rumsfeld et lui avaient trouvé une nouvelle option de réaction flexible, une sorte de Départ lancé. C'était l'option à court terme qu'ils s'étaient si longtemps efforcés de mettre au point. Elle réduisait le temps qui s'écoulerait entre la décision présidentielle d'attaquer et l'attaque elle-même, le temps séparant la « décision de l'action ». Ils avaient abouti à l'idée d'un départ en flèche qui pourrait commencer par des opérations aériennes, qu'elles soient de niveau Bleu, Blanc ou Rouge. Franks dit qu'il gagnerait du temps avec ces frappes, qui s'intensifieraient au fil du temps ; elles réduiraient substantiellement les capacités opérationnelles de Saddam dans et autour de Bagdad et mettraient les Irakiens aux abois.

Franks disposait alors de deux brigades sur le terrain au Koweït. Il faudrait environ trois semaines pour acheminer deux brigades supplémentaires. Avec un total de quatre brigades (soit une division à effectif renforcé) ajoutées au corps expéditionnaire des Marines à proximité, Franks pourrait compter sur une composante terrestre de 50 000 hommes, un minimum à peine acceptable pour qu'une force d'invasion franchisse la frontière irakienne. Comme il commencerait à déployer des forces supplémentaires dès l'instant où le président ordonnerait des opérations aériennes, il pourrait avoir deux autres divisions au Koweït en moins de deux ou trois semaines.

Cela signifiait qu'il pourrait disposer d'un peu plus de 100 000 hommes pour une attaque terrestre en à peu près 30 jours.

Bush réagit de façon neutre. Apparemment, il acceptait la logique d'une autre option. Il demanda à Franks de travailler à fond sur les ripostes envisageables si Saddam avait recours à des armes de destruction massive contre des pays voisins ou les forces américaines. De quel équipement le général disposait-il pour empêcher une telle attaque, se défendre contre elle ou, au pire, opérer dans un environnement contaminé ? Le président tenait à ce que Rumsfeld et Franks poursuivent la collaboration interagences afin d'être sûrs d'achever les préparatifs en matière d'approvisionnement, de stationnement et de carburant dans la région. Il semblait vouloir mettre l'accent sur l'urgence de la situation.

Les 27 et 28 juin, Franks rencontra à nouveau les commandants sous ses ordres à Ramstein en Allemagne. Il leur dit de modifier les priorités de préparation et de passer du plan Départ en position au concept de Départ lancé.

Le 17 juillet, Franks mit Rumsfeld au courant des préparatifs dans la région. Il établit une liste soigneuse du coût de chaque préparatif et du risque encouru par la mission si l'on ne respectait pas le calendrier fixant la fin de l'opération au 1er décembre. Coût total : environ 700 millions de dollars.

L'effort le plus considérable portait sur l'infrastructure des terrains d'aviation et du carburant au Koweït, où un programme aussi massif que secret de travaux publics avait déjà été lancé. Depuis des années, l'armée américaine avait un projet commun avec les Koweïtiens pour améliorer leurs terrains d'aviation. Le Koweït avait à l'origine accepté de financer ces projets mais en avait différé le paiement. Donc, Franks pouvait utiliser les contrats et les projets de construction existants, mais devait les financer avec les fonds américains, si bien que ces travaux ne semblaient être rien d'autre qu'une accélération de l'ancien projet. De vastes surfaces furent bétonnées pour agrandir les pistes et l'espace disponible sur les bases aériennes koweïtiennes d'Al Jabar et Ali Al Salem pour les appareils, le stationnement et le stockage des munitions.

L'un des premiers problèmes fut lié à la logistique du transport du carburant depuis les raffineries koweïtiennes jusqu'à la frontière irakienne, de façon à disposer de quantités suffisantes pour mettre en place et soutenir une invasion gigantesque. Les commandants des unités terrestres conclurent plusieurs contrats avec le ministère koweïtien du Pétrole afin de nettoyer quelques-uns des oléoducs déjà en place et d'établir une nouvelle capacité de distribution du carburant plus proche des camps qu'ils commençaient à construire.

Tout cela se déroulait avec tant de discrétion que les Koweïtiens ne parurent pas le remarquer, et les Irakiens encore moins.

Plus tard, le président félicita Rumsfeld et Franks de cette stratégie de déploiement des troupes et d'extension de l'infrastructure. « Ce fut, de mon point de vue, dit Bush, une recommandation très intelligente que firent Don et Tommy, mettre en place certains éléments qui puissent être facilement retirés, et le faire d'une façon si discrète qu'il n'y aurait ni vagues ni inquiétude. Éléments nécessaires quel que soit le plan de guerre vers lequel nous évoluerions. » Il ajouta prudemment : « Le prépositionnement des forces ne devrait pas être interprété comme une volonté de ma part de faire donner l'armée. » Il reconnut avec un laconique « D'accord, ouais » que la guerre en Afghanistan et la guerre contre le terrorisme fournissaient l'excuse, que le processus était secret et qu'il coûtait cher.

Une partie du financement proviendrait des lois de financement supplémentaires en discussion au Congrès pour la guerre en Afghanistan et plus généralement la guerre contre le terrorisme. Le reste proviendrait d'anciennes lois de financement.

À la fin juillet, Bush avait approuvé une trentaine de projets qui finiraient par se monter à 700 millions de dollars. Il en débattit avec Nicholas E. Calio, directeur des relations de la Maison Blanche avec le Congrès. Le Congrès, qui est supposé tenir les cordons de la bourse, n'était pas vraiment au courant, ni impliqué, et n'avait même pas été informé que le Pentagone voulait reprogrammer les fonds.

Les 28 et 29 juillet, le *Washington Post* et le *New York Times* avaient publié en première page des articles sur la planification de guerre en Irak. Le *Washington Post* disait que beaucoup d'officiers supérieurs penchaient pour l'endiguement, et le *New York Times*, que l'option d'une attaque « centrifuge » prioritaire sur Bagdad était envisagée. S'agissant d'une version incomplète du concept que Franks avait présenté en juin et qui visait à éviter la formation de la Forteresse Bagdad, Bush se retrouva en position de critiquer ces articles lorsqu'il fut interrogé à leur propos lors d'une réunion du cabinet le 31 juillet.

« La mission officielle, c'est le changement de régime, dit le président. Mais tous ces propos tenus par le personnel de niveau quatre... [ils] parlent de choses dont ils ne connaissent rien. Nos intentions sont sérieuses. Il n'y a pas de plans de guerre sur mon bureau. J'ai la conviction qu'il s'agit d'un *casus belli* et que la doctrine de prévention s'applique. Nous ne ferons rien de militaire avant d'être sûrs de notre réussite. Cette réussite, c'est l'éviction de Saddam. »

Rumsfeld déclara au cabinet : « Si tout cela semble confus dans la presse, c'est que ça l'est. C'est important de discuter de la prévention. Le problème, c'est qu'on en fait un cas particulier réservé à l'Irak. »

Au cours d'un entretien privé avec le président, Rice dit que les fuites dans les médias, qui parlaient d'un plan différent presque quotidiennement, étaient devenues tellement « ridicules » qu'elles en étaient utiles.

« Eh bien, dit-elle, il y a au moins un avantage, c'est que je suis sûre que Saddam est maintenant complètement embrouillé. »

13

Fort de la décision présidentielle d'autoriser l'action clandestine et une affectation de fonds, Tenet était prêt à envoyer deux petites équipes de la CIA au nord de l'Irak. Il se sentait encouragé par la réussite de l'Agence dans la guerre en Afghanistan, mais, comme on le lui rappelait constamment, l'Irak n'était pas l'Afghanistan. Ses équipes devraient passer par la Turquie et gagner secrètement la zone montagneuse du nord de l'Irak contrôlée par les Kurdes. Les Turcs comme les Kurdes constituaient un grave danger pour ses hommes, autant que Saddam.

Pourtant, une équipe d'investigation envoyée en février pour évaluer la situation du point de vue de la sécurité considérait que l'opération était réalisable. Et Tenet disposait des fonds nécessaires, au moins 189 millions de dollars. C'était un grand changement depuis l'époque où il avait dirigé la CIA pendant l'administration Clinton. Il avait le sentiment que Clinton avait toujours « entubé » l'Agence sur la question de l'argent, que la CIA avait toujours semblé en queue de liste. Une fois, il avait dû se rendre personnellement au Bureau de l'administration et du budget de Clinton pour obtenir les 20 000 dollars pour l'équipement de communication nécessaire à son personnel sur le terrain.

Le facteur nouveau était l'absence de doute au sommet. Bush ne manifestait aucune hésitation ou incertitude. Il pouvait paraître prudent d'annuler une décision antérieure, de prendre du recul et d'évaluer le pour et le contre, mais Bush n'était pas comme ça. Tenet se rendait compte qu'en doutant, on payait le prix fort. Souvent, on pouvait trouver une centaine de raisons de ne pas passer à l'acte. Certaines personnes se laissaient submerger par les difficultés, changeaient cinquante fois d'avis sur la raison pour laquelle le problème était insoluble, et n'arrivaient à rien. Mais il suffisait de ne pas avoir peur de ce qu'il y avait à faire pour résoudre les problèmes.

Lorsqu'il soumettait les problèmes à Bush, celui-ci demandait : Eh bien, quelle est la solution ? Comment régler la situation ? Comment passer à l'étape suivante ? Comment contourner cette difficulté ? C'était une nouvelle philosophie du renseignement. Soudain, il semblait ne pas y avoir de pénalité pour avoir pris des risques ou commis des erreurs.

Dans ce cas, il allait foncer.

« C'est le Far West », fut la première chose qui vint à l'esprit de Tim (un nom d'emprunt). C'était la deuxième semaine du mois de juillet 2002 et, accompagné de sept autres agents de la CIA, il se trouvait dans un convoi constitué de Land Cruisers, de Jeep et d'un camion, qui mettrait dix heures pour parvenir à sa destination irakienne en partant de la Turquie. Tim approchait de la quarantaine, mesurait 1,85 m, avait les cheveux noirs et un sourire juvénile et séduisant, digne d'une star de cinéma. Adjoint au chef du groupe, il allait être nommé responsable de ce qui devait devenir la base de la CIA à Sulaymaniyah, dans la région montagneuse à peu près à mi-chemin de Bagdad et de la frontière turque. Sa base irakienne se situait à environ 200 km de la frontière turque, à plusieurs kilomètres de la frontière iranienne. Le QG de la CIA lui avait fait quitter un autre poste dans la région pour cette mission. Parlant couramment l'arabe, Tim était un ancien des SEAL (commandos d'élite de l'US Navy). Plusieurs générations auparavant, ses ancêtres avaient été amiraux, mais lui avait quitté la Marine pour ce qui lui semblait être l'action, la vraie, en tant qu'agent traitant de la CIA, dont la tâche première était le recrutement d'espions. En tout, huit hommes de la CIA prenaient part à la mission, quatre dans l'équipe de Tim et quatre autres en route pour une base plus proche de la Turquie.

Pour obtenir la permission des Turcs, il avait fallu avoir recours à un demi-mensonge. Les équipes étaient essentiellement destinées au contre-espionnage, avait affirmé la CIA aux Turcs, et elles devaient se concentrer sur la menace constituée par Ansar Al Islam, groupe radical terroriste qui s'opposait violemment aux partis laïques kurdes et qui détenait, disait-on, des laboratoires de production de poisons dans un village en Irak proche de la frontière iranienne. Le groupe avait des liens avec Al Qaïda.

L'équipe de Tim installa son camp de base à proximité. Ils étaient à 45 secondes en hélicoptère des lignes avancées des forces armées de Saddam dans son bastion de Kirkuk.

Les conditions de vie étaient spartiates. L'équipe n'avait ni soutien aérien ni la possibilité d'une évacuation médicale. Il faudrait un préavis de vingt-quatre heures pour faire sortir n'importe lequel d'entre eux. Tim avait une femme et des enfants en bas âge, et personne ne savait vraiment si l'équipe resterait en place des semaines, des mois, ou plus.

Le camp supposé de Ansar Al Islam se trouvait à Sargat, à quelque 40 km de la base. L'armée américaine l'appelait Khurmal, du nom de la ville la plus importante sur la carte après Sargat. La CIA entretenait des relations anciennes mais tendues avec le groupe kurde qui contrôlait la région, l'Union patriotique du Kurdistan (UPK). Jalal Talabani, le chef de l'UPK, était à la tête de 1 200 000 Kurdes, pauvres mais d'un bon niveau de formation, qui espéraient le départ de Saddam. L'autre groupe kurde, le Parti démocrate du Kurdistan (PDK), contrôlait le flot des camions entre l'Irak de Saddam et la Turquie, et gagnait beaucoup d'argent. Le PDK ne souhaitait pas vraiment un changement de régime.

L'UPK de Talabani tenait dix prisonniers de Sargat que l'équipe de Tim put interroger. Pendant les interrogatoires, trois prisonniers fournirent ce qui sembla être des informations crédibles sur des liens avec le réseau Al Qaïda de Ben Laden. On put vérifier que tous trois avaient été entraînés dans des camps en Afghanistan, ce qui établissait une connexion claire avec Al Qaïda.

Tim fit savoir que son équipe paierait dans les deux cents dollars en liquide pour des échantillons de poison de Sargat. Ils furent submergés par un défilé d'hommes du pays munis de bouteilles, de bidons, de flacons, de pots et d'éprouvettes. Un type apporta un liquide clair qu'il dit être hautement toxique, mais lorsqu'il se le renversa par mégarde sur lui, tous éclatèrent de rire. Du balai, dit Tim. Ils n'obtinrent pas un seul échantillon de vrai poison.

Tim engagea le cuistot de la base de Sargat et son frère. Les deux agents rémunérés fournirent des plans de chaque bâtiment de l'enceinte qui furent plus tard vérifiés par imagerie satellitaire.

La mission principale de Tim était de commencer

à développer une base opérationnelle pour l'action clandestine afin de renverser Saddam. Saul, le chef des opérations irakiennes, avait donné des instructions orales : « Je veux qu'on infiltre l'armée de Saddam. Je veux qu'on infiltre les services de renseignements. Je veux qu'on infiltre l'appareil de sécurité. Je veux des réseaux tribaux en Irak qui agiront pour nous, actions paramilitaires, sabotages, renseignements sur le terrain. Travaillez les relations avec les Kurdes. Voyez s'il est possible de les entraîner et de les armer pour qu'ils immobilisent les forces armées de Saddam dans le nord. »

Sur le terrain en Irak, les obstacles ne manquaient pas. Les Turcs insistaient pour fournir des gardes du corps individuels. Tim et les trois autres hommes de la CIA étaient donc coincés dans une petite maison en compagnie de quatre Turcs qui tenaient à y vivre aussi. En outre, ils escortaient Tim et son équipe dans leurs déplacements. Et pour compliquer le problème, les Turcs haïssaient les Kurdes, et *vice versa*. Un jour, les Turcs déclaraient que les Kurdes étaient des sous-hommes et qu'ils n'accordaient aucune valeur à la vie humaine. Le soir même, les Kurdes disaient la même chose des Turcs. Tout était sujet à litige. Tim disait vouloir interroger les prisonniers pris par l'UPK immédiatement. Non, il n'en est pas question. Oui, d'accord. Non, plus tard. Non, jamais. D'accord. Tout donnait lieu à des négociations acharnées. Les gardes du corps turcs espionnaient aussi Tim et son équipe, qui travaillaient dix-huit heures par jour. Lorsqu'ils ne les empêchaient pas de travailler, les Turcs fumaient des cigarettes et regardaient des vidéos pornographiques dans leur chambre bondée. La scène tenait en partie de la série télévisée *Animal House* (« La ménagerie ») et de ce que Tim espérait être du vrai James Bond.

Après plusieurs semaines de ce supplice, les Turcs reçurent un appel de leur chef annonçant que les Américains allaient bombarder Sargat ! Ankara aurait l'air d'être complice, les Kurdes perdraient la boule, la Turquie serait condamnée par le monde entier. Ces enfoirés d'Américains vont déclencher une guerre. Sauve qui peut ! Alors les anges gardiens partirent, et Tim et son équipe purent se mettre à travailler sur le changement de régime. Ils commencèrent à interroger les réfugiés et les déserteurs du régime de Saddam qui avaient fui dans le secteur kurde.

Deux d'entre eux étaient particulièrement intéressants. L'un était un officier irakien en service actif qui avait volé sur Mirage. L'autre était un mécanicien de Mig-29. Il possédait des informations détaillées sur l'état de délabrement de la force aérienne irakienne, qui n'était désormais en mesure d'accomplir que des missions kamikazes. Les pilotes irakiens s'inventaient des maladies les jours où ils étaient supposés voler parce qu'ils avaient peur que les avions mal entretenus ne s'écrasent.

Le seul moyen de communication de Tim était une ligne cryptée avec Saul au QG. « Il se peut que vous restiez là-bas six mois, lui dit Saul. Maintenant que vous êtes sur place, mieux vaut ne pas vous rappeler. » Les Turcs refusaient d'autoriser tout nouveau ravitaillement et les conditions étaient sévères, électricité douteuse et eau courante incertaine. La maison se trouvait à 1 800 m d'altitude dans les montagnes kurdes et l'hiver serait difficile. C'était un environnement hostile, inamical, au beau milieu de Turcs, de Kurdes, d'Iraniens et d'Irakiens.

Tim continuait à sonder les déserteurs, les réfugiés et les chefs de l'UPK, essayant de récolter des renseignements et de savoir qui pourrait aider et comment. L'UPK était un foyer de jalousies où la loyauté se bradait. Le parti travaillait avec les États-Unis et faisait commerce avec les Iraniens. Le plus offrant l'emportait. Tim distribuait des masses d'argent et tout le monde venait le voir. Un type prétendit travailler pour le SSS de Saddam, mais l'information était fausse. « Le cousin de mon frère, dit un autre soi-disant déserteur, a vu une montagne sous laquelle sont cachées toutes les armes de destruction massive. »

L'équipe de Tim établit que les Irakiens infiltraient des agents dans la région kurde, qui recherchaient les hommes de la CIA pour les tuer. Un de ses propres agents dans les rangs d'Ansar Al Islam l'informa que ce groupe surveillait la région pour trouver les Américains et leur tendre des embuscades.

Tim prêtait l'oreille, menaçait, interrogeait, suppliait, cajolait, mentait, insistait et essayait de distinguer le vrai du faux. Pendant ce temps-là, l'équipe produisait avec effort des dizaines et des dizaines de rapports fondés sur ce qu'elle identifiait comme les meilleurs renseignements, et les transmettait à Saul. Tim dut instaurer un système de tri. Avec qui parler ? Comment organiser son temps ? Qui payer ? Comment vérifier les sources ? Il se mit à déléguer des Kurdes pour aller à la rencontre de sources potentielles.

Un jour de la fin du mois d'août, un des Kurdes qui avaient d'excellentes connexions vérifiables avec le noyau de l'UPK vint voir Tim. « L'UPK ne me traite pas aussi bien qu'il devrait, dit-il. Je veux vraiment vous aider, les gars. »

À cause de la position de cet homme, Tim lui consacra du temps. Ses histoires de liens familiaux et d'alliance par mariage s'avérèrent. Un tableau assez complet émergea. Tim commença à travailler avec le type, l'écouta, l'interrogea.

« Tu sais, il y a ce grand groupe religieux, dit l'homme, et ils veulent t'aider. » C'était un groupe que

Saddam avait particulièrement réprimé et attaqué à travers tout l'Irak, au nord, au sud, à l'ouest, le long des frontières et à Bagdad même. Un groupe étrange, fanatique même. Mais avide de pouvoir. Saddam avait emprisonné certains de ses principaux responsables. L'un des chefs détenait un pouvoir énorme et une influence presque incroyable sur des milliers de ses partisans qui occupaient des postes dans l'armée et les services de sécurité. « Ils veulent un gros bénéfice en retour, dit l'homme. Ils ont besoin d'assurances. Ils veulent des garanties. »

Tim trouvait cela grotesque. D'un côté, ça sentait le coup fourré classique, de l'autre, c'était le fantasme de tout agent de renseignement, une mine d'or. Il devait aller de l'avant, si ridicule que cela puisse sembler. « OK, lâcha Tim, voilà comment on va procéder : avant que je les rencontre, dis-moi ce qu'ils peuvent faire, donne-moi une liste des noms de leurs partisans, et où ils se trouvent. »

L'homme promit. Il transmettrait. Tim verrait. Mais quelques jours plus tard, presque à la fin août, les Turcs frappèrent un grand coup. L'équipe de Tim et l'autre équipe de la CIA furent expulsées.

Bringuebalé dans son véhicule tout-terrain avançant sur ce qui passait pour des routes dans ces montagnes traîtresses, Tim ne pouvait prévoir qu'il serait bientôt de retour, et qu'il avait déjà déclenché une série d'événements dont le résultat final serait un ensemble sans précédent de rapports controversés qui atterriraient entre les mains de George W. Bush dans le Bureau Ovale. Et que ces rapports, portant le code DB/Rockstar de la CIA, seraient pour Bush l'élément déclencheur de la guerre.

14

Le lundi 5 août à 16 h 30, Franks et Renuart, munis respectivement de 110 diapositives du plan de guerre Top Secret/Polo Step et du Livre Noir de la Mort, gagnèrent la Salle de Situation de la Maison Blanche pour faire leur rapport au président et au Conseil de sécurité nationale.

L'ordre du jour était : 1) très rapide panorama du plan Départ en position, 2) mise à jour du Départ lancé, 3) présentation d'un nouveau concept appelé Hybride, mélange des deux précédents, 4) gestion du risque stratégique, et 5) liste des cibles en Irak.

Franks leur annonça que le plan Départ en position était toujours le plan en 90-45-90 jours, ce qui signifiait qu'il faudrait toujours compter 90 jours pour positionner les forces avant de déclencher l'offensive. On s'était considérablement éloigné du concept de la guerre du Golfe, mais cela restait le seul plan exécutable dont il disposait.

Mais, dit Franks, avec Départ lancé, le plan de rechange, il serait possible d'opter pour une nouvelle variante, plus calculée, qu'il appela 45-90-90, essentiellement parce que les préparatifs militaires déjà en cours leur feraient gagner du temps. Le transport des troupes et les frappes commenceraient immédiatement et simultanément au début des 45 jours pour circonscrire le champ de bataille. Puis il faudrait 90 jours supplémentaires pour les « opérations offensives décisives » et encore 90 autres jours pour la « destruction complète du régime ».

En cas d'urgence, le plan Départ lancé sans préavis déclencherait immédiatement le début des opérations aériennes grâce aux opérations de niveaux Bleu, Blanc et Rouge qui monteraient graduellement jusqu'à environ 800 avions en une semaine et demie. Avec le positionnement des forces actuelles, Franks avait réduit de moitié les délais dont il avait fait état à Rumsfeld en mai. Après 20 à 25 jours, deux brigades pourraient s'emparer des champs de pétrole au sud.

Franks en vint à la diapositive n° 16, son nouveau concept Hybride. Ce dernier tentait d'utiliser le meilleur des plans Départ en position et Départ lancé, tout en prenant en compte les actions préparatoires qu'il avait menées jusqu'à ce point. Le plan Hybride réduisait considérablement l'étape initiale, le temps alloué pour mettre les forces en place avant le début de l'offensive.

Le plan Hybride comportait quatre phases :

Phase Un : 5 jours pour mettre en place le pont aérien, ce qui incluait la réquisition de tous les avions commerciaux américains nécessaires pour augmenter la capacité de transport militaire vers la zone des combats. Puis, 11 jours pour déployer les forces initiales.

Phase Deux : 16 jours de frappes aériennes et d'opérations des forces spéciales.

Phase Trois : 125 jours d'opérations de combat décisives. Au début de ces 125 jours, on tenterait de faire pénétrer une division en Irak, et une semaine plus tard, une autre division de forces terrestres.

Phase Quatre : Opérations de stabilisation, d'une durée indéterminée.

Rumsfeld et Franks firent clairement savoir que le début des 11 jours de déploiement des forces ne constituait pas un point de non-retour, mais que les opérations se feraient au vu et au su de tous, et pourraient déclencher une riposte de Saddam.

Montrant une autre diapositive, Franks décrivit les avantages du concept Hybride. On pouvait optimiser le temps, le positionnement plus rapide des troupes améliorerait les capacités à court terme dans la région, et la pression accrue sur le régime irakien pourrait faciliter la diplomatie.

Hybride était donc un plan en 5-11-16-125 jours. Renuart remarqua qu'à en juger par l'attitude de Bush, il était satisfait, hochements de tête et inclinaison vers l'avant dénotaient son attention.

« J'aime ce concept », dit Bush.

« Best-seller », écrivit Renuart dans son Livre Noir de la Mort.

« Nous devons avoir une aide humanitaire sur le terrain dès le premier jour », commenta le président.

Le titre de la diapositive n° 35 était : « Examen de ce qui pourrait mal tourner : risques stratégiques. » Un de ces risques était que Saddam envoie tout de suite des missiles sur le Koweït. Afin de contrer cette éventualité, il fallait s'assurer que le Koweït dispose pour riposter de missiles antimissiles balistiques comme les Patriots. Il faudra faire plus pour protéger Israël.

Franks présenta comme un autre risque la possibilité d'un succès rapide. À supposer que Saddam parte ou s'enfuie, et que des centaines de milliers de soldats américains affluent dans la région ? Avaient-ils le droit légal d'occuper le pays ? Et si Saddam se repliait sur Bagdad avec sa Garde républicaine et « formait le cercle » ?

Bush exprima une fois de plus l'appréhension que lui inspirait cette possibilité. Bagdad comptait plus de 5 millions d'habitants.

Franks leur rappela qu'il avait déjà entretenu le président par trois fois de ce sujet et qu'il travaillait encore sur le problème.

« Ouais, je sais, dit le président, mais certains de nos gars sont toujours inquiets. »

Dans la « Gestion du risque stratégique », on trouvait également : Que pourrait faire Saddam pour saper leurs préparatifs ? Par exemple, il pouvait couper l'approvisionnement de ses voisins en pétrole irakien, surtout la Turquie, la Syrie et la Jordanie.

Powell promit de s'en occuper et de parler de la fourniture de pétrole aux Saoudiens, et particulièrement aux Jordaniens.

Parmi d'autres questions restées sans réponse : Et si la Syrie attaque Israël ? Et si, en quelque sorte, l'Irak implose et que quelqu'un tue Saddam ? Que feraient les États-Unis ?

On tomba d'accord sur le fait que les États-Unis entreraient quand même militairement en Irak parce que personne ne saurait qui serait le nouveau chef irakien. Pourraient-ils avoir confiance en un homme nouveau ? Probablement pas. Étaient-ils prêts à prendre en charge ce chaos ? Ils devraient poursuivre le déploiement des troupes et installer une force militaire pour maintenir la stabilité.

Une autre question fut mise sur le tapis : Quand devrait-on se rendre en Turquie pour obtenir la ferme assurance que les forces américaines pourraient y transiter ?

« Nous sommes déjà en retard, dit Franks. Il nous faut l'engagement de la Turquie, mais avec leurs élections législatives qui approchent, les Turcs ne prendront pas de décision. Devrions-nous y aller et demander quand même, au risque d'obtenir une réponse négative ? » La décision fut remise à plus tard.

La discussion aborda la Phase Quatre, celle des opérations de stabilité après la fin des combats. Il ne s'agissait pas de la stratégie et de la philosophie de l'occupation d'un Irak post-Saddam, mais du nombre de troupes nécessaires. Franks souligna que si l'offensive était déclenchée, l'Amérique pourrait bien se retrouver avec jusqu'à 265 000 soldats dans le pays. Avec le temps, il souhaiterait réduire ce nombre à environ 50 000. Cela dépendrait des événements en Irak, mais selon lui, la réduction des effectifs aurait lieu dix-huit mois après la fin des combats.

Finalement, Franks présenta une « Liste des cibles en Irak ». Les impératifs incluaient : 1) l'importance de la cible, 2) la description de la cible et de tout élément critique, 3) l'éventualité de dommages collatéraux entraînant la mort de civils et 4) quel armement utiliser ?

À l'aide d'une photographie satellite du QG du parti Baas à Bagdad à titre d'exemple, il expliqua : 1) c'est le QG du parti que Saddam utilise comme instrument de contrôle, d'où son importance, 2) le QG est un immeuble à plusieurs étages doté d'un dispositif complet de communication et de sécurité, 3) il existe à côté un secteur résidentiel qui pourrait être touché et 4) n'importe quel armement peut être utilisé, y compris les missiles de croisière et les bombes à guidage laser.

Powell était à cran. Les discussions sur l'Irak portaient de plus en plus sur les préparatifs militaires ; c'était une escalade continue d'idées, de concepts, de séquences détaillées, de scénarios et de problèmes. Le paquet de diapositives top secret grossissait à chaque briefing de Rumsfeld et Franks. Tel un surveillant dans un collège de garçons, Rumsfeld distribuait les paquets de diapositives ou de feuilles multicolores et les ramassait à la fin. Le paquet du président contenait souvent des documents supplémentaires. Rumsfeld interdisait aux participants de prendre des notes. Il remportait toutes les copies au Pentagone où son aide de camp militaire les enfermait dans le coffre des bureaux du secrétaire à la Défense.

Pendant les seize premiers mois de l'administration Bush, Powell était resté au « placard », ou pis encore, comme Armitage et lui surnommaient sa fréquente mise à l'écart. Il se rongeait les sangs chaque fois que, dans la presse, apparaissaient des articles suggérant qu'il allait démissionner, ce qu'il appelait en privé le « style Powell-est-de-nouveau-sur-le-départ ». Armitage avait fortement insisté auprès de Powell pour qu'il sollicite des entretiens privés avec le président afin d'établir des relations personnelles. Rumsfeld, lui, avait régulièrement de telles réunions.

Plusieurs mois auparavant, Powell avait demandé et obtenu de s'entretenir en privé avec Bush, bien que Rice ait assisté à ces conversations de vingt à trente minutes dans le Bureau Ovale. Une fois, le président fit entrer Powell seul et les deux hommes s'entretinrent pendant trente minutes en tête à tête. « Je crois que nous faisons de vrais progrès dans nos relations, raconta ultérieurement Powell à Armitage. Je sais que nous avons vraiment établi le contact. »

Les jours qui précédèrent la dernière mise à jour

de Franks et sa présentation du concept Hybride, Powell se trouvait en tournée en Asie. Il put presque entendre, de l'autre côté de l'océan, le roulement des tam-tams annonçant la guerre. Les choses s'accéléraient. Au cours de son long voyage de retour, il avait commencé à rassembler ses idées sur l'Irak. Brent Scowcroft, ancien conseiller à la sécurité nationale de Bush père pendant la guerre du Golfe, avait déclaré lors d'une émission télévisée du dimanche matin, qu'une attaque contre l'Irak pourrait « mettre le feu aux poudres » dans tout le Moyen-Orient « et ainsi anéantir la guerre contre le terrorisme ».

Powell était fondamentalement d'accord avec cet avertissement brutal. Il se rendit compte qu'il n'avait pas exposé sa propre analyse au président de façon directe et énergique. Et pour le moins, il devait à Bush de lui faire part de la manière dont il comprenait et envisageait toutes les conséquences possibles de la guerre.

Powell parla avec Rice. Il était impossible, dit-il, d'avoir une discussion politique complète sur l'Irak pendant une réunion qui était essentiellement un briefing militaire. « J'ai vraiment besoin de lui parler en privé afin que nous puissions aborder des points dont je ne crois pas qu'il les ait encore étudiés avec qui que ce soit », insista-t-il.

Bush invita Powell et Rice à la résidence le soir du briefing de Franks sur Hybride, le 5 août. La rencontre se transforma en dîner dans la salle à manger familiale, puis se poursuivit dans le bureau du président à la résidence.

Les notes de Powell remplissaient trois ou quatre pages. La guerre pourrait déstabiliser des régimes amis en Arabie Saoudite, en Égypte et en Jordanie, dit-il. Elle pourrait détourner l'énergie de presque tout le reste, et pas seulement de la guerre contre le terrorisme, et avoir des effets dramatiques sur la fourniture et le prix du pétrole.

Qu'en serait-il de l'image d'un général américain dirigeant un pays arabe, un général MacArthur à Bagdad ? demanda Powell. Combien de temps cela durerait-il ? Personne ne pouvait le dire. Comment définir le succès ? La guerre renverserait Saddam et : « On deviendrait le gouvernement jusqu'à ce que l'on en trouve un autre. »

Quand ils eurent gagné le bureau de Bush, Powell était lancé.

« Vous allez être l'heureux possesseur de 25 millions de gens, dit-il au président. Vous aurez en main tous leurs espoirs, leurs aspirations, leurs problèmes. Vous posséderez le tout. » En privé, Powell et Armitage appelaient cela la règle du magasin de porcelaine : Si vous cassez, c'est à vous.

« Ça va pomper l'oxygène de tout le reste », continua le secrétaire d'État. Et pour ne pas esquiver l'aspect politique de la question, il ajouta : « *Finalement, ça sera ça, votre premier mandat.* » Le sous-entendu était clair : Le président voulait-il être défini de cette manière ? Voulait-il faire campagne pour sa réélection sur la guerre en Irak ?

Powell avait l'impression de marquer des points. « L'Irak possède une histoire très complexe, rappelat-il. Les Irakiens n'ont jamais connu la démocratie. Alors, vous devez comprendre que cela ne va pas être une partie de plaisir. »

« C'est très joli de dire qu'on peut le faire unilatéralement, sauf que c'est impossible », dit-il. La géographie ne pardonnait pas. Le général Franks avait dit qu'il était impératif d'avoir accès aux bases et aux installations des alliés de la région et au-delà. Powell se montra d'une brutalité inhabituelle. « Si vous pensez qu'il suffit de décrocher son téléphone et de donner un coup de sifflet pour que ça roule... Non, on a besoin d'alliés, d'accès, et de tout ce qui s'ensuit. Vous devez comprendre non seulement le calendrier militaire, mais aussi les autres choses qu'il vous faudra affronter. » Powell avait l'impression que les inconvénients n'avaient pas été suffisamment exposés dans leurs détails sanglants.

Saddam était fou, et en dernier recours, il pourrait utiliser des armes de destruction massive. Pire, les États-Unis, au cours de ce qui était peut-être la chasse à l'homme la plus étendue de l'histoire, n'avaient pas trouvé Oussama Ben Laden. Saddam avait plus à sa disposition, un État entier. Les États-Unis n'avaient pas besoin de se mettre sur les bras une autre chasse à l'homme, peut-être en vain. Et par-dessus le marché, dit Powell, une telle guerre mobiliserait l'essentiel de l'armée américaine.

Le président écouta, posa quelques questions mais ne fit guère d'objections. À la fin, il regarda Powell. « Que dois-je faire ? Que puis-je faire d'autre ? »

Powell se rendit compte qu'il devait offrir une solution. « Vous pouvez toujours faire une tentative pour obtenir qu'une coalition ou une action de l'ONU fasse ce qui doit être fait », dit-il. L'ONU ne constituait qu'une option, mais il fallait trouver un moyen de recruter des alliés, d'internationaliser le problème.

Bush dit qu'il avait beaucoup aimé bâtir une coalition pour la guerre en Afghanistan. Que feraient les Russes ou les Français ?

Powell dit qu'il pensait que les États-Unis parviendraient à rallier la plupart des pays. « Il y a une autre chose à considérer, dit-il. Si vous portez le problème devant l'ONU, vous devez accepter qu'elle soit en mesure de le résoudre. Dans ce cas, il n'y aurait pas de guerre. Cela pourrait entraîner une solution moins propre que d'aller renverser ce type. » De la nécessité et de la recherche d'une intervention international, Powell dit : « L'intervention internationale pourrait aboutir à un résultat différent. » La conversation fut tendue à maintes reprises, mais Powell pensait qu'il n'avait rien laissé de côté. Il n'y eut pas de scène. Le président le remercia au bout de deux heures, un temps considérable pour Powell sans parasitage de Cheney ou de Rumsfeld.

Rice se dit que pour résumer la soirée, on aurait pu titrer : « Powell présente la coalition comme seule solution pour assurer la victoire. »

En réalité, Powell avait essayé d'en dire plus, d'avertir que trop de choses pourraient tourner mal. Le Guerrier réticent recommandait la modération, mais il n'avait pas tout dit. Il n'avait pas dit : « Ne le faites pas. » Mis bout à bout, ses arguments pouvaient mener à cette conclusion. Powell en avait eu le sentiment, mais il avait appris au cours de ses trente-cinq ans dans l'armée, et ailleurs, qu'il lui fallait jouer le jeu du patron et parler de méthode. Il était d'une importance capitale de rester à l'intérieur des limites initialement fixées par le patron. Peut-être avait-il été trop timoré.

« C'était fantastique, lui dit Rice le lendemain au téléphone. Il faut absolument que nous recommencions. »

Andy Card appela Powell pour lui demander de venir revoir le dossier, les notes et tout le reste.

Powell pensait qu'il avait réussi un beau coup. Mais d'un autre côté, il n'était pas certain que le président ait vraiment compris la signification et les conséquences d'une déclaration de guerre. Seize mois plus tard, dans le bureau où Powell avait présenté ses arguments, j'interrogeai le président sur le raisonnement de Powell, à savoir qu'une solution militaire signifierait qu'il posséderait l'Irak.

« C'est ce qu'il a fait, répondit Bush. C'est bien ce qu'il a dit.

— Et votre réaction ? » demandai-je, m'attendant à ce qu'il exprime clairement qu'il avait compris les arguments opposés à la guerre.

« Ma réaction à ça, c'est que c'est mon boulot d'assurer la sécurité de l'Amérique, dit le président. Et que j'ai aussi la conviction que la liberté est une chose à laquelle les gens aspirent. Et que si on leur en offrait la possibilité, avec le temps, les Irakiens saisiraient l'occasion. Mon état d'esprit se concentre sur ce que je vous ai dit, le devoir solennel de protéger l'Amérique. »

Je restai là, plutôt déconcerté, tandis que le président discutait les questions de liberté et de sécurité, qui étaient très loin de ce que Powell avait dit. « Pourtant il parle de tactique », commençai-je à dire.

« C'est son boulot, répondit Bush, la tactique. Le mien, c'est la stratégie. Fondamentalement, ce qu'il disait, c'est que si, en réalité, Saddam était renversé par une invasion militaire, il valait mieux avoir une vision claire de ce qu'il faudrait pour reconstruire l'Irak. »

C'était certainement vrai, et c'était en partie le message de Powell, mais tout en écoutant, j'entrevis ce que Powell avait apparemment saisi, qu'il n'était pas certain que le président ait totalement compris les conséquences éventuelles. En décembre 2003, à l'époque de cette interview, les événements semblaient démentir un certain nombre des inquiétudes de Powell. L'Égypte, la Jordanie et l'Arabie Saoudite étaient apparemment stables, le prix du pétrole ne s'était pas envolé, et les États-Unis avaient trouvé des alliés pour occuper la région. Mais Powell avait eu raison quand il avait dit que la guerre dominerait le mandat de Bush, et il était encore difficile de savoir quand, ou si l'Irak allait devenir une démocratie stable, et les troupes américaines rentrer au pays. Ces points occupaient une part importante du travail quotidien du président seize mois après que Powell les avait soulevés.

De la période d'août 2002, le président dit encore : « Il nous restait à développer notre stratégie diplomatique. Il y avait des gens dans l'Administration qui espéraient que nous puissions trouver une solution diplomatique. Et il y en avait d'autres qui, fondamentalement, jugeaient la solution diplomatique impossible. Alors, soyons réalistes.

« Colin était fortement convaincu que les Nations unies étaient la voie à suivre. Certains dans l'Administration avaient vu à quel point les Nations unies s'étaient montrées inconséquentes sur cette question et n'étaient pas sûrs qu'elles puissent la régler. » Il reconnut qu'une de ces personnes était le vice-président.

Le lendemain du dîner de Bush en compagnie de Powell et de Rice, le 6 août, Franks donna l'ordre à ses commandants d'opérer la transition entre le plan Départ lancé et leur nouveau best-seller, le concept Hybride, une guerre plus rapide.

Ce même après-midi, le président partit dans son ranch de Crawford pour près d'un mois de vacances.

15

Le mercredi 14 août, Rice présida une réunion des hauts responsables en l'absence du président qui se trouvait à Crawford. Ils examinèrent un projet de Directive présidentielle sur la sécurité nationale (NSPD ou National Security Presidential Directive) que leurs adjoints avaient approuvé. Il s'intitulait « Irak : buts, objectifs et stratégie »

Le président étant en vacances, c'était l'occasion pour les hauts responsables de réviser la directive ligne par ligne et de la modifier afin d'aboutir à un accord général à soumettre à la signature de Bush. Un NSPD n'a rien des Dix Commandements, mais Rice pensait que c'était un bon moyen de s'assurer que tout le monde agissait selon les mêmes instructions.

Ils se réunirent à 8 heures et travaillèrent pendant un bon moment, se livrant à un examen scrupuleux de la directive. Le document top secret sur lequel ils se mirent d'accord disait :

« But des États-Unis : libérer l'Irak pour éliminer les armes irakiennes de destruction massive, leurs vecteurs et leurs programmes associés, et pour empêcher l'Irak de sortir de l'endiguement et constituer une menace plus dangereuse pour la région et au-delà.

« Mettre un terme aux menaces de l'Irak contre ses voisins, empêcher que le gouvernement irakien tyrannise sa propre population, couper les liens de l'Irak avec le terrorisme international et le soutien qu'il lui apporte, maintenir l'unité de l'Irak et son intégrité territoriale. Libérer le peuple irakien de la tyrannie, et l'aider à créer une société fondée sur la modération, le pluralisme et la démocratie. »

À la section suivante, le document disait : « Objectifs : mener une politique qui réduise le risque d'une attaque par armes de destruction massive contre les États-Unis, les forces américaines sur le terrain, nos alliés et nos amis. Réduire le danger des instabilités régionales. Dissuader l'Iran et la Syrie d'aider l'Irak. Et limiter les perturbations des marchés pétroliers internationaux. »

Parmi les éléments de la stratégie, le document incluait « l'emploi de tous les instruments de la puissance nationale pour libérer l'Irak », y compris la diplomatie, l'armée, la CIA et les sanctions économiques.

En cherchant à changer le régime, les États-Unis « poursuivront [leurs] buts et objectifs avec une coalition de pays volontaires, si possible, mais agiront seuls si nécessaire ».

Des décennies auparavant, les présidents américains avaient fréquemment adopté une telle approche pour protéger les intérêts de la sécurité nationale, une sorte de stratégie Coalition-si-possible-seuls-si-nécessaire. On avait cependant rarement vu au sein de l'équipe de sécurité nationale une division aussi profonde que celle qui existait entre Cheney et Powell. Chacun avait une définition fondamentalement différente de ce qui était possible et de ce qui était nécessaire.

Un autre élément de la stratégie était de « travailler avec l'opposition irakienne pour démontrer que nous libérons mais n'envahissons pas l'Irak, et donner à l'opposition un rôle dans la construction d'un Irak pluraliste et démocratique, y compris la préparation d'une nouvelle constitution ». Un autre objectif était d'« établir un gouvernement représentatif de toutes les tendances, qui respectera le droit international et les normes internationales, qui ne menacera pas ses voisins, qui respectera les droits fondamentaux de tous les Irakiens, y compris les femmes et les minorités, qui adhérera à l'État de droit, y compris la liberté d'expression et de culte ».

Le dernier élément de la stratégie était de « démontrer que les États-Unis sont prêts à jouer un rôle durable dans la reconstruction d'un Irak post-Saddam avec les contributions et la participation de la communauté internationale, pour que le pays puisse rapidement entamer sa reconstruction, pour préserver mais aussi réformer la bureaucratie irakienne actuelle, et réformer les institutions irakiennes militaires et de sécurité ».

Préserver peut être très différent de réformer. Que garder ? Que changer ? Beaucoup espéraient que les Irakiens voulaient la démocratie et le changement. Mais comme personne ne savait ce qu'on pourrait trouver en Irak après Saddam, on incluait les deux notions.

Powell dit alors qu'il leur fallait réfléchir à la manière de construire une coalition, d'obtenir pour le moins une sorte d'agrément international. Les Anglais seraient de notre côté, dit-il, mais leur soutien pourrait chanceler en l'absence d'une coalition soit internationale, soit approuvée par les Nations unies. Le reste de l'Europe était incertain, comme l'étaient les amis de l'Amérique au Moyen-Orient.

La première grande occasion pour le président d'aborder formellement la situation irakienne était un discours prévu à l'assemblée générale des Nations unies moins d'un mois plus tard, le 12 septembre. Gerson avait fourni au président un projet de discours sur les valeurs américaines, la démocratie et les programmes d'aide humanitaire, la ligne la plus modérée du programme de Bush. Mais l'Irak était devenu le sujet n° 1 à Washington et dans le reste du pays. Tous les anciens conseillers à la sécurité nationale, tous les anciens secrétaires d'État capables de prendre la plume ou de taper sur un clavier y étaient allés de leurs idées et de leurs critiques.

Powell dit que le président devait parler de l'Irak à l'ONU. « Je ne peux m'imaginer qu'il y aille et n'en parle pas », dit-il.

Rice, qui n'avait pas souhaité un discours intransigeant sur l'Irak à l'ONU, en convenait maintenant. Dans cette atmosphère de spéculations et de débats incessants dans le public et dans les médias, ne pas traiter de l'Irak pourrait suggérer que le président n'était pas sérieux vis-à-vis de la menace constituée par ce pays, ou qu'il agissait dans le plus grand secret. Or Bush aimait à donner au public des explications, au moins générales, et à médiatiser sa politique.

Powell crut avoir coincé Cheney et, dans une moindre mesure, Rumsfeld. Il affirma que même si quelqu'un pensait que la guerre était la seule option, les Américains ne pouvaient entrer en guerre sans avoir d'abord essayé une solution diplomatique. C'était une première étape absolument nécessaire. Sans cette tentative, personne ne serait de leur côté, pas de Britanniques, pas de bases, pas d'accès et pas d'autorisations de survol, et les alliés européens et moyen-orientaux seraient tous de l'autre côté. Powell croyait avoir gagné, mais il sentait que Cheney était « terrifié » parce qu'une fois la voie diplomatique ouverte, celle-ci pourrait bien marcher. Or il n'y avait rien à redire à la logique qui voulait que l'on essaye, pensait Powell. *La possibilité était maintenant devenue une nécessité.*

Cheney discourut sur les Nations unies. Aller à l'ONU déclencherait un processus interminable de débats, compromis et délais. Des paroles, pas d'action.

Powell écouta, presque en riant sous cape. Cheney ne voulait pas emprunter cette voie, souhaitait vraiment la verrouiller, mais il ne le pouvait pas.

« Je pense que le discours aux Nations unies doit parler de l'Irak », dit le vice-président, mais il ajouta une considération. L'ONU devait être elle-même mise en question car depuis plus de dix ans, elle s'était montrée incapable ou peu désireuse d'appliquer ses propres résolutions, à savoir ordonner à Saddam de détruire ses armes de destruction massive et autoriser l'inspection de ses armements. Il fallait défier l'ONU. « Aller leur dire qu'il ne s'agit pas de nous. Il s'agit d'eux. Ils ne sont pas importants. » L'ONU courait le risque de se couper de la réalité et d'être un sujet de moquerie, dit-il.

Rice approuva l'idée. Refiler le bébé à l'ONU. L'organisation avait fini par bien trop ressembler à la Société des Nations après la Première Guerre mondiale, une société sans force où l'on se contentait de débattre.

En résumé, tous les hauts responsables convinrent de recommander au président de parler de l'Irak à l'ONU. Assurément, il ne devait pas demander une déclaration de guerre. Ce point fut rapidement réglé, mais on ne s'accorda pas sur ce que le président devait dire.

Plus tard ce 14 août, Franks et Renuart prirent le chemin maintenant habituel pour eux du bureau de Rumsfeld. Le but était de présenter une mise à jour de la planification de l'option Hybride, mais en réalité le secrétaire voulait parler des cibles. Il était fasciné par le processus, vivement désireux de comprendre la relation cruciale entre la valeur militaire d'une cible et l'acceptation ou le refus de dommages collatéraux pour les civils.

Renuart, le spécialiste de la guerre aérienne, fut celui qui parla le plus. « Fondamentalement, dit-il, la valeur opérationnelle de chaque cible potentielle fait l'objet d'une évaluation par les services de renseignements. Par exemple, un dispositif irakien de communications sert à trois choses : c'est un centre de transmission d'informations aux forces militaires irakiennes sur le terrain ; de diffusion de propagande et d'informations au reste du monde ; de liaison avec toutes les ambassades irakiennes dans le monde entier où leurs agents de renseignement opèrent. » C'était donc une cible évidente. Mais le coût de la destruction d'une telle cible inclurait une évaluation du nombre de civils irakiens qui y travaillent. Sont-ils véritablement des civils ou sont-ils liés à une structure du régime ? Que dire des activités quotidiennes normales ? Il n'y aurait pas autant de civils la nuit.

« Eh bien, demanda Rumsfeld, comment connaît-on le nombre de gens qui sont dans le bâtiment ? »

Franks et Renuart donnèrent l'exemple de la photographie satellite d'un bâtiment de dix étages et de son parking. Son analyse suggérait qu'il y avait environ dix bureaux par étage, trois personnes par bureau. Par conséquent, durant les heures d'ouverture, il y aurait environ 300 personnes quel que soit le jour. La nuit, cela se réduirait au gardiennage, avec seulement environ 50 personnes, voire moins. D'où la logique d'une frappe nocturne si l'on comptait viser l'installation et non le personnel.

Au total, il y avait à ce stade quelque 130 cibles potentielles qui pourraient être sources de dommages collatéraux importants, estimés à peut-être 30 civils tués ou plus.

« Quel degré de certitude avons-nous pour ce qui est des renseignements et de l'analyse ? demanda Rumsfeld.

— Variable, fut la réponse.

— Allez réexaminer et réévaluer le tout », ordonna Rumsfeld. Il voulait limiter les dommages collatéraux. Si ceux-ci étaient inévitables, il voulait agir en connaissance de cause.

Franks tenta de lui rappeler que ce processus ne cessait de s'affiner et que le nombre de cibles impliquant des dommages collatéraux irait en diminuant.

Rumsfeld souhaitait un réexamen complet, que tout soit remis sous le microscope, « rafraîchi », comme il le disait.

Les généraux expliquèrent que pour détruire les 4 000 cibles potentielles, il faudrait de 12 000 à 13 000 armes. Un grand bâtiment ou un complexe pouvait comporter de 4 à 12 « points d'impact » individuels pour chaque arme, bombe ou missile.

Rumsfeld voulait qu'ils travaillent avec les gens du renseignement, pour veiller à toujours améliorer l'inventaire et l'analyse des cibles. À l'arrière-plan se profilait le désastre de 1999 pendant la guerre du Kosovo, lorsque l'ambassade chinoise à Belgrade avait été bombardée parce que quelqu'un de la CIA avait travaillé sur une vieille carte. Franks et Renuart continuèrent leur briefing des heures durant.

Dans son bureau sur la 17ᵉ Rue du centre de Washington, à trois pâtés de maisons de la Maison Blanche, Brent Scowcroft, conseiller à la sécurité nationale du président George H. W. Bush et ancien patron de Rice lorsqu'elle travaillait au Conseil de sécurité nationale, récoltait des informations fragmentaires sur le débat que suscitait l'Irak au sein de l'équipe dirigeante. Bien que Scowcroft eût fonction de consultant privé, bien peu d'acteurs extérieurs étaient aussi proches que lui des principaux protagonistes de l'actuelle administration Bush.

Scowcroft était perplexe parce qu'il pensait que la véritable menace contre les États-Unis venait non pas de Saddam mais d'Al Qaïda. Il était déconcerté que Cheney et Rumsfeld se focalisent sur Saddam. Il avait fait la remarque suivante : « La seule chose qu'Oussama et Saddam Hussein ont en commun, c'est leur haine des États-Unis. Saddam est un socialiste anticlérical. Dans tous les secteurs d'activité de Saddam, on trouve peu de traces du terrorisme. » Un associé lui suggéra de publier un éditorial à ce sujet.

Scowcroft écrivit que Saddam et ses projets de domination de la région étaient contraires aux intérêts des États-Unis, mais enchaîna : « Les indices reliant Saddam à des organisations terroristes sont rares. Ils le sont encore plus en ce qui concerne les attentats du 11 septembre. En vérité, les objectifs de Saddam ont peu à voir avec les terroristes qui nous menacent, et peu de choses l'incitent à faire cause commune avec eux.

« La communauté internationale est virtuellement unie dans son opposition à une attaque contre l'Irak aujourd'hui, prévenait-il. Aussi longtemps que ce

consensus perdurera, les États-Unis devront poursuivre une stratégie pour ainsi dire isolée contre
l'Irak, ce qui rendra en conséquence toute opération
militaire plus difficile et coûteuse. » Il recommandait
que Bush essaye d'obtenir le retour des équipes d'inspection en Irak afin de procéder à des inspections
rigoureuses sans préavis.

Bush senior n'avait pas de compagnon plus proche, plus loyal et autant en phase avec lui en matière
de politique étrangère. Scowcroft avait été le coré-
dacteur des Mémoires de l'ancien président. Il lui
envoya les épreuves de l'article et n'obtint aucune
réaction. Ce qui voulait dire qu'il n'y avait pas
d'objection.

Le *Wall Street Journal* publia le texte le 15 août sous
un titre provocateur : « N'attaquez pas Saddam. »

Scowcroft reçut deux importants coups de téléphone.

« Merci, lui dit Powell, vous m'avez donné une
marge de manœuvre. » Scowcroft savait que Powell
prenait garde à ne pas provoquer la droite républicaine, laquelle, de toute façon, ne le considérait pas
comme un républicain. Powell avait donc toujours
dû s'intéresser à l'Irak sans soutenir la guerre. Maintenant, il avançait ses pions en espérant faire preuve
d'autant de prudence que de persuasion. « C'est
maintenant ou jamais, confia le secrétaire d'État, il
faut que je m'organise. »

Rice aussi appela Scowcroft et ils eurent des mots
vifs. La déclaration de Scowcroft donnait l'impression que le père du président était intervenu. C'était
à tout le moins une gifle pour le président.

Scowcroft répondit que l'article ne différait en rien
de ce qu'il avait dit dix jours plus tôt à la télévision,
et que personne ne s'était alors plaint. « Je ne souhaite pas rompre avec l'Administration », dit-il en

s'excusant si sa déclaration avait effectivement eu l'impact que Rice mentionnait.

Il y avait un problème plus grave. Scowcroft avait conscience que Bush senior ne voulait donner l'impression ni au public ni à son fils qu'il surveillait tout. Cela pourrait rabaisser son fils, diminuer le respect et le soutien du public, et même ébranler la présidence. C'était aussi un problème très personnel, comme Scowcroft le savait fort bien.

Ni Scowcroft ni Bush senior ne voulaient compromettre la confiance en soi du fils. Alors Scowcroft ne dit plus rien en public. Mais il ne changea pas d'avis.

Le deuxième vendredi de ses vacances à Crawford, le 16 août, le président tint une vidéoconférence sécurisée avec le Conseil de sécurité nationale. Le seul but en était pour Powell d'emporter la décision d'aller aux Nations unies. Le secrétaire d'État réitéra tous ses arguments.

Le président s'enquit des commentaires de chacun des hauts responsables. Tous, Cheney compris, se montrèrent favorables à l'idée d'adresser un signe aux Nations unies, du moins dans le prochain discours.

« Bien », finit par dire Bush, approuvant l'idée générale d'un discours sur l'Irak devant l'ONU. « Celui-ci ne devra pas être trop violent, prévint-il, et ne devra pas tant exiger de l'Irak qu'il n'en paraisse pas sérieux. »

Peu avant midi, le président se rendit au Foyer municipal de Crawford et répondit aux questions de plusieurs journalistes. Il déclara qu'il était « conscient que des gens très intelligents expriment leur opinion sur Saddam Hussein et l'Irak. J'écoute avec une grande attention ce qu'ils ont à dire ». Il déclara aussi avec beaucoup de prudence que Saddam « souhaite se procurer des armes de destruction massive », mais ne suggéra pas qu'il en possédait.

Le président appela Gerson à propos du discours à l'ONU. Rice était aussi sur la ligne. « Nous allons procéder d'une manière un peu différente, lui dit-il. Nous allons dire à l'ONU qu'elle doit faire face à ce problème, faute de quoi elle se condamnerait elle-même à être coupée de la réalité, OK ? »

Gerson se mit au travail.

Powell avait quitté la réunion du Conseil de sécurité nationale avec le sentiment d'être parvenu à un accord. Il les tenait, au moins Cheney et Rumsfeld, et même peut-être le président. Il partit en vacances aux Hamptons, à Long Island. Là, il rencontra en privé Jack Straw, le ministre britannique des Affaires étrangères, qui avait tenu à faire ce voyage d'un jour du fait de l'urgence croissante de la question irakienne. Dans les conversations de Blair avec Bush, il apparaissait de plus en plus clairement au Premier ministre que le président américain était déterminé à agir. Straw partageait certaines des inquiétudes de Powell. Son message était essentiellement : « Si vous pensez vraiment à la guerre et voulez que nous les Anglais y participions, nous ne pouvons le faire à moins que vous n'alliez aux Nations unies. »

Powell savait que cela augmenterait la pression sur Bush, qui devait absolument pouvoir compter sur le soutien de Blair.

Le 20 août, j'interviewai le président à Crawford pendant deux heures et vingt-cinq minutes à propos de la réaction au 11 septembre et de la guerre en Afghanistan, pour *Bush s'en va-t-en guerre*. En termes grandioses, voire grandiloquents, il parla de refaire le monde. « Je saisirai l'occasion de faire de grandes choses », dit-il. Et chaque décision devait s'inscrire dans le dessein général d'améliorer le monde, de lui apporter la paix, insista-t-il. « Vous voyez, c'est comme l'Irak, dit-il spontanément. Entre parenthèses, et nous verrons si ça se confirme, il est clair, stratégiquement parlant, qu'il doit y avoir un changement de régime en Irak, si nous allons de l'avant. Mais il y a autre chose, à mes yeux, c'est que les gens souffrent terriblement. » Il ajouta que Saddam laissait son peuple mourir de faim dans les régions chi'ites les plus éloignées. « Il y a un problème humain dont nous devons nous soucier. À bien réfléchir à l'Irak, il se peut que nous attaquions. Je n'en ai encore aucune idée. Mais notre but sera d'apporter davantage de paix au monde. » Il ne fit pas allusion aux armes de destruction massive ni à aucune menace que Saddam aurait représentée pour les États-Unis.

« Eh bien, nous ne réussirons jamais à ce que tout le monde soit d'accord sur la question des forces armées et de leur utilisation », dit-il en laissant nettement entendre qu'une coalition internationale ou l'ONU n'avaient pas la moindre chance de régler le problème de cet État voyou. « Mais l'action, une action résolue qui donne des résultats positifs, produit une sorte de sillage dans lequel les nations et les leaders réticents peuvent s'engager et voir par eux-mêmes, vous savez, qu'une chose positive a été faite dans le sens de la paix. »

Le président me fit faire le tour de son ranch dans son pick-up. Pendant que nous nous promenions, il aborda la question de l'Irak. Je n'avais alors aucune idée de l'ampleur de la planification militaire secrète, des briefings et des options diverses, des plans Départ en position, Départ lancé et Hybride, mais il me déclara bel et bien qu'il n'avait pas encore vu passer un bon plan militaire pour l'Irak, et nous parlâmes des vertus de la patience. Le lendemain, il expliqua aux journalistes qu'il était un « homme patient » qui évaluerait soigneusement les options permettant de parvenir à un changement de régime en Irak.

Cheney comprit qu'il perdait rapidement du terrain. Parler de l'ONU, de diplomatie et maintenant de patience était une erreur à ses yeux. Rien n'aurait pu mieux ralentir la marche vers la guerre, cette guerre qu'il jugeait nécessaire. C'était le seul moyen. Ses anciens collègues des administrations Ford et Bush senior intervenaient avec leurs avalanches de commentaires, Scowcroft et son message d'avertissement anti-guerre, l'ancien secrétaire d'État James Baker, qui plaidait pour qu'une action unilatérale soit évitée. Henry Kissinger, doyen de la realpolitik en matière de politique étrangère, avait publié le 12 août dans le *Washington Post* un long article assez alambiqué qui soutenait Bush, approuvant qu'il enfonce le clou à propos de Saddam, mais insistait sur l'importance de s'assurer le soutien du public et du monde.

Le *New York Times* avait publié à la une, le 16 août, les réflexions de Scowcroft et de Kissinger, avec le titre : « De hauts responsables républicains rompent avec Bush sur la stratégie irakienne. » C'était un contresens sur les propos de Kissinger, qui soutenait plus ou moins Bush. Le quotidien finit par publier une mise au point, mais Cheney et son adjoint, Scooter Libby, trouvèrent que l'article était extrêmement contrariant. La mise au point ne compenserait jamais le titre en première page. De plus, la divergence d'opinion de Scowcroft était indiscutable et plus convaincante. Il semblait que la marche à la guerre fût reportée.

Cheney avait le sentiment que tout le monde donnait son opinion, sauf l'Administration. Il n'y avait pas de position officielle déclarée et il voulait en exprimer une, faire un grand discours si nécessaire. C'était tout à fait inhabituel que le vice-président parle d'une question si importante avant le président, qui allait s'adresser à l'ONU le 12 septembre. Mais Cheney ne pouvait attendre. La nature humaine et les débats politiques à Washington ont horreur du vide. Il n'allait pas laisser le champ libre à Scowcroft, à Baker, à un Kissinger mal compris, ou même à Powell. Il s'entretint en privé avec le président qui lui donna son aval sans vérifier les détails de ce que Cheney pourrait dire.

Au cours d'une réunion du Conseil de sécurité nationale, Cheney dit au président : « Eh bien, je vais le faire, ce discours. »

— Ne m'attirez pas d'ennuis » fit Bush en plaisantant à moitié.

Mais c'était ce que Cheney avait en tête.

« Cheney affirme que la menace nucléaire irakienne justifie une attaque », pouvait-on lire en gros titre dans le *New York Times* du 27 août au matin. Powell en fut sidéré. Le vice-président avait prononcé un discours intransigeant lors de la convention des Anciens combattants des guerres étrangères à Nashville, et avait tout simplement qualifié les inspections d'armements de futiles. « Le retour des inspecteurs en Irak ne donnerait pas la moindre assurance qu'il se conforme aux résolutions de l'ONU », avait dit Cheney de Saddam. « Au contraire, on court manifestement le risque que cela donne l'illusion rassurante que Saddam est pour ainsi dire "rentré dans le rang". »

Le vice-président livra aussi sa propre analyse de renseignements sur Saddam : « Pour dire les choses simplement, il ne fait aucun doute que Saddam Hussein possède aujourd'hui des armes de destruction massive [et] aucun doute qu'il les accumule pour les utiliser contre nos amis, nos alliés et nous-mêmes. » Dix jours auparavant, le président s'était contenté de dire que Saddam « souhaitait se procurer » ces armements. Ni Bush ni la CIA n'avaient fait de déclarations aussi tonitruantes que Cheney.

Ce dernier lança également qu'entre les mains d'un « dictateur meurtrier », ces armements constituaient « la plus grande menace imaginable. Les risques de l'inaction sont beaucoup plus grands que le risque de l'action ».

Ces remarques, presque une déclaration de guerre, furent généralement tenues pour la politique de l'Administration. Powell était abasourdi. C'était une attaque préventive contre ce que le président avait approuvé dix jours auparavant. Le discours de Cheney dynamitait tout cela. Powell se sentait à présent coincé. Pour ajouter à ce problème, la BBC se mit à diffuser des extraits d'une interview que Powell avait donnée avant le discours de Cheney, et où il affirmait : « Le président a clairement dit qu'il croit que les inspecteurs en armements doivent retourner en Irak. » Des articles commencèrent à dire que Powell contredisait Cheney. On l'accusait d'être déloyal, et il compta sept éditoriaux réclamant sa démission ou suggérant qu'il devrait partir. Comment puis-je être déloyal, se demanda-t-il, quand je donne la position officielle du président ?

Ken Adelman, ami de Cheney et ancien assistant de Rumsfeld à la Défense dans les années 70, pensait que Bush mettait trop de temps à détrôner Saddam. Deux jours après le discours de Cheney, Adelman y alla d'une chronique cinglante dans le *Wall Street Journal*. Saddam constituait une menace plus grande qu'Al Qaïda, écrivit-il, parce qu'il possédait un pays, des milliards de revenus pétroliers, une armée, « des dizaines de laboratoires scientifiques et des myriades d'usines fabriquant des armes de destruction massive ».

Le problème ne pouvait pas être résolu par de nouvelles inspections de l'ONU, disait-il. « Chaque jour où M. Bush remet à plus tard la libération de l'Irak est un jour de plus qui met en danger l'Amérique. En jouant à "l'homme patient", il prend le risque d'une attaque catastrophique. Si cette attaque se produisait et qu'elle était imputable à une installation irakienne d'armes de destruction massive, ce président serait abandonné sur la décharge de l'histoire. »

C'étaient des propos musclés. Cheney ne prit pas directement contact avec Adelman à ce propos, mais il passa le mot à un ami commun, lequel appela Adelman juste après la publication de son article pour lui transmettre la réaction du vice-président. « Ken a été d'une aide extrêmement précieuse dans tout cela, avait dit Cheney, selon cet ami, et j'apprécie vraiment ce qu'il a fait, c'est formidable. »

Le lendemain, le 29 août, Cheney s'adressa aux anciens combattants de la Guerre de Corée à San Antonio. Ce fut le même discours, avec toutefois des différences significatives. Il ne réaffirma pas que les inspections d'armements pourraient donner une « assurance illusoire », et édulcora ses critiques en rappelant que « les inspections ne sont pas une fin en soi ».

Au lieu d'affirmer, comme il l'avait fait dans la première version de son discours : « Nous savons aujourd'hui que Saddam s'efforce de nouveau d'acquérir des armes nucléaires », il dit simplement que Saddam poursuivait « un programme agressif d'armement nucléaire ». Il changea aussi certaines expressions, par exemple, en éliminant un « très », et retrancha environ huit paragraphes du discours original.

Plus d'un an plus tard, le président appela cette période « ce malheureux mois d'août », Il expliqua : « Je me souviens de la fin du mois d'août 2002. C'était "la marche à la guerre". Nous tous, nous étions vraiment sur la défensive. Parce que nous n'étions pas ensemble. » Il se trouvait au Texas, et les autres hauts responsables étaient éparpillés dans différents lieux de vacances. « La moindre déclaration était disséquée. Cheney fit un discours devant les Anciens combattants des guerres étrangères, ce qui quand on y pense aujourd'hui, quand les historiens y repenseront, ne valait pas qu'on en fasse tout un plat. Mais ça a fait un énorme scandale.

— Powell en était malade, dis-je.

— Je n'en savais rien, répondit le président. Comment l'aurais-je su, qu'il en était malade ? J'étais à Crawford. »

16

Le président rentra de Crawford à la Maison Blanche le dimanche 1er septembre. Un Powell mécontent avait demandé à rencontrer Bush en privé, et le lendemain, jour de la fête du Travail, il vint déjeuner à la Maison Blanche. Rice, comme d'habitude, se joignit à eux.

La position du président n'était-elle pas que les inspecteurs devaient retourner en Irak ? demanda le secrétaire.

En effet, répondit Bush. Bien qu'il doutât fort de l'efficacité des inspections, il renouvela sa promesse d'aller devant l'ONU pour lui demander son soutien. Pratiquement, cela revenait à réclamer une nouvelle résolution. Satisfait, Powell partit assister à une conférence en Afrique du Sud. L'intervention de Cheney dans ses deux discours devant les Anciens combattants des guerres étrangères semblait pour le moment avoir été neutralisée.

Le président déclara aux responsables qu'il voulait aller devant le Congrès pour obtenir une résolution soutenant l'action militaire contre Saddam. Les juristes de la Maison Blanche lui avaient bien dit qu'en tant que commandant en chef des armées, il avait l'autorité constitutionnelle pour agir seul, mais le président voulait une autorisation formelle du Congrès.

Ayant passé le plus clair du mois précédent à essayer de résoudre les problèmes internationaux et ceux liés aux Nations unies, toujours en suspens, l'équipe présidentielle n'eut à réunir qu'une seule fois les responsables pour débattre de la politique intérieure. Durant la discussion, on manifesta beaucoup de déférence à Cheney, qui avait été membre du Congrès et était président du Sénat.

Pour la guerre du Golfe, en 1991, le père de Bush s'était d'abord rendu devant les Nations unies pour obtenir une résolution l'autorisant à utiliser la force. Quarante-cinq jours exactement avant le début de la guerre, la résolution avait été votée à 12 voix contre 2, le Yémen et Cuba ayant voté contre et la Chine s'étant abstenue. Puis, trois jours seulement avant le déclenchement du conflit, le Congrès avait adopté sa propre résolution, après un vote serré de 52 votes contre 47 au Sénat, et de 250 contre 183 à la Chambre.

Cette fois-ci, puisqu'on ne savait pas très bien quel rôle pourrait jouer l'ONU, si même elle en jouait un, Cheney proposa d'aller d'abord devant le Congrès. En une année d'élections où la totalité des sièges des représentants de la Chambre et le tiers des sénateurs étaient renouvelables, il assura que ce serait simple. Le président n'aurait qu'à exiger l'adoption rapide de la résolution, afin que les électeurs soient fixés avant les élections sur la position de chacun des membres du Congrès et de chaque sénateur à propos de Saddam Hussein et de son dangereux régime.

Rice était totalement d'accord. Sur les hauteurs du Capitole, l'opinion politique était mûre et la plupart des démocrates qu'elle connaissait, prêts à apporter leur soutien à la résolution ; l'influence du président était à son maximum. Une résolution du Congrès renforcerait l'influence des États-Unis sur l'ONU et mettrait les États-Unis en position de s'exprimer d'une seule et même voix. Commencer par le Congrès semblait aller de soi, dit-elle, ajoutant : « Jusqu'à quel point un débat vous est-il nécessaire ? »

À midi, le 3 septembre, le mardi suivant la fête du Travail, jour où les affaires reprennent officiellement à Washington, Card réunit dans la Salle de Situation les membres les plus importants de l'équipe, à savoir Rice, Hadley, Scooter Libby, Dan Bartlett, et plusieurs autres. Cette réunion fut baptisée « la réunion de coordination de la Maison Blanche sur l'Irak » et devint par la suite le Groupe de la Maison Blanche sur l'Irak ou WHIG (White House Irak Group). Parmi les participants figurait Nick Calio, directeur des affaires législatives de la Maison Blanche, juriste de 49 ans, légèrement grisonnant, bien mis et dont la mine sérieuse dissimulait une nature joviale d'excellent vendeur. Calio avait occupé le même poste auprès de Bush père en 1992-93, essentiellement celui de lobbyiste personnel du président au Capitole. La campagne en faveur du changement de régime en Irak était sur le point de commencer.

Card déclara que la stratégie consistait à demander au Congrès de voter une résolution formelle autorisant le recours aux forces armées en Irak avant les élections législatives. L'Administration avait pratiquement gaspillé tout le mois d'août. Il fit comprendre qu'en septembre et octobre, il faudrait faire preuve d'organisation, de coordination et de détermination.

« Le président mesure le poids de cette décision très importante », dit Card, parlant de la perspective de forcer l'Irak à changer de régime, voire d'entrer en guerre contre Bagdad. Il souhaite impliquer le Congrès parce qu'il veut davantage d'autorité morale pour aller de l'avant.

Calio en avait eu vent pour la première fois fin mai, début juin, quand Rice lui avait demandé de tâter prudemment le terrain auprès de quelques membres influents du Congrès et de prendre leur pouls sur l'Irak. Il avait étudié les votes précédents des membres du Congrès sur les questions irakiennes, remontant jusqu'à la résolution sur la guerre du Golfe en 1991. Maintenant, à l'automne, les instructions du président étaient plus directes : « Nicky, obtenez les votes. »

À en juger par les commentaires en aparté de Bush et son comportement, Calio présuma que la question n'était plus de savoir *si*, mais *quand* il y aurait une guerre avec l'Irak.

Le lendemain matin, le 4 septembre, Bush invita dix-huit membres influents du Sénat et de la Chambre à la Maison Blanche.

« L'Irak préoccupe beaucoup de gens, déclara le président, parce que [Saddam] représente une menace sérieuse aussi bien pour les États-Unis que pour ses voisins et ses propres citoyens. » Il rappela aux législateurs qu'en 1998, le Congrès avait décidé à une écrasante majorité qu'un changement de régime s'imposait. « Mon Administration adhère encore plus à cette politique depuis le 11 septembre. C'est pourquoi je veux qu'une discussion ait lieu, je veux un débat en Amérique par l'intermédiaire du Congrès. » Adoptant le point de vue de Cheney, il ajouta : « Ne rien faire n'est pas envisageable. »

« Actuellement, il y a désaccord. Quand la décision sera prise, nous viendrons devant le Congrès pour une résolution. Je compte sur le Congrès pour être partie prenante dans toutes les décisions. » Il dit qu'il voulait écouter leurs suggestions et leurs idées et qu'il pensait être en mesure de répondre à toutes les réserves qu'ils pourraient exprimer.

Tom Daschle, chef de file de la majorité démocrate au Sénat, peut-être le principal opposant à cette résolution de par sa position, posa plusieurs questions sur les arguments du président en faveur de la guerre. Qu'y a-t-il de nouveau ? Où sont les preuves tangibles ? Vers qui se tourner sur le plan de la logistique en l'absence de soutien dans la région ? « Tous ces problèmes, si nous pouvions les aborder, nous emmèneraient très loin », dit Daschle.

Dick Gephardt, représentant démocrate du Missouri et chef de file de la minorité à la Chambre, concéda : « J'apprécie votre présentation, et je reconnais la légitimité de vos inquiétudes vis-à-vis de Saddam Hussein. » Il ajouta que les Américains devaient être avertis du danger que Saddam représentait pour eux. « Il s'agit d'armes de destruction massive entre de mauvaises mains. Ils ne s'en rendent pas compte. Nous devons faire tout ce qui est en notre pouvoir pour empêcher les armes de destruction massive d'être utilisées. Nous devons expliquer ce danger de façon réaliste. »

Gephardt dit que Daschle et lui en avaient parlé ensemble et que le président devait s'engager agressivement s'il voulait que la résolution soit adoptée.

« Êtes-vous en train de me dire que Nick Calio n'est pas à la hauteur ? » plaisanta Bush.

La discussion s'orienta sur la résolution du Congrès du premier président Bush en 1991, avant la guerre du Golfe. Calio comptait utiliser la résolution de 1991 comme modèle.

Le sénateur Don Nickles, le chef de file des républicains, demanda : « Monsieur le Président, si nous vaquons le 11 octobre de cette année, cela nous laisse cinq semaines. Voulez-vous que nous votions avant notre départ ?

— Oui ! répondit Bush, je veux que vous débattiez sur le sujet. Le problème ne disparaîtra pas de lui-même, c'est une affaire que vous ne pouvez pas laisser traîner. »

Carl Levin, sénateur démocrate du Michigan et président de la commission sur les forces armées, demanda si Saddam Hussein était susceptible de se laisser dissuader, s'il était maîtrisable. « Les militaires sont très inquiets », dit-il, laissant entendre par là que pas mal d'officiers supérieurs étaient hésitants.

« Il serait bien qu'ils expriment leurs réserves au président plutôt qu'à un membre du Sénat », dit Bush, l'air en colère.

Cet après-midi-là, Rumsfeld briefa les sénateurs sur l'Irak au cours d'une séance secrète à huis clos à laquelle assistèrent les deux tiers des membres, une participation exceptionnellement élevée. Il revint rapidement aux oreilles de Calio que la séance ne s'était pas bien passée et que Trent Lott, le chef de file des sénateurs républicains, n'était pas content.

Calio dirigeait en partie son équipe de vingt-cinq personnes à la manière d'une agence de renseignements. Son assistant joignit au dossier une très longue « note de nuit » résumant les comptes rendus de la journée par l'équipe de rédacteurs qui suivaient tout ce qui se passait au Capitole, y compris les briefings à huis clos.

Dans la « note de nuit du 4 septembre », Christine M. Ciccone, une jeune avocate qui couvrait les séances du Sénat pour Calio, fit un rapport sur le briefing de Rumsfeld, qui avait duré une heure et demie. « On vous a déjà dit qu'il a été désastreux et Lott considère qu'il a réduit à néant le bon vouloir et le travail préparatoire accompli par le président pendant sa réunion du matin. Moi-même, j'ai dû me retenir d'éclater de rire plusieurs fois, en particulier lorsque le secrétaire Rumsfeld s'est caricaturé lui-même avec son "nous savons ce que nous savons, nous savons qu'il y a des choses que nous ne savons pas, et nous savons qu'il y a des choses que nous ignorons ne pas savoir". »

Les sénateurs s'étaient attendus à ce que ce briefing, juste après la réunion présidentielle du matin même, marque le début de l'exposition des arguments de l'Administration, rapporta Ciccone. « Au lieu de ça, le secrétaire Rumsfeld n'était ni prêt à discuter de la question de l'Irak, ni désireux de partager même les renseignements les moins pointus, et ce n'était pas son jour... Il va clairement falloir repasser derrière. »

Le sénateur Dianne Feinstein, la démocrate californienne qui faisait partie de la commission sénatoriale sur le renseignement, dit pendant cette séance qu'elle avait travaillé pendant les vacances parlementaires sur le problème du renseignement et avait reçu de nombreux briefings. « Elle croit fermement, rapporta Ciccone, que dans ces briefings, rien ne prouve que Saddam détienne des engins nucléaires, et sa conclusion est qu'il n'y a pas de danger imminent. » Selon cette note, Feinstein « ne croit pas que nous sommes prêts à tuer des innocents, ce qui sera inévitable, puisque nous irons de mosquée en mosquée à la recherche des terroristes, etc. ».

Potentiellement, les répercussions étaient encore pires. Ciccone rapporta que les sénateurs Patty Murray, démocrate de Washington, et Kay Bailey Hutchinson, républicaine du Texas, avaient attendu Feinstein à la sortie et que toutes les trois étaient parties ensemble ; Kent Conrad, démocrate du Dakota du Nord, s'était levé et avait exprimé son

accord avec tout ce que Feinstein avait dit. Le sénateur Bob Graham, démocrate de Floride et président
de la commission sur le renseignement, déclara au
Washington Post : « Je n'ai rien appris de nouveau. »
Quant à Nickles, chef de file des républicains, qui
n'était pas un acharné à propos de l'Irak, il profita
de la réception donnée ce soir-là à la résidence de la
Maison Blanche pour se plaindre directement au
vice-président Cheney ainsi qu'au président.

L'équipe de Card se réunit à nouveau dans la Salle
de Situation les jeudi et vendredi de cette même
semaine, les 5 et 6 septembre. Le groupe de travail
de la Maison Blanche sur l'Irak coordonnait le message quotidien sur l'Irak ainsi que « l'écho », autrement dit les efforts visant à renforcer les thèses et
arguments du président via les déclarations et les
apparitions dans les médias des représentants officiels de l'Administration et des membres amis du
Congrès.

Card estimait qu'il avait une triple fonction en tant
que chef de cabinet de la Maison Blanche. La première était ce qu'il appelait « être aux petits soins pour
le président », la plus difficile, car elle comportait
l'obligation de pourvoir aux besoins et aux désirs de
Bush, de programmer son emploi du temps en tenant
compte de ses priorités, d'obtenir des réponses dignes
de foi, et d'inviter les personnes qu'il fallait à venir voir
le président tout en gardant les importuns à distance.
La seconde était « la formulation de la politique » et
la troisième, « la vente et le marketing ».

Dans une interview avec Elisabeth Bumillier, cor-
respondante du *New York Times* à la Maison Blanche,
Card expliqua que la Maison Blanche avait laissé
perdurer la confusion du mois d'août, car « d'un

point de vue commercial, on ne présente pas de nouveautés en août. »

L'article passa en première page le jour suivant sous le titre : « Les conseillers de Bush se fixent la stratégie de vendre leur politique sur l'Irak. » La formule de Card, empruntée au vocabulaire de la publicité, provoqua une rafale de critiques accusant la Maison Blanche de vendre la guerre comme on vend du savon et d'avoir attendu d'être à deux mois des élections au Congrès pour agiter la menace de l'Irak, dans l'espoir qu'un péril sur la sécurité nationale bénéficierait aux républicains.

Le vendredi 6 septembre, Franks et Rumsfeld briefèrent le président et le Conseil de sécurité nationale sur le dernier plan de guerre en date. Le briefing incluait un rapport sur le plan Hybride. Franks présenta aussi un plan pour l'élimination des missiles Scud que Saddam pouvait éventuellement posséder. Ce plan impliquerait un effort offensif consistant à envoyer des forces spéciales dans les zones de l'intérieur de l'Irak où l'on suspectait que les missiles Scud pouvaient se trouver, essentiellement dans le sud, près du Koweït, et dans l'ouest, près d'Israël, zones depuis lesquelles des missiles avaient été tirés pendant la guerre du Golfe de 1991.

Mais le général Franks avait quelque chose d'important à ajouter. « Monsieur le Président, dit-il, cela fait dix ans que nous cherchons des missiles Scud et d'autres armes de destruction massive et à ce jour nous n'en avons trouvé aucun, donc je ne peux pas vous dire que je sais qu'il y a quelque part des armes spécifiques. Je n'ai pas vu l'ombre d'un Scud. »

Certains membres du Conseil de sécurité nationale pensèrent que, pour Franks, c'était une façon de dire qu'il n'avait pas d'indications suffisantes sur les cibles à atteindre, pas d'emplacements spécifiques pour les armes ou les missiles Scud, et que donc il ne pouvait attaquer ni bombarder des sites précis. Franks insistait sur la nécessité d'avoir des renseignements tangibles concernant les emplacements et pour l'instant il ne les avait pas. Il ne pouvait ni ne voulait bombarder au hasard.

Mais cela aurait pu et dû constituer un avertissement : si les renseignements n'étaient pas suffisants pour prendre la décision de bombarder, ils n'étaient pas suffisants non plus pour affirmer haut et fort en public ou dans des rapports de renseignements, qu'il n'y avait « aucun doute » que Saddam avait des armes de destruction massive. S'il n'y avait aucun doute, alors, où se trouvaient-elles précisément ?

Franks estimait que Saddam possédait effectivement des armes de destruction massive, en particulier des armes chimiques. Des responsables de services de renseignements étrangers lui avaient dit qu'ils croyaient que Saddam avait des armes biologiques. Au fil des ans, Franks avait lu des centaines de documents en provenance de services secrets, indiquant que ce type avait un potentiel énorme en matière d'armes de destruction massive. Il pensait que Saddam les utiliserait si l'armée américaine envahissait l'Irak, et il préparait des plans et des équipements de protection chimique et biologique pour ses troupes, s'attendant vraiment au pire des scénarios. « Mais c'est ça, le boulot d'un général en chef », dit-il. Certains sites, suspectés d'abriter des armes de destruction massive, étaient de toute évidence des installations militaires et il les prendrait pour cible. Mais le soupçon n'a jamais eu valeur de certitude.

Rumsfeld se méfiait toujours du renseignement. Selon son expérience, le renseignement avait tendance à minimiser les problèmes, et ainsi, les dangers pouvaient se développer dans l'ombre pendant des années. Plus tard, au cours d'une interview, le secrétaire à la Défense dit que ses généraux « reconnaissaient que les renseignements d'origine humaine que nous avions étaient modestes, et ils reconnaissaient aussi que le renseignement technique était confronté à un objectif très complexe doté de fortes capacités à la clandestinité, à un virtuose de la mystification avec une grande expérience dans l'art de la duperie ». Il ajouta : « Il y avait un certain nombre de choses que nous savions fort bien mais beaucoup aussi sur lesquelles nous en savions très peu. » Il approuvait le principe d'utiliser les opérations Northern et Southern Watch pour surveiller des vastes portions du territoire irakien, mais c'était à peu près tout. Les opérations d'exclusion aérienne n'avaient localisé aucune arme de destruction massive particulière.

Le second thème de la matinée fut la Forteresse Bagdad et le plan actuel de Franks pour prévenir, et si nécessaire contrer, une résistance des forces de Saddam repliées dans la capitale irakienne. Cette possibilité inquiétait grandement Rice et Card. En termes militaires, ce serait une calamité, probablement synonyme d'une guerre longue et de lourdes pertes. Rumsfeld dit plus tard que ce n'était pas le président qui insistait sur le sujet. « Le président était intéressé, mais pas à longueur de temps, déclara Rumsfeld. Il avait saisi les deux ou trois premières fois. Mais les autres étaient, je pense, comment dire, préoccupés à juste titre à ce sujet. » Il ajouta : « Je me mis à expédier des porte-parole un peu partout et tous ceux qui voulaient être briefés pouvaient l'être. Moi, je n'en prenais même pas la peine, j'en avais entendu parler si souvent. »

Au cours de la soirée, les responsables se réunirent à Camp David, sans le président, pour revenir sur les questions liées à l'ONU avant la réunion du Conseil de sécurité nationale prévue pour le samedi matin, et la rencontre au sommet de l'après-midi avec le Premier ministre britannique Tony Blair.

Cheney continuait à prétendre qu'en demandant une nouvelle résolution, ils replongeraient dans l'effroyable panade des procédures de l'ONU. Tout ce qu'avait besoin de dire Bush dans son discours, c'était que Saddam n'avait cessé de violer systématiquement les résolutions de l'ONU, qu'il était aussi néfaste que déterminé, et que le président se réservait le droit d'agir unilatéralement.

Mais alors, on ne demanderait pas l'appui de l'ONU, répliqua Powell. L'ONU n'allait pas tout simplement effectuer un demi-tour complet, déclarer que Saddam était le mal incarné et autoriser la guerre. Cette approche n'était pas défendable. Le président avait décidé de donner une chance à l'ONU et la seule manière pragmatique de le faire était de demander une nouvelle résolution.

Powell détecta une sorte d'exaltation chez Cheney. Il n'avait plus rien du roc inébranlable et impassible qu'il avait vu évoluer une douzaine d'années auparavant pendant la montée en puissance de la guerre du Golfe. Le vice-président voulait à n'importe quel prix agir contre Saddam. C'était comme si rien d'autre ne comptait. Powell tenta de résumer les conséquences d'une action unilatérale, raisonnement qu'il pensait parfaitement maîtriser. Il ajouta une nouvelle dimension en disant que la réaction internationale serait tellement négative qu'il faudrait fermer les ambassades américaines dans le monde entier s'ils partaient seuls en guerre.

« Là n'est pas le problème, dit Cheney. Le problème, c'est Saddam et la menace évidente qu'il représente. »

Peut-être les choses ne tourneront-elles pas comme le vice-président le pense, répondit Powell. La guerre pourrait avoir toutes sortes de conséquences inattendues et involontaires, dont certaines, précisa-t-il, qu'aucun d'entre eux n'aurait pu imaginer.

« Ce n'est pas le problème », dit Cheney.

La conversation dégénéra en discussion acharnée entre les deux hommes, qui frôlaient les limites de la courtoisie sans se départir toutefois de la déférence formelle qu'ils se témoignaient habituellement l'un à l'autre. Le débat fut acéré et mordant, cependant, tous deux sachant très bien comment marquer des points tandis que les derniers liens qui les avaient unis pendant tant d'années s'effilochaient. Même s'il parvenait à ses fins cette fois-ci, Powell semblait animé d'une sourde colère. Il avait toujours été juste un degré en dessous de Cheney dans l'ordre hiérarchique. Au cours des trente dernières années, il s'était d'abord hissé progressivement au rang de militaire le plus gradé, chef de l'État-Major Interarmes, et s'était retrouvé en train de rendre des comptes à un Cheney que Bush senior avait invraisemblablement choisi comme secrétaire à la Défense lorsque la nomination du sénateur John Tower avait été rejetée par ses collègues du Sénat. Aujourd'hui, en tant que secrétaire d'État, le poste le plus élevé du gouvernement, Powell avait à nouveau un grade inférieur à celui de Cheney, qui cette fois avait été invraisemblablement choisi comme vice-président. Pendant les réunions du Conseil de sécurité nationale, Cheney était assis à la droite de Bush, Powell, à sa gauche.

Powell était souvent déconcerté par Cheney. Des années auparavant, en écrivant ses Mémoires, un best-seller, Powell s'était efforcé de décrire avec précision le côté distant du personnage et avait rédigé et rerédigé ses passages sur Cheney, les envoyant à Armitage. « Ce n'est pas tout à fait ça », lui répondait invariablement Armitage. Finalement, Powell annonça à Armitage qu'il avait trouvé le moyen d'être « relativement sincère sans être nuisible ». Dans la version finale de *My American Journey* publié en 1995, Powell disait de Cheney : « Lui et moi, en presque quatre ans, n'avons jamais passé une seule heure ensemble en dehors du travail. » Il racontait les derniers jours de Cheney comme secrétaire à la Défense ; lorsqu'il avait voulu lui rendre visite dans ses bureaux au Pentagone et avait demandé : « Où est le secrétaire ? », on lui avait appris que Cheney était parti depuis des heures. « Je fus déçu, blessé même, mais pas surpris, écrit-il. Le cow-boy solitaire s'était évanoui dans le soleil couchant sans même un dernier "à bientôt". »

Le samedi matin, 7 septembre, Bush réunit le Conseil de sécurité nationale et la discussion reprit. Powell dit que, ne serait-ce que pour des raisons de crédibilité, l'Amérique devait proposer de reprendre les inspections dans le cadre d'un réengagement avec l'ONU sur l'Irak. Du point de vue de la procédure, la seule façon de le faire était de demander une nouvelle résolution.

Cheney fit alors la liste de toutes les raisons pour lesquelles les inspections risquaient de les enliser dans un bourbier. En premier lieu, les inspecteurs ne seraient pas des Américains, mais des juristes et des experts venant de toutes les parties du monde, qui seraient moins préoccupés par Saddam et moins méfiants vis-à-vis de lui. Ensuite, ces inspecteurs, comme ceux d'avant, seraient plus enclins à croire ce que leur diraient les autorités irakiennes qu'à leur demander des explications, plus susceptibles de se faire berner. Le résultat final, dit Cheney, serait des délibérations ou des rapports peu concluants. Les inspections rendraient donc la décision de déloger Saddam beaucoup plus difficile à prendre.

« Merci beaucoup », dit le président. Il promit d'y réfléchir.

Ce matin-là, Tony Blair quitta Londres sur un vol transatlantique pour aller voir Bush à Camp David. Le président l'avait invité pour une discussion de trois heures sur l'Irak, et pour le dîner. Blair resterait sur le sol américain environ six heures en tout, un séjour exceptionnellement court.

Le style du Premier ministre britannique était de débattre en permanence avec le cercle étroit de ses conseillers, analysant, cherchant, « soupesant les choses », comme disait l'un d'entre eux. À propos de l'Irak, Blair avait suivi plusieurs chemins à la fois. « Écoutez, avait-il dit à ses conseillers à plusieurs reprises, même si Bush n'avait pas été préoccupé par ces problèmes après les événements du 11 septembre, ceux-ci m'auraient inquiété et je les ai soulevés avec lui avant le 11 septembre. » Les problèmes en question, c'étaient le terrorisme, les armes de destruction massive et l'Irak. Il y avait des années que Blair mettait en garde contre la menace que représentait Saddam.

Quand Bush avait fait son discours sur l'axe du Mal, plus tôt dans l'année, Blair avait été content de voir que le président américain commençait à prendre au sérieux le problème des États voyous. Cependant, Blair n'aurait jamais employé les termes « axe du Mal », dit l'un de ses proches conseillers. Parmi les trois pays cités, celui qui l'inquiétait le plus était la Corée du Nord, et il croyait que l'Iran était sur le point de se doter d'un dangereux arsenal d'armes de destruction massive. Pour le Premier ministre, l'Irak était le dernier sur la liste, assurait le conseiller, laissant entendre que Blair n'était pas à ce stade aussi obnubilé par Saddam que l'était Bush.

« L'Irak est un problème américain, ajouta ce conseiller. Ce n'est pas un problème britannique. Et il ne pourrait l'être de personne d'autre, parce que personne d'autre n'a les moyens nécessaires. » Inutile de dire que la Grande-Bretagne n'était pas en train d'établir un ordre du jour militaire. Il était hors de question que la Grande-Bretagne y aille seule. « Nous n'aurions pas pu envahir l'Irak. »

À présent, Bush exerçait une pression énorme. Pour Blair, la question la plus urgente était : Allait-on se servir des Nations unies ? Il était vivement conscient qu'en Grande-Bretagne, la question se posait en ces termes : Blair croit-il aux Nations unies ? Il était crucial pour la politique intérieure du Premier ministre qu'il démontre à son propre parti, le Parti travailliste, un parti profondément pacifiste et opposé par principe à toute guerre, qu'il avait choisi la voie de l'ONU. L'opinion publique au Royaume-Uni préférait faire jouer les institutions internationales avant de recourir à la force. Passer par l'ONU serait un avantage considérable et tout à fait nécessaire.

Blair et Bush répondirent aux questions des journalistes. Ils dirent qu'ils étaient résolus à mettre fin une fois pour toutes à la menace que représentait Saddam. Les questions quand et comment restèrent sans réponse. Bush affirma sans équivoque : « Saddam Hussein est en possession d'armes de destruction massive. »

Les deux hommes eurent une discussion privée avec Cheney. Il n'y avait pas de plan de guerre précis. Il s'agissait d'un problème de stratégie politique.

Blair dit qu'il lui fallait montrer qu'il avait essayé

de passer par les Nations unies. « Il est là pour plaider la résolution », déclara Bush par la suite. Il dit à Blair qu'il avait décidé d'aller devant l'ONU, et il semblait qu'il demanderait une nouvelle résolution.

Blair en fut soulagé.

Bush regarda Blair dans les yeux. « Saddam Hussein est une menace. Et nous devons travailler de concert pour répondre à cette menace. Le monde sera meilleur sans lui ». Bush se rappelait avoir « sondé » et « poussé » le Premier ministre. Il lui dit que cela pourrait nécessiter, et probablement entraîner, la guerre. Blair pourrait avoir à envoyer des effectifs britanniques.

« Je vous suis », répondit le Premier ministre, regardant lui aussi Bush en face, s'engageant carrément à enrôler les forces militaires britanniques si nécessaire. C'était la promesse décisive que Bush avait espéré obtenir.

« Nous tenons à ce que vous participiez », dit-il au Premier ministre. La détermination de Blair avait fait grande impression, déclara-t-il plus tard.

Après la réunion, Bush entra dans la salle de conférences où Alastair Campbell, le directeur de la communication du Premier ministre et plusieurs autres assistants de Blair attendaient.

« Votre homme a des *cojones* », dit le président, utilisant le mot espagnol familier pour « couilles ».

« Et bien sûr, déclara-t-il par la suite, ces Britanniques ne savent pas ce que sont les *cojones*. » Il dit qu'il appellerait la réunion de Camp David avec Blair « la rencontre des *cojones* ».

En pratique, en acceptant la recommandation de Blair et de Powell d'aller devant l'ONU, Bush avait nettement amélioré sa position. Cela voulait dire que, quoi qu'il arrive, il n'aurait pas à entrer en guerre seul.

Le lendemain matin, le dimanche 8 septembre, à la une du *New York Times*, on put lire un article intitulé « Les États-Unis déclarent que Hussein intensifie sa recherche de composants de bombe atomique. » L'article rapportait que l'Irak aurait prétendument essayé d'acheter des milliers de tubes en aluminium hautement résistants et spécialement conçus pour être utilisés dans des centrifugeuses en vue d'enrichir l'uranium destiné à fabriquer une bombe. Avec le temps, cette accusation de l'Administration allait être de plus en plus controversée. Ce jour-là, l'Administration monopolisa les débats télévisés du dimanche matin avec Cheney, Powell, Rumsfeld et Rice. Chacun d'entre eux insista sur le danger que représentait Saddam, Cheney choisissant la ligne la plus dure.

Après toutes ces années passées à lire et à passer au crible les rapports des services de renseignements, Rice en était arrivée à la même conclusion que Rumsfeld : les renseignements sous-estimaient généralement les menaces, ils les surestimaient rarement. Sur CNN, elle déclara : « Nous ne voulons pas que nos indices se muent en champignon atomique. »

Rove s'entretint avec Bush de la question des Nations unies. La base conservatrice du Parti républicain n'aimait pas l'ONU, mais Rove reconnut qu'il était nécessaire d'essayer. On ne pouvait pas avoir l'air de se précipiter au hasard dans une guerre. Le vrai problème politique était l'effet désastreux qu'avaient les rumeurs de guerre sur l'économie. Ils avaient reçu des groupes d'hommes d'affaires dans le salon Roosevelt, la grande salle de conférences présidentielle près du Bureau Ovale, et le message qu'ils avaient reçu était simple : les affaires ne sont pas bonnes parce que les gens sont terrifiés par l'incertitude concernant la guerre. En parcourant le pays, Rove constata que cette inquiétude était palpable.

17

Mike Gerson, le rédacteur des discours, sonda le président pour savoir précisément ce qu'il voulait dire à l'ONU. Bush ne partageait pas le point de vue cynique de Cheney, à savoir que les inspections de désarmement ne serviraient à rien. En même temps, il était loin de partager la confiance de Powell en l'ONU. Bush dit qu'il voulait un résultat, évincer Saddam et éliminer les armes de destruction massive. C'était l'objectif, c'était l'engagement. L'engagement n'était pas une procédure onusienne. Les partisans des Nations unies croyaient que tout allait pour le mieux tant qu'une procédure était en cours. Non, fit le président, il lui fallait le résultat qu'il voulait.

Rice exposa au président la manière dont l'Afrique du Sud s'était débarrassée de ses armes nucléaires et s'était soumise à une procédure stricte d'inspections, demandant une fouille complète de ses installations, déversant son matériel dans des parkings, ouvrant les laboratoires et fournissant des dossiers détaillés. Il y avait donc là un modèle de désarmement qui pourrait marcher.

« Bien », dit Bush. C'était possible. Il n'y croyait pas et il n'abandonnait pas son objectif d'un changement de régime, mais il essaierait.

Pendant la mise en chantier du discours, Cheney et Rumsfeld continuèrent à s'en prendre au principe fondamental de demander une nouvelle résolution. Jouant sur l'aversion de Bush envers une solution procédurale, ils soulignaient que le simple fait de présenter la demande les embourberait dans un marais onusien de comités, débats, hésitations et perplexités, en d'autres termes, *une procédure*. Cela donnerait à Saddam la possibilité de négocier avec l'ONU. Auquel cas, ils étaient cuits. Saddam dirait ce qu'il faudrait pour donner l'impression que la procédure marchait, puis, quand on en viendrait aux inspections sur le terrain, il embobinerait tout le monde.

Interrogé plus d'un an après sa prise de position vis-à-vis de l'ONU, Rumsfeld dit : « Nous ne votons pas » au sein du Conseil de sécurité nationale, puis révéla comment il considérait les débats internes de l'Administration. « Ce qui se passe, c'est qu'une discussion a lieu, le pour et le contre sont examinés, et nous participons tous. Puis le président commence à pencher dans une certaine direction. Alors les gens disent : si c'est cette direction, il faut que vous compreniez que l'autre direction a tels ou tels avantages ou inconvénients, et que celle qui a votre faveur a tels ou tels inconvénients ou avantages, et vous devez anticiper les problèmes qui peuvent surgir. »

Questionné plus avant sur son point de vue personnel, Rumsfeld répondit : « Je n'ai pas de souvenirs parfaits sur de telles choses, et je ne me rappelle pas si j'ai rédigé des mémos dessus ou si j'ai particulièrement fait chorus durant ces réunions. Il était clair qu'il y avait des avantages et des inconvénients potentiels à y aller. Mon impression personnelle est que, rétrospectivement, la chose à faire était d'y aller, que les avantages furent dans une large mesure acquis et que les inconvénients furent pour la plupart évités. »

Puisque Bush se préparait à dire à l'ONU que soit elle résolvait le problème Saddam, soit les États-Unis le feraient, je demandai à Rumsfeld : « C'était vraiment sauter le pas, non ?

— C'est vrai, c'est vrai, dit-il. Mais pas complètement. Pour moi ce fut quand les autres pays commencèrent à prendre des risques pour nous. »

Une des options pour le discours devant l'ONU — option qui, selon Rice, devait être envisagée —, confia plus tard le président, consistait à lancer un ultimatum donnant à Saddam trente jours pour désarmer, sinon les États-Unis lanceraient la coalition à l'attaque. Pratiquement une déclaration de guerre. Bush, cependant, préférait nettement réclamer une résolution à l'ONU. Néanmoins, les réunions sur la rédaction du discours continuèrent des jours durant. À un certain stade, une demande de nouvelles résolutions fit son apparition dans la dernière version. Le discours s'en prenait à l'ONU, l'accusant de n'avoir pas appliqué les résolutions antérieures sur les armements, en particulier durant les quatre années écoulées depuis l'expulsion des inspecteurs par Saddam.

« Vous ne pouvez dire tout cela sans leur demander de faire quelque chose. Il n'y a pas d'action dans ce discours », fit valoir Powell. Il savait que l'appel à l'action rencontrerait un profond écho auprès de Bush. « Le discours dit : Voilà ce qu'il a fait de mal, voilà ce qu'il faut qu'il fasse pour s'amender, et puis on s'arrête là ? s'étonna Powell. Il faut que vous demandiez quelque chose. »

Alors les hauts responsables se querellèrent pour savoir quoi demander. À quoi devait ressembler cette

« demande » ? Ils finirent par convenir de demander tout simplement à l'ONU d'agir.

Powell, perplexe et démoralisé, accepta. Il savait que la seule manière d'agir de l'ONU était par le biais du Conseil de sécurité, et que le seul moyen était les résolutions. En fait, il aurait été possible d'obtenir une nouvelle résolution en en faisant la demande explicite. Mais à tout le moins, mieux valait appeler l'organisation à « agir » que de lancer un ultimatum de trente jours ou d'entrer en guerre.

Le 10 septembre, deux jours avant le discours, la version n° 21 arriva sur le bureau de Powell, recouverte de : ULTRA CONFIDENTIEL et URGENT. Elle ne contenait aucun appel à l'action. Les hauts responsables se réunirent. Cheney réaffirma son opposition à une résolution. C'était une question de tactique et de crédibilité du président, dit le vice-président. À supposer que le président demande au Conseil de sécurité une nouvelle résolution et que celui-ci refuse ? Où en serait-on alors ? Si jamais Saddam avait recours à ses armes de destruction massive, dit-il, particulièrement sur une grande échelle, le monde ne leur pardonnerait jamais d'avoir choisi l'inaction et cédé à la tentation de s'engager dans des débats sémantiques sur les résolutions de l'ONU.

Rumsfeld dit que c'était une question de principe et qu'il ne fallait pas en démordre, mais il se lança dans une succession d'interrogations rhétoriques, sans se livrer à une vive critique des termes employés.

Powell commençait à en avoir assez du style habituel de Rumsfeld qui s'exprimait, disait-il en privé, au « deuxième degré de l'indéfini ». Rumsfeld disait et redisait à jet continu : « On pourrait penser » ou « On pourrait escompter » ou bien encore « Certains diraient ». Et personne — pas même Powell — ne lui en faisait la remarque. Impossible d'avoir le genre de conversation qui mène à des réponses directes sur ce que Rumsfeld voulait vraiment. L'estime de Rumsfeld pour le département d'État ne cessait de décroître. Powell avait presque l'impression que Rumsfeld portait des gants en caoutchouc, de peur de laisser des empreintes sur les recommandations politiques.

Alors, Powell et Cheney recommencèrent une fois de plus à se disputer violemment.

« Je ne sais pas si nous l'avons obtenu ou pas », dit Powell à Armitage, parlant de l'appel à l'action à l'ONU.

Le soir précédant le discours, Bush dit à Powell et à Rice qu'il allait demander de nouvelles résolutions. Il voulait que les points forts de sa politique viennent directement de lui, et il exigea donc que, vers le haut de la page huit de la dernière version, la version n° 24, on ajoute une phrase qui appellerait l'ONU à voter les résolutions nécessaires.

Plus tard le président confia : « J'ai choisi l'option de la résolution », reconnaissant que « Blair y avait été pour beaucoup ». Il ajouta qu'avant son discours à l'ONU, il s'était aussi entretenu avec le Premier ministre australien, John Howard, qui lui avait dit : « Je suis avec vous. Nous avons besoin d'une résolution. » Bush se souvint qu'il reçut aussi la même recommandation du président espagnol, José María Aznar.

À la tribune de l'Assemblée générale des Nations unies, le 12 septembre, Bush atteignit le moment de son discours où il allait demander de nouvelles résolutions. Mais la modification n'avait pas été transcrite sur le téléprompteur, alors il lut l'ancienne phrase, « Ma nation œuvrera avec le Conseil de sécurité de l'ONU *afin de relever ce défi qui nous est commun.* »

Powell, qui suivait sur son exemplaire de la version n° 24, et notait tout ajout ou suppression que le président pourrait faire à la dernière minute, sentit son cœur pratiquement s'arrêter. La phrase sur les résolutions avait, on ne sait comment, disparu. Le président n'avait pas prononcé cette phrase cruciale !

Mais tout en lisant l'ancienne phrase, Bush se rendit compte que manquait le fruit des débats passionnés de son cabinet de guerre. Un peu maladroitement il ajouta, deux phrases plus tard : « Nous œuvrerons avec le Conseil de sécurité de l'ONU afin de prendre les résolutions nécessaires. »

Le cœur de Powell se remit à battre.

Le président déclara quinze mois plus tard : « C'était un grand discours. Je sortais de la commémoration du 11 septembre. Nous étions sur la défensive. Mais ce discours commença à éclairer le peuple américain, en tout premier lieu, sur ce qu'on lisait dans la presse » concernant la planification militaire et les autres stratégies vis-à-vis l'Irak. Avant cela, son gouvernement et lui n'avaient pas été « clairs » sur ce qu'ils projetaient, dit-il. « Et l'autre chose importante, pour l'Administration, est que nous avons été capables de définir un programme. Maintenant, il peut y avoir des gens qui ne l'apprécient pas, mais nous avons défini des programmes avec efficacité, afin que les gens puissent comprendre. Ce discours y a contribué. Et il a eu un grand effet en Amérique.

« Lorsque je suis monté à la tribune et me suis retrouvé en face de ces gens, leurs visages n'exprimaient rien », continua Bush. Les délégués restèrent sans rien dire, d'une manière presque impolie. « C'était le silence total. Et je me rappelle que plus ils me semblaient solennels, plus j'étais ému en plaidant ma cause, tout en restant ferme. C'est un discours que j'ai beaucoup aimé faire. »

La raison pour laquelle il put lancer à l'ONU le défi d'un Si-vous-ne-le-faites-pas-nous-le-ferons fut, dit-il, le résultat du travail et de la planification de guerre accomplis par Franks et Rumsfeld. « Si nous n'avions pas fait cela, si nous n'avions pas planifié, si je n'avais pas eu cette option à ma disposition, je n'aurais pas pu faire ce discours », dit-il. Il était persuadé que la menace militaire était la condition nécessaire qui rendait la diplomatie possible.

Le discours fut, dans l'ensemble, un succès. « Il a aussi eu un grand effet dans le monde », remarqua-t-il. Les modérés l'apprécièrent parce que le président recherchait le soutien international et celui de l'ONU. Les purs et durs l'apprécièrent parce qu'il était ferme.

Powell resta à New York pour rallier des partisans à cette politique, surtout la Russie et la France, qui, étant toutes deux des membres permanents du Conseil de sécurité, pouvaient opposer leur veto à toute résolution.

Bush avoua plus tard : « Et je peux vous dire qu'il y a eu des moments où je n'étais pas sûr que nous obtiendrions une résolution. » Il avait promis que les États-Unis agiraient si l'ONU ne le faisait pas. « Alors je suis là, à me dire, vous savez, est-ce que tu es prêt à y aller ? »

En règle générale, Rove rencontrait Bush dans la matinée après son briefing du renseignement, sa réunion avec le Conseil de sécurité nationale ou ses coups de téléphone aux leaders étrangers. Cela se passait habituellement avec Card, Bartlett, l'attaché de presse et quelques autres. Parfois, Rove disposait de quelques minutes seul avec le président, qui pouvait brièvement l'entretenir d'un point ou d'un autre. Il rappela au président que toute cette discussion sur la guerre étouffait tout le reste, et pas forcément à leur avantage politique.

Les élections législatives approchant, il dit à Bush que le problème n° 1 était le projet de loi sur la sécurité du territoire, qui aboutirait à la création d'un nouveau département ministériel à l'occasion de la plus grande réorganisation du gouvernement fédéral depuis la création du ministère de la Défense. Les démocrates retardaient le projet car ils voulaient garantir que les employés du gouvernement puissent se syndiquer. Le président réclamait le droit de décider de dérogations pour des raisons de sécurité nationale, affirmant que chaque président depuis John Kennedy s'était vu accorder ce droit. Il s'attela à la tâche et mena une vive campagne, déclarant qu'il voulait défendre le pays et que les démocrates voulaient défendre les patrons des syndicats. Rove était convaincu que le problème de la sécurité du territoire et le temps que le Sénat mettait à voter ou à confirmer les nominations de juges fédéraux faites par Bush profiteraient aux républicains aux prochaines élections.

Plusieurs fois par semaine, Calio invitait des membres du Congrès ou des sénateurs à assister à des briefings du renseignement ou à des petits groupes de travail spécifiques, soit au Capitole, soit à la Maison Blanche, et même dans l'intimité de la Salle de Situation. Ce forum de démarchage par petits groupes fonctionnait mieux que les grandes réunions. Au cas où quelqu'un aurait eu quelque doute, l'une des trois horloges digitales rouges indiquant l'heure dans le monde entier était réglée sur l'Irak.

L'un des premiers briefings fut donné par le directeur adjoint de la CIA, John McLaughlin, le n° 2 de Tenet. Après quoi Calio insista auprès de Tenet pour qu'il vienne diriger les briefings en personne. « John arrive presque à faire peur aux gens, tant il est mesuré », dit Calio. Il fallait vendre et McLaughlin était trop discret. Il fallait un homme de tempérament, et Tenet assista donc à de plus en plus de briefings.

Pendant ce temps-là, le projet de loi sur la sécurité du territoire était bloqué au Sénat par un obstructionniste. Calio dit au président qu'ils allaient « vicier » l'obstructionniste.

« Nicky, nom de Dieu, qu'est-ce que vous voulez dire par "vicier" ? » demanda Bush. Cheney lui aussi demanda tout haut ce que vicier signifiait.

Le lendemain Calio amena un polycopié de deux pages des définitions tirées des dictionnaires *Webster's* et *American Heritage* disant que vicier signifiait annuler ou invalider. C'est exactement ce que fit plus tard la Maison Blanche, s'assurer des 60 votes nécessaires pour clore le débat et adopter la loi.

Le 19 septembre, le président rencontra onze membres de la Chambre des représentants dans la salle du Conseil.

« La guerre contre le terrorisme se porte bien ; nous traquons les membres d'Al Qaïda l'un après l'autre, commença Bush. La plus grande menace, cependant, c'est Saddam Hussein, et ses armes de destruction massive. Il peut faire sauter Israël, ce qui déclencherait un conflit international. »

Précisant certains éléments du plan de guerre, Bush dit au groupe : « Nous prendrons les champs de pétrole, dès le début, et atténuerons le choc pétrolier. » Puis il s'interrompit pour lancer un avertissement sévère : « Que personne n'aille répéter ça à qui que ce soit ! »

Bush partagea aussi un morceau de choix, une confidence tirée des informations sensibles de sa note de synthèse quotidienne, ou du briefing oral quotidien de Tenet. « Ce matin dans mon briefing du renseignement, j'ai découvert que la CIA a un sondage disant que 71 % des Français considèrent que Saddam est une véritable menace pour la paix mondiale. »

Personne ne demanda pourquoi la CIA renseignait le président sur les sondages français. La réaction politique de la France à une nouvelle résolution de l'ONU sur les inspections de désarmement en Irak importait certainement au président, qui tentait de s'assurer le soutien international, mais elle n'exigeait probablement pas l'intervention des services secrets. Un récent sondage dans un journal français disait que 65 % de la population était opposée à une guerre en Irak, même avec le soutien de l'ONU.

Richard Burr, représentant républicain de la Caroline du Nord, dit que le président devait continuer à mentionner dans ses discours que Saddam avait gazé sa propre population.

« J'en suis bien conscient », dit Bush et il ajouta. « Il a essayé de tuer mon père », référence à des informations collectées sous l'Administration Clinton, affirmant que des agents irakiens avaient comploté l'assassinat de Bush senior lors d'un voyage au Moyen-Orient en 1993. En réaction, Clinton avait ordonné une frappe de missiles de croisière sur Bagdad.

« Nos activités du renseignement fonctionnent. Nous devons contacter les gardes de Saddam Hussein, continua Bush. Les troubles en Irak peuvent contribuer à la reconstruction. Des inspections sur le terrain pourraient mettre le feu aux poudres en Irak. »

Bush quitta la réunion, laissant Calio conclure. Celui-ci insista : « Nous travaillerons de façon bipartisane mais nous souhaitons une flexibilité maximale et nous comptons sur votre aide à tous. Rappelez-vous aussi de protester haut et fort quand d'autres disent des choses décourageantes. »

Quelques heures plus tard, le président fit connaî-tre les termes proposés de la résolution lui accordant le droit « d'utiliser tous les moyens qu'il juge appro-priés, y compris la force » pour répondre à la menace irakienne. Le lendemain, un article en première page du *Washington Post* dit qu'avec l'introduction de cette résolution, le président Bush avait « pour ainsi dire défait les démocrates du Congrès ».

Ce même jour, le 20 septembre, le secrétaire Powell témoigna en faveur de la résolution devant la com-mission de la Chambre sur les relations internatio-nales. « On dit de moi que je suis un guerrier réticent. Cela ne me dérange pas. Mais il faut qu'il y ait une menace de guerre », dit-il. Cet argument allait être adopté par de nombreux démocrates qui étaient ten-tés de voter contre une résolution du Congrès. La dissuasion et l'endiguement de l'Union soviétique pendant la guerre froide s'étaient construits autour de la menace de représailles massives, convention-nelles ou nucléaires. Cette politique avait fonctionné et servait de modèle pour éviter les conflits. Bush ne réclamait pas nécessairement la guerre contre l'Irak. Il demandait simplement aux membres du Congrès de le soutenir tandis qu'il menaçait d'entrer en guerre. C'était la diplomatie coercitive vue par Rice.

Le samedi 21 septembre, le *New York Times* publia dans son éditorial que Bush avait récemment reçu du général Franks une série de plans de guerre extrê-mement détaillés contre l'Irak.

Franks, durant une conférence de presse au Koweït, où il s'était rendu pour rencontrer ses commandants de terrain, reconnut : « Nous sommes prêts à entreprendre toute activité, toute action que nous commandera la nation. » Il ajouta : « Notre président n'a pas pris la décision d'entrer en guerre. »

Dans une interview pour cet article du *New York Times*, Ari Fleischer, porte-parole du président, s'écarta ostensiblement des déclarations du printemps et de l'été selon lesquelles le président n'avait pas de plans de guerre prêts.

« Je ne dis pas qu'il n'y a pas de plan sur son bureau. »

Le jeudi 2 septembre, Bush convia dix-huit autres membres de la Chambre des représentants dans la salle du Conseil. Il ouvrit la séance en disant que la dernière chose qu'il souhaitait était de faire prendre des risques aux troupes. « Croyez-moi, je n'aime pas embrasser les veuves. »

Puis il se lança dans ses accusations habituelles contre le leader irakien : « Saddam Hussein est un type abominable, acoquiné avec Al Qaïda. Il torture son propre peuple et exècre Israël. »

La nouvelle du jour, dans les médias nationaux, fut un violent assaut de paroles entre Bush et Daschle, chef de file de la majorité au Sénat, chacun prétendant que l'autre politisait les problèmes de l'Irak et de la sécurité nationale.

« Washington est une sale ville, dit Bush à cette assemblée. J'en suis bien conscient. Mais c'est notre devoir.

« Si nous avons recours à la force, ce sera terrible, rapide, et prompt, dit Bush. En premier lieu, je promets un bon plan. J'ai regardé tous les généraux dans les yeux et leur ai demandé si oui ou non ils estimaient qu'un changement de régime poserait des problèmes. Ils ont dit que non. »

Bush insista. Rien ne pouvait être pire que la situation du moment. Saddam avait fait tuer deux de ses propres gardes pour faire passer le message à ses proches, insista-t-il. Puis il présenta les renseignements sous un angle sinistre en ajoutant : « Il est clair qu'il possède des armes de destruction massive, de l'anthrax et du VX ; il a encore besoin de plutonium et il n'y est pas allé par quatre chemins pour essayer de se le procurer. Le délai serait de six mois » pour que l'Irak possède une arme atomique s'il était capable d'obtenir suffisamment de plutonium ou d'uranium enrichi, ce qui était particulièrement difficile.

« Les gens aiment toujours la bagarre, spécialement à Washington », dit Bush puis il ajouta : « L'article d'hier du *Washington Post* est une citation erronée. » La une avait clamé : « Par quatre fois ces deux derniers jours, Bush a laissé entendre que les démocrates ne se soucient pas de la sécurité nationale. »

« Je ne prononce jamais le mot "démocrate" dans aucun de mes discours », dit Bush.

Le démocrate du Tennessee, Bob Clement, demanda : « Avez-vous renoncé à l'ONU ? » avant d'ajouter : « L'économie aussi va à vau-l'eau, la Bourse est à son point le plus bas depuis six ans.

— Non, quatre ans ! » rétorqua Bush, suscitant des rires.

« Je n'ai pas renoncé à l'ONU, mais parfois ça peut être un bourbier diplomatique. Je sais ce que c'est que la diplomatie » dit-il, et il les assura qu'il ne se laisserait pas entraîner à se bagarrer pour la résolution de l'ONU.

Chris Shays, républicain du Connecticut qui en était à son huitième mandat, commenta : « Certains briefings m'ont plus inquiété qu'autre chose. »

La réunion se termina dans la Roseraie où Bush, qui avait tout préparé pour que soit affichée la solidarité du législatif par-delà les partis, fit une brève déclaration avec les membres du Congrès derrière lui.

« La sécurité de notre pays est le souci des deux partis politiques et la responsabilité des deux branches élues du gouvernement » dit-il, désamorçant la dispute avec Daschle sans faire machine arrière.

Réitérant sa nouvelle accusation sans équivoque sur les programmes d'armes de destruction massive en Irak, accusation qu'il avait lancée trois semaines auparavant, Bush dit : « Le régime irakien possède des armes biologiques et chimiques. Le régime irakien est en train de construire les installations nécessaires pour en fabriquer davantage. » Passant à la vitesse supérieure, il ajouta : « Et selon le gouvernement britannique, le régime irakien pourrait lancer une attaque biologique ou chimique en à peine quarante-cinq minutes une fois l'ordre donné. »

Tenet et la CIA avaient averti les Britanniques de ne pas communiquer cette information, qui reposait sur une source contestable, et faisait presque certainement référence aux armes conventionnelles — armes que l'Irak ne pourrait pas lancer contre les pays voisins et encore moins contre les villes américaines. Tenet appelait cela en privé « la connerie du Ils-peuvent-attaquer-en-quarante-cinq-minutes ».

Le mardi 1er octobre, Bush et Cheney rencontrèrent dans la salle du Conseil de la Maison Blanche une demi-douzaine de membres de la commission de la Chambre sur les relations internationales. Bush leur déclara en exposant ses arguments pour l'action : « Nous ne pouvons pas laisser l'Histoire nous juger et demander où étaient George W. Bush et Dick Cheney. »

Cheney renchérit : « Le problème crucial, c'est que

nous avons toujours sous-estimé ce type. Il a des tonnes d'argent qui viennent de ses réserves pétrolières. »

Shelley Berkley, démocrate du Nevada, demanda ce qu'on ferait si Saddam visait Israël. « Les missiles Super Patriots sont une possibilité. Nous avons des armes d'une technologie très avancée », lui répondit Bush. Il se tourna vers Cheney : « Que suis-je autorisé à révéler ?

— Pas trop, dit Cheney. Il y a des zones de lancement en Irak. [Nous] pouvons utiliser des Predators et prévenir les frappes. »

Le président se mit alors à tomber à bras raccourcis sur Saddam. « Ce type est un menteur. Il prend la communauté internationale pour une bande d'idiots. C'est un vrai bourbier, au niveau international. L'Australie, la Slovaquie, la République Tchèque, l'Angleterre, tous ces pays sont de notre côté. On ne lit rien là-dessus. On lit des choses sur l'Allemagne et ce gars qui gagne une élection en me faisant passer pour un pantin, une *piñata* », dit-il en faisant référence au discours anti-guerre sur l'Irak prononcé par le chancelier Gerhard Schröder pendant sa campagne de réélection.

Bush dit à l'assemblée qu'il avait parlé devant l'ONU en septembre. « Il n'y avait pas d'expression sur les visages. C'était comme un film de Woody Allen. » Il déclencha l'hilarité.

« Les gens vous diront qu'on ne peut pas se battre en Afghanistan et gagner en Irak, continua Bush. Vaincre deux ennemis, c'est très difficile, mais nous le ferons. »

18

Six mois plus tard, le 9 mai 2002, je dînai sur Capitol Hill dans la résidence du sénateur Bob Graham, le démocrate de Floride qui présidait la commission sénatoriale sur le renseignement. J'apportai le repas et il fournit le couvert. C'était le second dîner de ce genre que nous prenions ensemble depuis les événements du 11 septembre.

Dans le monde de la CIA, des services secrets et de l'action clandestine, les membres de la commission du renseignement du Congrès étaient les seuls observateurs extérieurs. Cette fonction de surveillance était rendue obligatoire par la loi, et les présidents et les membres les plus haut placés du parti minoritaire étaient censés être informés de toute activité, échec ou action clandestine d'importance. Ces membres étaient parfois des chiens de garde, parfois des chiens de salons. Feu le sénateur Barry Goldwater, républicain de l'Arizona, avait présidé la Commission à une phase critique, sous le règne de Willam J. Casey, directeur de la CIA dans les années 80, et j'avais trouvé en Goldwater une source de renseignements digne de foi.

Graham, petit homme aimable mais sérieux de 65 ans, avait exercé la fonction de gouverneur de

Floride pendant huit ans et accomplissait son sixième mandat de sénateur. Graham avait un membre de sa famille au *Washington Post* où je travaillais. Son demi-frère, feu Philip Graham, mari de Katharine Graham, en avait été éditeur jusqu'en 1963. Le fils de Philip Graham, Don Graham, est actuellement directeur général de la société Washington Post. C'est pourquoi le sénateur Graham trouvait préférable de parler de manière officielle, pour mon livre uniquement et pas pour le quotidien. Avec sa permission, j'enregistrai les longues conversations que nous eûmes au cours de ce dîner.

Graham voulait parler de l'Irak et il était extrêmement préoccupé. Il dit qu'il avait été mis au courant du plan d'action clandestin, mais refusa de donner des détails. Les circonstances entourant les briefings — ils avaient lieu dans le bureau de Cheney — l'inquiétaient particulièrement. La Maison Blanche et le Congrès avaient depuis longtemps un accord selon lequel huit membres du Congrès seulement, ce que l'on appelait la Bande des Huit, étaient informés des actions clandestines les plus délicates. Ce groupe comprenait les chefs de file de la majorité et de la minorité au Sénat, le président de la Chambre des représentants et le chef de file de sa minorité, ainsi que le président et le membre le plus haut placé des commissions du renseignement du Sénat et de la Chambre.

« La théorie de ce nouveau plan, dit Graham, est que nous avons échoué dans notre objectif de changer le régime et que la raison principale de cet échec est que nous avons entièrement compté sur les services de renseignements, qui ne peuvent y parvenir seuls. Il va falloir un peu de diplomatie, un peu de pression économique et peut-être beaucoup de force militaire. »

Sa réaction ?

« Eh bien, je ne suis pas convaincu qu'entrer en Irak soit la chose à faire dans l'immédiat, dit-il. Et par immédiat, j'entends les deux ou trois prochaines années. Je crois que poursuivre la guerre contre le terrorisme est un objectif très important et que l'Irak pourrait bien être un bourbier qui nous empêcherait d'atteindre notre objectif.

« On définit un terroriste de première catégorie comme quelqu'un qui, soit a été mêlé aux événements du 11 septembre, soit offre abri et asile à ces gens-là. Or, rien ne prouve que l'Irak appartienne à l'une de ces deux catégories. Je pense donc qu'il est très exagéré de présenter une guerre contre l'Irak comme un nouveau volet de la guerre contre le terrorisme.

« L'Irak est-elle une nation qui est sur le point d'avoir des armes de destruction massive militairement utilisables ? demanda-t-il. Une fois de plus, la réponse est que la plupart des analyses diraient qu'il lui faudra un certain temps, disons environ cinq ans, avant d'en arriver là, à moins qu'elle ne reçoive une aide considérable de l'extérieur. »

Graham dit que nous devions surveiller l'Irak de près et, « si ces chiffres semblent se mettre à diminuer rapidement, alors nous pourrons... l'Irak pourra légitimement monter d'un cran sur la liste ». Il dit qu'il n'avait pas parlé de l'Irak avec Bush mais qu'il en avait parlé à Cheney. « Il plane en quelque sorte au-dessus du problème du terrorisme et l'assimile complètement aux armes de destruction massive. Il dit que la guerre dans laquelle nous sommes engagés maintenant n'est pas seulement une guerre contre le terrorisme, c'est une guerre contre le terrorisme et les États capables de fournir aux terroristes des armes qui représenteraient une escalade dans la nature de leur violence.

« L'une des conclusions est plus secrète que celles de la Bande des Huit », dit-il, car aucun personnel n'était admis. « Tous les briefings sur le sujet se sont tenus à la Maison Blanche alors que ceux auxquels j'ai participé ont essentiellement eu lieu dans le bureau [de Cheney]. »

Tenet était présent mais c'était Cheney qui parlait le plus. Le vice-président était obnubilé par l'Irak, il disait : « Il faut agir parce que c'est le pays où convergent le terrorisme et les armes de destruction massive. »

Graham affirma que l'administration Bush, ou du moins Cheney, avait changé la définition de la guerre contre le terrorisme. « Nous définissons maintenant un État terroriste comme un État capable de fournir des armes de destruction massive, même sans être engagé dans des activités terroristes, ou sans offrir asile aux terroristes. »

La CIA n'avait jamais déclaré catégoriquement qu'elle croyait que Saddam possédait des armes de destruction massive. Le rapport d'évaluation officiel de 2000 était arrivé à la conclusion que Saddam « avait conservé une petite réserve » d'agents chimiques militarisés, pas des ogives opérationnelles à proprement parler, pouvant aller jusqu'à 100 tonnes, et « peut-être », selon certains signes, jusqu'à 200 tonnes de plus. Cette conclusion découlait essentiellement de la différence entre ce que l'Irak avait précédemment déclaré posséder aux inspecteurs de l'ONU et ce qui avait été détruit selon les rapports officiels.

Le rapport d'évaluation de décembre 2000, classé secret, concluait que les Irakiens « continuaient » à développer des armes biologiques, qu'ils approchaient du but, mais ne les possédaient pas encore.

De manière significative, dans sa déposition publique du 6 février 2002 sur les menaces mondiales devant la Commission que Graham présidait, Tenet avait attendu la page 10 de sa déposition de dix-huit pages pour mentionner l'Irak, lui consacrant seulement trois paragraphes. « L'Irak continue d'édifier et de développer une infrastructure capable de produire des armes de destruction massive. » Son industrie chimique se développait « d'une façon qui pouvait facilement tourner à la production d'armes chimiques. Nous croyons qu'il poursuit également un programme actif et efficace d'armes biologiques. »

« Nous pensons que Saddam n'a jamais abandonné ses programmes d'armement nucléaire » dit Tenet, mais il n'émit nullement la suggestion que Saddam possédait une bombe ou était sur le point d'en fabriquer une. « Notre plus grande inquiétude à court terme concerne la possibilité pour Saddam d'avoir accès à de la matière fissile. »

Après notre rencontre, Graham ainsi que d'autres sénateurs démocrates pressèrent l'Administration de mettre à leur disposition un nouveau rapport des services secrets, une estimation détaillée sur l'Irak. Graham en particulier voulait comprendre quels liens le plan secret de la CIA pouvait avoir avec les plans militaires, la diplomatie et la guerre mondiale contre le terrorisme. Quelle était la nature exacte de la menace irakienne ? De quel genre d'armes et de terrorisme parlait-on ? Que signifierait une guerre pour cette région et à quoi ressemblerait le paysage de l'après-guerre ? Ces questions furent officialisées par une lettre classée secrète, envoyée à Tenet le 11 septembre 2002, la veille du discours de Bush devant les Nations unies.

Tenet rejeta la requête, prétendant que Graham demandait une évaluation de la stratégie et de la politique américaines. Cela dépassait de loin ses compétences. La CIA fournissait des évaluations et des estimations formelles sur les gouvernements étrangers, pas sur le sien. Tenet, cependant, accepta à contrecœur de rédiger un rapide rapport sur la capacité de l'Irak à produire des armes de destruction massive. Ce travail de renseignement fut entrepris à la suite des conclusions très médiatisées de Bush et de Cheney sur le sujet, le vice-président ayant déclaré le 26 août : « Formulé simplement, il ne fait aucun doute que Saddam Hussein possède maintenant des armes de destruction massive. » À cela s'ajoutait le commentaire du président, un mois plus tard : « Le régime irakien possède des armes biologiques et chimiques. »

Le Conseil national de renseignement, groupe de représentants des principales agences de renseignements, commença à passer au crible, trier et évaluer les renseignements à l'état brut. Le Conseil implique la CIA, la NSA, l'Agence nationale pour la sécurité, chargée d'intercepter les communications, la DIA, les services de renseignements du Pentagone, le bureau du renseignement du département d'État ; l'antenne du renseignement au département de l'Énergie et la NIMA, l'Agence nationale d'imagerie de cartographie, qui a pour tâche les reconnaissances par satellites et autres systèmes d'observation aérienne.

Le groupe disposait d'une masse de documents, pour la plupart anciens et peu fiables. L'Irak restait l'une des cibles les plus difficiles pour les services secrets. Saddam avait raffiné ses méthodes de désinformation et d'escamotage souterrain de ses programmes d'armement, quels qu'ils puissent être. Les agents de la CIA infiltrés en Irak étaient encore peu nombreux et les équipes spéciales comme celles que dirigeait Tim dans le nord de l'Irak n'avaient rien trouvé.

Le rapport national d'évaluation n'est en fait rien d'autre qu'une estimation. Pendant la guerre froide, ces rapports étaient devenus des documents de choix, parce qu'ils étaient conçus pour donner au président et à son équipe de sécurité nationale une appréciation générale des possibilités et des intentions des menaces réelles telles que l'Union soviétique ou la Chine. Ces rapports d'évaluation incluent souvent une appréciation politique de la solidité du pouvoir, par exemple, du colonel Kadhafi en Libye, de l'évolution de la situation dans les Balkans, de la famine en Afrique, de l'éventualité d'une guerre dans la péninsule coréenne ou d'un conflit nucléaire entre l'Inde et le Pakistan.

Le format est conçu pour des responsables politiques surchargés de travail. Du coup, une évaluation volumineuse de cinquante à cent pages commence par une sorte de résumé pratique intitulé « Jugements clés » dans lequel les analystes du renseignement essaient de fournir la réponse à une question essentielle. Castro serait-il renversé ? La Syrie attaquerait-elle Israël ? Les communistes remporteraient-ils une victoire au Nicaragua ? Au fil des ans, les responsables politiques — et les présidents — avaient bien souvent critiqué ces rapports, affirmant que leurs auteurs évitaient de prendre position et que ces textes du genre « d'une part... mais d'autre part », étaient farcis de précautions exaspérantes. Quels que soient les événements, on peut toujours trouver dans ces rapports une phrase ou une expression parant à toute éventualité.

Stu Cohen, professionnel du renseignement depuis trente ans, était président par intérim du Conseil de sécurité nationale au moment où l'évaluation sur les armes de destruction massive en Irak était en préparation. Il confia à un collègue que, dans la mesure du possible, il voulait éviter les ambiguïtés.

Si les « Jugements clés » comportaient des mots tels que « peut-être » ou « probablement » ou « vraisemblablement », le rapport ne serait qu'un concentré de niaiseries. Cohen pensait que même si les preuves en béton étaient rares en matière de renseignement, les analystes devaient être capables de porter des jugements à toute épreuve. Les preuves étaient substantielles, mais néanmoins circonstancielles ; personne ne pouvait garantir l'existence d'une pipette de produits ou d'armes biologiques, ou d'une cuve fumante d'agents chimiques. Pourtant, en associant ces considérations à la preuve irréfutable que Saddam avait possédé des armes de destruction massive par le passé — dans les années 90, les inspecteurs de l'ONU les avaient trouvées, testées et détruites —, la conclusion semblait aller de soi.

L'alternative c'était que Saddam n'ait pas d'armes de destruction massive. Personne ne voulait le dire parce que, dans ce cas, il aurait fallu ne pas tenir compte d'une trop grande masse de renseignements. La véritable et la meilleure réponse, c'était qu'il avait *probablement* des armes de destruction massive, mais qu'il n'y avait pas de preuves, seulement des présomptions. Étant donné la latitude qui existe pour prononcer un « jugement », que le dictionnaire définit simplement comme une « opinion », le Conseil s'orientait vers une déclaration sans ambiguïté. Finies les niaiseries !

Les analystes de la CIA avaient longuement débattu de la nature des équivoques et de la manière de les éviter. Parfois, certains d'entre eux, John McLaughlin notamment, estimaient qu'il leur fallait oser se tromper pour être plus clairs dans leurs jugements. Cet été-là, McLaughlin avait dit aux responsables du Conseil de sécurité nationale que la CIA pensait pouvoir affirmer que Saddam avait des armes de destruction massive mais que les autres exigeraient des preuves plus tangibles. La CIA n'avait à sa disposition ni échantillon d'anthrax, ni spécimen d'armes chimiques.

Analystes et responsables du renseignement travaillèrent sur le rapport pendant trois semaines. Le 1er octobre, Tenet présida le Conseil national des renseignements étrangers, regroupant les responsables de toutes les agences de renseignement qui produisaient et certifiaient les rapports nationaux d'évaluation. Personne n'en contesta les conclusions essentielles. Tenet sentit qu'il y avait autour de la table un groupe de gens intelligents qui savaient comment élaborer convenablement un rapport.

Les Jugements clés de ce document top secret de quatre-vingt-douze pages disaient sans détour : « Bagdad possède des armes chimiques et biologiques. » Après cette assertion accrocheuse, le rapport mettait de l'eau dans son vin et retombait dans des équivoques modérées, mais claires. Il y avait un soupçon d'incertitude dans le second paragraphe des Jugements clés. « Nous considérons que seule est visible une partie des efforts de l'Irak concernant les armes de destruction massive. » C'est le genre de déclaration qu'on peut trouver dans n'importe quel rapport de renseignements : on ne voit jamais qu'une partie de quoi que ce soit. Au final, dérobades et reculades laissaient un profond sentiment de doute.

Le rapport d'évaluation disait que les agences de renseignement pensaient que « Bagdad avait recommencé à produire du gaz moutarde, du sarin, du cyclosarin et du gaz VX », mais sans préciser pour autant que l'Irak en possédait réellement, ou que des sources en avaient vu. Les preuves à l'appui étaient minces. Des rapports clandestins mentionnaient que l'Irak s'était procuré secrètement certains types de produits chimiques et d'équipement en quantité suffisante pour permettre la production limitée d'armes chimiques. Étant donné que beaucoup de ces produits chimiques peuvent avoir deux utilisations, l'une légitime et civile, et l'autre militaire, la conclusion ne reposait que sur des suppositions.

« Même si nous avons peu d'informations spécifiques sur les stocks d'armes chimiques en Irak », continuait le rapport d'évaluation, admettant ainsi qu'il était difficile d'avancer des chiffres exacts, « Saddam a probablement stocké des réserves d'au moins 100 tonnes et de peut-être 500 tonnes d'agents chimiques rentrant dans la composition d'armes chimiques, et en a acquis la plupart durant l'année écoulée. »

C'était plus ou moins la même chose en ce qui concernait les armes biologiques. Certains renseignements et conclusions n'étaient pas loin de contredire l'affirmation catégorique des Jugements clés. Par exemple, le rapport d'évaluation disait : « Nous estimons que tous les éléments essentiels à un programme d'armement biologique — recherche et développement, production et fabrication d'armement — sont actifs en Irak. » Que des éléments d'un programme soient actifs ne signifie pas nécessairement que des armes ont bel et bien été fabriquées, mais cela est fortement suggéré. Ces présomptions, si fortes et troublantes soient-elles, ne prouvaient pas que Saddam « possédait » les armes. « Nous estimons que l'Irak possède certains agents biologiques rentrant dans la composition d'armes handicapantes et mortelles, et qu'il est en mesure de produire rapidement de nombreux agents de cette sorte et de les transformer en armes. » Une fois encore, il n'affirmait pas que l'Irak possédait effectivement ces armes.

Le rapport d'évaluation ressemblait assez à un bulletin météorologique lorsqu'il abordait certains sujets : « Il y a de grandes chances que la variole fasse partie du programme offensif d'armement biologique de l'Irak » pouvait-on lire.

Plus loin dans le rapport d'évaluation, les hésitations s'intensifiaient. « Nous avons une confiance très limitée en notre aptitude à déterminer le moment où Saddam utiliserait des armes de destruction massive. » Avec une kyrielle de conditionnels et de qualificatifs — pourrait, devrait, probablement, plus probablement et plus vraisemblablement encore —, le rapport d'évaluation concevait des scénarios d'attaques biologiques ou chimiques contre les forces américaines ou alliées ou amies.

Après une triple série de qualificatifs, le rapport abordait le cauchemar de Cheney : Saddam aidant Al Qaïda à lancer une attaque à l'aide d'armes de destruction massive.

« Saddam, s'il était suffisamment désespéré, pourrait décider que seule une organisation telle qu'Al Qaïda, capable de s'infiltrer dans le monde entier, possédant une infrastructure terroriste considérable et déjà engagée dans une lutte à mort avec les États-Unis, pourrait perpétrer le genre d'attentat terroriste qu'il aurait espéré mener lui-même. Dans de telles circonstances, il pourrait décider que la solution extrême d'aider les terroristes islamistes à attaquer les États-Unis avec des armes biologiques et chimiques serait sa dernière chance de se venger en faisant par là même un nombre considérable de victimes. »

Mais un peu plus loin dans le rapport, le texte rappelait qu'on « ne croyait pas vraiment à ce scénario », puis immédiatement après : « Nous n'avons aucun renseignement spécifique nous permettant d'affirmer que le régime de Saddam a préparé des attaques contre le territoire américain. »

À propos des armes nucléaires, le rapport d'évaluation se déclarait « relativement certain » que « l'Irak ne possède pas encore une arme nucléaire ou du matériel en quantité suffisante pour la fabriquer, mais qu'il est susceptible de posséder cette arme entre 2007 et 2009 ».

Le bureau du renseignement du département d'État joignit une annexe de onze pages exposant les grandes lignes de ses objections et de ses désaccords avec le rapport d'évaluation, en particulier au sujet des armes nucléaires, et disant que les preuves ne permettaient pas d'aboutir à la « conclusion irréfutable » que l'Irak suivait « une démarche structurée et exhaustive visant à acquérir des armes nucléaires ».

Quand le rapport d'évaluation fut présenté devant la commission sénatoriale sur le renseignement, le mercredi 2 octobre, certains sénateurs se concentrèrent sur des questions plus générales que la CIA n'avait pas abordées. Ils voulaient connaître le lien de cause à effet entre l'action clandestine en Irak et la planification militaire, et entre la diplomatie et la possibilité qu'une attaque en Irak déclenche une riposte terroriste contre les États-Unis ou suscite des problèmes au Moyen-Orient. Aucun sénateur n'en savait assez — les détails du planning militaire n'étaient pas communiqués au Congrès et les plans de la CIA étaient ultraconfidentiels — pour pouvoir se forger une opinion vraiment objective. Et les articles presque quotidiens dans les journaux sur les efforts de Powell pour obtenir une nouvelle résolution au Conseil de sécurité de l'ONU avaient braqué l'attention sur les efforts diplomatiques de Bush.

Cette même semaine, certains sénateurs firent circuler des contre-résolutions qui étaient loin de donner carte blanche à Bush. Calio annonça en milieu de semaine : « C'est aujourd'hui ou jamais — soit nous surmontons nos différends, soit nous agissons sans vous. » Le lobbyiste en chef du président ne fit cette déclaration qu'une fois assuré d'une majorité confortable. Bush et Calio consacrèrent plusieurs heures de l'après-midi et de la soirée à finaliser un compromis dans les termes employés. Bush téléphona à Dick Gephardt, qui avait souhaité quelques modifications de forme mais soutenait le président sur le fond. Il était important d'avoir le chef de file des démocrates de la Chambre de son côté.

Rove eut pour mission de gagner des voix. Il parla à certains républicains de la Chambre et se fit l'écho de ceux qui voulaient faire passer un message à Bush. Il s'entretint aussi avec le sénateur Chuck Hagel, républicain du Nebraska de tendance indépendante, qui critiquait fréquemment Bush. L'argument de Rove était que l'Irak était un bastion important dans la guerre contre le terrorisme. Le président avait besoin de la résolution parce qu'elle lui donnerait l'autorité maximale pour résoudre le problème pacifiquement, ou si nécessaire, militairement.

À 13 h 15, le 2 octobre, Bush fit une apparition dans la Roseraie de la Maison Blanche en compagnie de dizaines de législateurs, dont Gephardt, mais sans Daschle, pour annoncer l'accord sur la résolution bipartisane. À ses côtés se tenaient deux personnages qui avaient joué un rôle clé dans sa campagne de 2000 : le sénateur John McCain, le républicain d'Arizona non conformiste qui avait été son principal concurrent lors des primaires, et le sénateur Joseph Lieberman, le démocrate du Connecticut qui avait fait campagne avec Al Gore contre Bush à l'élection présidentielle.

Le président déclara que le soutien du Congrès « démontrerait à nos amis comme à nos ennemis la détermination des États-Unis ». Il dit : « À l'heure actuelle, le régime irakien constitue une menace d'une gravité exceptionnelle », et il ajouta : « Ce dictateur est un disciple de Staline. La question est maintenant entre les mains du Congrès des États-Unis. Ce débat sera attentivement suivi par le peuple américain et il marquera l'Histoire.

« J'invite les membres du Congrès à étudier cette résolution avec le plus grand soin. Aucun choix ne pourrait davantage tirer à conséquence. »

Pour gagner le soutien du Congrès et de l'opinion publique, le président décida, entre autres choses, de faire un discours à une heure de grande écoute pour présenter ses arguments contre Saddam. Il devait prononcer ce discours à Cincinnati, dans la grande rotonde du Musée, le 7 octobre.

Des brouillons de ce discours circulaient frénétiquement dans tous les sens. Deux jours auparavant, la CIA avait envoyé un mémo de trois pages et demie à Steve Hadley et à Mike Gerson, préconisant vingt-deux changements à la version n° 6. Certains des changements préconisés allaient dans le sens d'un renforcement des déclarations contenues dans les versions préliminaires, d'autres favorisaient la réduction ou la suppression de passages différents.

Par exemple, le projet de discours disait qu'après 1995, l'Irak avait reconnu avoir produit 25 000 litres d'anthrax et autres agents biologiques mortels. La CIA suggéra que ce chiffre soit porté à 30 000, chiffre que le président retiendrait dans son discours.

Le projet disait aussi qu'avant la guerre du Golfe de 1991, les meilleures sources de renseignements indiquaient qu'il faudrait entre cinq et sept ans à l'Irak pour mettre au point l'arme nucléaire. La CIA recommandait de parler avec plus d'exactitude de huit à dix ans, chiffres que Bush citerait dans son discours. La version n° 6 déclarait aussi qu'après la guerre du Golfe, les inspecteurs internationaux en désarmement avaient découvert que l'Irak était en fait bien plus avancé dans son programme nucléaire et aurait pu posséder des armes nucléaires dans un délai de dix-huit mois. Le mémo de la CIA conseillait de changer ce délai et de mentionner de deux à trois ans. Bush opta pour la formule « pas plus tard qu'en 1993 », soit environ deux ans après la découverte des inspecteurs.

La version n° 6 contenait également la phrase suivante : « Et le régime a été surpris en train d'essayer d'acheter en Afrique 500 tonnes d'oxyde d'uranium, ingrédient essentiel au procédé d'enrichissement. »

Cette affirmation se fondait sur un rapport incertain des services de renseignements britanniques affirmant que l'Irak avait récemment essayé d'acheter aux Nigériens de l'oxyde d'uranium, surnommé « yellowcake ». Pour un certain nombre de raisons, la CIA avait des doutes sur la validité de cette information et en avait fait part aux Britanniques. Un ancien ambassadeur, Joseph Wilson IV, envoyé au Niger pour vérifier le rapport, n'avait rien trouvé pour l'accréditer. Le mémo de la CIA recommandait d'abandonner toute référence à cette information dans le discours de Cincinnati, ce qui fut fait.

Le projet disait : « Sur les ordres de Saddam Hussein, des opposants au régime ont été décapités. » La CIA dit que les preuves montraient qu'ils avaient été exécutés, non décapités. Mais le terme décapité demeura dans le discours final.

Le discours de Cincinnati, qui dura vingt-six minutes, ne fut pas diffusé par les trois chaînes principales, mais fut tout de même regardé par presque 17 millions de téléspectateurs sur la FOX et sur les chaînes d'information câblées CNN, MSNBC et FOX News.

L'argumentation centrale de Bush fut que : « L'Irak rassemble les pires menaces de notre temps en un seul endroit » et que « le danger est déjà significatif et ne fait qu'empirer avec le temps ».

Il ne fut pas fait mention du manque de preuves tangibles. À la place, Bush suggéra un risque encore plus grand, celui que Rice avait soulevé le mois précédent. « Face aux preuves manifestes du péril, dit le président, nous ne pouvons pas attendre la preuve tangible, la preuve suprême qui pourrait bien apparaître sous la forme d'un champignon nucléaire. »

Au cas où tout le monde n'aurait pas saisi, Bush évoqua Cuba et la crise des missiles d'octobre 1962 durant laquelle l'Union soviétique avait installé des missiles offensifs de moyenne portée à Cuba. Il cita le discours du président John F. Kennedy : « Ni les États-Unis d'Amérique ni la communauté mondiale des nations ne peuvent tolérer une tromperie délibérée et des menaces offensives de la part d'une quelconque puissance, petite ou grande. Nous ne vivons plus dans un monde où seule une véritable agression armée représente un défi suffisant à la sécurité d'un pays pour constituer un danger maximum. »

Le jour suivant, le 8 octobre, fut présentée ou montrée à près de quarante-sept sénateurs l'intégralité du rapport d'évaluation avec son Jugement clé affirmant que l'Irak « possède des armes chimiques et biologiques ». Powell s'entretint pendant un quart d'heure avec le sénateur Susan Collins, républicaine modérée du Maine. Comme elle le confia plus tard au *Los Angeles Time*, Powell affirma catégoriquement : « Si le Congrès n'autorise pas une intervention militaire, le Conseil de sécurité trouvera un moyen d'éluder le problème. » Elle ajouta : « Je pense que c'est un argument des plus valables. »

Le 10 octobre, Calio demanda à son équipe de comptabiliser le nombre des membres du Congrès qui avaient été briefés sur l'Irak. Il voulait avoir ce document avant le vote qui apparemment allait avoir lieu le jour même. On lui prépara un tableau de onze pages détaillant invitations et rendez-vous et montrant que 195 membres de la Chambre et la totalité des 100 sénateurs avaient été invités à un ou plusieurs briefings de la Maison Blanche sur l'Irak. L'équipe de Calio comptabilisait 71 sénateurs et 161 membres de la Chambre qui avaient accepté l'invitation.

L'après-midi même, après deux jours de débats, la Chambre adopta une résolution autorisant le président à utiliser les forces armées américaines en Irak « s'il le jugeait nécessaire et justifié ». Le vote fut emporté haut la main par 296 voix contre 133, soit 46 voix de plus que le père du président n'en avait obtenu en 1991.

Au Sénat, Edward M. Kennedy, démocrate du Massachusetts, plaida passionnément pour que la résolution soit rejetée.

Kennedy déclara : « L'Administration n'a pas présenté d'arguments convaincants pour prouver que notre sécurité nationale se trouve face à un danger tellement imminent que nous devons avoir recours à des frappes aériennes préventives et à une guerre immédiate. L'Administration n'a pas non plus calculé combien de vies humaines et d'argent nous coûterait cette action. » Il ajouta plus tard que la doctrine de prévention de Bush équivalait à « un appel à l'impérialisme américain du XXIᵉ siècle qu'aucune autre nation ne pourrait ou ne devrait accepter ».

Dans un discours au Sénat, le sénateur John F. Kerry, démocrate du Massachusetts qui allait bientôt devenir candidat à la présidence, dit qu'il voterait en faveur de la résolution autorisant l'usage de la force pour désarmer Saddam parce qu'un « arsenal meurtrier d'armes de destruction massive entre ses mains représente un danger, un grave danger pour notre sécurité ». En annonçant son vote favorable, Kerry déclara qu'il attendait du président qu'il « tienne les promesses qu'il a récemment faites au peuple américain, qu'il collabore avec le Conseil de sécurité des Nations unies pour adopter une nouvelle résolution... et agisse de concert avec nos alliés au cas où nous devrions désarmer Saddam Hussein par la force ».

Mais aucun démocrate ni aucun autre détracteur n'avait réussi à mobiliser grand monde face aux déclarations répétées du président sur la menace représentée par Saddam et aux estimations de la CIA affirmant que l'Irak détenait des armes de destruction massive et était probablement en passe de devenir une puissance nucléaire.

Au Sénat, le vote du 11 octobre adopta la résolution par 77 voix contre 23. Graham, le sénateur de Floride, vota contre parce qu'elle était « trop timorée » et « trop faible ». Il voulait donner au président le droit non seulement d'attaquer l'Irak mais aussi « d'employer la force contre toute organisation terroriste internationale qui ne manquerait sans doute pas de frapper les États-Unis au moment où le régime de Saddam s'écroulerait ».

Les sénateurs Daschle et Feinstein, qui avaient énergiquement exprimé leur désaccord en cours de route, finirent par voter pour la résolution qui indiquait que le président pourrait utiliser l'armée conformément aux règles « nécessaires et appropriées » pour défendre le pays contre « la menace permanente représentée par l'Irak ». Le président avait carte blanche.

19

Rumsfeld peaufinait sans relâche les détails du plan de guerre pour que le plan Hybride soit de plus en plus réalisable et complet. Il travaillait avec acharnement et s'assurait que Bush était au courant de tous les détails.

Le 4 octobre, Franks présenta à Bush une synthèse des concepts de ciblage, un briefing plus complet sur la Forteresse Bagdad et une mise au point finale des mesures concernant les Scuds. Il avança aussi quelques idées sur l'emploi des forces spéciales pour soutenir les groupes d'opposition à l'intérieur de l'Irak. Le président fut briefé sur le contrôle et la réparation des infrastructures pétrolières irakiennes, sur l'estimation des dommages collatéraux liés aux installations renforcées souterraines de l'Irak, et sur l'hydrologie, à savoir comment Saddam pouvait éventuellement utiliser les barrages et les inondations pour détruire des régions stratégiques dans son propre pays et gêner la progression des troupes américaines.

Au cours d'une réunion du Conseil de sécurité nationale, durant cette période, Rumsfeld s'interrogeait sur ce qui pourrait mal tourner. Il commença à griffonner une liste qui s'allongea et finit par comporter quinze points.

« Écoutez, dit-il aux autres, dont le président, on ferait mieux de garder ceci en tête », et il se mit à énoncer les quinze points de sa liste.

Il revint au Pentagone, mit sa liste au propre, et la transmit à quatre de ses conseillers principaux, qui rajoutèrent chacun deux ou trois autres points.

Le 15 octobre, Rumsfeld résuma le tout dans un mémo top secret de trois pages. « Une guerre est une décision colossale » déclara-t-il par la suite. « On ne s'y engage certainement pas à la légère, c'est une chose à laquelle on ne cesse de penser et de repenser et de repenser encore. Et à un certain moment, conscient de n'être maître ni de la décision ni même de la recommandation, je me suis moins focalisé sur cet aspect des choses et j'ai voulu m'assurer que nous avions fait tout ce qui est humainement possible pour préparer le président à ce qui pourrait mal tourner, pour tout préparer afin que les choses tournent bien. »

Rumsfeld envoya son mémo au président et le relut ensuite avec lui. « La liste suivante illustre le type de problèmes qui pourraient résulter d'une guerre avec l'Irak, commença-t-il. Elle vous est proposée à titre de check-list pour que ces points fassent partie de nos délibérations. » Certains de ces points étaient les suivants :

— Un autre État pourrait tirer profit de l'engagement ou de la préoccupation des États-Unis à l'égard de l'Irak.

— Des perturbations pétrolières pourraient entraîner des ondes de choc dans le monde entier.

— Les services secrets irakiens qui sont présents dans le monde entier, y compris aux États-Unis, pourraient utiliser des armes non conventionnelles contre les États-Unis, nos alliés, ou d'autres forces déployées.

— Les dommages collatéraux pourraient être plus importants que prévu.

— La Forteresse Bagdad pourrait s'avérer un problème durable et difficile pour tous.

— L'Irak pourrait être le théâtre de conflits ethniques entre sunnites, chi'ites et Kurdes, comme cela s'est déjà produit précédemment.

— L'Irak pourrait employer des armes chimiques contre les chi'ites et en faire rejaillir la responsabilité sur les États-Unis.

— L'Irak pourrait l'emporter sur les États-Unis en matière de relations publiques et persuader le monde qu'il s'agit d'une guerre contre les musulmans.

La liste comportait alors vingt-neuf points. À la fin du mémo, une note disait : « Il est bien entendu possible de préparer une liste similaire illustrant tous les problèmes potentiels à considérer si l'Irak ne change pas de régime. » C'était le leitmotiv de Cheney : l'inaction comportait des risques.

Ayant entendu dire que certains officiers généraux étaient peu satisfaits du plan de guerre ou même hostiles à l'idée d'une guerre contre l'Irak, le président et Rumsfeld décidèrent qu'il était temps de faire intervenir l'État-Major Interarmes.

Ce dernier avait été délibérément tenu à l'écart des projets concernant l'Irak jusqu'à environ deux semaines plus tôt, où l'on avait finalement briefé ses représentants. Bush les invita à la Maison Blanche en octobre.

Rumsfeld voulait que l'État-Major Interarmes rencontre uniquement le président, hors de la présence du général Franks. Wolfowitz, Hadley et Libby furent également exclus de l'entrevue, mais Cheney, Rice et Card y assistèrent.

Le président demanda aux quatre chefs d'état-major de parler en toute franchise. Que pensaient-ils du plan ? Chaque état-major serait-il en mesure de faire ce qui était demandé ?

Le chef d'état-major de l'armée de l'air, le général John P. Jumper, dit que le plan aérien était acceptable. Le système de défense aérien de Saddam pourrait être neutralisé mais il craignait que les Irakiens n'aient la possibilité de brouiller le GPS (Global Positioning System ou Système mondial de positionnement) sur lequel les États-Unis comptaient beaucoup pour traquer, cibler et bombarder avec précision. Pour convoyer les forces, l'équipement et les fournitures, le système de transport aérien serait mis à rude épreuve, mais on croyait pouvoir s'en sortir. Le général Jumper se dit inquiet de la disponibilité des munitions de précision. Les capacités industrielles de production auraient à maintenir une cadence soutenue et il faudrait utiliser les munitions intelligentes de manière sélective.

Le chef des opérations navales, l'amiral Vern Clark, s'inquiéta lui aussi de la production des systèmes d'armes. Avec les opérations en cours en Afghanistan, l'utilisation de l'aviation embarquée et des porte-avions le préoccupait aussi, puisqu'on se battrait alors sur deux fronts. Mais rien de cela n'était un obstacle majeur, affirma-t-il.

Le chef d'état-major de l'armée de terre, le général Eric Shinseki fut le premier à dire qu'il craignait que les unités prévues pour l'offensive terrestre ne soient pas assez nombreuses. Le plan prévoyait une avancée rapide sur Bagdad. Il se demandait si le système d'approvisionnement était suffisamment souple et rapide pour suivre le rythme d'une progression accélérée. L'armée serait déployée sur plusieurs centaines de kilomètres. Maintenir des axes de ravitaillement pourrait s'avérer difficile. Néanmoins, Shinseki dit qu'il soutenait le plan.

Le commandant en chef des Marines, le général James L. Jones, dit que les Marines étaient en parfaite condition, mais deux choses le tracassaient. À supposer que les Irakiens utilisent des armes chimiques et biologiques, les Marines n'étaient pas habitués à se battre dans un environnement contaminé. Ils avaient des tenues de protection biochimiques en quantité suffisante pour eux-mêmes, mais pas assez pour les civils irakiens, et cela représentait un problème potentiel. En second lieu, dit-il, la guérilla urbaine est éprouvante. Saddam abandonnerait sûrement le désert aux forces américaines capables de surmonter là tout ce qu'il pourrait leur balancer, mais l'environnement urbain, celui de Bagdad en particulier, était tout autre chose.

« Que pensez-vous du plan concernant Bagdad ? » demanda le président.

N'ayant pas vu le plan, Jones éluda la question.

« Que pensez-vous du plan concernant Bagdad ? insista Bush.

— Je n'ai pas vu les détails, répondit Jones, mais si je comprends bien, ils sont à l'étude. »

Après la réunion, Rice multiplia ses questions sur la disponibilité des munitions, les axes de ravitaillement, la protection contre la contamination des civils et la guérilla urbaine.

Le 29 octobre, Franks revint briefer le président. La réunion prévoyait une nouvelle mise au point sur les moyens de riposte en cas d'utilisation par Saddam d'armes de destruction massive pendant une invasion, le soutien des opérations militaires de type humanitaire, et la gestion de l'impact d'éventuelles utilisations d'ADM contre les pays voisins.

« Non, non, et non » avait répondu pendant tout l'automne le gouvernement turc à la CIA. Les équipes spéciales américaines ne seraient pas autorisées une seconde fois à passer par la Turquie pour pénétrer dans le nord de l'Irak. Finalement, la CIA exerça de telles pressions et promit tant de garanties que les Turcs acceptèrent, mais à la condition que ce soit sous escorte turque. Saul fit dire à Tim qu'il avait le feu vert, ce qui le ravit. Il allait pouvoir trier sur le volet une équipe de dix personnes, six agents traitants parmi les meilleurs arabophones de l'Agence, trois agents expérimentés des services action et un spécialiste en communication. La crème de la crème. Trois adjudants-chefs du 10e groupe des forces spéciales de Fort Carson furent examinés à la loupe en vue d'accompagner l'équipe NILE de Tim et d'aller travailler avec l'UPK. On assigna une équipe différente à l'autre groupe kurde, le PDK.

Saul chargea Tim de la collecte du renseignement et du recrutement des agents au sein du régime, de l'aide aux groupes d'opposition et de la préparation, sans passer à la mise en œuvre, des opérations de sabotage. « Glanez des informations sur les armes de destruction massive, si possible. Trouvez les points faibles du régime et allez-y, foncez ! » La guerre s'annonçait.

Tim et le chef de l'autre équipe s'envolèrent pour Ankara, la capitale turque, et se présentèrent devant l'état-major général turc. « Nous jurons de faire l'impossible pour vous tenir informés, leur dit Tim. Nous mettrons à votre disposition chaque bribe de renseignement que nous dénicherons. Vous serez un partenaire à part entière dans cette affaire, qui est une mission de collecte de renseignements, une mission de contre-terrorisme. Il ne s'agit plus de renverser discrètement le régime. » C'est un numéro de claquettes, pensa Tim. Pour un officier de liaison, entraîné à recruter des agents pour qu'ils se retournent contre leur pays, mentir à des généraux était un jeu d'enfant. Grands, robustes, patriotes jusqu'au bout des ongles, Tim et l'autre chef d'équipe, qui avait été élu manager de l'année par ses pairs de la Direction des opérations, pensèrent qu'ils avaient convaincu les généraux turcs de leur bonne foi.

Tim partit alors en avion avec son équipe de treize personnes à Diyarbakir dans le sud-ouest de la Turquie, base turque pour les opérations anti-kurdes, à cinq heures de route environ de la frontière nord de l'Irak. Ils s'entassèrent dans des Land Cruisers et des Jeep Cherokees, que suivait un camion contenant la plupart de leur équipement. Le convoi passa la frontière et se dirigea vers Kalachualan, un petit village où le chef de l'UPK, Jalal Talabani, s'était caché pendant les guerres contre l'Irak. Le village se situait au nord de la capitale provinciale de Sulaymaniyah.

Ils transportaient des dizaines de millions de dollars en coupures de 100, rangées dans des boîtes noires Pelican, des boîtes épaisses en carton, munies de charnières, comme celles qu'on trouve souvent en vente dans les magasins de fournitures d'art. Tim avait dû signer un reçu pour la part qu'on lui avait remise. Au total, on lui avait avancé 32 millions de dollars, et il devrait présenter des reçus pour l'intégralité de la somme. Des post-it de 6 cm sur 6 signés par les agents qu'ils payaient suffiraient, espérait-il. Quand, à l'aller, le véhicule de Tim distança les autres, ils blaguèrent, disant qu'il était probablement en route vers la Riviera. Tim avait découvert qu'un million de dollars en coupures de 100 pesait environ 20 kg et tenait facilement dans un sac à dos.

Sur la base de Kalachualan, Tim persuada les Turcs de ne pas s'installer avec eux. Pas question de permettre aux Turcs ou à qui que ce soit d'entrer en contact avec les agents de renseignement qu'il espérait recruter. Son équipe s'installa dans un bâtiment peint en vert qu'ils baptisèrent « Pistache ».

Tim entra rapidement en contact avec l'homme du petit noyau de l'UPK qui, à la fin du mois d'août, avait dit que les membres d'un groupe religieux opprimé voulaient aider la CIA et les États-Unis. Ce contact présenta Tim à deux frères, fils du chef du groupe dont le prestige était à peu près comparable à celui du pape. Après une série de rencontres, Tim recruta les deux hommes. Il n'était pas encore convaincu. Les frères voulaient l'assurance que le président Bush était sérieux et qu'il enverrait l'armée américaine pour détrôner Saddam. « George Bush décide de ne pas faire ça, dit l'un des frères, et nous sommes coincés ici, et toute notre famille est tuée et tous les membres de notre groupe aussi. Si on découvre que nous vous aidons, tous nos fidèles vont se faire massacrer. » Ils ne formaient pas une société secrète, ils ne se cachaient pas, et les services de sécurité de Saddam savaient qui ils étaient et où les trouver.

« Je vous soutiendrai, dit Tim, j'irai jusque sur la Lune pour vous, mais vous devez d'abord m'amener des officiers irakiens d'active pour que je puisse décider si vous, vous êtes ou non sincères. » La sincérité devait être réciproque. « Je déciderai ensuite si nous devons ou non vous soutenir. »

OK ! Les frères acceptèrent. Un après-midi, à 14 h 00, ils amenèrent un homme introduit clandestinement en territoire UPK pour rencontrer Tim. C'était un général de brigade, le chef d'état-major de l'une des principales bases aériennes irakiennes. Tim et un autre agent de liaison débriefèrent le général pendant deux à trois heures en plein milieu de la nuit, avant qu'on le réexpédie hors du territoire kurde. Ils ne s'y connaissaient pas en hélicoptères, mais ils l'interrogèrent sur les pièces détachées, les emplacements, la disposition, la préparation, le carburant, la formation, les communications et tout le reste, prenant des notes exhaustives pour les envoyer au QG de la CIA, qui vérifierait si les informations étaient correctes.

Quand on lui posait une question délicate, le général regardait l'aîné des frères et demandait :

« Dois-je répondre à cela ?

— Tu leur dis », ordonnait le frère.

Le général s'exécutait.

« On dirait que ça va plutôt bien marcher, non ? » dit Tim.

Au bout de près de trois heures, les frères dirent qu'ils devaient absolument renvoyer secrètement le général dans ses quartiers près de Bagdad.

« OK, dit Tim, mais je ne suis pas encore vraiment convaincu. Voyons-en plus. »

Quelques nuits plus tard, les frères amenèrent le chef d'une batterie de missiles antiaériens Roland de fabrication française qui était affectée à l'une des unités de la Garde républicaine. Encouragé par les deux frères, il fournit des renseignements sur la disposition des forces, le nom des officiers et autres détails.

Tim n'en croyait pas ses oreilles. Jusqu'à présent, un simple inconnu qui entrait dans l'ambassade américaine d'un quelconque pays d'Amérique du Sud et qui disait avoir un oncle général dans l'armée irakienne, mécontent de son sort, était considéré par la CIA comme l'une des meilleures sources de renseignements. Jamais encore on n'avait entendu parler d'un contact direct avec des officiers d'active. Les frères acheminaient les officiers dissimulés sous des couvertures dans des camions qui traversaient le désert et franchissaient les cols. Ils disaient ne pas pouvoir indiquer à l'avance qui viendrait, car ils avaient fait dire à des membres dignes de confiance du groupe religieux de leur envoyer des officiers d'active. Et on ne disait pas aux officiers ce qu'ils étaient censés faire exactement avant qu'ils n'arrivent sur place pour être questionnés par Tim.

Ensuite, les frères amenèrent un officier irakien qui avait apporté avec lui cent trois pages de plans de guerre pour les unités de la Garde républicaine déployées au nord de Bagdad. L'officier décrivit comment il avait participé à un *wargame* secret sous la direction du fils de Saddam, Qoussaï. Les plans montraient où les unités se déploieraient dans le cas d'une invasion de parachutistes américains.

L'équipe vivait dans le froid et la crasse. Mais les Kurdes et les Irakiens attachaient beaucoup d'importance à l'apparence. Par conséquent, Tim s'arrachait avec peine de son lit pour les séances de 2 h 00 du matin et passait un blazer sur son caleçon long. Il était bien rasé et ne se laissait pas pousser la barbe, mais la poussière était omniprésente et ses bottes étaient maculées de boue.

Les frères et leur père, le « pape », n'exigeaient pas d'argent à chaque débriefing, mais ils voulaient des véhicules et beaucoup d'argent chaque mois. Tim pensa qu'ils donnaient un sens nouveau au mot avarice.

Depuis le QG, Saul dit que l'argent n'était pas un obstacle. « Assurez-vous que vous pouvez continuer à encourager ce flot de renseignements et débrouillez-vous pour qu'on ne cesse pas de vous amener ces gens-là. Vous pouvez leur dire ce que vous voulez pour vous assurer qu'ils continuent à coopérer. »

Tim accepta d'abord de payer les frères et leur père

135 000 dollars par mois. Ils continuèrent à demander toujours plus d'argent et à faire monter les enchères, mais Tim leur demanda :

« Que voulez-vous vraiment ? Quelle est votre exigence fondamentale ?

— Un siège à la table du gouvernement post-Saddam lorsqu'il sera formé en Irak.

— Vous l'aurez, promit Tim. Qu'avez-vous d'autre pour nous ? »

Les frères livrèrent une liste de noms et de grades que Tim câbla à Saul à la CIA. Dans son bureau du cinquième étage, à la Direction des opérations, Saul fut abasourdi en la lisant. Non seulement ces contacts potentiels comprenaient de nombreux autres gradés de la Garde républicaine et d'ailleurs, mais le groupe citait également des types appartenant aux fedayin de Saddam, le groupe de voyous paramilitaires dirigés par son fils Oudaï, ainsi que d'autres appartenant aux services de renseignements irakiens et au SSS. Tous se trouvaient au cœur même de l'appareil qui rendait possible la domination de Saddam, jusque-là d'une totale étanchéité.

« Nom de Dieu, grommela Saul. Même si la moitié de tout ça est de la foutaise, on a quand même touché le gros lot ! »

20

La télévision affichait un avertissement discret mais très inhabituel dans un coin de l'écran : TOP SECRET.

Ce 18 octobre, l'homme assis à la table du studio, devant un gros micro démodé du genre qu'utilise le célèbre interviewer Larry King, était de petite taille, avec une tête volumineuse et dégarnie, et il portait des lunettes à grosse monture. Il n'avait certainement pas le look d'un présentateur de télévision, pas plus d'ailleurs que celui d'un général. Il arborait pourtant trois étoiles, symbole d'un général de division, et parlait d'une voix insistante, haut perchée. Il avait l'air intelligent et sûr de lui tout à la fois. Derrière lui, sur une grande banderole, on pouvait lire le titre de l'émission télévisée : « Talk NSA ». NSA est l'acronyme de National Security Agency (Agence pour la sécurité nationale), le saint des saints des renseignements, qui intercepte les communications de l'étranger tout en essayant de protéger les codes américains et de casser ceux des autres nations.

La NSA, la branche la plus secrète et la mieux subventionnée du vaste appareil de l'espionnage américain, avec un budget d'environ 6 milliards de dollars pris sur les 30 milliards du budget annuel du renseignement aux États-Unis, s'attaquait aux téléphones, aux radios, aux ordinateurs, aux transactions banquières, bref à pratiquement tout électron en mouvement. Son objectif était d'écouter les plus importantes communications étrangères, à l'insu de ceux qui utilisaient les ondes hertziennes, les lignes téléphoniques, les relais d'ondes courtes, les satellites, les câbles sous-marins, les réseaux informatiques et tout autre engin ou méthode de communication. Dans le monde de l'espionnage, on appelle cela le « renseignement électronique », les SIGINT (Signals Intelligence).

À l'insu du reste du monde, la NSA possède son propre talk show. « Talk NSA » est diffusé, sur un réseau top secret de télévision en circuit fermé, aux quelque 32 000 employés de la NSA et à personne d'autre.

Ce jour-là, l'intervenant était le général de division aérienne, Michael V. Hayden, directeur de la NSA, qui avait exercé pendant trente-deux ans comme officier du renseignement et avait été envoyé en mission en Europe, en Asie et à travers tout le Pacifique. Le front des SIGINT avait évolué avec les technologies modernes, expliquait-il devant la caméra. C'était maintenant Internet et les téléphones portables, utilisés par tous, depuis les services secrets étrangers jusqu'aux trafiquants de drogue et aux terroristes. Qu'était-il judicieux de révéler à 32 000 personnes sur des opérations effectuées avec des gadgets qui démontraient les compétences de la NSA pour suivre les gens à la trace, se demandait-il ? L'agence était fortement compartimentée et peu de secrets filtraient hors des unités et divisions de tailles réduites. Il expliqua les liens entre les théories mathématiques, la physique, la miniaturisation, les ordinateurs haut débit, l'ingéniosité et l'audace linguistiques, et s'enhardissant, il donna quelques exemples des techniques et technologies les plus récentes.

Abordant le sujet d'une guerre éventuelle contre l'Irak, Hayden décida de ne pas y aller par quatre chemins avec son personnel et de dire quelque chose qui ne pouvait pas être déclaré publiquement : « Une agence SIGINT ne peut pas se permettre d'attendre une décision politique. » Même si la décision officielle de partir en guerre contre l'Irak n'avait pas encore été prise, tout son instinct et toute son expérience lui disaient que la guerre allait avoir lieu. Il devait mettre ses ressources en branle. Il ne pouvait pas attendre que le président Bush se décide. Il y avait trop à faire. Rester inactif était impardonnable. Il devait préparer l'agence et il s'y employait discrètement depuis des mois. Compte tenu des conditions météorologiques en Irak et la nécessité pour les forces américaines de porter des tenues de protection contre les armes chimiques, il dit : « Impossible de commencer une guerre en Irak après le mois de mars. » On était à moins de six mois de là. « Il faut la déclencher en janvier, février ou mars. »

Les déclarations de Hayden auraient fait sensation si elles avaient filtré dans la presse mais comme presque tous les secrets de la NSA, ce ne fut pas le cas.

Il n'était pas question que Hayden soit pris de court comme cela s'était produit avant le 11 septembre. À bien des égards, l'année avait été excessivement mauvaise pour la NSA. Il existait aux États-Unis une attente véhiculée par les médias, le Congrès et même la télévision et le cinéma : un pays en pointe en matière de haute technologie et d'investissement dans le domaine du renseignement aurait dû être en mesure de prévoir une attaque, même une frappe terroriste comme celle du 11 septembre.

La veille de son intervention dans le talk show en

circuit fermé, Hayden avait rappelé au Congrès et au public une réalité quelque peu dégrisante en témoignant de l'état du renseignement avant le 11 septembre devant les commissions mixtes du Congrès.

« Malheureusement, la NSA n'avait aucun SIGINT donnant à penser qu'Al Qaïda était en train de viser New York ou Washington DC, ni même que le réseau projetait une attaque sur le sol américain », dit-il. « En fait, avant le 11 septembre, la NSA n'avait pas connaissance de la présence aux États-Unis d'un seul des agresseurs. »

Il s'avéra qu'après avoir étudié ses vastes dossiers et sa mémoire informatique, la NSA avait découvert deux messages en langue étrangère interceptés le 10 septembre 2001 et dans lesquels des hommes soupçonnés de terrorisme disaient : « Le match est sur le point de commencer » et « demain est le jour J ».

Ces messages n'avaient pas été traduits avant le 12 septembre. Hayden déclara sous serment que, bien que rétrospectivement tragique, « cette information n'indiquait pas spécifiquement qu'une attaque aurait lieu ce jour-là. Elle ne contenait aucun détail permettant de déterminer le moment, l'endroit ou la nature de ce qui pourrait se produire. Elle ne laissait pas entendre que des avions seraient utilisés comme armes ». Hayden signala également que plus d'une trentaine d'avertissements ou de déclarations sibyllines de ce genre avaient été interceptés durant les mois précédant les événements du 11 septembre sans avoir été suivis d'aucune attaque terroriste.

Hayden affirma sous serment que le 11 septembre, les quelques personnes travaillant à la cellule spéciale Ben Laden au sein de l'unité antiterroriste de la NSA furent « émotionnellement anéanties ». Ce qu'il ne dit pas publiquement, c'est que ces personnes avaient eu l'impression d'avoir failli vis-à-vis de leur pays, et que beaucoup avaient fondu en larmes. Il ne dit pas non plus qu'il avait maintenant presque dix fois plus de personnes travaillant dans l'unité Ben Laden de la NSA qu'avant les attentats.

La NSA est censée fonctionner comme un service d'alerte avancée. Le Centre national d'opérations de sécurité (NSOC ou National Security Operations Center) est doté d'un personnel comptant environ trente employés, vingt-quatre heures sur vingt-quatre, sept jours sur sept. Son seul but est de surveiller et de filtrer les SIGINT, de manière à pouvoir envoyer au président un message critique et lui transmettre un avertissement ou un renseignement essentiel en moins de dix minutes.

Les millions de communications électroniques interceptées par la NSA en l'espace d'une heure fourmillent d'indices, peut-être même de solutions. C'est une tâche vertigineuse que de tenter de les élucider, de les trier et de les faire parvenir au président, à l'armée ou à la CIA, pour leur permettre d'agir en conséquence.

Hayden avait passé la plus grande partie de l'année à se préparer pour l'Irak. Gagner de justesse ne l'intéressait pas. Pour lui, le premier signal avait été le discours du président sur l'axe du Mal, plus tôt dans l'année. Lorsqu'il était colonel, Hayden avait fait partie du personnel du Conseil de sécurité nationale pour Bush senior et avait aidé à rédiger les discours présidentiels. Il savait que les discours, dont les brouillons circulaient parmi les diverses agences, étaient un moyen de régler des détails et d'arriver à un consensus. Il les lisait et les écoutait avec soin. La politique se faisait à coups de discours, et avec quelqu'un du genre de George W. Bush, qui avait son franc-parler, ils étaient encore plus importants. La déclaration sur l'axe du Mal était d'une rare clarté et signifiait probablement la guerre, en avait conclu Hayden.

Auprès de ses subordonnés, il était allé encore plus loin. « À mon avis, et cela fait plus de trente ans que je fais ce travail, je n'ai jamais vu de pareilles circonstances ne pas aboutir à une guerre. Nous nous dirigeons vers la guerre. »

Le 31 juillet, Hayden demanda à la NSA d'organiser un *Rock Drill*, un vieux terme militaire qui datait du temps où les exercices de planification consistaient à déplacer sur une carte des cailloux représentant des formations de combat. Il rassembla tous les responsables des services d'écoute et leur demanda comment ils traiteraient l'Irak en temps de guerre. L'Irak fut examiné d'un œil très technique avec force cartes, en désignant les objectifs de communication et en les comparant aux capacités d'interception, méthodes et équipements d'interception de la NSA, qui allaient des satellites SIGINT jusqu'aux télédétecteurs qui seraient placés clandestinement sur les frontières et à l'intérieur du pays. Hayden allait obtenir une liste comprenant des centaines de cibles tactiques et stratégiques, ce qui signifiait que la NSA devrait non seulement essayer d'intercepter les principaux dirigeants militaires et civils, mais tenterait également de suivre les unités militaires, de renseignements et de sécurité à un échelon inférieur.

Hayden ordonna aux agents de la NSA de préparer un graphique à base de signaux de couleur pour illustrer la qualité des SIGINT sur les diverses catégories de cibles. Le vert signifiait bon, le jaune, médiocre et le rouge, rien à faire. Qu'avait fait l'armée américaine ces dix dernières années ? Northern Watch et Southern Watch. Donc, les SIGINT étaient verts pour les opérations, la défense, le commandement et le contrôle aériens irakiens. Ils étaient jaunes, mais d'un jaune plutôt pâle, pour la Garde républicaine et l'armée régulière irakiennes. Pour Saddam et le commandement politique, ils étaient rouges.

En fin de compte, la qualité aussi bien que la quantité des SIGINT hors Irak étaient négligeables.

Pendant sa déposition au Congrès, Hayden avait dit qu'à l'époque, il n'avait pas pu consacrer 200 millions de dollars pris sur le budget de la NSA à des « signaux new age », parce que cela aurait affaibli tous les autres secteurs du renseignement. Plus jamais ça. De son propre chef, il avait à présent ordonné que 300 à 400 millions du budget de la NSA soient réalloués aux cibles et aux opérations en « Irak uniquement ». On allait réaffecter des centaines de personnes aux opérations irakiennes. Tel était le pouvoir du directeur de la NSA. L'Irak avait un système de cryptage raisonnablement bon sur certains de ses circuits, le genre d'équipement de codage soviétique obsolète que la NSA connaissait bien et pouvait déchiffrer. Hayden savait que les SIGINT perdaient de la valeur avec le temps et finissaient par devenir inutiles. Leur valeur résidait dans leur instantanéité, et Hayden allait s'assurer que cette instantanéité serait mise à la disposition des combattants sur le terrain.

Il décida que pour la première fois, il ouvrirait aux commandants des unités terrestres ce qu'il appelait les « coffres-forts nationaux », les SIGINT les plus sensibles. Un gradé dans son Humvee en plein combat saurait mieux où étaient les Irakiens en temps réel que les Irakiens eux-mêmes. Hayden mettrait en place un forum de discussion électronique classé top secret qui relierait directement les opérateurs, les gens chargés de l'écoute, les autres personnels de renseignements de la NSA et les unités militaires. Son nom de code était Zircon Chat. Le réseau pouvait relier en temps réel jusqu'à 2 000 personnes, de manière à ce que l'interception, par exemple, d'un message d'un colonel irakien, puisse être instantanément disponible aux militaires américains sur le terrain. L'information pourrait servir à suivre la trace de l'unité irakienne ou à attaquer le colonel.

Cette guerre serait une guerre d'experts. Le monde du renseignement deviendrait plus important que jamais. Hayden avait conscience que cela faisait peser un immense fardeau sur les épaules de tout son personnel.

Il avait une vision pessimiste du monde. Il ne croyait pas possible que les États-Unis demeurent la société libre que l'on connaissait aujourd'hui en jouant tout le temps en défense, en restant en troisième ligne. Il fallait jouer l'attaque. Dans sa jeunesse, Hayden avait reçu une éducation catholique et étudié la doctrine de l'Église. D'après les préceptes de son éducation, et en particulier l'étude de saint Thomas d'Aquin et de saint Augustin, deux éminents philosophes au regard du concept de la « guerre juste », les États-Unis pouvaient attaquer militairement selon ce qu'il appelait une « réponse proportionnelle fondée sur les preuves disponibles du moment ». Les objectifs devaient avoir suffisamment de poids pour justifier les éventuelles pertes en vies innocentes.

C'était sur ce plan, de l'avis de Hayden, que les SIGINT avaient fait des progrès. Ne serait-ce que quinze ans auparavant, il aurait fallu une grande foi pour se fier aux SIGINT et en faire un préliminaire à l'action. À présent, il disposait de linguistes, ceux qui écoutaient, le casque sur les oreilles, qui suivaient des cibles spécifiques pendant des mois, et parfois même des années. Celui qui écoutait devenait presque un membre de la famille, il pouvait reconnaître instantanément les voix et interpréter le sens, le ton, l'inflexion, l'émotion, presque tout le métabolisme de celui qu'il écoutait. Ainsi ne se fondait-on pas uniquement sur le sens littéral des mots, mais aussi sur leur analyse, et découvrait-on leur signification réelle et souvent aussi bien leur but.

Un linguiste pouvait signaler : « Je n'ai jamais entendu le colonel Takriti si paniqué... Il craque... maintenant. »

Le dialecte irakien n'étant qu'un des sept dialectes arabes, il ordonna à beaucoup d'arabophones de la NSA de suivre des cours intensifs de quatre à six semaines.

Hayden avait passé au crible la collecte substantielle que la NSA avait réalisée à propos des armes de destruction massive de Saddam, les preuves accumulées sur ces programmes et la dissimulation des preuves. « Imposant, mais obtenu par déduction » conclut-il.

La seule parallaxe sur laquelle convergeaient toutes les données était la conclusion que Saddam avait un programme dissimulé d'armes de destruction massive. Mais ce n'était pas une certitude. Les discussions autour du dernier rapport d'évaluation de renseignements national sur les ADM en Irak étaient passées à côté de l'essentiel, à savoir qu'il s'agissait d'estimations, d'une succession de jugements, et non de certitudes absolues.

Un soir, alors qu'il était en train de faire la vaisselle avec sa femme, elle l'interrogea à ce sujet, et il lui répondit : « Si c'était un fait, ce ne serait plus du renseignement. »

21

Powell comprit que la voie dans laquelle il s'était engagé avec le président, et dans laquelle ils avaient peut-être entraîné le reste du monde, allait aboutir à un embranchement : soit on évitait la guerre à travers une nouvelle résolution de l'ONU et une reprise des inspections, soit on déclarait la guerre. C'était presque aussi simple que ça.

Après le discours du 12 septembre de Bush aux Nations unies, le secrétaire d'État avait tout d'abord négocié avec ses collègues du Conseil de sécurité nationale. Ils évoquèrent ensemble la possibilité d'essayer d'obtenir des résolutions sur les inspections d'armes de destruction massive, bien entendu, mais aussi sur les liens que Saddam entretenait avec les réseaux terroristes, le soutien qu'il leur apportait, et son sinistre bilan en matière de droits de l'Homme. Ils savaient parfaitement que très peu de pays appuieraient une telle initiative. Ils n'avaient rien de probant sur les liens présumés entre l'Irak et le terrorisme, et l'idée d'un changement de régime sous prétexte que Saddam était un dictateur ou un despote particulièrement cruel n'avait aucune chance de passer. Les Nations unies, où étaient représentés bon nombre de pays totalitaires, se gausseraient et balaieraient tout bonnement la question d'un revers de main. Condoleezza Rice était d'avis que le seul dossier solide était celui des ADM, dans la mesure où l'ONU avait déjà voté une bonne dizaine de résolutions sur les armes de destruction massive, et où Saddam les avait toutes plus ou moins transgressées.

Il s'agissait donc désormais de se concentrer sur la prochaine résolution sur les inspections de désarmement et de définir les exigences des États-Unis. Cheney et Rumsfeld insistèrent pour imposer à l'Irak des conditions très strictes, et dans un premier temps, ils eurent gain de cause. La proposition la plus sévère exigeait la création de zones d'exclusion aérienne, voire terrestre, placées sous la surveillance des États-Unis ou des Nations unies, sur les couloirs de transit qu'emprunteraient les inspecteurs de l'ONU en Irak. Ces couloirs constitueraient une extension des zones d'exclusion déjà mises en place dans le cadre des opérations Northern et Southern Watch. Le projet américain prévoyait en outre de donner aux cinq membres permanents du Conseil de sécurité la possibilité de faire accompagner l'équipe de l'ONU par leurs propres inspecteurs. Enfin, il rejetait toutes les dispenses d'inspection qui avaient jusque-là été accordées aux sites présidentiels de Saddam et aux sites dits « sensibles ».

S'il s'avérait que Saddam était, selon l'expression consacrée aux Nations unies, en « violation patente » d'une quelconque clause de la nouvelle résolution, les États-Unis et d'autres pays seraient automatiquement en droit de faire usage de « tous les moyens nécessaires » pour lui faire respecter ses obligations. Dans le jargon onusien, l'expression « tous les moyens nécessaires » ne désigne rien moins que la guerre, et c'était précisément le terme générique de la résolution de l'ONU qui avait autorisé le recours à la force lors de la première guerre du Golfe en 1991. Dans le cas présent, toutes ces questions seraient réglées en une seule et même résolution.

Pour Powell l'avant-projet américain était une approche « maximaliste ». Cheney et Rumsfeld avaient effectivement prévu large et espéraient simplement que quelques-unes de leurs propositions subsisteraient après que Powell eut soumis le texte au Conseil de sécurité. Le secrétaire d'État le trouvait si excessif que, dans ses moments d'abattement, il en arrivait à se demander s'il n'avait pas été conçu pour être refusé d'emblée. Et de fait, lorsqu'il présenta cette première version aux quatorze autres membres du Conseil de sécurité, personne ne l'appuya. Pas même les Britanniques, ni les Espagnols ou les Bulgares, qui étaient pourtant les plus sûrs alliés de Washington au Conseil. Il se rendit compte que s'il avait fallu passer ce texte au vote, il aurait été rejeté par quatorze voix contre une.

Powell fit part des critiques du Conseil de sécurité à ses collègues du Conseil de sécurité nationale. Le 23 octobre, il leur fit parvenir une nouvelle mouture, qui avait été validée par le président. Elle atténuait le mécanisme de déclenchement des hostilités, n'autorisant plus le recours à « tous les moyens nécessaires », c'est-à-dire la guerre, au cas où l'Irak violerait l'une de ses obligations. Toute nouvelle violation serait en revanche rapportée au Conseil de sécurité « aux fins de qualification », formulation une fois de plus très vague.

Conformément aux règlements de l'ONU, pour faire voter une nouvelle résolution, Powell devait obtenir neuf voix sur quinze au Conseil de sécurité. Mais n'importe lequel des quatre autres membres permanents du Conseil, la Russie, la Chine, la France ou la Grande-Bretagne, pouvait encore y opposer son veto. Powell devait donc soit s'assurer de leur soutien, soit les convaincre de s'abstenir. Or dans toute négociation de ce genre, il se trouve toujours un pays pour faire obstruction. L'Allemagne n'étant pas représentée au Conseil de sécurité, Powell réalisa très vite que l'opposition viendrait nécessairement de Paris. La France, la Russie et la Chine entretenaient d'étroites relations commerciales avec l'Irak et s'étaient publiquement prononcées contre toute action unilatérale américaine visant à renverser Saddam.

Tandis qu'il multipliait les rendez-vous avec ses homologues et passait ses journées au téléphone, Powell comprit que Dominique de Villepin, poète diplomate aux manières aristocratiques et auteur d'une biographie passionnée de Napoléon, était résolument hostile à une guerre. Tout semblait indiquer que le ministre français des Affaires étrangères et son patron, Jacques Chirac, venaient de se rendre compte qu'ils étaient en position de force. Powell était persuadé que les Français et les Russes se ligueraient contre lui, la France menant tambour battant l'opposition aux efforts américains.

Villepin tenait à ce que la procédure se fasse en deux temps : il exigeait en premier lieu une reprise des inspections, puis, au cas où les inspecteurs concluraient à une « violation patente » par Saddam de ses obligations, celle-ci devrait faire l'objet d'un débat au Conseil de sécurité, qui étudierait éventuellement une deuxième résolution pour autoriser le recours à la force.

Entre-temps, Cheney insistait pour intégrer au texte final une clause exigeant que Saddam fournisse une « déclaration » détaillée après l'adoption de la résolution. L'Irak devrait rendre compte de tous les aspects de ses programmes de développement d'armes chimiques, biologiques et nucléaires. Cheney voulait donner trente jours à Saddam pour s'exécuter. Il espérait ainsi mettre au pied du mur le dictateur, qui affirmerait ne détenir aucune arme de destruction massive, et ce simple mensonge légitimerait l'offensive américaine. Et si d'aventure Saddam reconnaissait posséder des ADM, cet aveu prouverait qu'il mentait depuis douze ans. « Cela suffirait à dire qu'il a encore menti et qu'il n'a pas tout dévoilé, et avec ça on tient notre violation patente et on le coince », résumait le vice-président.

Rice et les autres trouvèrent l'idée excellente, et Powell fut chargé de la vendre aux Français, qui finirent par admettre que l'on pouvait exiger une déclaration de ce type dans le cadre de la résolution. Mais Villepin n'en continuait pas moins de répéter qu'une deuxième résolution serait indispensable pour autoriser une guerre.

Bush et Cheney refusaient catégoriquement d'envisager cette hypothèse, non seulement parce qu'elle engendrerait des retards, mais aussi et surtout parce qu'ils savaient très bien qu'une deuxième résolution serait encore plus difficile à arracher que celle qu'ils étaient en train de négocier.

Powell décida de faire mine d'accepter et d'ouvrir des négociations dans l'espoir de contraindre les Français à renoncer à leur exigence. Les formulations et les versions se succédèrent, et chaque mot fit l'objet d'un véritable bras de fer. Puisque Villepin avait admis que toute information fausse ou imprécise dans la déclaration soumise par l'Irak constituerait une violation patente, Powell fit ajouter une clause plus générale, stipulant que le fait, à tout moment, de « ne pas coopérer pleinement à la mise en œuvre de la présente résolution constituerait une nouvelle violation patente des obligations de l'Irak ». Cette phrase devait encore être soumise à « l'examen » du Conseil de sécurité, mais Powell y voyait un moyen efficace de piéger les Français. Elle impliquait en effet que pratiquement tout ce qu'ils considéreraient comme un manquement de la part de Saddam serait une violation patente. Et dans l'esprit de Powell, cela suffirait à exposer l'Irak à « de graves conséquences », la nouvelle expression consacrée désignant une offensive militaire.

Les négociations étaient si serrées et l'atmosphère si tendue qu'au bout du compte, le désaccord final ne porta plus que sur l'emploi d'un seul mot. Powell et Villepin bataillèrent pied à pied pendant cinq jours. Les Français insistaient pour que la violation patente soit caractérisée par une fausse déclaration « *et* » un manquement à pleinement coopérer, le « *et* » impliquant que Saddam devrait être pris en défaut sur les deux points. Or, dans sa version, Powell tenait à ce que l'une « *ou* » l'autre de ces deux conditions puisse constituer une violation patente.

Il tenta en vain de convaincre son homologue français : « Ce que nous voulons répond mieux à vos objectifs. Considérez bien ces deux mots. Ils signifient pratiquement la même chose, et je pourrais vous démontrer que notre formulation est plus avantageuse pour vous. »

Mais Villepin refusa de changer un iota.

Le 1ᵉʳ novembre, Powell invita les chefs des équipes d'inspecteurs en désarmement à rencontrer Bush et Cheney, en présence de Rice et de Wolfowitz. Il s'agissait de Hans Blix, un avocat et diplomate suédois de 74 ans au large visage jovial encadré par des lunettes sombres, qui présidait la commission de contrôle, de vérification et d'inspection des Nations unies (Cocovinu), et de Mohamed ElBaradei, 60 ans, directeur égyptien de l'Agence internationale de l'énergie atomique (AIEA) basée à Vienne et chargée de faire respecter le traité de non-prolifération nucléaire. Wolfowitz et les autres tenants de la ligne dure considéraient que Hans Blix manquait de fermeté et se ferait mener par le bout du nez par le dictateur irakien.

Bush donna immédiatement le ton : « Je tiens à ce que vous sachiez que vous avez la force des États-Unis derrière vous, monsieur Blix. Et que, si besoin est, je suis prêt à l'utiliser pour faire appliquer cette résolution. Sachez également que la décision de déclarer la guerre sera la mienne » ajouta le président. « Il ne faut surtout pas que vous ayez l'impression qu'en disant ce que vous avez à dire, c'est vous qui prendrez cette décision. »

Blix, qui avait pris la tête de la commission d'inspection en 2000 après avoir dirigé l'AIEA pendant dix-sept ans, déclara qu'il avait bien l'intention de mener des inspections sévères, qu'il connaissait très bien les petits jeux auxquels Saddam se livrait et que cette fois-ci, il était déterminé à aller jusqu'au bout.

Bush parut relativement convaincu, mais Cheney continuait de craindre que Blix, citoyen d'un pays traditionnellement pacifiste, ne soit pas assez inflexible.

Dans ses négociations sur la résolution, Powell commença à lâcher du lest sur de petits détails enfouis dans les sous-alinéas du texte préliminaire, qu'il estimait ne pas porter à conséquence. Il n'avait pas beaucoup de marge de manœuvre et il voyait que le président lui-même était mal à l'aise. « Laissez-moi faire. Ça ne changera rien du tout », assura-t-il à Bush et aux conseillers à la sécurité nationale, leur faisant bien comprendre qu'il s'en débrouillerait très bien tout seul.

Le jargon de l'ONU est souvent si flou, ampoulé,

fastidieux et répétitif, que pour des raisons pratiques, chaque pays souverain est libre d'interpréter les résolutions comme il l'entend. Powell comprit que la seule chose qui compterait réellement serait la façon dont l'aboutissement des négociations serait répercuté dans la presse. Il fallait que les journaux puissent titrer en manchettes quelque chose du genre : « La communauté internationale tombe d'accord sur la résolution sur l'Irak. » Très peu de gens liraient vraiment la résolution ou la comprendraient. Le plus important tiendrait à l'action ou l'absence d'action que chaque pays déciderait, mais cela viendrait dans un deuxième temps.

L'intransigeance des Français surprit Powell. Le samedi où il mariait sa fille, vingt minutes avant de l'accompagner à l'autel, il était encore au téléphone avec son homologue parisien.

L'art de la négociation consiste souvent à trouver une issue en se focalisant sur un seul et même point, dans ce cas précis, le choix entre « et » et « ou », puis de capituler. Le secrétaire d'État avait affirmé à Condoleezza Rice que s'il concédait aux Français leur « *et* », il était sûr de décrocher quatorze des quinze voix du Conseil de sécurité, voire les quinze. Les deux lettres ne feraient pas grande différence, alors qu'une unanimité ou une quasi-unanimité scellerait une franche victoire.

Rice consulta les principaux responsables et le président. Tous tenaient absolument au « ou », de sorte qu'une déclaration incomplète de Saddam sur les ADM suffise à les lancer sur le sentier de la guerre.

Elle finit par trancher : le jeu n'en valait pas la chandelle. Quelle que soit la formulation de la résolution, ils se retrouveraient de toute façon autour de la table du Conseil de sécurité pour étudier la déclaration de Saddam. « Ne perdons pas de temps à finasser sur les détails. »

À l'origine, ils avaient pensé pouvoir obtenir une résolution de l'ONU en quelques semaines, mais on en était désormais à la septième semaine de négociations, tout le monde était épuisé et personne n'était satisfait. Le président et ses conseillers finirent par donner leur feu vert à Powell, puisqu'il semblait si sûr de ce qu'il faisait. Bush, en particulier, était ravi à l'idée d'arriver à une issue qu'il pourrait qualifier de victoire.

Dans la nuit du 6 novembre ou à l'aube du 7, Powell reçut l'accord définitif de Rice. Il appela Villepin, qui était dans un avion avec Chirac.

« Dominique, nous acceptons le *"et"*, mais à la seule condition que l'on ne revienne sur rien d'autre. Il n'y a plus rien à discuter. C'est fini. Et je dois avoir votre approbation et celle de votre président.

— Le président est assis à côté de moi, répondit Villepin. Je lui pose la question. Je pense que c'est bon. »

Powell patienta au bout du fil, tandis que le chef de l'État français et son ministre se concertaient. Il avait l'impression que de Villepin était tellement soulagé qu'il aurait accepté n'importe quoi.

Le ministre français reprit enfin la ligne :

« C'est bon, nous sommes d'accord, répondit-il.

— Formidable. Nous en restons donc là », conclut Powell.

Il appela immédiatement le ministre russe des Affaires étrangères, Igor Ivanov :

« Igor, je viens de me mettre d'accord avec Dominique et ce sera un *"et"*.

— C'est un progrès sensible, répondit Ivanov. Félicitations. Je raccroche et je vais immédiatement voir le président. »

Il s'empressa d'aller annoncer la nouvelle à Vladimir Poutine et rappela le secrétaire d'État américain une demi-heure plus tard. Poutine avait donné son approbation : « C'est formidable, c'est un grand progrès. »

Powell fit mine d'acquiescer, mais au fond, il savait très bien que rien n'avait vraiment avancé. Ce compromis de façade n'avait fait que désamorcer les tensions et détourné l'attention de chacun. Mais pour l'heure et à défaut de mieux, c'était toujours bon à prendre.

Le 8 novembre, les quinze membres du Conseil de sécurité des Nations unies installés autour de la table ronde votèrent la résolution 1441. Elle stipulait que si Saddam persistait à manquer à ses obligations en matière de désarmement, il s'exposerait à de « graves conséquences », l'expression ambiguë que Powell avait réussi à imposer pour remplacer « tous les moyens nécessaires ».

Lors du tour de scrutin, les quinze mains s'étaient levées. Le représentant de la Syrie créa la plus grande surprise. Powell n'avait jamais imaginé que la Syrie, unique pays arabe qui siégeait alors au Conseil de sécurité, voterait la résolution. Mais les relations entre Syriens et Irakiens n'étaient pas des plus cordiales, et de toute évidence, la Syrie ne tenait pas à se retrouver isolée. Ce geste fut interprété comme un signe important du mécontentement des Arabes vis-à-vis de Saddam.

Bush appela Powell pour le féliciter : « Bravo. Très joli coup. » Plus tard, ce jour-là, Powell apparut seul aux côtés de Bush dans la Roseraie de la Maison Blanche, alors que le président faisait l'éloge de « ses qualités de dirigeant, son excellent travail et sa détermination ».

Armitage trouvait que ce vote de quinze voix à zéro marquait un tournant spectaculaire, cette belle unanimité sur une résolution apparemment aussi délicate montrait que l'administration Bush prenait la diplomatie bien plus au sérieux qu'elle n'aurait jusqu'alors pu le laisser penser.

Powell savait qu'il avait décroché une victoire importante. Il avait donné toute sa place et tout son sens à la diplomatie. Les principaux responsables opérationnels — le président, Powell, la CIA et l'armée — avaient désormais davantage de temps devant eux. Et dans la foulée, le secrétaire d'État, qui suivait de près les critiques acerbes, rumeurs et articles de presse incendiaires sur sa diplomatie, avait cloué le bec à ses détracteurs ; il ne se passait pas un jour sans que l'on parle ici ou là des ratés de Powell, de Powell le raté, des démêlés du Pentagone avec Powell, des démêlés de Cheney avec Powell, de l'enlisement de la voie diplomatique...

Cette résolution votée à l'unanimité devait à son sens calmer pendant un bon mois les articles et les rumeurs qui affirmaient que Powell préparait sa sortie.

Il avait l'impression d'avoir pris les Français à leur propre piège. Ils avaient certes réussi à imposer leur formulation, mais lui leur avait tout de même fait voter une résolution qui brandissait la menace de « graves conséquences ». Ce qu'il ne voyait pas, c'était qu'il ne perdait peut-être rien pour attendre...

Avec cette résolution, il avait sans doute trop bien rempli son objectif ultime qui était d'éviter la guerre.

Bush évoqua par la suite cet épisode, dont il se souvenait comme d'un moment très difficile. Sur le coup, il n'avait pas été convaincu par « la stratégie de négociation ».

« J'avais l'impression que les Français nous tenaient la dragée haute. Au bout du compte, nous avons fait passer une excellente résolution, et ce grâce à Colin. »

Il reconnut également avoir été extrêmement frustré par tout ce processus de résolution : « Cela tombait au moment même où la campagne débutait. » Les élections de mi-mandat étaient en effet programmées pour le 5 novembre. Traditionnellement, le parti au pouvoir perd toujours des sièges à la Chambre et au Sénat, et la sanction des électeurs est souvent cinglante. Or à l'issue des parlementaires de 2002, les républicains avaient gagné deux sièges au Sénat, reprenant ainsi le contrôle de la majorité, et avaient renforcé leur majorité à la Chambre en remportant six sièges supplémentaires. « Nous avons gagné les élections et nous avons gagné la résolution » rappela Bush. Il s'était toutefois fixé un objectif plus ambitieux, appelant à « un régime d'inspection bien plus agressif dont Blair et moi-même espérions qu'il provoquerait un effondrement du régime de l'intérieur ».

22

Le vendredi 15 novembre, l'ambassadeur saoudien aux États-Unis, le prince Bandar Ben Sultan, fut reçu par le président à la Maison Blanche. Cheney et Rice étaient également présents. Dans le cadre de ses fonctions diplomatiques, Bandar avait déjà connu quatre présidents américains et, à 53 ans, il était pratiquement incontournable à Washington : il représentait à lui seul toute l'influence et la richesse de l'Arabie Saoudite. Il tenait à traiter directement avec le locataire de la Maison Blanche, avait noué d'étroits rapports personnels avec Bush père, et sous Bush fils, il avait gardé ses entrées privilégiées au Bureau Ovale.

L'un des principaux objectifs du rapport ultraconfidentiel intitulé « Irak : Buts, objectifs et stratégies » que le président avait finalement signé le 29 août, était de « minimiser toute perturbation sur le marché pétrolier international ». Les Saoudiens, qui détiennent les plus grosses réserves avérées de pétrole au monde, sont la clé de voûte du marché du pétrole. Ils peuvent à leur gré augmenter ou réduire la production de plusieurs millions de barils par jour, et ainsi faire monter ou baisser le cours du brut. Or, l'économie américaine, qui se trouvait paralysée, avait absolument besoin pour repartir d'un cours bas et stable, et un baril qui passerait de 5 à 10 dollars pouvait avoir des effets dévastateurs.

L'importance de l'économie dans une élection présidentielle n'échappait bien entendu à aucun des trois Américains présents dans la pièce, pas plus d'ailleurs qu'à Bandar. Ce facteur conférait aux Saoudiens un poids considérable.

Bandar remit au président une lettre personnelle du prince héritier Abdallah, écrite à la main en arabe, et en donna la traduction :

« Mon cher ami George Bush,

Voici bien longtemps que nous n'avons plus communiqué. Permettez-moi tout d'abord de vous féliciter pour les résultats obtenus par le Parti républicain que vous dirigez, ainsi que pour les remarquables efforts que vous avez déployés pour parvenir à un accord sur la résolution au Conseil de sécurité. Il y a bien des choses dont j'aimerais discuter avec vous de vive voix. Mais j'ai demandé à mon ambassadeur qui s'était absenté quelque temps de Washington d'aborder avec vous les points les plus importants. J'espère que vous le réprimanderez aussi vivement que je l'ai fait pour son absence [Bandar avait été malade et avait déserté la capitale américaine pendant plusieurs mois]. Je vous prie d'agréer mes salutations les plus cordiales et de transmettre mes amitiés à votre charmante épouse ainsi qu'à vos chers parents. »

Conformément aux instructions qu'il avait reçues, Bandar déclara alors très officiellement : « Depuis 1994, nous sommes en contact et en rapport permanent avec vous au plus haut niveau sur tout ce qui doit être fait concernant l'Irak et le régime irakien. Pendant tout ce temps, nous avons attendu que vous prouviez le sérieux de vos intentions, ce que vous auriez dû faire en vous rapprochant de nous, afin que nos deux gouvernements formulent un projet commun pour nous débarrasser de Saddam. »

En 1994, le roi Fahd avait effectivement proposé au président Clinton une action clandestine conjointe américano-saoudienne pour renverser Saddam, et en avril 2002, le prince héritier Abdallah avait proposé à Bush de consacrer ensemble jusqu'à 1 milliard de dollars à ce type d'opération conjointe avec la CIA.

« À chacune de nos rencontres, nous sommes surpris de constater que les États-Unis nous demandent notre avis sur ce qui pourrait être fait pour régler le sort de Saddam Hussein, » poursuivit Bandar, laissant entendre que ces sollicitations répétées les avaient conduits à « commencer à douter du sérieux des intentions américaines en matière de changement de régime ».

« Maintenant, monsieur le Président, nous souhaitons que vous nous disiez très clairement quelles sont vos intentions sur ce point, de sorte que nous puissions concerter notre action et nous coordonner afin de prendre les mesures qui s'imposent. » Bandar concéda qu'il était certes très difficile de prendre une décision sur une question aussi sensible, « mais au bout du compte, la bonne décision nous sera dictée par nos amitiés et nos intérêts ».

Et pour bien faire comprendre son argument, Bandar ajouta : « Si vous êtes sérieux, nous prendrons la décision qui s'impose pour vous apporter le soutien nécessaire. »

« À partir de là, dites-nous ce que vous comptez faire », enchaîna l'ambassadeur saoudien en poursuivant sa lecture : « Si vous envisagez réellement d'intervenir, nous n'hésiterons pas à vous fournir les installations nécessaires que nos deux armées pourront ensuite mettre en place, et discuter afin de soutenir l'action ou la campagne militaire américaine.

« Cela fera de l'Arabie Saoudite un allié clé des États-Unis. Dans le même temps, cela soulèvera de nombreuses difficultés, ce dont, j'en suis convaincu, vous êtes tout à fait conscient.

« Comme vous le savez, nous sommes très sûrs de notre situation intérieure. Cependant, dans le monde arabe et musulman, le climat est extrêmement instable et pourrait menacer ou nuire à nos intérêts comme aux vôtres.

« Par conséquent, pour protéger ces intérêts communs, nous voulons que, dans cette situation difficile, vous nous confirmiez que vous envisagez sérieusement de vous impliquer pour résoudre la question du Moyen-Orient. Nous espérons également que l'Arabie Saoudite jouera un rôle déterminant dans la définition du régime à venir, non seulement en Irak, mais dans la région après la chute de Saddam Hussein. »

« Je vous remercie, répondit Bush. L'avis du prince héritier m'est toujours très précieux. Je le considère comme un ami fidèle. Je le considère comme un bon allié, un excellent allié.

« Si je décide de régler la situation irakienne par la force militaire, cela se soldera par la fin du régime actuel, rien moins. »

Le président expliqua qu'il comptait mettre en place en Irak un nouveau gouvernement, représentatif de toutes les factions religieuses et ethniques du pays. « L'objectif premier n'est pas vraiment de faire revenir les inspecteurs en Irak, mais de s'assurer que l'Irak ne détient pas d'armes de destruction massive susceptibles de constituer une menace pour votre royaume et/ou pour Israël. » Il ajouta que dès qu'il envisagerait une intervention militaire, il se mettrait en contact avec le prince héritier avant de prendre sa décision finale.

Bandar rappela alors au président que Bush père et le roi Fahd avaient pris ensemble deux grandes initiatives qui resteraient dans l'Histoire : la libération du Koweït à l'issue de la guerre du Golfe de 1991, et la relance du processus de paix au Moyen-Orient. Aucune de ces deux initiatives n'avait toutefois été menée à son terme, et il incombait désormais au prince héritier et au président américain de les parachever en se débarrassant de Saddam et en finalisant le processus de paix.

Bush expliqua qu'il avait abordé la question la veille encore avec ses conseillers et qu'il souhaitait réaffirmer la détermination de son gouvernement à relancer le processus de paix, quoi que le Premier ministre israélien ou son entourage puissent dire de l'opinion ou de la position américaine. Il assura également à l'ambassadeur qu'il restait résolument attaché à tout ce dont il avait discuté avec Abdallah dans son ranch au printemps précédent. « Dites bien au prince héritier que je lui donne ma parole. » Bush se lança dans une diatribe contre Yasser Arafat, reprochant à l'actuel chef de l'Autorité palestinienne de ne tenir aucun rôle. Il était selon lui indispensable de lui trouver un remplaçant, et il se dit convaincu que le peuple palestinien saurait se trouver un dirigeant si on lui en donnait l'occasion. Dans la foulée, il critiqua vertement le gouvernement israélien, qualifiant Sharon de « taureau », mais précisant que « les autres candidats au poste sont pires que lui ».

« Les changements qui interviendront en Irak se traduiront par une nouvelle façon de procéder, non seulement en Irak, mais jusqu'en Iran », ajouta le président américain.

Bandar lui confia à quel point il était contrarié

d'avoir appris que certaines personnalités du gouvernement américain, et notamment du Pentagone, avaient tenté de prendre contact avec des membres de groupes d'opposition saoudiens. Bush promit d'enquêter sur cette question.

Cheney demanda ce que les Saoudiens souhaitaient intégrer aux déclarations publiques.

« Nous aimerions que tout cela demeure confidentiel et reste entre nous jusqu'à nouvel ordre », répliqua Bandar. Les Saoudiens devaient d'abord connaître les détails exacts du plan militaire, expliqua-t-il. Il rappela à Cheney qu'à l'époque où il était ministre de la Défense et que Powell était chef de l'État-Major Interarmes, ils lui avaient dévoilé les plans militaires classés secret défense de la guerre du Golfe pour lui prouver que les États-Unis avaient bel et bien l'intention de libérer le Koweït.

Bush demanda alors à voir Bandar en privé et ils passèrent un quart d'heure seul à seul.

Le mardi 26 novembre, à l'avant-veille de Thanksgiving, le général Franks fit parvenir à Rumsfeld le plan de déploiement de l'armée américaine mobilisée pour la guerre. Franks en parlait comme d'un « ordre de déploiement homérique », car il répondait à un cahier des charges absolument extraordinaire. Un an plus tôt presque jour pour jour, le président avait demandé à son secrétaire à la Défense de commencer à étudier sérieusement un plan de guerre pour l'Irak. Le plan de déploiement constituait une première phase déterminante de l'exécution de ce qu'ils avaient mis au point.

Franks demandait à Rumsfeld de commencer à déployer 300 000 hommes et femmes. Tous ne seraient pas nécessaires immédiatement, et beaucoup n'auraient sans doute jamais à intervenir. Il s'agissait d'amasser dès maintenant dans la région des contingents par vagues successives, jusqu'au printemps suivant. C'était un effectif important, qui passait également par le rappel de réservistes, et conformément aux procédures du Pentagone, l'armée s'efforça d'envoyer à toutes les unités leur ordre de mobilisation aussi longtemps à l'avance que possible. Franks expliqua au président que ces effectifs lui seraient indispensables si la Maison Blanche voulait démarrer la guerre à sa convenance, en janvier, février ou mars.

Le général renforçait déjà depuis un certain temps sa position dans la région en y installant progressivement de petites unités, quelques navires et avions. Il disposait ainsi désormais de deux brigades blindées au Koweït, regroupant plus de 9 000 hommes et 150 chars. Il y avait pour l'heure tout au plus 60 000 militaires américains dans la région, mais sur ce chiffre, très peu constituaient une véritable force de combat sur le terrain. Il y avait ainsi 20 000 hommes de la Marine américaine, essentiellement sur des bâtiments, dont deux porte-avions. Le reste se répartissait sur plusieurs unités dispersées qui, sans compter les brigades stationnées au Koweït, totalisaient au maximum 5 000 hommes. Par exemple, au Bahreïn, la Ve flotte avait déployé environ 4 000 hommes sur place et l'armée de l'air avait 5 000 hommes en Arabie Saoudite, effectifs qui seraient largement insuffisants pour une invasion.

Mais Franks devait envoyer leur ordre de mobilisation à 300 000 militaires, qui lui seraient nécessaires pour les 225 jours prévus dans le plan Hybride, entre le début et la fin des opérations de combat décisives.

Rumsfeld blêmit : « On ne peut pas procéder de cette façon », déclara-t-il. Face à l'ampleur du problème, il s'empressa de consulter le président, soulevant quelques dissensions dans ses rangs. Envoyer un ordre de mobilisation aux différentes unités de l'armée, même s'il n'était pas prévu de les déployer avant plusieurs mois, reviendrait à crier sur les toits que 300 000 militaires américains étaient en route pour le Moyen-Orient, expliqua-t-il. Cela compromettrait définitivement la voie diplomatique.

L'argument fit mouche, et le président refusa catégoriquement de prendre le risque de voir un tel déploiement de force limiter ses options.

Bush donna ses instructions : « Soit vous morcelez ce déploiement massif, soit vous travaillez à partir de ce que fait Colin Powell sur le front diplomatique. » L'Irak avait accepté de nouvelles inspections de l'ONU, qui reprendraient dès le lendemain. Bush y croyait de moins en moins, mais il ne pouvait pas se permettre de leur tirer le tapis sous les pieds. « Il ne faut surtout pas donner l'impression que je n'ai pas d'autre choix que d'envahir » souligna-t-il.

Fort de ces consignes relativement claires du président, Rumsfeld se remit au travail. Le système de mobilisation et de déploiement reposait d'une part sur l'ordre de mobilisation des unités, et d'autre part sur la nécessité de prévoir suffisamment de bâtiments et d'avions pour convoyer ces unités sur le théâtre des opérations. Or, étant donné l'importance du trajet jusqu'au Moyen-Orient, la taille des effectifs, et la masse des équipements, munitions, rations et médicaments nécessaires, le problème achoppait sur la question du transport.

De plus, les ordres de mobilisation, le regroupement des bâtiments et des avions, le déplacement des premières unités seraient autant de signes qui annonceraient à la presse, et donc au monde entier, l'imminence de la guerre.

Rumsfeld voulait trouver une autre façon d'amorcer le processus ; il fallait certes mobiliser les troupes, mais sans faire référence au chiffre de 300 000 hommes, ni même citer un quelconque chiffre qui s'en rapproche. « À propos » fit-il vertement remarquer à Franks et à ses plus proches conseillers, « il ne vous a sans doute pas échappé que les vacances de Thanksgiving approchent. Nous allons bouleverser la vie de 300 000 individus, et on dirait que ça n'a effleuré personne. »

Rumsfeld craignait de soulever une grosse pierre et de découvrir au sein de son ministère un gigantesque problème d'organisation qu'il leur faudrait résoudre au débotté. Dans leur principe même, les plans de déploiement étaient conçus comme un interrupteur qui n'avait que deux positions possibles : « allumé » ou « éteint ». Il manquait une position intermédiaire. « Nous allons distiller ça lentement, expliqua-t-il, assez en tout cas pour continuer à mettre la pression sur la diplomatie, mais pas assez pour discréditer la diplomatie. » Il tenait à ce que personne ne puisse accuser l'Administration d'avoir déjà pris sa décision et comprit que la vraie question ne tenait pas tant au transport qu'au volet diplomatique.

Le général Franks expliqua que la guerre s'achèverait d'autant plus vite qu'il enverrait ses forces sur place rapidement. « Si vous mobilisez les unités nécessaires dès maintenant, je peux vous garantir que je serai en mesure de limiter la phase des combats majeurs » assura-t-il.

Rumsfeld refusa. Il proposa de décomposer le déploiement en plusieurs modules ou vagues. Sur ce, il entreprit d'examiner lui-même le plan de mobilisation et de déploiement, sélectionnant méticuleusement la composition des forces, jusqu'à trouver les éléments ou les unités dont il avait besoin. Il allait revoir de fond en comble la conception du fameux interrupteur pour en faire un variateur qui lui permettrait d'organiser des déploiements échelonnés et moins voyants.

Il fallut près de deux semaines pour mettre cette nouvelle stratégie au point, et le premier grand ordre de déploiement fut lancé le 6 décembre. Le processus prendrait du temps, et tous les ordres de déploiement seraient soumis à l'approbation préalable de Rumsfeld. Ils s'étaleraient sur une longue période, à raison peut-être de deux par semaine. Du coup, certaines unités d'active et de réservistes n'auraient que très peu de temps pour se mobiliser ou se déployer, parfois moins d'une semaine, au lieu du minimum réglementaire de trente jours. Cette procédure souleva bien des grognements dans les états-majors, notamment de la part de quelques généraux.

« Mon système n'était pas pour plaire à tout le monde » raconta par la suite Rumsfeld. « L'armée n'a jamais compris que l'on ait pu s'emparer du plan de déploiement et le décomposer pour soutenir la diplomatie, mais je ne voulais surtout pas dire ouvertement que c'était bien le but de la manœuvre. Nous avons donc essuyé les critiques sans broncher. »

Lors de la conférence de presse du lundi 2 décembre, Ari Fleischer expliqua pourquoi l'Administration était convaincue que Saddam était condamné à perdre la partie : « Si Saddam Hussein déclare détenir des armes de destruction massive, et avoue donc avoir violé les résolutions des Nations unies, alors nous saurons qu'il a une fois de plus trompé le monde. S'il déclare qu'il n'en a pas, alors nous saurons qu'il trompe à nouveau le monde. » Et ce, ajouta-t-il avec assurance, parce que « nos services de renseignements nous ont fourni des informations sur ce que possède Saddam Hussein ».

La raison pour laquelle Washington avait tant insisté pour contraindre Saddam à présenter une déclaration complète sur ses armes dans les trente jours suivant le vote de la résolution de l'ONU semblait évidente. Il était coincé. C'était du moins ce qu'il semblait.

En Irak, les inspections d'armes sur le terrain avaient repris à la fin du mois de novembre, et l'on avait vu les équipes de l'ONU traverser les faubourgs de Bagdad dans leurs 4 x 4 blancs. Mais les inspecteurs n'avaient rien trouvé, pas même lors de la visite surprise de l'un des palais présidentiels de Saddam, qu'ils avaient passé au peigne fin pendant une heure et demie.

Le 7 décembre, l'Irak présenta une déclaration de 11 807 pages qui était censée démontrer et prouver que le régime ne détenait aucune arme de destruction massive. Cheney proposa au Conseil de sécurité nationale de demander à Bush de déclarer qu'il s'agissait d'une violation patente de la résolution 1441 puisque, dit-il, la déclaration était de toute évidence fausse et prouvait que Saddam avait à nouveau menti. Cela devait donc suffire à justifier la guerre, conclut-il. À quoi bon donner une autre chance à Saddam ? Le petit jeu avait assez duré.

D'après Cheney, certains considéraient que demander aux Nations unies une nouvelle tournée d'inspections était un moyen d'éviter la guerre. Il pensait plus particulièrement au secrétaire général de l'ONU Kofi Annan, au chef des inspections Hans Blix, à quelques alliés potentiels, à certains pays siégeant au Conseil de sécurité et à certains individus du département d'État, parmi lesquels le secrétaire d'État lui-même. Le vice-président résumait la position de ces diplomates professionnels d'une formule à l'emporte-pièce dont il avait le secret : « Emballezmoi tout ça de paperasserie comme on le fait depuis douze ans, votez une autre résolution, dites qu'elle est bonne, tout le monde rentre chez soi et il ne se passe rien. »

Aucun autre membre du gouvernement, à commencer par Rumsfeld et Rice, ne rejoignait le vice-président pour penser qu'en soi, la déclaration constituait un prétexte suffisant à lancer la guerre, et le président ne le pensait pas davantage. Cette option les obligerait à étudier à la loupe les quelque 12 000 pages de déclaration, mais il y avait plus grave : la résolution des Nations unies exigeait une fausse déclaration « et » — le fameux mot que Powell avait concédé aux Français dans le texte définitif — le fait de ne pas coopérer pleinement. Or, en apparence du moins, Saddam coopérait.

C'était exactement ce que craignait Cheney. Ils étaient dans la logique des inspections.

23

La stratégie de déploiement progressif des forces donna les résultats escomptés. Elle fit l'objet de quelques petits articles dans la presse et éveilla une vague curiosité, mais ne souleva aucun tollé. Le principe de l'opération consistait à dissimuler les mouvements de troupe au vu et au su de tous. Rumsfeld fit ainsi dépêcher dans la région un quatrième porte-avions, l'USS *Harry S. Truman*, ce qui représentait une augmentation de la puissance aérienne sur zone, mais la manœuvre pouvait sembler suffisamment normale pour ne pas trop attirer l'attention.

Fidèle à son habitude, le secrétaire à la Défense continuait de convoquer la presse pour expliquer les grandes lignes de son plan d'action, sans pour autant afficher son véritable objectif. Il était passé maître dans l'art de ne pas mentir sans dire toute la vérité. Au cours de la première semaine de décembre, il annonça ainsi aux journalistes : « Nous avons engagé des mouvements de troupes dans le monde. Notre présence dans la zone du Commandement Centre est aujourd'hui légèrement plus importante qu'elle ne l'était la semaine dernière ou les semaines précédentes. »

Mais il s'abstenait soigneusement de parler des projets de déploiements massifs par vagues de 25 000 à 30 000 hommes, prévus pour après Noël, au même titre d'ailleurs que du premier grand rappel au service actif de quelque 20 000 réservistes.

Entre-temps, le général Franks renforçait régulièrement sa position, déployant de petites unités qui ne comptaient généralement guère plus d'une centaine d'hommes. Début décembre, il installa un centre de commandement totalement opérationnel au Qatar, où son QG de Tampa, en Floride, avait récemment détaché environ 600 militaires. L'ancien dépôt de matériel prépositionné dont il avait parlé au président l'année précédente lors d'un briefing à Crawford était désormais un centre opérationnel avancé bourré de hautes technologies. Arborant son treillis en camouflage du désert, Franks invita les journalistes à une visite guidée du complexe. Flanqué de ses assistants, il leur annonça qu'il pouvait tout aussi bien diriger une guerre depuis cette base que depuis son QG de Tampa.

Au Qatar, Franks pilotait un important exercice de simulation informatique et électronique de guerre, baptisé « Internal Look ». Ces manœuvres furent publiquement annoncées et expliquées. Lors d'une séance avec la presse, un officier supérieur se chargea de les présenter : « Cet exercice n'a rien de nouveau : Internal Look a déjà été mis en œuvre en 1990, en 1996 et en 2000. » En réalité, il s'agissait du premier test grandeur nature du dispositif d'invasion de l'Irak prévu dans le plan Hybride du général Franks. Plus de 200 observateurs et instructeurs militaires étaient arrivés des États-Unis pour superviser une simulation informatique d'invasion visant à vérifier l'efficacité du temps de réaction des moyens de communication et de commandement.

Au terme de cet exercice mené sur quatre jours, Franks se rendit compte qu'il lui fallait affiner sa stratégie, particulièrement dans l'hypothèse d'une attaque terrestre par le Koweït. Il lui fallait un dispositif d'invasion bien plus rapide, un *blitzkrieg* moderne conçu pour déstabiliser les Irakiens et semer la confusion dans les structures de commandement et de contrôle de Saddam et dans ses routines internes. L'équipe d'observateurs et d'instructeurs avait inséré à l'exercice plusieurs difficultés imprévues, telles que des contre-attaques, des poches de résistance et des pannes de communication. Franks en conclut que son plan manquait de souplesse — ce que les militaires appellent dans leur jargon une « planification adaptative » et qui permet à des commandants subalternes de modifier rapidement des codes dans la mesure où un éventail d'options a été préalablement intégré à leurs plans.

L'offensive terrestre par le Koweït n'était ni assez rapide ni assez bien coordonnée, et Franks décida que s'il en avait le temps, il procéderait à une seconde simulation.

Campé dans le rôle qu'il s'était assigné de vérificateur spécial des scénarios catastrophe, Cheney avait passé depuis le 11 septembre pas mal de temps à étudier la menace biologique qui pouvait planer sur les États-Unis et sur les troupes américaines stationnées à l'étranger. Il avait proposé de créer une sorte de « NASA médicale », une antenne gouvernementale comparable à l'Agence nationale de l'espace, capable de mener à bien des recherches et de produire des vaccins. Il lui semblait si important de protéger un tel programme qu'il avait demandé à l'Administration de trouver un moyen de structurer et de pérenniser son financement, afin qu'à l'avenir le Congrès ne puisse pas lui retirer son budget.

Les inquiétudes portaient surtout sur la variole. Certaines sources de renseignement indiquaient que Saddam pourrait être tenté d'utiliser ce virus mortel à des fins militaires. Le rapport d'évaluation national de renseignement remis en octobre avait conclu qu'il y avait une chance sur deux pour que l'Irak ait inscrit la variole dans son programme d'offensive biologique.

Le risque était suffisamment grave pour entreprendre un gros travail, mobilisant les ministres et leurs adjoints et prévoyant plusieurs réunions avec le président afin de mettre au point un plan d'action. Plusieurs études avaient démontré qu'une attaque au virus de la variole sur les États-Unis ferait au bas mot des milliers de morts et aurait des conséquences dévastatrices sur l'économie du pays. La variole a des effets d'autant plus redoutables que les populations n'y sont pas préparées. Or, depuis 1972, le risque d'infection était si faible que les laboratoires avaient cessé de produire le vaccin. Steve Hadley et plusieurs autres analystes craignaient que cette vulnérabilité ne puisse motiver une attaque biologique à la variole. En l'absence de programme de vaccination, les États-Unis y seraient effectivement très mal préparés. Il ne reviendrait pas particulièrement cher de lancer une grande campagne de vaccination et Cheney se sentait moralement tenu de faire quelque chose. S'il y avait bel et bien une attaque à la variole qui aurait pu être évitée ou prévenue, et s'ils n'avaient rien fait, cette responsabilité pèserait lourd sur leur conscience, disait-il.

Le 13 décembre, dans une allocution publique de sept minutes, le président Bush annonça que le personnel de l'armée américaine et autres civils essentiels stationnés dans des zones à risque de la planète seraient vaccinés contre la variole. Lui-même, en tant que commandant en chef des armées, se ferait également vacciner. « Cette campagne de vaccinations est une simple mesure de précaution et non une réaction à une quelconque information concernant un danger imminent », assura-t-il.

Ce que Bush ne révéla pas, c'était que quelque 20 millions de doses du vaccin seraient préparées comme réserve stratégique pour les partenaires de la coalition d'une guerre en Irak. Cheney craignait pardessus tout qu'en cas de guerre, Saddam, s'il ne voyait plus aucune échappatoire possible, ne lance l'arme biologique de la variole contre les populations civiles de pays accueillant sur leur sol les forces américaines. Et si les États-Unis n'avaient pas un moyen de garantir à leurs alliés qu'ils étaient en mesure de juguler la variole, soulignait-il, il serait difficile de les maintenir dans la coalition.

On s'interrogea sur l'ampleur qu'il convenait de donner à la campagne de vaccination, car l'inoculation du virus pouvait présenter de graves effets secondaires, ce qui soulevait des problèmes complexes de responsabilité civile. Les spécialistes de la santé publique trouvaient saugrenue l'idée de lancer une telle campagne sur le simple principe de vulnérabilité. Mais personne, pas même le président, n'osait contrer la proposition de Cheney. Si Saddam lançait réellement une attaque biologique à la variole, on ne pourrait qu'acclamer le vice-président pour sa clairvoyance. Dans la foulée, Cheney obtint également l'accord de Bush pour débloquer 6 milliards de dollars de crédits pour financer un nouveau programme de recherche et de production, baptisé BioShield (Bouclier biologique), chargé de mettre au point des vaccins et des traitements contre d'autres armes biologiques.

Les inspections de désarmement posaient un autre problème à l'équipe Bush. Blix s'efforçait de tenir la

CIA à distance respectable. L'agence le renseignait sur l'emplacement possible de caches d'armes de destruction massive en Irak afin de rendre les missions d'inspection plus efficaces et d'accroître les chances des inspecteurs de trouver les fameuses ADM. Mais c'était un service à sens unique : Blix ne renvoyait pas l'ascenseur et avait refusé de tenir directement la CIA au courant de ce qu'il trouvait ou ne trouvait pas. Le chef des inspecteurs avait déclaré qu'il souhaitait se montrer conciliant et discret à l'égard des Irakiens, et mener sa mission dans un climat non conflictuel. Il ne voulait pas d'un processus d'inspection « passionnel et agressif ». Des responsables irakiens accompagnaient les inspecteurs sur tous les sites où ils se rendaient à l'intérieur de l'Irak.

Le renseignement américain n'aurait donc pratiquement aucun contrôle sur ce qui se passait réellement. La CIA ne se borne pas à espionner des ennemis potentiels ou des pays hostiles, mais s'attache également à surveiller les pays amis afin de connaître leurs véritables projets, leurs capacités et leurs intentions réelles. La devise du Parrain, « serre fort tes amis dans les bras, et serre plus fort encore tes ennemis », s'applique aussi au milieu du renseignement. Dans la mesure où des amis peuvent devenir ennemis, et où des ennemis peuvent passer dans le camp ami, la pratique veut que l'on espionne tout ce que l'on peut, y compris les fonctionnaires de l'ONU. Les États-Unis surveillaient de très près Blix et les inspecteurs en désarmement en Irak, car il était essentiel pour la sécurité nationale que l'Administration soit aussi bien renseignée que possible sur leurs moindres faits et gestes. La décision de partir en guerre pouvait dépendre de la conduite, des résultats et de l'issue des inspections.

Tout président américain, qu'il soit républicain ou

démocrate, aurait probablement approuvé ce type de surveillance, bien qu'il fût extrêmement sensible et potentiellement risqué. Les services espionnaient depuis longtemps les responsables et les délégués des Nations unies, notamment ceux des pays hostiles. Et dans les situations impliquant les décisions les plus importantes qu'un président puisse avoir à prendre, tous les moyens nécessaires et légaux sont généralement mis en œuvre pour collecter des informations. Blix et les autres inspecteurs étaient des ressortissants étrangers et, en tant que tels, ils ne relevaient pas du champ d'application des dispositions garantissant le respect de la vie privée qui protègent la plupart des citoyens américains.

Selon les services de renseignements, Blix ne rendait pas compte de tout, et ne faisait pas tout ce qu'il prétendait faire. Certains hauts responsables étaient persuadés que Blix était un menteur. En tout état de cause, ce qui semblait évident, c'était que le processus d'inspection n'était pas assez agressif, qu'il prendrait des mois ou davantage, et qu'il était probablement voué à l'échec.

Au matin du mercredi 18 décembre, le président Bush reçut en privé le chef du gouvernement espagnol, José María Aznar, qui était favorable à une confrontation militaire avec l'Irak.

Bush fit part sans détour à son visiteur de ce qu'il pensait du rapport d'armement irakien : « Cette déclaration ne vaut rien, elle est vide, c'est une vaste fumisterie, mais notre réaction sera mesurée. » Mais il ajouta également en confidence un commentaire qui ne laissait aucun doute sur la façon dont il comptait régler le sort de Saddam : « À un moment ou à un autre, nous finirons par décider que la plaisanterie a assez duré et nous le virerons. C'est un menteur et il n'a aucune intention de désarmer. »

Puis, Bush aborda la question du processus des inspections onusiennes. Les notes de sa rencontre avec Aznar montrent clairement qu'il n'avait pas tout à fait compris que la résolution 1441 laissait une marge d'interprétation. « Si nous décidons de lancer la guerre, nous reviendrons devant le Conseil de sécurité pour lui demander non pas une quelconque autorisation, mais son soutien » confia-t-il. « C'est ce dont nous sommes convenus avec les membres du Conseil de sécurité. Le Conseil de sécurité ne pourra pas opposer de droit de veto, mais plus il y aura de pays [pour voter notre décision], plus il sera facile de réaliser un objectif diplomatique. »

En fait, les cinq membres permanents du Conseil de sécurité peuvent toujours exercer leur droit de veto, et les Français en particulier ne considéraient nullement avoir conclu un accord selon lequel la résolution 1441 les contraignait à la guerre.

« La guerre sera ma dernière option » précisa Bush. « Saddam Hussein utilise son argent pour entraîner et équiper Al Qaïda d'armes chimiques, et il abrite des terroristes. »

À propos du Moyen-Orient, Bush déclara qu'il était important de relancer le processus de paix. « Chirac dit que Sharon me fait prendre des vessies pour des lanternes. » Puis dans un soupir, il s'essaya à une difficile allusion bilingue, s'exclamant : « Toro ! » Il surnommait parfois Sharon « le taureau », *the bull* en anglais, mais l'interprète dut intervenir auprès d'Aznar : « Monsieur le Premier ministre, il y a deux définitions de *bull* en anglais », soulignant que si le terme pouvait faire référence à l'animal, c'était également un raccourci du terme argotique *bullshit*, qui signifiait « foutaises ».

Aznar parut saisir la subtilité.

« Traduire le mot *toro* est décidément l'un des grands moments de la diplomatie ! » plaisanta Bush à l'adresse d'Aznar et de l'interprète.

Au siège de la CIA, Saul, qui maintenait un contact quotidien avec ses agents, et notamment avec Tim en territoire irakien, trouvait les messages contradictoires de l'Administration de plus en plus inquiétants. D'un côté, Tim et les autres agents spécialisés continuaient à recruter des informateurs sur le terrain, en leur promettant que l'intervention militaire était pour bientôt. Mais d'un autre côté, le président persistait dans la voie diplomatique, à travers les Nations unies et le régime d'inspections. Parmi les informateurs et les services de renseignements étrangers, certains étaient convaincus que Washington finirait par négocier un compromis et les laisserait à nouveau sur le carreau. À chaque fois que Bush assenait que la guerre était sa dernière option, tous les contacts et les informateurs de l'Agence se méfiaient un peu plus. Pour eux, la guerre était la première option, et pour ceux qui s'impliquaient de plus en plus dans leur mission, c'était tout bonnement le seul choix possible.

Saul envoyait régulièrement des messages au sixième étage où se trouvaient les bureaux de Tenet, de McLaughlin et des autres hauts responsables de l'Agence. À un moment donné, il leur mit clairement les cartes en main : « Nous ne pourrons poursuivre cet effort que jusqu'à la fin février. À partir de là, nous risquons fort d'essuyer des pertes parmi nos informateurs, car le régime commencera à se rendre compte d'un certain nombre de choses. » Une chose était certaine : ils ne pouvaient guère espérer garder éternellement tous leurs secrets. Les services de sécurité et de renseignements de Saddam étaient partout, et le sort brutal qu'ils réservaient aux traîtres était de notoriété publique. Les taupes et les agents seraient bientôt repérés. Février serait la date limite. « Si vous attendez encore longtemps, vous aurez des morts sur la conscience » prévint Saul, s'empressant d'ajouter : « Au point où nous en sommes, nous ne pouvons plus faire machine arrière. Si nous changeons d'avis et si nous nous retirons, nous perdrons toute crédibilité. »

Les deux équipes paramilitaires que Saul avait envoyées en mission en Irak commençaient elles aussi à se poser des questions. Pour ces hommes, il n'y avait rien de plus frustrant que d'attendre sur cette corde raide, sans savoir si et quand cette guerre débuterait. Saul ordonna à Tim de profiter des deux semaines de vacances de Noël pour quitter l'Irak avec son équipe et aller se reposer et se détendre. « Rentrez chez vous et revenez sur la base début janvier. » La guerre semblait se profiler pour la mi-janvier, ou en tout cas au moins pour février, leur assura-t-il. Tim et ses hommes prirent donc leurs quinze jours de vacances.

En fait, Saul ne savait absolument pas quand l'offensive pourrait démarrer.

Le 18 décembre, après sa rencontre avec le chef du gouvernement espagnol, Bush eut une réunion au Conseil de sécurité nationale. La CIA voulait tirer la sonnette d'alarme sur les difficultés qu'elle avait à recruter et à conserver des informateurs et des agents à l'intérieur de l'Irak. Tenet céda la parole à l'un de ses principaux agents opérationnels, présenté sous le nom de Bob. Il était chef de mission pour l'Irak et coordonnait le travail de Saul et de ses agents avec les analyses en cours. Pendant la guerre d'Afghanistan, il dirigeait la cellule de la CIA au Pakistan.

Ce petit homme élégant et courtois aux allures d'intellectuel présenta un état des lieux des différents réseaux de renseignements en cours de constitution en Irak. Il y avait d'ores et déjà une petite dizaine de bons agents sur place, indiqua-t-il, sans fournir trop de détails au président ni au Conseil de sécurité nationale. Il précisa simplement que les effectifs augmentaient considérablement et que la qualité des renseignements collectés s'améliorait, puis il mit le doigt sur les difficultés :

« Monsieur le Président, nous essayons de faire passer des messages contradictoires à deux publics différents en même temps. Mais il y aura inévitablement des fuites et des ratés. Nous n'avons aucun moyen de cloisonner totalement l'un et l'autre de ces publics. Nous nous retrouvons donc dans une situation où, alors même que nous nous efforçons de mener une propagande active pour convaincre les gens dont la collaboration nous est absolument indispensable que la guerre est inévitable, parallèlement, nous devons assurer aux autres que notre président ne cherche pas à faire diversion, qu'il prend tout à fait au sérieux la voie diplomatique, l'ONU et les inspections de désarmement. »

« Ouais... » soupira Bush.

Bob poursuivit son exposé : il y avait en Irak comme dans d'autres pays des gens avec lesquels la CIA maintenait un dialogue permanent, qui voulaient bien écouter, comprendre et collaborer, mais jusqu'à un certain point seulement. Tant qu'ils n'étaient pas totalement convaincus du sérieux des intentions de Washington, tant qu'ils n'auraient rien de concret, ils refusaient d'aller plus loin. Les contradictions de cette double politique posaient donc un sérieux problème sur le terrain.

« Je sais que je vous ai placés dans une situation

délicate », reconnut Bush. « Et je conçois que ce soit difficile à gérer, mais c'est la politique que nous avons entreprise. Et nous allons être obligés de continuer à ménager la chèvre et le chou. »

Condoleezza Rice qui avait suivi attentivement la conversation se dit que c'était là la rançon de la « diplomatie coercitive », option qui consistait justement à brandir la menace crédible de l'usage de la force pour parvenir à une issue diplomatique. Dans les faits, tout cela n'était effectivement pas très cohérent, mais pour poursuivre une diplomatie coercitive il n'y avait d'autre choix que de composer avec ces contradictions.

McLaughlin, le directeur adjoint de la CIA, comprit que c'était une position difficile à tenir pour son agence. La centrale de renseignements avait lancé une action clandestine sur une politique qui n'avait jamais été officialisée, et pourtant, elle devait poursuivre ses opérations et ses recrutements d'informateurs comme si tout avait été décidé.

Au soir de ce même 18 décembre, j'assistai avec mon épouse Elsa Walsh au réveillon de Noël que le président et la première dame donnaient pour la presse à la Maison Blanche. Le couple Bush passa des heures à accueillir les journalistes sous les objectifs des photographes. Lorsque nous arrivâmes à leur hauteur, le président me félicita pour mon livre, *Bush s'en va-t-en guerre*, qui se vendait comme des petits pains.

« C'est un best-seller, releva-t-il. Vous préparez autre chose ? » Puis, balayant la pièce d'un large geste, il me fit comprendre qu'une nouvelle histoire était sans doute en train de se jouer, et qu'il faudrait l'écrire.

« Je l'intitulerai peut-être *Bush s'en va-t-en guerre, la suite*, répliquai-je.

— Espérons que ça n'arrivera pas ! » s'exclama Laura Bush avec une pointe de tristesse.

Un an plus tard, j'interrogeai le président sur ce commentaire de son épouse.

« Elle exprimait simplement son opinion. Laura sait ce que c'est que d'aller voir les familles des disparus. Elle sait combien il est douloureux et désespérant de perdre un proche au front. Au front ou n'importe où, d'ailleurs... Mais surtout au front. Car elle sait qu'il y a un rapport direct entre la décision qu'a prise son mari et cette mort. Elle en est très consciente, et elle sait que c'est dur. Et elle avait aussi parfaitement prévu le tollé, l'indignation et les protestations.

— Et elle vous a dit tout cela ?

— Pas vraiment. C'est à vous qu'elle l'a dit. Et en vous le disant, c'est sans doute aussi à moi qu'elle le disait ? » conclut-il, le regard soucieux. « Laura fait confiance à mon jugement et nous en avons beaucoup parlé. Mais, bien entendu, elle ne voulait pas d'une guerre. Moi non plus, d'ailleurs. »

Le lendemain, 19 décembre, le général Franks présenta au président un rapport sur les résultats des manœuvres de l'opération Internal Look et lui soumit les dernières modifications apportées au plan de guerre.

« Vous pourriez me reparler de votre calendrier des opérations ? » demanda le président. Franks eut l'impression que malgré les efforts des équipes onusiennes, Bush envisageait une exécution imminente mais s'abstenait de dire quoi que ce soit.

Ils passèrent en revue les scénarios catastrophe qu'avait évoqués Rumsfeld. Qu'arriverait-il si les Irakiens faisaient sauter leur infrastructure pétrolière, leur réseau d'adduction d'eau ou leurs centrales électriques ? Franks expliqua en détail la façon dont il envisageait d'attaquer les installations souterraines de Saddam et d'autres cibles protégées.

Plus tard, Rice demanda à Tenet et McLaughlin si le dossier des ADM était solide et ce qui pouvait être intégré à une déclaration publique.

Le rapport d'évaluation national de renseignement d'octobre dans lequel l'Agence concluait que Saddam détenait des armes chimiques et biologiques avait été rendu public depuis plus de deux mois ; le Congrès avait voté des résolutions en faveur de la guerre à une majorité d'un tiers ; et le Conseil de sécurité de l'ONU, où la résolution 1441 était passée à l'unanimité des quinze voix, avait relancé le régime des inspections en Irak. Il manquait pourtant encore une pièce du puzzle.

Tout récemment encore, le *Washington Post* s'était fait l'écho d'un commentaire de Paul Wolfowitz lui-même, qui trouvait peu probants les jugements rapides sur les ADM de Saddam : « Ça me rappelle un peu ce que disait un juge à propos de la pornographie » confia-t-il lors d'une réunion à huis clos d'ambassadeurs à l'OTAN : « Je serais bien incapable de vous en donner une définition, mais dès que j'en verrai, je saurai que c'en est. »

McLaughlin avait été chargé de la délicate mission de présenter au président et à son premier cercle de conseillers un dossier à charge parfaitement ficelé sur les armes de destruction massive du dictateur irakien. Fort de ses trente années d'expérience au sein de l'Agence, cet analyste prudent savait que la CIA tenait ses renseignements sur les ADM de deux sources très différentes. L'une, dont il ne fallait à son avis pas surestimer l'importance, n'était autre que les inspecteurs des Nations unies, qui avaient collecté des données entre 1991, après la fin de la guerre du Golfe, et 1998, date à laquelle Saddam les avait contraints à se retirer. Tout au long de ces sept années, les inspecteurs avaient eu accès aux principaux sites irakiens. Bien que cela n'ait jamais été officiellement reconnu, la CIA participait secrètement aux inspections, fournissait des tuyaux et des renseignements, recevait des rapports complets de la part des inspecteurs, et les conseillait sur la façon de localiser et de détruire les armes. La CIA avait ainsi pu se procurer des informations de première main par l'intermédiaire des experts de terrain, qui avaient une connaissance pratique de la question. La centrale de renseignements n'en avait pour autant pas oublié la maxime chère à Reagan : « Faites confiance mais vérifiez. » Deux précautions valant mieux qu'une, elle avait donc espionné les inspecteurs pour en apprendre plus long et être sûre d'avoir une image aussi complète que possible.

Au cours de cette période, les inspecteurs avaient découvert bien plus d'ADM qu'ils ne l'espéraient. En 1995, la défection d'Hussein Kamel, le gendre de Saddam qui était aussi chef des programmes d'ADM du régime, s'était traduite par un gigantesque déballage, apparemment volontaire, de nouveaux renseignements et documents sur l'Irak. Les rapports d'importations et de transactions commerciales faisaient état de l'entrée dans le pays de centaines, voire de milliers de tonnes de produits chimiques et autres matières premières qui, de l'aveu même des Irakiens, avaient une vocation militaire. Dans le cadre de leur mission, les inspecteurs avaient fait détruire d'énormes quantités d'ADM et de matériels et équipements de production.

La seconde source de renseignement sur laquelle

se fondait la CIA depuis 1998 présentait selon McLaughlin l'inconvénient de reposer très largement sur de simples suppositions et déductions. Comme il l'avait déjà expliqué aux représentants de l'exécutif américain, la CIA n'avait jamais mis la main sur le moindre échantillon de bacille du charbon pour étayer ses accusations.

Pour préparer le dossier qu'il devait présenter au président, il passa au crible des piles de documents. Il tomba sur l'enregistrement d'une conversation étonnante entre deux individus liés à Al Qaïda qui parlaient de ricine, un poison hautement toxique. Ils racontaient comment un échantillon avait suffi à tuer un âne et leur dialogue s'achevait sur un éclat de rire tonitruant à vous glacer les sangs. Le service de renseignement étranger qui avait fourni l'enregistrement ne tenait pas à ce qu'il soit rendu public. D'autres craignaient que sa publication ne sème la panique parmi les populations. McLaughlin ne savait pour sa part trop que penser de cette conversation interceptée. Il la trouvait quelque peu « bizarre » et choisit de ne pas l'exploiter dans sa présentation au président.

Un autre dossier de renseignements très confidentiel semblait indiquer que les Irakiens déployaient d'étranges efforts pour se procurer une carte topographique des cinquante États américains. À la faveur d'une opération clandestine, la CIA avait retrouvé un Irakien qui avait travaillé sur le programme irakien de véhicules aériens sans pilote (UAV) et qui vivait désormais en Australie. Ces petits appareils peu coûteux pouvaient permettre de disperser des agents chimiques ou biologiques sur n'importe quel point du globe. Wolfowitz s'était employé à mettre tous ces éléments bout à bout pour les présenter comme « une formidable avancée dans l'identification et le démantèlement d'un dangereux réseau d'approvisionnement » et comme des indices « très effrayants ».

La CIA avait tenté de recruter l'Irakien installé en Australie, mais celui-ci n'avait accepté de coopérer qu'à la condition que l'Agence s'arrange pour faire sortir d'Irak vingt et un membres de sa famille et leur assurer un asile sûr. Or, plus les analystes étudiaient le dossier, plus ils se demandaient si les fameuses cartes topographiques avaient été acquises intentionnellement ou par hasard. N'importe qui pouvait se procurer ce type de document dans le commerce ou, avec une carte de crédit, sur Internet. Le logiciel topographique n'était pas particulièrement compliqué. Tout ce qu'il y avait de certain, conclut McLaughlin, c'était qu'un quelconque responsable des achats en Irak avait coché la case « oui » sur son écran lorsque le programme lui avait proposé de mettre le logiciel dans son Caddie. McLaughlin jugea que l'affaire était trop douteuse pour mériter de figurer dans son exposé.

Ces nouvelles découvertes avaient en revanche sidéré Wolfowitz, qui ne comprenait pas qu'on en reste là : « Vous êtes en train de me dire qu'un programme clandestin d'UAV qui permet aux Irakiens de produire des avions assez petits pour entrer dans un container d'expédition et assez gros pour larguer un litre de bacille du charbon sur Washington, ne devrait pas trop nous inquiéter, sous prétexte que votre type ne s'est pas forcément procuré la carte avec l'intention de nuire ? » Il souligna également que Hans Blix aurait dû sauter sur l'occasion pour faire parler l'Irakien exilé en Australie qui exigeait de mettre sa famille à l'abri. La résolution 1441 autorisait en effet le chef des inspecteurs de l'ONU à interroger n'importe qui, et à « faciliter le voyage à l'étranger des personnes interrogées et des membres de leur famille ». Mais visiblement, Blix n'avait pas réagi.

Le matin du samedi 21 décembre, Tenet et McLaughlin étaient attendus dans le Bureau Ovale. Ils devaient présenter « le dossier » des armes de destruction massive, tel qu'il pourrait être présenté à un jury, après que les services de sécurité auraient levé la confidentialité des données. Outre le président, Rice, Cheney, et Andy Card étaient présents, et tous avaient placé beaucoup d'espoirs dans cette réunion.

McLaughlin s'installa un peu cérémonieusement devant son auditoire pour présenter son exposé, illustré d'une série de schémas sur un tableau de conférence. En guise de préambule, il précisa que les informations qu'il s'apprêtait à leur livrer étaient du « brut de décoffrage », toujours hautement confidentiel, dont la publication n'était pas encore autorisée. La CIA souhaitait garder la haute main sur ce qui serait ou non révélé, de façon à protéger ses sources et ses méthodes de détection au cas où il n'y aurait pas de conflit militaire.

McLaughlin indiqua tout d'abord que des composants d'armes biologiques n'avaient pas été comptabilisés, et qu'il manquait également à l'inventaire 3 200 tonnes d'un agent précurseur d'armes biologiques et quelque 6 000 ogives remontant à la guerre Iran-Irak, dans les années 80.

Il tourna la page pour révéler une grande photo satellitaire d'une rampe d'essais de tirs de missiles. L'installation était visiblement beaucoup trop importante pour les missiles autorisés, d'une portée maximale de 150 km.

Sur une autre photographie aérienne, on distinguait les traces du passage d'un bulldozer sur un site qui avait précédemment été identifié comme une usine de fabrication d'armes chimiques. Ces traces « semblaient » indiquer que l'on avait tenté de nettoyer le site après un transfert ou un déversement de produits chimiques, expliqua McLaughlin.

Le schéma suivant représentait un UAV décrivant une trajectoire circulaire. Les collectes de renseignements techniques avaient établi « avec une certitude absolue » — expression qu'il n'utilisait pas souvent — que le drone avait parcouru un total de 500 km à l'intérieur des cercles rouges portés sur le graphique. Or, dans leur déclaration sur l'état de leur armement, les Irakiens avaient affirmé que l'autonomie de leurs UAV ne dépassait pas les 80 km. La résolution des Nations unies avait limité la portée des armes irakiennes à 150 km. L'UAV, lancé depuis l'arrière d'un camion et équipé d'un système de pilotage automatique, avec une portée de 500 km, pouvait aisément atteindre les pays voisins.

McLaughlin savait très bien que ce graphique n'était pas très parlant, mais il était particulièrement intéressant pour des analystes du renseignement car il permettait de déterminer la trajectoire de vol au kilomètre près. De plus, la durée du vol permettait de penser que les Irakiens étaient particulièrement sûrs de leur système de guidage automatique

Cet appareil constituait une violation évidente des dispositions sur les armes. Restait bien entendu à savoir pourquoi ce type de drone intéressait à ce point les Irakiens. Il présentait certes des capacités de dispersion terrifiantes, mais rien ne prouvait que Saddam avait l'intention de s'en servir comme vecteur.

Puis McLaughlin présenta les témoignages de plusieurs sources de renseignement humain et de dissidents qui avaient quitté le pays, et qui tous parlaient de grandes remorques mobiles censées être des laboratoires de production d'armes biologiques qui pouvaient être déplacés pour échapper aux inspecteurs.

McLaughlin tourna une autre page pour dévoiler son exemple le plus spectaculaire : la transcription d'une conversation radio interceptée entre deux officiers de la Garde républicaine :

« Supprimez », ordonnait le premier officier.

« Supprimez », répétait le second.

« Agents neurotoxiques. »

« Agents neurotoxiques. »

« À chaque occurrence. »

Le directeur adjoint de la CIA expliqua que le premier officier voulait s'assurer que toute référence à des « agents neurotoxiques » disparaissait des instructions radio. Si l'Irak ne détenait pas de matériel biologique, d'armes ou d'agents neurotoxiques, pourquoi ces officiers de la Garde républicaine en parlaient-ils ?

Au chapitre des armes nucléaires, McLaughlin releva que Saddam réunissait très régulièrement les plus grands ingénieurs en génie atomique de l'Irak, qu'il surnommait « la mafia nucléaire », et leur parlait en des termes qui « impliquaient » qu'il s'apprêtait à reprendre les recherches sur les armes nucléaires.

Il présenta une autre conversation interceptée dans laquelle des officiers parlaient d'un véhicule modifié dissimulé dans les locaux de la société Al Kindi, une installation connue de production d'ADM. Visiblement, la présence de ce véhicule les inquiétait, puisque les inspecteurs étaient sur le point d'arriver sur le site d'Al Kindi.

Lorsque McLaughlin eut achevé sa présentation, le président avait l'air très sceptique. Il resta silencieux un moment, puis soupira : « Pas mal, mais peut mieux faire. Je ne pense pas que ce soit le genre de démonstration qui convaincrait ou inspirerait confiance à monsieur Tout-le-Monde. »

Card était tout aussi consterné. La présentation était un échec retentissant. Aucun des exemples proposés n'était vendable. Ils ne tenaient pas, les graphiques ne tenaient pas, les photos n'avaient rien de spectaculaire, et les conversations interceptées étaient loin d'être convaincantes.

Bush se tourna vers Tenet : « On m'a parlé de tas de renseignements sur les ADM de Saddam, et vous n'avez rien de mieux que ça ? »

Le patron de la CIA émergea d'un profond canapé du Bureau Ovale et assura d'une voix forte : « C'est un dossier en béton.

— George, vous êtes vraiment sûr de votre coup ? insista Bush.

— Ne vous en inquiétez pas, je vous dis que c'est du béton », répéta Tenet avec autant d'assurance.

Il n'était pas dans ses habitudes d'être aussi affirmatif. Après la présentation de McLaughlin, Card craignait qu'il n'y ait strictement rien de solide, mais la conviction de Tenet qui, pour une fois, signait et persistait, avait quelque chose de réconfortant. Cheney, quant à lui, ne voyait aucune raison de mettre en doute l'assertion de Tenet. Après tout, c'était le patron du renseignement, et il en savait sans doute plus long que quiconque. Le président devait plus tard reconnaître que l'exposé de McLaughlin « n'aurait jamais résisté à un examen approfondi », mais reconnut que les propos rassurants de Tenet « ont été déterminants ».

« Il faut retravailler tout cela à fond » ordonna-t-il à Card et Rice. « Trouvez-moi des gens qui ont déjà préparé un dossier pour un jury. » Il voulait des avocats, et au besoin des procureurs. Ils devaient absolument avoir de la matière à présenter à l'opinion publique. Mais le président ne tenait pas pour autant à ce qu'on en rajoute, et il demanda à plusieurs reprises à Tenet de veiller à ce que personne ne fasse trop de zèle pour blinder l'acte d'accusation.

Rove s'employait à monter le président contre Hans Blix. Bush savait que son éminence grise détestait cordialement les Suédois. Ce fin stratège, qui était l'Américain d'origine norvégienne le plus haut placé à la Maison Blanche, et certainement le seul, d'ailleurs, était convaincu de la duplicité atavique des Suédois, qui avaient envahi la Norvège en 1814 et régné sur le pays jusqu'en 1905. Les vieilles rancœurs étaient tenaces, et le président et son conseiller s'en amusaient souvent.

À la fin du mois de décembre, la conseillère à la sécurité nationale fit un nouveau compte rendu au président des activités du chef des inspecteurs de l'ONU : concrètement, il n'y avait pas grand résultat. Les inspecteurs ouvraient des dépôts qui avaient manifestement été nettoyés, et pour ne rien arranger, ils prenaient des congés à Noël et pour les autres fêtes. Les sources de renseignement sensible montraient que Blix et son équipe étaient très loin de mener leurs inspections avec l'agressivité et l'opiniâtreté qu'aurait souhaitées Bush.

Ces inspections avaient le don d'exaspérer le président américain. Le processus se dégradait de jour en jour. Il croyait de moins en moins à l'efficacité tactique de ces pressions sur Saddam : « Je ne suis pas si certain que ça marche » disait-il. Ils avaient mis au point un régime d'inspection qui devait faire retomber la charge de la preuve sur Saddam : le dictateur irakien devait déclarer ses armes, en rendre compte pièce par pièce, les remettre aux inspecteurs, et prouver qu'il avait désarmé. Le principe était évidemment en totale contradiction avec le concept américain de justice, puisqu'il incombait ici à l'accusé de prouver son innocence. La communauté internationale n'y croyait pas. Finalement, la guerre était peut-être la seule solution.

Bush demanda à Condoleezza Rice ce qu'elle en pensait : « D'après vous, on devrait y aller ? » Il parlait de la guerre bien entendu. Jamais il ne lui avait demandé son avis avec autant d'insistance.

« Oui », répondit-elle sans hésitation. « Parce que ce n'est pas la crédibilité de l'Amérique qui est en jeu ; si cette crapule arrive encore à faire échec au système international, tout le monde perdra sa crédibilité. » La crédibilité des États-Unis était certes un facteur très important, mais, ajouta-t-elle, « ce n'est pas ce qui doit vous pousser à faire quelque chose que vous ne devez pas faire ». Dans le cas présent, les enjeux étaient bien plus importants, et il fallait absolument intervenir. « Si on laisse un type aussi dangereux jouer ainsi au chat et à la souris avec la communauté internationale, il reviendra nécessairement nous hanter tôt ou tard. Voilà pourquoi il faut y aller. »

Bush ne répondit pas.

Un an plus tard, le président évoquait cette phase critique : « Le processus d'inspections m'inquiétait beaucoup. Je craignais que nous ne nous enlisions dans cette logique et que Saddam n'en ressorte encore renforcé. Ce que je craignais surtout, c'était que l'opinion se focalise moins sur Saddam, sur le danger qu'il représentait, sur sa fourberie, que sur le processus proprement dit, et que Saddam en profite une fois de plus pour passer à travers les mailles du filet... Il allait encore nous filer entre les doigts, et il n'en serait que plus fort. Je trouvais tout cela très angoissant. » Bush était donc bien décidé à régler son compte à Saddam et à le coincer une bonne fois pour toutes.

« Je m'entretenais régulièrement avec Condi » poursuivit Bush, qui était ainsi tenu au courant jour après jour de l'évolution des inspections et des faits et gestes de Blix. « Je passais mes journées pendu au téléphone pour tenter de savoir ce qui se passait, au juste. »

« C'était une période éprouvante » concéda-t-il. « J'avoue que j'étais très stressé. » Et les réceptions officielles qui s'enchaînaient à la Maison Blanche en cette fin d'année 2002 n'arrangeaient rien : « J'avais les maxillaires complètement bloqués, pas seulement à force de sourire et de serrer des mains, mais surtout parce que la tension était à son comble en cette période de fêtes de fin d'année. »

Mis à part sa conseillère à la sécurité nationale, Bush ne jugea pas utile de consulter les autres membres de son équipe exécutive sur le bien-fondé d'une guerre. Il savait parfaitement ce qu'en pensait Cheney, et préférait ne pas demander leur avis à Powell ni même à Rumsfeld. « Je lisais à livre ouvert sur leur visage. Je n'avais vraiment pas besoin qu'ils me disent ce qu'ils pensaient de Saddam Hussein ou ce que je devais faire de lui. Si vous étiez à ma place, ça vous semblerait aussi assez clair. Il faut dire que nous travaillons dans un climat où chacun sait qu'il peut s'exprimer librement.

— Vous n'avez jamais posé la question à Powell ? Vous ne lui avez jamais demandé ce qu'il ferait s'il était à votre place ? m'étonnai-je.

— Non. »

Il manquait un personnage clé à Washington, pendant cette période : Karen Hugues, qui avait longtemps été l'une des principales conseillères de Bush et sa directrice de la communication. Elle avait démissionné au printemps précédent pour rentrer au Texas. Elle aussi savait probablement ce que Bush pensait, et elle s'exprimait aussi librement que les autres. « En revanche, j'ai demandé son avis à Karen » ajouta le président. « Elle m'a conseillé d'épuiser tous les moyens pacifiques de parvenir à un changement de régime avant d'opter pour la guerre. Elle avait raison. En fait, elle était exactement sur la même longueur d'onde que moi. »

24

Condoleezza Rice alla fêter Noël chez sa tante, puis
rejoignit la morne plaine texane pour un nouveau
séjour dans le ranch présidentiel de Crawford dont elle
était devenue une habituée. Elle avait l'impression que
les choses bougeaient et que Bush commençait à comprendre que les différents moyens de pression, de la
diplomatie à l'action clandestine, en passant par les
grandes déclarations officielles, n'aboutiraient pas. Il
n'en parlait pas ouvertement et elle ne cherchait pas à
forcer les confidences, puisqu'elle s'était déjà prononcée pour une intervention militaire.

Puis, le jeudi ou le vendredi après le premier de
l'an, le président la reçut en tête à tête.

« Ces pressions ne mènent nulle part » lui confia-
t-il. Ils avaient engagé les inspecteurs de l'ONU à
durcir leur approche afin d'acculer Saddam, mais en
vain ; le dictateur irakien affinait ses ruses et entor-
tillait de mieux en mieux Hans Blix. Et le beau
consensus international de la résolution de novembre était en train de se fissurer.

Les médias montraient des Irakiens tout sourire
qui baladaient les inspecteurs de site en site en
ouvrant grandes les portes et en déclarant triompha-
lement : « Vous voyez, il n'y a rien du tout. On vous

l'avait bien dit. » Ces reportages et ces articles avaient le don d'exaspérer le président américain, d'autant qu'il recevait jour après jour des rapports de renseignements, qui tous affirmaient que les Irakiens déplaçaient et dissimulaient du matériel. Que cachaient-ils, au juste ? On ne le savait pas, mais tout portait à croire que Saddam continuait à jouer au chat et à la souris, et qu'il allait une fois de plus réussir à berner le monde entier. Bush craignait par ailleurs que les manifestations antiguerre dans les villes européennes et américaines ne confortent Saddam et le portent à penser que les États-Unis n'oseraient jamais envahir. « Comment diable avons-nous pu en arriver là ? » tempêtait le président. « Tout cela ne peut que renforcer Saddam ! »

Blix avait confié à Condoleezza Rice qu'il n'avait jamais rien eu contre le fait de brandir la menace militaire américaine et qu'il pensait au contraire qu'elle était une bonne chose. La conseillère à la sécurité nationale fit passer le message au président.

« C'est bien beau, pesta George Bush, mais combien de temps croit-il que je peux maintenir la pression ? Un an ? Il rêve ! Les États-Unis ne peuvent pas se permettre de rester dans cette position pendant que Saddam s'amuse à mener les inspecteurs par le bout du nez !

— Vous devez mettre votre menace à exécution, risqua Rice. Si vous voulez poursuivre dans la voie de la diplomatie coercitive, vous n'aurez pas le choix. »

Les mises en garde de la CIA, qui affirmait que ses sources et ses opérations finiraient par être démasquées si on tardait trop, n'avaient rien pour rassurer le chef de l'exécutif américain. La préparation militaire battait son plein — elle était certes progressive mais bien réelle. Les États-Unis n'avaient pas les moyens de faire attendre éternellement les forces déployées. Le moral des troupes était en jeu, et à trop traîner, on compromettrait la qualité du soutien logistique. Le temps commençait à presser. Bush se demandait si Saddam ne préparait pas un coup tordu. « Loin de perdre de l'assurance, il est de plus en plus sûr de lui », constata-t-il. « Et il serait tout à fait capable de manipuler une fois de plus les institutions internationales. Nous ne sommes pas en position de force. Et dans cette affaire, le temps ne joue pas en notre faveur. Je crois que nous n'aurons pas le choix. Nous allons sûrement devoir y aller. »

Rice pense que c'est à cet instant précis que Bush a décidé de lancer les États-Unis dans la guerre. Il avait atteint le point de non-retour. Mais il restait encore bien des questions en suspens, et notamment quand et comment décréter que le jeu avait assez duré.

Bush s'était par ailleurs empêtré dans ses propres contradictions : officieusement, il avait opté pour la guerre, mais officiellement, il continuait à jouer la carte de la diplomatie. Cette situation promettait de déboucher sur bien d'autres dilemmes, dissonances et dérobades.

Rove fut également convié à passer une partie des fêtes de fin d'année à Crawford. Depuis quelque temps, il travaillait dans son coin sur le projet confidentiel de campagne électorale de Bush pour 2004. Il s'y préparait en fait depuis la victoire à la Pyrrhus arrachée en 2000. Adepte convaincu des leçons de l'Histoire, il s'était plongé dans les archives pour étudier les stratégies électorales des derniers présidents républicains qui avaient brigué un second mandat. Nancy Reagan lui avait donné accès aux dossiers de son mari, et il envoya une équipe de fidèles assistants puiser dans le fonds documentaire de la Ford Library pour analyser la façon dont Gerald Ford s'y était pris en 1976. Bush père lui ouvrit également quelques cartons à archives et Jim Baker, qui avait été le conseiller de campagne du président sortant en 1992, lui avait confié ses notes personnelles.

Rove n'arrivait pas les mains vides : il avait apporté dans ses bagages une présentation PowerPoint détaillant la stratégie, les thèmes et le calendrier de campagne, ainsi qu'un plan d'ensemble pour remporter les présidentielles. En substance, son message au président se résumait à : « Tenez-vous prêt, c'est pour bientôt. »

Au ranch, le président réussit à lui consacrer un peu de temps pour écouter ce qu'il avait à lui dire. Sagement assise sur le canapé, Laura Bush faisait mine d'être absorbée dans sa lecture. En fait, Rove savait pertinemment qu'elle ne perdait pas une miette de la conversation.

Il ouvrit son portable et montra au président sa présentation, qui s'affichait en caractères gras sur un fond bleu nuit.

LE PERSONNAGE

Dirigeant fort
Action audacieuse
Idées ambitieuses
Pour la paix dans le monde
Pour une Amérique plus solidaire
Veut le bien de gens comme moi
Dirige une équipe forte

Il passa à la deuxième page :

VALEURS

Solidarité
Transparence morale

Responsabilité
Égalité des chances
Propriété privée

Et en troisième page :

THÈMES

Prioritaires : GCT [Guerre contre le terrorisme]
Sécurité du territoire
Toujours l'économie

Secondaires : Éducation
Programme de solidarité
Santé
Égalité des chances
Environnement

Rove pensait que la campagne serait aussi serrée qu'en 2000, et que le pays était toujours aussi franchement scindé en deux camps.

« Dans l'absolu, quand faudrait-il commencer, d'après vous ? » lui demanda le président.

Avant de répondre, Karl Rove rappela à Bush que sa première campagne avait commencé le 8 mars 1999, et qu'ils avaient eu toutes les peines du monde à boucler leur budget, même si au bout du compte, ils y étaient parvenus. En fait, le véritable coup d'envoi de la campagne n'avait été donné qu'en juin 1999. Pour la prochaine, il souhaitait démarrer dès février ou mars 2003 et commencer aussitôt à trouver de l'argent. Il leur faudrait probablement dans les 200 millions de dollars. Il avait préparé un calendrier, prévoyant entre 12 et 16 meetings de financement entre février, mars et avril.

« Je vous signale que nous préparons une guerre »,

répliqua calmement le président. « Vous allez devoir attendre. » Il avait pris sa décision. Il avait repris la main et c'était sa façon à lui de dire : « Tenez-vous prêts, c'est pour bientôt. » La guerre était désormais l'unique possibilité. « L'heure H est proche » ajouta-t-il. Il ne donna pas de date, mais Rove crut comprendre qu'il prévoyait de lancer l'offensive en janvier ou février, mars au plus tard.

« Souvenez-vous du problème de la campagne de votre père, insista Rove. Beaucoup de gens affirment qu'il a commencé trop tard.

— Je le sais bien » répondit Bush. Il y avait déjà réfléchi. Mais sa décision était prise, et ce serait comme ça et pas autrement. Il était donc hors de question de commencer à collecter des fonds de campagne. Il ne pouvait décemment pas faire campagne au moment même où il s'apprêtait à entraîner son pays dans une guerre. Son conseiller politique devrait donc adapter ses projets à la situation. « Je vous dirai quand je sentirai que vous pourrez commencer. »

C'était exactement ce que Rove craignait, mais il comprit qu'il ne pourrait rien y faire. Si la guerre approchait, il était inutile de tenter de convaincre Bush d'aller jouer les VRP au fin fond de l'Iowa pour financer sa réélection.

Le 6 janvier à 15 h 30, à peine rentré à Washington, le président réunit son cabinet au grand complet, pour la quinzième fois en deux ans. Cette équipe n'aurait aucune décision cruciale à prendre sur la guerre. « Si nous n'avons aucun dossier solide à présenter, je n'enverrai pas les troupes » annonça fermement Bush à ses ministres. Un peu plus tard, alors qu'il rencontrait officiellement la presse, il se montra relativement conciliant à l'égard de Saddam : « Pour l'heure, il semble qu'il n'ait pas respecté ses obligations. Mais il a encore le temps, et nous continuons à l'encourager à écouter ce que dit le monde. »

Le surlendemain, il rencontra les représentants parlementaires des deux partis. « Il faut parfois exercer un peu de force pour faire avancer la diplomatie » leur expliqua-t-il. « Avant de prendre une décision, je m'emploierai à le rappeler au Congrès et à tous les citoyens américains. »

Puis, à 17 h 20, il invita dans sa résidence privée les chefs de la majorité républicaine du Sénat et de la Chambre, et leur parla plus franchement : « Il y a de fortes chances pour que je m'adresse à la nation et que j'engage les troupes dans une guerre. Il est évident que Saddam Hussein n'a aucune intention de désarmer. Je veux que le processus d'inspection fasse ses preuves avant de faire entendre les bruits de bottes. »

Le 9 janvier, le général Franks rentra à Washington pour informer le président des derniers préparatifs de guerre. Ils parlèrent essentiellement de la Turquie, qui continuait à tergiverser pour autoriser les forces de combat américaines à utiliser son territoire comme base de lancement des opérations. Cette valse-hésitation avait contraint Franks à renoncer à son front nord.

Le général expliqua également qu'il craignait de perdre le soutien de la Jordanie et de l'Arabie Saoudite. Le roi Abdallah de Jordanie venait de rencontrer les dirigeants turc, égyptien et syrien, avec qui il envisageait officiellement une action concertée pour éviter une guerre, mais il s'était secrètement engagé à soutenir l'effort de guerre américain. Tenet entretenait avec le monarque des relations très étroites. La CIA versait chaque année plusieurs millions

de dollars de subventions au service de renseignements jordanien. Mais la population du royaume
était majoritairement palestinienne et massivement
pro-Saddam. Amman achetait l'essentiel de son
pétrole à l'Irak. Et pour ne rien arranger, Bagdad
avait plusieurs agents infiltrés en Jordanie. Abdallah
était menacé, et Tenet estimait qu'en acceptant de
soutenir une guerre, il avait pris le plus gros risque
qui soit.

Bush demanda à Franks ce qu'il envisagerait de
faire concrètement si Saddam attaquait ou lançait
une quelconque provocation demain. Réponse : une
offensive aérienne presque immédiate, effectuée par
les quelque 400 appareils déployés dans la région,
avec les 15 000 militaires positionnés au Koweït.

En examinant les phases de décisions du plan
Hybride, Franks releva que théoriquement, les combats débuteraient dès que le président déciderait de
déployer des forces. Mais dans la mesure où les
déploiements avaient commencé depuis quelque
temps, ils avaient déjà brûlé un certain nombre d'éta-
pes. Les déploiements pouvaient se poursuivre, sans
pour autant que le président soit obligé de lancer des
opérations de combat.

« Jusqu'à quand puis-je encore attendre avant de
prendre ma décision finale ? Quand devrai-je vraiment m'engager ? insista Bush.

— Une fois que vous aurez fait entrer les forces
spéciales en Irak pour des opérations de combat
offensives » répondit Franks. Il parlait des opérations prévues pour empêcher l'armée irakienne de
lancer des missiles Scud et pour sécuriser les termi-
naux pétroliers du sud et du nord du pays.

Franks ajouta qu'il lui fallait environ trois semaines pour se préparer. « Je serai prêt début février,

mais à vrai dire je préférerais le 1ᵉʳ mars » précisa-
t-il.

Le 10 janvier à 14 h 15, Bush et Cheney reçurent
en privé dans le Bureau Ovale trois dirigeants de
l'opposition irakienne. Le président entra très vite
dans le vif du sujet : « Je crois en la liberté et en la
paix. Je suis persuadé que Saddam Hussein constitue
une menace pour les États-Unis et pour la région. Il
est censé désarmer, mais il ne le fera pas. Par conséquent, nous allons l'éliminer du pouvoir. Nous n'arri-
verons pas à lui faire entendre raison. Il ne veut rien
entendre. »

Ce discours ressemblait à s'y méprendre à une
déclaration de guerre.

« Je suis convaincu que le peuple irakien est tout
à fait capable de vivre en démocratie si on lui en
donne l'occasion » réagit Rend Francke, directeur
d'une fondation militant pour les droits de l'Homme
et la démocratie en Irak.

Le président demanda à chacun de ses visiteurs de
lui raconter son itinéraire personnel.

Hatem Mukhlis, originaire de Tikrit, ouvrit la marche : « Saddam a assassiné mon père. Ma famille est
engagée dans la vie politique irakienne depuis les
années 20. Moi, je suis médecin. Tous les Irakiens sont
prêts à se débarrasser de Saddam Hussein. Ce qu'ils
redoutent, c'est l'après-Saddam. Ce sera la participation du peuple irakien qui fera toute la différence.
Moi, j'ai connu la démocratie dans les années 50. Mon
métier, c'est de sauver des vies. Et j'ai envie de sauver
des vies irakiennes et américaines. Ce sont tous mes
compatriotes.

— Est-ce que les Irakiens moyens vouent une
haine viscérale à Israël ? demanda Bush.

— Non, assura le médecin. Ils sont tellement

absorbés par leurs propres problèmes qu'ils ne s'intéressent qu'à ce qui se passe à l'intérieur du pays. »

L'écrivain Kanaan Makyia, qui avait publié en 1989 à Londres son livre *Republic of Fear*, le témoignage le plus crédible sur la torture, le caractère sadique du parti Baas et son ascension au pouvoir, parla des recherches qu'il était en train d'effectuer sur les crimes de guerre du régime. « Vous inaugurerez une ère nouvelle, assura-t-il. Vous changerez l'image des États-Unis dans la région. La démocratie peut tout à fait prendre en Irak. La force destructrice peut être transformée en une force constructive. Les Irakiens ont d'excellentes capacités techniques. Ils savent lire et écrire et tous les villages ont l'électricité.

— Nous nous préparons au pire, répliqua Bush.

— Le peuple irakien accueillera vos soldats en libérateurs » lui assura l'un des participants.

Bush saisit la balle au bond : « Qu'est-ce qui vous permet d'en être si sûrs ? »

Tous affirmèrent qu'ils tenaient l'information de gens restés en Irak.

À propos de Saddam, l'un des exilés avança : « Je crois que les Irakiens eux-mêmes le trouveront et le traîneront devant les tribunaux. » Un autre confirma, ajoutant qu'il était possible qu'ils le trouvent, mais pas certain.

À la question de savoir de quoi auraient besoin les Irakiens pour l'après-Saddam, ils parlèrent d'argent frais, d'installations médicales et d'aide humanitaire immédiate. Ils apaisèrent les inquiétudes du président : le pays ne connaissait pas la famine, mais il y avait bien des poches de malnutrition, oui.

Quant à la fracture entre la minorité sunnite au pouvoir et la majorité chi'ite, elle n'était ni aussi violente ni aussi nette que le pensaient généralement les observateurs hors d'Irak, expliqua l'un des opposants. Saddam s'était simplement employé à diviser pour mieux régner.

« Et l'élite, à quoi ressemble-t-elle ? » s'enquit le président. « Ce sont des gens qui ont une formation supérieure ? Il en reste beaucoup, ou bien ont-ils été victimes de purges, comme en Chine ? » Puis, sans leur laisser le temps de répondre, il enchaîna : « Supposons que Saddam Hussein n'est plus là. Il y a une vacance du pouvoir. Comment voyez-vous la situation ? »

Cheney qui, comme à son habitude, n'avait pratiquement rien dit, intervint : « Nous devrons nous faire discrets dans la phase de l'après-guerre. »

Les Irakiens en exil étaient d'avis qu'il était indispensable de trouver dès maintenant les individus capables de remplir ce vide.

« Vous pensez que la diaspora rentrera ? » demanda Bush.

L'un des opposants répondit d'un oui catégorique.

« C'est un point important, car la démocratisation de l'Irak se fera d'autant mieux que les Irakiens qui savent ce qu'est une démocratie pour l'avoir vécue reviendront au pays » poursuivit le président. « Combien de temps les militaires devront-ils rester, d'après vous ?

— Deux ou trois ans, lui dit-on.

— Comment éviter de donner l'impression que les États-Unis placent leur homme et imposent leur volonté ? »

Là, personne n'avait de réponse. Le président passa à la question suivante :

« Par quels moyens les Irakiens s'informent-ils ? Par e-mails ?

— Non, ils écoutent plutôt le service étranger de la BBC et ils captent les fréquences de Voice of America. Le gouvernement a noyauté tous les serveurs

Internet, et quiconque tenterait de se connecter au Web pour consulter le site d'un groupe d'opposition serait liquidé sur-le-champ. »

L'un des quatre représentants des exilés estimait qu'il leur fallait un dirigeant comparable à Hamid Karzaï en Afghanistan, qu'il faudrait mettre en place un conseil de gouvernement, prévoir un accès à Internet, et assurer aux Irakiens des loisirs et de la nourriture.

Le président les remercia et mit fin à la réunion : « Nous ne sommes parvenus à aucune conclusion » leur dit-il. « Je vous considère, vous et la diaspora, comme des partenaires. Votre mission est de réunir les gens qui sont prêts à aider et qui veulent rentrer en Irak. Ma mission est de convaincre le monde et de gagner la guerre. Je ne suis pas certain que ce soit à moi de désigner le prochain chef de l'État irakien. Je suis intimement convaincu que la normalisation de la situation débouchera sur la paix entre Israël et les Palestiniens. Peut-être que dans un an, nous sablerons le champagne pour fêter la victoire et parler de la transition vers la liberté. »

Rumsfeld n'avait aucune envie de devoir entrer un jour dans le Bureau Ovale pour dire au président : « Eh bien, ça y est. À partir de maintenant, le pays a perdu toute crédibilité et nous mettons des vies en danger. » Il s'efforçait de se mettre à la place de Bush et veillait à ce que celui-ci n'aille pas trop loin dans ce qu'il disait, pensait ou laissait entendre, ou du moins pas au point de condamner toute alternative à la guerre. Il savait pourtant qu'à un moment donné, Bush ne devrait plus reculer, qu'il n'en aurait d'ailleurs plus les moyens. Et ce moment arriverait bien avant qu'il n'ait à donner le feu vert aux forces spéciales, le fameux point de non-retour dont parlait

Franks. « J'ai tenté de lui faire comprendre très tôt qu'il allait se retrouver au pied du mur » raconta par la suite Rumsfeld.

« À un moment donné, tout se précipite, ajouta-t-il. Et c'est précisément là que l'on doit regarder les pays voisins bien en face et exiger d'eux une décision qui les met en danger. Et à ce moment-là, le président doit parfaitement connaître tous les paramètres. » Et de fait, entre l'accélération des mouvements de troupes et les risques que prenait la CIA, les États-Unis mettaient de plus en plus en danger les pays voisins, particulièrement la Jordanie et l'Arabie Saoudite.

Rumsfeld mit le président en garde : « Si vous devez décider de ne pas y aller, c'est notre pays et nos relations qui se trouveront en danger, et peut-être de nombreuses vies. » Dans une telle hypothèse, pour limiter les dégâts il faudrait « qu'il y ait une raison tout à fait valable de ne pas aller jusqu'au bout. La capitulation ou le départ de Saddam Hussein, par exemple, ou quelque chose du genre ». En fait, Rumsfeld disait au président qu'il n'aurait bientôt plus d'autre option que la guerre. Une guerre devient vraiment inévitable dès lors que des pays et des individus prennent de gros risques au nom des États-Unis. Et dans le cas présent, souligna Rumsfeld, les pays de la région qui aidaient en sous-main les États-Unis allaient bientôt prendre des décisions qui les mettraient encore plus en danger. Encore plus de vies humaines pèseraient dans la balance. Le point de non-retour approchait.

Début janvier, le président prit à part son secrétaire à la Défense : « Je crains que nous ne soyons obligés d'y aller » lui confia-t-il. Saddam était en train de les rouler dans la farine. « Je ne vois pas comment nous pourrions le contraindre à faire quelque chose qui réponde aux exigences de l'ONU, et nous devons partir du principe qu'il ne fera rien pour se plier à la résolution. »

Rumsfeld estimait que la décision était donc prise. Il demanda l'autorisation d'alerter quelques intervenants étrangers qui auraient un rôle crucial à jouer.

Bush donna son aval, mais non sans demander une fois encore à son ministre quand il serait vraiment contraint de trancher.

« Quand votre équipe regardera le peuple droit dans les yeux pour lui dire que nous y allons, monsieur le Président. »

25

Cheney, qui s'entretenait pratiquement tous les jours avec le président était maintenant convaincu que celui-ci avait pris sa décision. Mais il était moins certain que les éventuels alliés des États-Unis suivraient si Washington ne leur fournissait pas de garanties fermes. Comme Rumsfeld, il pensait qu'il était grand temps de leur annoncer clairement que la guerre allait démarrer. Les États-Unis étaient désormais allés trop loin pour pouvoir se permettre de se retirer et de les planter là, en les laissant dans une région menacée par un dangereux dictateur.

Cheney estimait qu'une fois que le président aurait officiellement déclaré son objectif de changement de régime à Bagdad, lancé les déploiements militaires et engagé la CIA sur le terrain, il serait condamné à aller jusqu'au bout — sauf à refaire la même erreur que Clinton, qui avait multiplié les grands discours mais n'était jamais passé à l'action.

L'un des principaux pays à mettre au parfum au plus vite et à entraîner dans l'aventure était l'Arabie Saoudite. L'idée de perdre le soutien de Riyad — hypothèse que Franks avait évoquée quelques jours plus tôt — était extrêmement déstabilisante. L'Arabie Saoudite se trouvait en position particulièrement délicate dans le monde musulman : Ben Laden avait créé son mouvement Al Qaïda en grande partie en réaction à l'attitude du roi saoudien qui, malgré son rôle officiel et spirituel de gardien des deux grandes mosquées de La Mecque et de Médine, avait laissé pénétrer en terre sainte les « infidèles », c'est-à-dire les soldats américains. Depuis les prémices de la guerre du Golfe de 1991, la collaboration active et suivie du roi Fahd avec les Américains alimentait un mouvement islamiste fondamentaliste. En emboîtant à nouveau le pas aux États-Unis dans une deuxième guerre du Golfe contre Saddam, l'Arabie Saoudite prenait un risque énorme, surtout si cette intervention n'aboutissait pas à la chute de Saddam.

Cheney tenait à informer lui-même les Saoudiens. Un précédent mémorable lui donnait une très bonne raison de le faire : plus de douze ans plus tôt, le vendredi 3 août 1990, juste après que Saddam eut envahi le Koweït et menacé d'entrer en Arabie Saoudite, Cheney, qui était alors secrétaire à la Défense de Bush père, avait convoqué dans son bureau du Pentagone l'ambassadeur saoudien, le prince Bandar. Son chef d'État-Major Interarmes, Colin Powell, et son sous-secrétaire à la Défense chargé de la stratégie, Paul Wolfowitz, les avaient rejoints.

Le président George H. W. Bush avait ordonné à Cheney d'informer Bandar des plans de guerre américains visant à protéger l'Arabie Saoudite et à expulser Saddam du Koweït. Cheney avait convié ses visiteurs à s'installer autour de la petite table ronde de son bureau, et avait assuré à Bandar que les États-Unis étaient déterminés à intervenir. Il lui avait montré des copies de clichés haute résolution ultraconfidentiels, sur lesquels on voyait des divisions irakiennes se dirigeant droit sur l'Arabie Saoudite. Powell avait résumé le plan d'action américain, qui prévoyait plus de quatre divisions, trois porte-avions, ainsi que de nombreuses escadres aériennes, soit, dans un premier temps, un contingent de 100 000 à 200 000 hommes... « Eh bien, voilà qui au moins prouve que vous êtes sérieux », avait concédé Bandar. Cheney et Powell voulaient que l'Arabie Saoudite les autorise à déployer leurs forces sur son territoire, et Bandar leur avait assuré qu'il plaiderait leur cause auprès du roi Fahd.

À peine Bandar avait-il quitté la pièce que Wolfowitz proposait de mettre les forces américaines en état d'alerte.

« Il nous bluffe » avait averti Powell, qui jugeait urgent d'attendre.

Mais bientôt, les soldats américains se déployaient en Arabie Saoudite.

Le 11 janvier 2003, Cheney invita donc à nouveau Bandar, mais ce fut cette fois-ci dans son bureau de l'aile ouest de la Maison Blanche qu'il le reçut, en présence de Rumsfeld et du général Richard B. Myers, chef de l'État-Major Interarmes.

Bandar voyait en Rumsfeld le secrétaire à la Défense le plus intransigeant que les États-Unis aient jamais eu, plus encore que Cheney. C'était sans doute, se disait-il, parce que Rumsfeld n'avait plus rien à perdre : il était âgé, c'était la deuxième fois qu'il occupait ce poste, et il avait déjà réalisé beaucoup de choses. Son assurance, peut-être excessive, faisait de lui le chef de guerre idéal.

L'un des objectifs de la réunion était de convaincre Bandar qu'il fallait faire entrer les forces américaines en Irak à partir du sol saoudien. Riyad ne se bornerait pas à fournir une aide logistique pour les secours, les communications et le réapprovisionnement en carburant. Des cinq autres pays frontaliers de l'Irak, seuls le Koweït et la Jordanie appuyaient une opération militaire. Il était essentiel d'utiliser les quelque 800 km de frontière entre l'Irak et l'Arabie Saoudite, sans quoi on laisserait une brèche béante au sud, entre le petit tronçon de 250 km avec le Koweït et la lisière de 160 km à peine qui séparait l'Irak de la Jordanie.

Assis sur un coin de bureau, Myers déplia une grande carte estampillée TOP SECRET NOFORN, NOFORN signifiant « no foreign », il s'agissait d'un document classifié qui ne devait être dévoilé à aucun étranger.

Myers présenta son plan de bataille : dans un premier temps, une campagne de bombardements aériens massifs étalée sur plusieurs jours larguerait trois ou quatre fois plus de bombes que pendant les 42 jours de la guerre du Golfe. Les principales cibles seraient les divisions de la Garde républicaine, les services de sécurité, et le Centre de commandement et de contrôle de l'armée de Saddam. Puis, on lancerait une offensive terrestre à partir du Koweït, en ouvrant éventuellement en Turquie un front nord appuyé par la 4e division d'infanterie, si Ankara acceptait d'ouvrir son territoire aux forces américaines. Le projet prévoyait également un recours massif aux forces spéciales et aux unités d'action des services secrets, chargées de sécuriser tous les sites stratégiques irakiens à partir desquels Saddam pouvait lancer un missile ou un avion contre l'Arabie Saoudite, la Jordanie ou Israël.

« Vous n'êtes pas sans savoir, Excellence, que nous avons d'ores et déjà des agents à l'intérieur », rappela Myers, en parlant des équipes paramilitaires de la CIA.

« J'en ai effectivement été informé », répliqua Bandar.

Les forces spéciales et les agents secrets distribue-raient 300 millions de dollars aux chefs tribaux et aux dirigeants religieux irakiens ainsi qu'aux forces armées de Saddam.

« Nous avons perdu l'effet stratégique de surprise après nous être enlisés dans le processus des Nations unies et nous sommes en train de perdre l'effet tactique de surprise, expliqua Myers. Mais le général Franks a eu une idée qui va nous permettre de très bien nous passer de l'effet de surprise. »

Il fallait pour cela occuper les 800 km de frontière irako-saoudienne. C'était de là que seraient lancées les forces spéciales, les équipes du renseignement et d'autres opérations de frappe. Myers précisa que s'ils avaient eu d'autres solutions, ils n'auraient rien demandé aux Saoudiens.

Bandar savait que son pays n'aurait pas grand mal à camoufler l'arrivée des troupes américaines : il suffirait de fermer l'aéroport civil d'Al Jawf, dans le désert du nord, de faire décoller des hélicoptères saoudiens jour et nuit pour patrouiller la frontière pendant une semaine, puis de se retirer. Les forces spéciales américaines pourraient alors installer une base sans trop attirer l'attention.

Bandar, qui avait été pilote de chasse, examina attentivement la carte classée top secret et posa quelques questions sur les opérations aériennes. À tout hasard, il demanda s'il pouvait avoir une copie de la carte afin d'appuyer son rapport au prince héritier.

« Ce n'est pas en mon pouvoir », s'excusa Myers.

« Nous vous fournirons tous les renseignements que vous voudrez, ajouta Rumsfeld. Je préférerais ne pas vous donner la carte, mais si vous le souhaitez, vous pouvez prendre des notes.

— Tant pis, ce n'est pas essentiel. Permettez-moi juste de l'étudier un peu » fit Bandar. Il s'efforça de la mémoriser entièrement, les grands mouvements terrestres, le positionnement des forces spéciales et des équipes du renseignement, clairement indiqués sur la carte.

Pour Bandar, il n'était pas question que les Saoudiens s'impliquent directement dans la guerre si tout cela n'était qu'une manœuvre d'intimidation, dans l'espoir que Saddam parte ou négocie une paix. Si Saddam trouvait à nouveau une porte de sortie, les Saoudiens avaient gros à perdre. Mais si le but de la manœuvre était bel et bien d'éliminer Saddam, ils seraient prêts à participer. Bandar rappela la devise du président Lyndon Johnson : « Ne dites jamais à quelqu'un d'aller au diable si vous n'avez pas la ferme intention de l'y envoyer. »

Rumsfeld regarda Bandar droit dans les yeux : « Croyez-moi, vous pouvez compter là-dessus » lui assura-t-il en pointant un doigt sur la carte. « Vous ne trouverez pas de meilleure garantie. Ce que vous voyez là est exactement ce qui va se passer. »

« Quelles chances Saddam aurait-il d'en réchapper ? » demanda l'ambassadeur saoudien. Il savait que le cas échéant, Saddam n'hésiterait pas à faire tuer tous les hauts responsables qui avaient participé à la guerre du Golfe de 1991, à commencer par lui-même.

Rumsfeld et Myers ne répondirent pas. L'ombre d'un doute passa sur le visage de Bandar :

« Saddam disparaîtra-t-il du paysage, cette fois-ci, oui ou non ? insista-t-il. Que ferez-vous de lui ? »

Cheney qui, comme à son habitude, était resté en retrait de la conversation, trancha : « Prince Bandar, dès que nous lancerons l'offensive, Saddam sera foutu. »

En se levant pour prendre congé, Bandar se tourna vers Cheney : « Cela me rappelle étrangement notre réunion avec Colin » ironisa-t-il. Cheney laissa échapper un petit gloussement. « À cette différence près que cette fois-ci, ce n'est pas du bluff, monsieur le vice-président » ajouta le Saoudien, laissant clairement entendre qu'il avait eu vent de la réflexion de Powell.

Le commentaire parut amuser Cheney. Puis l'ambassadeur en revint à un ton plus officiel : « Je suis aujourd'hui convaincu que j'ai là quelque chose que je peux montrer au prince Abdallah. Et je pense pouvoir le convaincre. Mais je ne peux pas lui dire que la demande vient de vous, de Myers ou de Rumsfeld. Je dois lui transmettre un message direct du président.

— Très bien, concéda Cheney. Je vous rappellerai. »

En les quittant, Bandar était persuadé qu'ils l'avaient informé d'une guerre imminente, mais ils l'avaient déjà par le passé bercé de belles promesses qui n'avaient jamais débouché sur rien de concret. Désormais, il exigeait une garantie supplémentaire : une demande officielle qui émane directement de Bush.

Entre-temps, dans le bureau de Cheney, Rumsfeld était encore abasourdi par l'aplomb du vice-président qui avait pratiquement vendu la peau de Saddam.

« Mais nom de Dieu, Dick, qu'est-ce qui vous a pris ?!

— Je ne voulais surtout pas qu'il puisse avoir le moindre doute sur nos intentions » expliqua Cheney. Il tenait à ce que Bandar sache que c'était du sérieux, mais il ne serait aussi franc avec personne d'autre. Après tout, il connaissait Bandar depuis longtemps.

À peine monté dans sa voiture, l'ambassadeur saoudien s'empressa de griffonner de mémoire les détails de ce qu'il avait vu sur la carte. En arrivant chez lui, il déplia une grande carte muette de la région qui lui avait été fournie par la CIA et entreprit de reconstituer le plan pas à pas.

Le dimanche, Condoleezza Rice informa Bandar que le président le recevrait dès le lendemain, lundi 13 janvier. Bush et Bandar étaient tous deux très préoccupés par la politique obstructionniste des Européens. La France, l'Allemagne et la Russie monopolisaient les débats aux Nations unies, s'interrogeant sur le sens, les attentes et le calendrier des inspections de désarmement. Les trois pays insistaient pour donner davantage de temps à Hans Blix.

« Il ne faut pas compter sur ces gens-là, mais ils ne peuvent pas non plus faire de mal », assura l'ambassadeur saoudien au président. Ils voulaient jouer dans la cour des grands, mais manquaient encore d'envergure.

C'était exactement ce que Bush avait envie d'entendre, mais certains de ses plus proches collaborateurs l'avaient averti qu'en cas de guerre, il devrait s'attendre à une forte réaction du monde arabe et musulman, qui ferait peser une lourde menace sur les intérêts américains.

« Allons, monsieur le Président, n'exagérons rien ! À vous entendre, on dirait que c'est l'Arabie Saoudite que vous attaquez, et le roi Fahd que vous essayez de capturer. Nous parlons de Saddam Hussein. Croyez-moi, il n'y aura personne pour pleurer sur le sort de Saddam Hussein, mais s'il survit à une nouvelle attaque américaine, il en ressortira grandi et plus fort que jamais. S'il en réchappe et s'il reste au pouvoir quand vous aurez fini votre boulot, quel qu'il soit, alors oui, tout le monde le suivra. Et s'il ordonne d'attaquer l'ambassade américaine, croyez-moi, ils l'attaqueront aussitôt. »

« Souvenez-vous de ce qu'on a dit à votre père

avant la guerre du Golfe de 1991, rappela Bandar au président. « "Le monde arabe s'étendra de l'Atlantique jusqu'au Golfe !" Ce n'est pas ce qui s'est passé, et ce n'est pas non plus ce qui se passera cette fois-ci. » Le problème se poserait si Saddam s'en tirait encore. Et les Saoudiens voulaient être sûrs et certains que l'Amérique se chargerait de lui régler son compte.

« Cheney, Rumsfeld et le général Myers vous ont présenté leur plan, n'est-ce pas ? demanda le président.

— En effet.

— Avez-vous d'autres questions pour moi ?

— Aucune, monsieur le Président.

— Dans ce cas, c'est le message que je veux que vous transmettiez en mon nom au prince héritier. Le message dont vous êtes porteur est le mien, Bandar.

— Très bien, monsieur le Président. »

Bandar était persuadé que c'était exactement ce que Cheney avait demandé à Bush de dire.

« Attendez-vous autre chose de moi ?

— Non, monsieur le Président. »

Bandar pouvait désormais retourner en Arabie Saoudite, répéter au prince héritier tout ce que Cheney et Rumsfeld lui avaient dit et montré, comme si cela émanait directement du président. Peu après, il fut reçu en audience privée avec le prince héritier, à qui il présenta les détails et la carte.

À 79 ans, le prince Abdallah, demi-frère du roi Fahd, était celui qui prenait véritablement les décisions en Arabie Saoudite. Fahd, gravement malade, n'exerçait que techniquement le pouvoir. Comme Bush, Abdallah recevait des avis contradictoires de ses ministres de la Défense, de la Sécurité et des Affaires étrangères. Il voulait entendre directement ce que Bandar avait à dire. Visiblement inquiet, voire terrifié, il était plutôt partisan du moindre engagement, et du moindre risque. Comment le roi aurait-il géré la situation, comment aurait-il traité avec ce jeune président américain ? Quel était le climat aux États-Unis ? Quelles étaient les chances de réussite ? Y avait-il des certitudes dans l'affaire ?

Bandar s'efforça de s'en tenir aux faits. Le prince héritier l'écouta et conclut : « Motus et bouche cousue. Pas un mot à qui que ce soit en attendant de voir ce qu'il faut faire. »

Andy Card ne pensait pas que le choix de la guerre était irrévocable sous prétexte que l'on s'était engagé vis-à-vis d'un allié tel que l'Arabie Saoudite. Bush pouvait encore se rétracter. Ce dédit aurait certes des conséquences, considérables peut-être, mais s'il s'avérait nécessaire et si c'était la bonne chose à faire, ils pourraient toujours assumer les conséquences et en payer le prix, si élevé fut-il politiquement. Ce ne serait pas la première fois que les Saoudiens, comme d'autres, seraient déçus. L'administration Bush n'était pas pieds et poings liés. Mais Card n'eut pas l'occasion de faire part de ses réflexions au président.

Au moment où Bush recevait Bandar, le général Michael Hayden, directeur de la NSA, réunissait les hauts responsables de son agence dans l'auditorium Friedman du siège de la NSA, pour un « conciliabule » ultraconfidentiel. Il leur annonça qu'il allait transmettre les interceptions classifiées les plus sensibles au Centre de commandement opérationnel. Il travaillait à ce projet depuis quatre mois, et venait de publier officiellement ce qu'on appelait une « Déclaration d'intention du directeur » pour une guerre avec l'Irak. Elle déclarait notamment : « Si j'en reçois l'ordre, je prévois de mener une opération

SIGINT et Assurance des données [la protection des communications américaines sécurisées] afin de répondre aux objectifs de surprise, rapidité et stupeur des commandants sur le terrain, et de fournir aux politiques des données exploitables et opportunes. »

Hayden expliqua qu'il prévoyait d'assurer la rapidité et la souplesse de réaction par une « distribution décentralisée », ce qui en clair signifiait que les messages interceptés seraient directement transmis au front. Pour ce faire, toutes les opérations de renseignement et militaires seraient regroupées sur le serveur Zircon. La NSA n'opérerait pas sur un mode de « hiérarchie classique », mais devrait « partager » et collaborer avec ses agents du renseignement national stratégique et le renseignement tactique sur le terrain d'une part, avec d'autres agences de renseignements américaines, avec les forces de combat alliées et avec les services secrets étrangers d'autre part.

« Nous placerons le renseignement là où il sera nécessaire ; je veux que les responsables de tous les niveaux s'emploient activement à éliminer les obstacles à la diffusion » souligna-t-il, en faisant référence à l'un des principaux problèmes de l'avant-11 septembre. Hayden voulait prévoir une organisation qui permette aux agents d'interception et aux analystes de « maintenir une cadence de combat soutenue ».

L'un des rôles de Condoleezza Rice consistait, comme elle le disait elle-même, à « lire dans la pensée des ministres », notamment de Powell et de Rumsfeld. Puisque le président avait fait part à Rumsfeld de sa décision de partir en guerre, il valait autant qu'il le dise également à Powell, et vite. Powell était proche du prince Bandar, qui était désormais au parfum.

« Monsieur le président, si vous êtes maintenant certain que la guerre est inévitable, vous devez appeler Colin et lui parler » conseilla-t-elle. Powell était chargé de la mission la plus délicate qui soit : préserver l'option diplomatique.

Ainsi, ce lundi 13 janvier, Powell et Bush se retrouvèrent dans le Bureau Ovale. Le président était assis dans son fauteuil attitré, devant la cheminée, et il offrit à son secrétaire d'État la place réservée aux chefs d'État en visite ou aux plus hauts dignitaires. Pour une fois, ni Cheney ni Rice n'étaient dans les parages.

Bush félicita Powell pour son excellent travail sur le front diplomatique, mais entra presque aussitôt dans le vif du sujet : « Les inspections ne nous mènent nulle part. » Les inspecteurs de l'ONU piétinaient lamentablement, et Saddam n'avait visiblement aucune intention de jouer le jeu. « Je pense que je n'ai plus d'autre choix que d'intervenir. » Le président lui annonça qu'il avait pris sa décision : c'était la guerre. Les États-Unis devaient entrer en guerre.

« En êtes-vous tout à fait sûr ? risqua Powell.

— Absolument. » C'était le Bush plein d'assurance qui répondait. Ses gestes tendus, son buste penché en avant confirmaient ses paroles. C'était le Bush des jours qui avaient suivi le 11 septembre.

« Vous mesurez les conséquences » reprit Powell sur un ton qui n'était pas vraiment interrogatif. Depuis près de six mois, il martelait inlassablement ses mises en garde : les États-Unis allaient renverser un régime, ils devraient gouverner l'Irak, mais personne ne pouvait prévoir l'effet dominos au Moyen-Orient et dans le reste du monde. L'escalade vers la guerre avait éclipsé presque toutes les autres questions de relations internationales. Il ne faisait aucun doute que la guerre proprement dite éclipserait toutes les autres questions et capterait à elle seule l'attention du monde entier.

Le président lui assura qu'il y avait bien réfléchi et qu'il mesurait toutes les conséquences de sa décision.

« Et vous savez que vous allez vous retrouver avec ce pays sur les bras » poursuivit Powell, rappelant à Bush ce qu'il lui avait dit lors du dîner du 5 août. Envahir l'Irak reviendrait à prendre sur soi tous les espoirs, toutes les aspirations et tous les problèmes du pays. Powell n'était pas certain que Bush ait parfaitement saisi le sens et les implications d'une totale mainmise des États-Unis.

Le président persistait et signait : « Je pense tout de même que c'est ce que je dois faire, dit-il.

— Très bien » admit Powell.

Bush précisa qu'il ne l'avait fait venir que pour le mettre au courant, en lui faisant bien comprendre qu'il ne s'agissait pas d'un débat, mais du président qui informait l'un des membres de son gouvernement de la décision qu'il avait prise. On était à la croisée des chemins et Bush avait choisi la guerre.

Dans la mesure où il était le seul proche collaborateur de Bush qui privilégiait sérieusement et activement la piste diplomatique, Powell se douta que le président voulait s'assurer qu'il soutiendrait la guerre. C'était une vérification de pure forme, et il n'eut pas l'impression que le président mettait sa loyauté en doute. Pas une seconde, il n'aurait songé à quitter le navire à ce moment-là. Un tel comportement aurait été un acte de déloyauté impensable envers le président, envers le code du bon soldat auquel Powell était si attaché, envers l'armée américaine, et surtout envers les centaines de milliers de *boys* qui iraient se battre.

Il avait fallu longtemps à Bush pour en arriver là. Il n'avait pris sa décision que douze ans après la fin de la guerre du Golfe, douze ans pendant lesquels Saddam n'avait cessé de les narguer, et après plus d'un an de préparatifs de guerre et quatre mois de difficiles négociations diplomatiques aux Nations Unies. La décision tombait également plus de quinze mois après le 11 septembre. En un sens, on pouvait y voir un exemple de patience. Powell avait eu bien du mal à croire à cette patience. Jour après jour, il avait dû se convaincre. Et ce, malgré le gigantesque dispositif de sécurité nationale qui entourait le président, notamment Cheney, Rumsfeld et les responsables de la Défense.

« Êtes-vous avec moi, Colin ? lui demanda le président. Je pense que c'est ce que j'ai à faire, et je veux que vous soyez de mon côté. »

C'était un moment extraordinaire. Le président en était presque à implorer son secrétaire d'État, le premier personnage de son gouvernement, et le représentant de son Administration le plus visible après lui. Ce n'était pas du marchandage, mais une simple question : oui ou non ?

« Je ferai de mon mieux, répondit Powell. Oui, monsieur, je vous soutiendrai. Je suis de votre côté, monsieur le Président.

— Eh bien, c'est le moment d'enfiler votre uniforme de campagne » ordonna Bush à l'ancien général. Il n'avait aucune objection à ce que son secrétaire d'État garde sa casquette diplomatique, mais la situation avait changé.

« Il est déterminé à y aller » se dit Powell en quittant le Bureau Ovale. C'était un tournant capital. Powell s'était rendu compte que Bush junior n'était

404

pas le genre d'homme à agir à l'aveuglette. L'ancien général ne savait pas exactement à quel moment Bush avait reconsidéré ses décisions, s'était repassé le film de tous les débats, avait pesé le pour et le contre, mais il en était très certainement passé par toutes ces phases. La nuit, peut-être ? Powell, lui, fonctionnait toujours ainsi. À moins que Bush ne se soit jamais posé la question ? Était-ce possible ? Il avait pourtant affiché une si belle assurance...

Quoi qu'il en fût, Powell se sentit conforté dans son rôle diplomatique, et il voulait mener sa mission à son terme. C'était peut-être la réponse. La conclusion du président ne laissait place à aucun doute : plus rien ne permettrait d'éviter la guerre. Mais cette assertion partait du principe que les négociations et les inspections des Nations unies déboucheraient sur une impasse. Powell, lui, se dit qu'il y avait peut-être encore une chance de trouver une autre issue, et il pensait avoir encore le temps, même si Bush avait déjà franchi le Rubicon. Il était tout à fait conscient du fait que les initiatives diplomatiques risquaient de poser problème au président, en ceci qu'elles pouvaient le contraindre à faire machine arrière. Mais son raisonnement était le suivant : son objectif n'était pas d'aller à rencontre de la décision présidentielle, mais de jouer les cartes diplomatiques qu'il avait en main. Dans son esprit, il n'agissait pas contre la volonté de son patron, mais simplement contre son intuition, qui lui disait que la diplomatie était vouée à l'échec.

Il était aussi délicat que dangereux de jouer à distinguer volonté et intuition. Mais pas une seule fois au cours de toutes les réunions, conversations, discussions et consultations, Bush n'avait demandé à Powell ce qu'il ferait à sa place. Jamais il ne lui avait demandé un conseil. Pas la moindre analyse prospective.

Le président redoutait peut-être la réponse. Et peut-être que Powell redoutait de répondre. Après tout, ç'aurait été une occasion de dire qu'il n'était pas d'accord. Mais ils n'avaient pas abordé cette question fondamentale, et Powell n'avait pas l'intention d'insister. Il se refusait à intervenir sur une prérogative qui incombait entièrement au président — celle de décider de la guerre ou de la paix — sans y être expressément invité. Et il n'y avait pas été invité.

Powell pensait que Saddam pouvait être contenu et finirait par céder. Et des pressions soutenues, diplomatiques, économiques, militaires et la CIA pouvaient le faire céder encore plus vite. Peut-être que, contrairement à ce que disait le président, le temps jouait en leur faveur. Saddam était désormais totalement isolé et, depuis l'adoption de la résolution 1441 de l'ONU, il n'avait plus un seul allié dans la communauté internationale. La pression était à son comble, mais la pression diplomatique commençait à se relâcher.

Powell se laissait parfois aller à montrer son abattement à ses plus proches amis. Son président et son pays étaient à deux doigts d'une guerre dont il pensait qu'elle pourrait être évitée, mais il ne les lâcherait pas pour autant. Il avait compris dès le 12 septembre 2002, jour où le président avait mis Saddam Hussein au pied du mur aux Nations unies, qu'ils s'étaient engagés pour ce qu'il appelait une « longue patrouille ». Powell n'abandonnerait pas le président dans un instant aussi décisif. Il ne l'aurait fait que s'il avait pensé que tous les arguments en faveur de la guerre étaient entièrement erronés. Et ils ne l'étaient pas. Il avait tout autant envie que les autres de voir disparaître ce salopard.

Il se demandait également si une guerre serait immorale. Il ne pouvait pas non plus prétendre cela. Il était évident que le président était convaincu qu'elle était totalement correcte et morale.

On ne lui avait pas demandé de renoncer à la voie diplomatique. Il espérait donc encore parvenir à sortir un lapin de son chapeau aux Nations unies. Ce qui serait sans doute un soulagement pour Bush, mais pas une satisfaction, un soulagement en ceci que tout ce contre quoi Powell l'avait mis en garde n'arriverait pas, mais pas une satisfaction, car l'homme fort de Bagdad serait toujours en place.

La diplomatie prendrait désormais des allures de devinettes, ou ressemblerait à la pantomime codifiée du théâtre kabuki, auquel Powell faisait souvent référence.

Il n'avait pas sous-estimé la farouche détermination du président à renverser Saddam. Mais il avait probablement sous-estimé son propre rôle face à un président et à un vice-président tout aussi farouchement déterminés à partir en guerre.

Le président rendit compte de son entretien avec Powell à Andy Card : « Je lui ai annoncé que tout semble indiquer que nous allons devoir y aller, que nous y allons. Et il m'a assuré qu'il serait avec moi. »

Card se doutait que certains collaborateurs du premier cercle, et surtout Powell, espéraient encore vainement trouver une solution diplomatique. Mais ce n'était pas le cas du président, qui était désormais contraint de dire aux autres qu'ils allaient devoir suivre.

Mais le directeur de cabinet, dont le rôle était précisément d'envisager toutes les questions sous différents angles, pensait aussi que l'entretien engagerait peut-être Powell à se montrer un peu plus créatif et énergique pour relancer la voie diplomatique.

Card comparait parfois le président à un cavalier de cirque menant deux chevaux à la fois, un pied sur la diplomatie, un autre sur la guerre, les deux brides en main, lancé au grand galop vers le changement de régime. Mais voilà, chaque cheval avait des œillères, et il était désormais clair que la diplomatie ne lui permettrait pas d'atteindre son objectif, et Bush avait lâché ce cheval pour ne plus cravacher que celui de la guerre.

Près d'un an plus tard, le président m'accorda une dizaine de minutes pour reconstituer à partir de ses souvenirs son entretien avec Powell. « Je crois que vous tenez la bonne version des faits, finit-il par dire. J'étais très stressé, à l'époque. Mais notre conversation fut très chaleureuse. Je dirais même cordiale. Moi, j'étais assis ici », fit-il en tapotant sur son fauteuil du Bureau Ovale, « et lui là », ajouta-t-il en indiquant le siège réservé aux grands dignitaires. « La conversation n'a pas duré longtemps. En fait, si vous consultez les archives, vous verrez qu'elle a même été relativement brève. » Les archives de la Maison Blanche montrent effectivement que Bush n'avait reçu son secrétaire d'État que douze minutes. « Il n'y avait pas grand-chose à débattre. Je lui ai simplement annoncé que selon toute vraisemblance, nous allions déclarer la guerre. »

Le président souligna qu'il avait bel et bien demandé à Powell de soutenir son initiative militaire, mais il s'empressa d'ajouter : « Je n'avais pas besoin de son autorisation. »

26

Le lendemain matin, mardi 14 janvier, Bush attendait le président polonais Aleksander Kwasniewski. Quelques instants avant l'entrevue, il trahit à nouveau publiquement son exaspération en changeant d'avis sur le temps qu'il restait à Saddam pour s'exécuter. Alors que huit jours plus tôt, il avait officiellement déclaré que le dictateur irakien avait « encore du temps », ce matin-là, il lança aux journalistes : « Le temps est compté pour Saddam Hussein. »

S'il était une chose dont Bush était certain, c'est qu'il n'avait pas de meilleur ami sur le continent européen que le très populaire président polonais qui, à 47 ans, entamait son deuxième mandat et avait accepté d'engager ses troupes dans la guerre. En juillet 2002, les Bush l'avaient convié avec son épouse à l'un de ces dîners officiels dont la Maison Blanche est généralement très avare.

Lors de cette nouvelle entrevue privée, Kwasniewski confia au président que l'antiaméricanisme atteignait des niveaux extrêmement préoccupants en Pologne. Son soutien à Bush lui posait un grave problème politique.

Son homologue américain tenta de le rassurer : « Une victoire contribue à faire tourner l'opinion. Si nous engageons des troupes, nous apporterons à manger au peuple irakien » dit-il, comme si ce geste humanitaire pouvait influencer l'opinion publique polonaise. Puis, passant à la question des armes de destruction massive, il rappela qu'il existait un protocole à la disposition des pays qui souhaitaient prouver au reste du monde qu'ils se débarrassaient de leurs armes non conventionnelles. L'Afrique du Sud avait donné l'exemple, ouvrant sans réserve ses archives et ses installations aux inspecteurs en désarmement. Saddam n'avait rien fait de tel. « À mon avis, il est temps d'intervenir rapidement, mais nous n'agirons pas dans la précipitation, dit Bush, ajoutant : Mais le temps presse, et nous n'attendrons pas très longtemps. »

« Nous gagnerons » décréta fermement le président polonais. Puis, imitant presque Colin Powell, il baissa d'un ton et demanda prudemment : « Mais quelles en seront les conséquences ? » Après un bref silence, il reprit : « Il vous faut un soutien international massif et large. Nous sommes de votre côté, n'en doutez pas. Le risque est que les Nations unies s'effondrent. Qu'est-ce qui les remplacerait ? »

C'étaient là des questions épineuses, que Bush s'employa à éluder : « Nous sommes persuadés que le monde musulman, comme le monde chrétien, peut se développer de façon libre et démocratique. »

Pour Bush, la seule chose qui comptait, c'était que la Pologne le suive et lui fournisse des contingents.

Le 15 janvier, Bush réunit son cabinet de guerre pour connaître les détails de l'aide alimentaire et des autres initiatives humanitaires envisagées. « C'est la plus importante initiative humanitaire jamais préparée », assura Eliott Abrams, conseiller à la sécurité nationale chargé des questions du Moyen-Orient.

Conservateur convaincu, cet homme de 55 ans avait travaillé au département d'État sous l'administration Reagan et avait reconnu avoir dissimulé des informations au Congrès pendant la crise de l'Irangate. En 1992, il avait été pardonné par Bush père. Abrams était un personnage controversé, mais Rice et Hadley appréciaient son côté bureaucrate travailleur et intransigeant. Il avait participé à la planification de l'aide humanitaire pour la guerre d'Afghanistan.

Abrams informa le président que les pénuries alimentaires commençaient à se faire sentir en Irak. On dénombrait d'ores et déjà 800 000 personnes déplacées à l'intérieur du pays et 740 000 réfugiés. Le programme onusien Pétrole contre nourriture, qui autorisait à l'Irak des quotas d'exportations pétrolières pour acheter de la nourriture, représentait une partie de l'approvisionnement alimentaire du pays. Près de 60 % des Irakiens en dépendaient totalement, et plus encore en dépendaient partiellement. La guerre risquait de déplacer 2 millions de personnes de plus. Les États-Unis stockaient des provisions, des tentes et de l'eau pour un million de déplacés, et finançaient d'autres agences des Nations unies et organisations non gouvernementales (ONG) chargées de gérer la distribution des stocks humanitaires pour un million de réfugiés supplémentaires.

Robin Cleveland, un spécialiste de la sécurité nationale à la direction de la politique budgétaire, prit le relais d'Abrams pour expliquer que les fonds devaient être discrètement versés à ces ONG, quitte, dans certains cas, à les faire passer pour de simples cotisations, car bon nombre de ces organisations ne voulaient pas donner l'impression d'être favorables à la guerre. Tous les financements seraient bouclés dès fin février. Rumsfeld demandait depuis un certain temps à ses collègues d'évaluer les besoins et les coûts de la reconstruction. Chiffres en main, ils pourraient alors demander une rallonge budgétaire au Congrès dès le premier jour de la guerre et, dans la foulée, lancer les appels d'offres.

Abrams expliqua que le nombre exact de réfugiés et de personnes déplacées dépendrait autant des tensions interethniques, des violences et représailles et des alertes aux ADM, que de la durée et de l'intensité des combats, et de la capacité d'apporter de l'aide aux populations dans leurs villages, pour éviter des exodes massifs. L'objectif était d'assurer une pénétration rapide, au fur et à mesure que les régions passeraient sous contrôle américain.

Abrams et Cleveland présentèrent à Bush une vue d'ensemble des opérations, détaillant l'emplacement prévu des centres opérationnels civils et militaires américains et des équipes de secours d'urgence, le rôle qui incomberait au Haut Comité des Nations unies aux réfugiés et à la Croix-Rouge, et le temps qu'il faudrait pour relancer le programme Pétrole contre nourriture. L'idée de poursuivre ce programme n'était pas pour plaire à tout le monde, mais Abrams tenait à garder les structures existantes, tout au moins dans un premier temps.

Le président donna son accord.

Un autre volet fondamental de leur intervention consistait à protéger les infrastructures humanitaires en Irak et à empêcher le bombardement des hôpitaux et des stations d'épuration. Les spécialistes de planification du Conseil de sécurité nationale, de la Défense et de l'Agence pour le développement international (USAID) s'étaient rendus au Centre de commandement du général Franks dès novembre pour apporter leur pierre au plan militaire et soumettre une liste de sites à protéger, tels que les cliniques, les installations hydrauliques et le réseau électrique. À la fin 2002, ils avaient communiqué un numéro de téléphone et une adresse Internet aux agences de l'ONU et aux ONG pour leur permettre d'ajouter à cette liste les lieux qu'elles souhaitaient protéger. Si bien que la fameuse liste comportait désormais des milliers de sites, que Franks et son état-major avaient intégrés à leur plan d'attaque.

Abrams projeta une série de graphiques sur l'entreprise de reconstruction, le programme sanitaire, l'éducation, la gestion de l'eau et l'électricité. Il y avait en Irak 250 hôpitaux, 5 centres hospitaliers universitaires, et 20 hôpitaux militaires, totalisant quelque 33 000 lits et 9 400 médecins. Une autre page énumérait tout ce qui pouvait faire obstacle aux initiatives humanitaires : les affrontements interethniques ou les bombardements irakiens sur les barrages, par exemple.

« Nous avons là une occasion de donner une nouvelle image des États-Unis », conclut le président. « Nous devons tirer le meilleur parti de ces actions humanitaires dans notre diplomatie publique. Je veux bâtir un capital sympathie. Je veux des navires chargés et prêts à acheminer de la nourriture et du matériel humanitaire, de sorte que nous puissions entrer très vite. Il y a assez d'impondérables comme ça. Nous n'avons pas les moyens de nous laisser prendre de court faute de préparation. »

En fin de semaine, le vendredi 17 janvier, le président voulut aller rendre visite aux blessés d'Afghanistan à l'hôpital militaire Walter Reed. Ce serait son plus proche contact avec les horreurs de la guerre.

Accompagné de Laura, le président se rendit à Walter Reed, à une dizaine de kilomètres au nord de la Maison Blanche. Ils s'arrêtèrent d'abord dans la chambre d'un soldat en fauteuil roulant.

« Le pays tout entier vous remercie pour votre action et pour votre sacrifice. Vous venez de Californie, c'est ça ? » lui dit le président avant de poser avec lui pour quelques photos. « Nous sommes reconnaissants. Et très fiers de vous. Dieu vous bénisse, mon garçon. »

Dans la chambre voisine, un soldat qui avait sauté sur une mine antipersonnel et y avait laissé une jambe et plusieurs doigts était allongé sur son lit avec son fils. Sa mère se tenait près de lui.

Bush lui raconta l'histoire d'un de ses anciens adjoints au Texas, qui avait perdu une jambe, mais qui avait appris à remarcher avec une prothèse et avait désormais repris la course à pied. « Ils font d'excellentes prothèses, maintenant, commenta-t-il. Vous verrez, vous aussi vous recommencerez à courir. »

L'un des assistants du président vit passer une lueur d'incrédulité sur le visage du soldat. Il ne pensait visiblement pas que la parole du commandant en chef des armées suffirait à lui rendre sa mobilité.

« Je suis désolé de ce qui vous est arrivé, ajouta Bush. Mais il faut continuer à vous battre. Vous prouverez que le maître de votre destin, c'est vous.

— Compris, m'sieur le Président », acquiesça mollement le soldat.

Bush lui assura qu'il avait bien de la chance d'être traité dans cet hôpital qui était l'un des meilleurs, et lui demanda où il avait été blessé et depuis quand il était là.

« Souvenez-vous bien de ce que je vous dis, insista le président. Bientôt, vous recommencerez à courir. »

Cette prédiction ne parut guère totalement convaincre le soldat.

« Dieu vous bénisse, murmura aimablement Laura Bush.

— Merci d'avoir fait votre devoir », conclut le président avant de filer vers la chambre voisine.

C'était celle d'un sergent hispanique qui s'était blessé en démontant une arme. Il était sérieusement défiguré et avait les lèvres balafrées.

Bush le salua dans son meilleur espagnol : « ¿ *Cómo está* ? »

Le sergent, relié à un cathéter, parvenait à peine à articuler trois mots. Sa mère observait silencieusement la scène.

« Nous sommes fiers de votre fils, lui assura Bush. Il a servi votre pays. Il va s'en tirer, vous verrez. Il est solide, le gaillard. » Sur ce, il épingla au pyjama du sergent une Bronze Star, puis se pencha pour l'embrasser sur le front et, cherchant vainement une main à serrer, il finit par lui saisir le pouce gauche.

Le sous-officier s'agita et articula du mieux qu'il le put :

« Je voudrais pouvoir vous défendre, Monsieur.

— Allons, ne dites pas de bêtises ! s'exclama le président. C'est moi qui suis là pour vous défendre. Je reviendrai vous voir dans un an. Vous verrez, vous serez en pleine forme. »

Ayant appris que le sergent venait de Houston, où vivaient ses propres parents, Bush se tourna vers la mère : « Si vous voyez mes parents, passez-leur le bonjour de ma part. »

Walter Reed figure parmi les meilleurs hôpitaux et est renommé pour l'attention et les soins portés aux malades. Ici, on était à mille lieues de la détresse du front, où les urgentistes en sont souvent réduits à traiter en priorité les cas les plus douloureux et les blessés présentant le meilleur pronostic de survie. Le couple Bush se montra rassuré par l'excellente qualité des soins et du suivi médical. Quarante minutes plus tard, le président s'adressait à la presse dans le hall du premier étage.

« Laura et moi-même venons de rencontrer cinq soldats qui ont fait preuve d'un courage extraordinaire. Cinq de nos plus remarquables concitoyens, qui ont été gravement blessés en accomplissant leur devoir. » Il raconta aux journalistes comment il les avait remerciés pour leurs « nobles, brillants et courageux » états de service, et se félicita à nouveau de les voir désormais bénéficier « des meilleurs soins possibles ». Il prit congé non sans leur souhaiter un bon week-end, et le couple fila pour Camp David. Or ce week-end-là à Washington, des dizaines de milliers de pacifistes devaient se réunir devant la Maison Blanche pour la plus grande manifestation antiguerre depuis l'époque du Vietnam.

Près d'un an plus tard, j'interrogeai le président sur cette visite, programmée juste après sa décision de déclarer la guerre.

« Il est de mon devoir d'aller rendre visite à ces soldats », déclara-t-il avec quelque emphase.

« N'y alliez-vous pas un peu pour mieux vous remémorer les conséquences de la guerre ?

— Absolument pas, protesta-t-il. Non, pas du tout. Je dois y aller, un point c'est tout. C'est beaucoup plus simple que ça. En tant que chef des armées, il est de mon devoir de les remercier pour leurs états de service, de les réconforter, de m'assurer qu'ils ont tout ce dont ils ont besoin. » Sa visite au chevet de quelques blessés ferait rapidement le tour de l'hôpital et les autres malades sauraient qu'il était venu, ajouta-t-il.

« Elle coïncidait tout de même avec le moment de votre décision, lui fis-je remarquer.

— C'est vrai, reconnut-il. Mais je n'ai pas besoin de forcer ma compassion. Je n'ai aucun besoin de me rafraîchir la mémoire pour éprouver de la peine.

J'ai vécu le 11 septembre et j'ai pleuré avec le pays tout entier. En tant que président, j'ai vécu de nombreux instants douloureux. J'ai pleuré avec les veuves d'Afghanistan... J'ai vu ces gosses un an plus tard, qui pleuraient encore leur père ou leur mère. Croyez-moi, je n'ai besoin d'aucune leçon pour savoir ce qu'est la douleur.

« Vous savez, ajouta-t-il, quand on demande à ses concitoyens d'être courageux, et quand on les entraîne dans une voie dangereuse, on doit tout faire pour les réconforter. Je ne peux pas réconforter tout le monde, mais je peux en réconforter suffisamment pour que les autres le sachent. »

Depuis la fin du mois de novembre, Steve Hadley travaillait avec tous les adjoints — Armitage au secrétariat d'État, Wolfowitz à la Défense, McLaughlin à la CIA, Libby au cabinet de la vice-présidence —, pour étudier les possibilités de transfert du pouvoir dans l'Irak de l'après-Saddam, lorsque la phase des combats majeurs serait achevée.

Le général Franks et l'armée avaient baptisé cette étape les « opérations de stabilité » de la Phase Quatre. Hadley voyait plus loin. Il ne s'agissait pas simplement d'assurer la stabilité, politique ou autre ; le président voulait imposer la démocratie. Or, de la stabilité à la démocratie, il y avait un pas. Hadley en avait donc conclu qu'il leur faudrait un programme complet pour l'après-guerre.

Vers le premier de l'an, Douglas Feith, sous-secrétaire à la Défense chargé des dossiers politiques, vint voir Hadley à la Maison Blanche. À 49 ans, ce juriste diplômé de Georgetown et de Harvard était le poulain de Richard Perle et l'un des hommes de confiance de Rumsfeld. Il avait travaillé à la Défense sous Reagan et siégeait désormais au Conseil de politique de défense, institué par Rumsfeld. Faucon notoire, Perle était le plus ardent partisan d'une guerre contre l'Irak. Avec sa voix haut perchée et son ton convaincant, Feith était un excellent orateur, passé maître dans l'art de la langue de bois des consultants en gestion, affectionnant tout particulièrement les formules courtes et saisissantes, ce qu'il appelait « les idées-force ». Il aimait faire la leçon à ses équipes et aux autres membres du Pentagone, s'appesantissant volontiers sur ses rapports avec Rumsfeld qui, selon lui, était un penseur stratégique méthodique et relativement original. Rumsfeld défendait par exemple ce qu'il appelait « l'approche boîte à outils » des problèmes : si vous n'avez en main qu'un marteau, tous les problèmes risquent de ressembler à un clou. Comme le résumait fidèlement Feith, il était donc essentiel de ne jamais aborder un problème avec un simple marteau en main, car la vie est compliquée et tous les problèmes ne sont pas des clous.

Feith n'était pas très apprécié des militaires d'active. La politique de défense semblait n'exister à ses yeux que sur papier. Son bureau et ses étagères étaient encombrés d'énormes classeurs de feuilles volantes dans lesquels il archivait jusqu'aux moindres « flocons de neige » — terme qui désignait au Pentagone les innombrables notes de service concises et sèches de Rumsfeld — et toutes les réponses qu'avaient pu renvoyer Feith et son équipe de stratèges.

Le général Franks faisait de son mieux pour ignorer le sous-secrétaire à la Défense, mais ce n'était pas chose facile. « Je suis obligé de bosser tous les jours ou presque avec le type le plus con que la terre ait jamais porté », avait-il un jour confié à des collègues en parlant de lui.

Feith venait proposer à Hadley une idée pour l'Irak de l'après-Saddam : monter au sein du département de la Défense une cellule de planification qui serait chargée de mettre en œuvre la politique sur le terrain après la guerre. Il jugeait préférable que cette instance soit intégrée à la Défense, dans la mesure où Franks et le Commandement central seraient appelés à jouer un rôle de premier ordre dans l'après-guerre, mais en tout état de cause, il fallait que ce soit d'emblée une structure transversale, faisant intervenir plusieurs agences. Il voulait des gens qui puissent travailler vingt-quatre heures par jour et sept jours par semaine. Au niveau politique, ils recevraient leurs ordres des ministres et de leurs adjoints, puis iraient les mettre en œuvre en Irak. Dans son esprit, la cellule ne devait toutefois pas avoir un simple rôle de planification, et serait appelée à devenir une force expéditionnaire. Afin d'optimiser son efficacité, ses équipes seraient envoyées en Irak dès que la situation militaire le permettrait, pour exécuter les plans.

Feith soumit son projet à Rumsfeld qui donna son aval, puis retourna à la Maison Blanche annoncer que le chef du Pentagone appuyait sans réserve son initiative. Par le passé on avait déjà raté des après-guerre, souligna-t-il, mais sa méthode s'avérerait infaillible.

La méthode était effectivement originale, d'abord en ceci que la mise en œuvre serait confiée aux planificateurs eux-mêmes, et ensuite parce que le département d'État se retrouverait directement sous les ordres du Pentagone. Le département d'État travaillait depuis près d'un an sur un projet baptisé « l'Avenir de l'Irak », qui comptait désormais des milliers de pages de rapports et de recommandations de tout un éventail d'experts sur l'administration publique, le pétrole, la justice pénale et l'agriculture en Irak.

Lorsque l'idée de confier l'autorité de planification et de mise en œuvre de l'Irak de l'après-Saddam à la Défense fut soumise aux principaux responsables,

Powell la trouva tout à fait logique. Dans l'immédiat après-guerre, seule la Défense aurait les milliers d'hommes sur place, et l'argent et les ressources nécessaires. S'il pouvait compter sur quelques excellents experts, il ne disposait certainement de rien de tel au département d'État. La Défense et l'armée constitueraient la force de libération, de conquête et d'occupation. Puisqu'il y avait un important contingent américain sur le terrain, il lui semblait naturel que la mission revienne à la Défense, ne serait-ce que pour l'harmonisation du commandement. Il ne songea pas un instant que cette procédure sortait de l'ordinaire. C'était d'ailleurs exactement ce qui s'était passé après la Seconde Guerre mondiale en Allemagne et au Japon.

Mais le temps pressait et Hadley et les équipes du Conseil de sécurité nationale n'avaient qu'une petite semaine pour préparer un document à faire signer au président. C'était une mission urgente. Le 20 janvier, Bush apposa sa signature au bas d'un document classé secret défense : le décret présidentiel n° 24 sur la sécurité nationale instituait l'ORHA (Bureau pour la reconstruction et l'aide humanitaire) au sein du ministère de la Défense. S'il s'avérait nécessaire qu'une coalition emmenée par les États-Unis libère l'Irak, cette nouvelle agence serait chargée de la planification et de la mise en application de tous les problèmes qu'aurait à résoudre le gouvernement américain pour administrer l'Irak de l'après-guerre — c'est-à-dire l'aide humanitaire, le démantèlement des ADM, l'interception et l'exploitation des renseignements émanant des terroristes, la protection des ressources naturelles et des infrastructures, la reconstruction économique et le rétablissement de services civils tels que l'alimentation, l'eau, l'électricité et la santé. L'autorité intérimaire devait par ailleurs remettre sur pied l'armée irakienne en rétablissant une armée épurée et contrôlée par le pouvoir civil, reconfigurer les autres services de sécurité intérieure, et préparer le transfert du pouvoir à une autorité dirigée par des Irakiens. Tous les travaux du département d'État et des autres agences gouvernementales seraient nécessairement centralisés à l'ORHA.

Conformément au décret présidentiel, si les hostilités étaient déclenchées, l'ORHA se déploierait en Irak pour former le noyau dur de l'appareil administratif qui contribuerait à administrer l'Irak pendant un certain temps après la fin du conflit.

Rumsfeld et Feith nommèrent le général à la retraite Jay M. Garner à la tête de l'ORHA. Il avait supervisé l'aide aux Kurdes dans le nord de l'Irak après la guerre du Golfe de 1991. Powell et Armitage ne le connaissaient pas vraiment très bien.

Powell envoya le rapport « l'Avenir de l'Irak » et le nom de quelque soixante-quinze experts des questions arabes du département d'État qui avaient réalisé l'étude et pouvaient être intégrés au peloton de reconnaissance qui partirait en Irak. Cette équipe était placée sous la direction de Thomas Warrick, qui avait supervisé la rédaction du rapport, et de Meghan O'Sullivan, spécialiste des sanctions à qui Powell vouait une grande admiration.

Mais quelque temps plus tard, Powell apprit par la bande que Rumsfeld avait congédié Warrick et O'Sullivan, leur ordonnant de partir avant le coucher du soleil. Il appela aussitôt son collègue du Pentagone : « Mais que se passe-t-il, bon Dieu ? »

Rumsfeld lui expliqua que maintenant qu'ils abordaient la planification de l'après-guerre, le travail devait être confié à des gens qui y croyaient vraiment et étaient favorables au changement, et non à des gens qui s'étaient montrés mal disposés dans leurs déclarations ou leurs rapports.

Powell crut comprendre que l'on reprochait à ses hommes de ne pas soutenir les exilés de l'équipe Chalabi. Il dit vertement son fait à Rumsfeld, et finit par apprendre que quelqu'un de plus haut placé à la Maison Blanche, Bush ou Cheney, avait décidé d'autoriser O'Sullivan à retourner travailler avec Garner, mais pas Warrick.

Le secrétaire d'État n'avait jamais rien connu de plus surréaliste. Il désigna sept hauts fonctionnaires du département d'État qu'il souhaitait affecter à Garner, mais Feith dit qu'il voulait des gens de la société civile. En privé, Feith tapait parfois sur le département d'État, lui reprochant d'être trop du côté des colombes, et l'appelant le « département des Tartes ». « Vous vous foutez de moi ! » s'exaspéra Powell, qui vola à nouveau dans les plumes du patron du Pentagone. Il fallut cette fois-ci une bonne semaine pour les réconcilier. Cinq des sept protégés de Powell furent finalement nommés aux côtés de Garner. Ces chamailleries mesquines avaient totalement consterné le secrétaire d'État.

Entre-temps, Cheney s'était attelé à une question autrement importante. Il trouvait très audacieuse la vision du président, qui souhaitait non seulement se débarrasser de Saddam, mais aussi remplacer son régime par une démocratie. La tâche était monumentale, et Cheney craignait qu'il n'y ait trop de gens au département d'État, à commencer par le secrétaire d'État, qui n'étaient ni favorables à l'ambition démocratique du président en Irak et à sa volonté de transformer la région, ni prêts à appuyer. Dans leur esprit, la démocratie serait un bouleversement trop radical, trop dur, et sous prétexte que le système n'avait jamais existé en Irak, c'était pousser le bouchon un peu trop loin.

Au cours des débats enflammés de la Salle de Situation de la Maison Blanche, le vice-président avait défendu son point de vue : « Nous sommes dans l'obligation morale de défendre la démocratie. Nous ne pouvons pas aller chercher un ancien général [irakien] et le mettre au pouvoir en lui disant : "Allez-y, vous êtes maintenant le dictateur de l'Irak." Nous devons transformer le pays de fond en comble. Et nous devons donner au peuple irakien une chance de partager les valeurs fondamentales auxquelles nous croyons. »

Le 20 janvier, Powell participa à une réunion du Conseil de sécurité des Nations unies, sur le thème du terrorisme. Cheney et Rumsfeld lui avaient à plusieurs reprises conseillé de ne pas y aller, mais Powell ne voulait pas donner l'impression de snober l'organisation internationale. Lors de la conférence de presse qui suivit la séance, le ministre français des Affaires étrangères, Dominique de Villepin, déclara que « rien, absolument rien » ne justifiait la guerre.

Powell était dans une telle rage que l'on eut peine à le contenir. La seule façon dont on pouvait faire pression sur Saddam était de brandir la menace de guerre, et les Français venaient de balayer d'un coup d'un seul cette menace des Nations unies. Comment pouvait-on être aussi bête ? Villepin était en train de retirer tout son sens à l'ONU.

« Quand Villepin a prononcé son discours », raconta par la suite Bush, « je me suis rendu compte que Saddam continuerait à se dérober, car il y avait des gens qui, sans le savoir, faisaient son jeu ».

Certains pensèrent que ce fut un moment de soulagement pour les États-Unis, et plus encore pour le

Premier ministre britannique Tony Blair. Si les Français, qui avaient un droit de veto, avaient décidé que la guerre n'était pas une option, alors tout le processus des Nations unies était voué à l'échec. Bush et Blair pourraient toujours dire qu'ils avaient soumis leur projet aux Nations unies mais que les Français leur avaient coupé l'herbe sous les pieds.

Le lendemain, 21 janvier, en sortant d'une réunion avec des économistes, Bush laissa exploser sa colère. Il réaffirma haut et fort que Saddam ne désarmait pas et ajouta : « Je suis convaincu qu'au nom de la paix, il doit désarmer. Et nous mènerons une coalition de pays volontaires pour le désarmer. Ne vous y trompez pas, il sera désarmé. »

« Quand ? » demanda un journaliste à brûle-pourpoint. « Sur quelle base déciderez-vous que le moment est venu de trancher ? »

« Je vous le dirai au moment venu », répliqua Bush du tac au tac, déclenchant quelques rires. Apparemment, il ne déclarait pas la guerre — pas encore.

27

À la Maison Blanche, le Groupe de réflexion sur l'Irak que dirigeait Card préparait une déferlante de discours et documents en réponse au mouvement anti-guerre international qui commençait à prendre de l'ampleur. Des millions de manifestants avaient défilé dans les capitales européennes, arabes et asiatiques. Le service de la communication avait notamment rédigé un rapport de trente-trois pages sur la propagande de Saddam, intitulé « L'appareil du mensonge ». Il fut transmis au secrétaire d'État adjoint qui serait chargé de le rendre public.

Armitage l'étudia et le trouva totalement creux. Ce n'était qu'un ramassis de vieilles rengaines sur les dérobades de Saddam, remontant à la guerre du Golfe de 1991, mais rien qui puisse légitimer une intervention américaine en 2003. Si les États-Unis devaient lancer leurs troupes contre tous les régimes qui racontaient des bobards, ils seraient en état de guerre permanent.

« C'est du n'importe quoi. Ne comptez pas sur moi pour répercuter ça », annonça-t-il à un chargé de communication de la Maison Blanche.

Celui-ci insista : « Mais vous devez absolument prononcer un discours. »

« Pourquoi cela ? » s'étonna le secrétaire d'État adjoint.

Simplement parce qu'ils avaient décidé que le moment était venu de le faire monter au créneau. D'ailleurs, Wolfowitz allait lui aussi faire une déclaration officielle. Armitage finit par se laisser convaincre : « Soit, je ferai un discours, mais il n'est pas question que vous le contrôliez. » Il refusait de soumettre son texte à la Maison Blanche, car il n'avait aucune envie d'ergoter ni d'écouter leurs suggestions vaseuses. Il avait de plus en plus de mal à ne pas se laisser phagocyter par l'appareil de propagande officiel.

Le 21 janvier, Armitage prononça donc une conférence à l'Institut américain de la paix, un groupe de réflexion non partisan, institué par le Congrès pour défendre et financer les initiatives de paix. Dans son argumentation, il s'était attaché à doser habilement intransigeance et retenue. « Nous répugnons tous à la guerre, et c'est bien naturel, mais nous ne devons pas pour autant nous en tenir à de simples déclarations d'intention. » Il raconta qu'il s'était récemment adressé à 4 000 aspirants de l'École navale des États-Unis, où il avait lui-même fait sa formation. « J'espère très sincèrement qu'aucun de ces jeunes gens ou de ces jeunes femmes — et aucun de nos soldats, au demeurant — ne sera obligé d'aller s'exposer au danger en Irak. Au département d'État et dans tous les autres ministères, nous faisons tout ce qui est en notre pouvoir pour éviter une telle issue. » Les semaines qui suivraient seraient déterminantes, précisa-t-il. « J'aimerais pouvoir vous dire que je suis optimiste », poursuivit-il avant d'énumérer la liste de toutes les armes dont Saddam était en possession et sur lesquelles on ne réussissait pas à remettre la main. Il fit observer au passage que le rapport « L'appareil du mensonge » était disponible au fond de la salle. « Je vous recommande la lecture de ce document, ne serait-ce que parce que le passé est un prologue à ce qui se prépare. »

Le vendredi 24 janvier, le général Franks remit à Rumsfeld et au général Myers son plan de guerre définitif, le plan Hybride sur 5, 11, 16 et 125 jours. « C'est *le plan* par excellence », assura-t-il. La phase de planification était bouclée, mais il y aurait sans doute encore quelques petites modifications à apporter.

La première phase de 16 jours (décomposée en 5 et 11), qui prévoyait d'établir le pont aérien et de déployer les troupes, avait été dépassée par les événements. Rumsfeld avait donné son aval au pont aérien et les déploiements échelonnés de 10 000, 15 000 et 20 000 hommes étaient entamés depuis un certain temps. À la mi-février, l'armée américaine devait avoir 140 000 hommes dans la région, dont 78 000 au sol, entre l'armée de terre, les Marines et les forces spéciales.

Rumsfeld, qui était le seul stratège à s'entretenir régulièrement avec le président, lui avait préparé une série de plannings des opérations, présentant ce qui risquait de se passer sur les fronts diplomatique et militaire. L'un de ces documents, classé secret défense et daté du 29 janvier, fixait la décision officielle de Bush au 22 février. L'intervention des troupes et le début des combats suivraient aussitôt. Ces prospectives étaient bien entendu tout à fait théoriques, puisque les déploiements avaient commencé alors même que Bush faisait mine d'hésiter et de réfléchir, et puisque, comme le savait très bien Rumsfeld, le président avait en fait déjà arrêté sa décision.

La présentation de McLaughlin sur les preuves de présence d'ADM en Irak avait laissé Bush et sa conseillère à la sécurité nationale sur leur faim. Ils demandèrent donc à la CIA de consigner tous les renseignements les plus fiables dans un rapport écrit, afin de constituer le fameux « dossier béton » que Tenet leur avait promis. Tenet et McLaughlin se refusaient catégoriquement à produire un argumentaire pour un politique ou un élu. Cela n'entrait pas dans leurs prérogatives. Ils étaient là pour relire les déclarations officielles afin de vérifier et cautionner les faits. Ils ne voulaient pas davantage rédiger un document comportant des boniments de camelot ou des thèmes de propagande. Ils finirent donc par pondre un rapport de quarante pages des plus arides, d'une froideur presque clinique, truffé de notes et citant scrupuleusement la moindre source. Le 22 janvier, le texte estampillé hautement confidentiel fut transmis à la Maison Blanche.

Le président était décidé à mettre les preuves entre les mains d'avocats chevronnés afin qu'ils montent un dossier accablant contre Saddam Hussein. Le texte fut confié à deux juristes maison : Steve Hadley (sorti de Yale en 1972) et Lewis Libby (diplômé de Columbia en 1975). Tous deux allèrent demander des compléments d'informations à la CIA, qui répondit à leurs questions par écrit.

Dans l'esprit de Libby, la CIA avait d'ores et déjà clairement prouvé que Saddam détenait des armes de destruction massive et entretenait des liens significatifs avec les réseaux terroristes. L'agence collectait en effet depuis plusieurs décennies des renseignements sur les ADM irakiennes. Sa position ne faisait pas l'ombre d'un doute : dans son rapport national de renseignement de novembre, elle affirmait que Saddam détenait des armes chimiques et biologiques, et son directeur George Tenet avait assuré que le dossier était « en béton ». Mais Libby soupçonnait l'Agence de parfois laisser passer ou négliger des détails importants sur la somme de renseignements qu'elle avait à traiter et à interpréter. Or, sans être probants, certains pouvaient être précieux pour compléter les pièces du puzzle.

La presse avait beaucoup parlé du fameux « Bureau des plans spéciaux » que Doug Feith avait établi au sein de son agence parallèle du Pentagone. Ce battage exaspérait au plus haut point Libby, car les journalistes ne comprenaient strictement rien aux rouages internes de la machine administrative. Sous son nom ronflant, le Bureau se résumait en fait à deux employés chargés d'éplucher tous les renseignements sensibles. Ils n'avaient trouvé que deux ou trois broutilles que Feith avait résumées dans un rapport adressé à Libby. Celui-ci n'avait pas même jugé bon de le transmettre au président ni même au vice-président. Il était atterré : il ne se passait pas un jour sans que la CIA sélectionne une bonne demi-douzaine de renseignements pour le briefing quotidien du président. Comment se pouvait-il qu'un simple papier de Feith ou du Bureau des plans spéciaux suffise à polluer à ce point le fonctionnement des services de renseignements ? Libby était par ailleurs convaincu que l'autre grande illusion était que Chalabi, le chef de file des Irakiens en exil, transmettait directement des renseignements au Pentagone ou à Cheney. Or chacun savait que tous les renseignements de Chalabi allaient directement à la CIA qui pouvait choisir de les exploiter ou pas.

Le samedi 25 janvier, Libby présenta un exposé détaillé dans la Salle de Situation devant Rice, Hadley, Armitage, Wolfowitz, Dan Bartlett et Michael Gerson. Bien qu'elle ne fît officiellement plus partie de l'équipe de la Maison Blanche, Karen Hugues était également présente. Karl Rove venait pour sa part faire un tour de temps en temps dans la salle.

Une épaisse liasse de papiers en main, Libby présenta la dernière version du dossier à charge contre Saddam. Il commença par un long chapitre sur les photos satellites, les écoutes téléphoniques et le renseignement humain témoignant des efforts de dissimulation et de mystification. Les Irakiens déterraient, déplaçaient ou enfouissaient du matériel. Personne ne savait exactement ce dont il s'agissait, mais les emplacements et les méthodes furtives collaient parfaitement avec le scénario de dissimulation d'ADM. Dès l'introduction de chacun de ses chapitres, Libby présentait des conclusions péremptoires : Saddam disposait d'armes chimiques et biologiques, en produisait et les dissimulait ; il entretenait avec le réseau Al Qaïda de Ben Laden des liens aussi nombreux qu'étroits.

Dans sa présentation, Libby reprit la conversation interceptée entre deux terroristes présumés qui s'amusaient d'avoir tué un âne à la ricine, celle-là même que McLaughlin avait jugée trop douteuse pour être exploitable. Il affirma que Mohamed Atta, le cerveau des attentats du 11 septembre, aurait rencontré à Prague un agent du renseignement irakien, et produisit des renseignements faisant état de pas moins de quatre rendez-vous. Or son auditoire savait que les preuves de la CIA indiquaient tout au plus deux rendez-vous, qu'il n'y avait pas la moindre certitude sur ce qu'Atta était allé faire à Prague et qu'on ne savait même pas s'il avait effectivement rencontré l'agent irakien. Libby parla pendant près d'une heure.

Armitage était consterné par ce qu'il entendait : tout cela n'était qu'exagérations et hyperboles, et

Libby tirait des conclusions catastrophistes à partir de simples fragments et de bien maigres indices.

En revanche, Wolfowitz, qui était convaincu depuis des années de la complicité de l'Irak dans le terrorisme antiaméricain, trouva l'argumentaire de Libby tout à fait concluant. Il était entièrement d'accord avec Rumsfeld pour penser que l'on ne pouvait se prévaloir de l'absence de preuve pour affirmer qu'il n'y avait rien. Les éventuels liens entre l'Irak et Al Qaïda l'intéressaient tout particulièrement. L'absence de preuves décisives était selon lui tout à fait normale, puisque Al Qaïda avait mis au point un système de sécurité opérationnel parfaitement ficelé. Si bien d'ailleurs, précisa Wolfowitz, que certains chefs d'État se demandaient si Al Qaïda n'avait pas été formé par d'anciens agents du KGB. D'autres dirigeants arabes penchaient plutôt pour le Mossad israélien. Wolfowitz avait pour sa part demandé à la CIA d'enquêter pour savoir si les anciens services de sécurité de l'ex-RDA ne seraient pas dans le coup. Ce n'était sans doute pas totalement par hasard, estimait-il, si Al Qaïda, qui s'était fait relativement discret depuis le 11 septembre, s'était à nouveau manifesté après que le président eut brandi aux Nations unies la menace d'une action unilatérale contre l'Irak. En l'espace d'une semaine à peine, le réseau avait refait parler de lui avec l'attentat du 12 octobre dans une boîte de nuit de Bali, faisant deux cent deux morts, l'assassinat de deux Marines américains au Koweït, et une attaque contre un pétrolier français au large des côtes du Yémen.

Karen Hugues revint sans complaisance sur la présentation de Libby : en tant qu'exercice de communication, ça ne tenait pas. Les conclusions hâtives en tête de chaque section étaient tirées par les cheveux. Le président, dit-elle, voulait simplement des faits.

Des faits bruts qui permettent à chacun de tirer ses propres conclusions.

Rove, qui avait accès aux documents top secret et aux codes de cryptage, trouvait l'exposé de Libby tout à fait persuasif et très solide, mais aussi incroyablement terrifiant. Il avait été particulièrement frappé par les documents selon lesquels Saddam percevait plusieurs centaines de millions de dollars, voire des milliards de dollars de revenus pétroliers illégaux, susceptibles de financer ses programmes d'ADM. On avait là, à son sens, tous les ingrédients d'un cocktail terriblement dangereux : un pays dont on savait qu'il avait produit des ADM, qui cherchait à s'en procurer davantage, qui disposait des chercheurs et du savoir-faire pour poursuivre ses programmes, qui était organisé en État policier fermé, et qui en plus avait de l'argent à foison. Il trouvait également extraordinaires les interprétations totalement différentes qu'en donnaient Libby l'avocat, et Hugues, la spécialiste de la communication. Il penchait bien entendu pour celle de Karen Hugues. Nous étions là face à un problème de communication, pas un problème juridique. Et le meilleur argumentaire consisterait à présenter des faits et à laisser chacun en tirer ses propres conclusions. Il n'en démordrait pas.

Restait à savoir qui était le mieux placé pour présenter le dossier. Rice et Hadley se concertèrent. Dans la mesure où il était destiné aux Nations unies, le chef de la diplomatie était l'homme de la situation. Hadley avait d'autres raisons de choisir Powell : l'argument aurait d'autant plus de poids qu'il serait présenté par l'ancien général dont tout le monde savait qu'il était plus du côté des colombes que des faucons et qu'il était le seul à ne pas vouloir d'une guerre en Irak ; de plus, Powell tenait tant à sa réputation et à sa crédibilité qu'il étudierait à la loupe les dossiers du renseignement ; et lorsqu'il était bien préparé et sûr de lui, il savait se montrer très convaincant.

« C'est vous qui le présenterez », lui ordonna Bush. « Vous êtes assez crédible pour ça. »

Le secrétaire d'État était flatté qu'on lui confie un rôle que lui seul pouvait remplir.

Rice et Hugues lui demandèrent d'étaler sa présentation au Conseil de sécurité sur trois jours — un jour pour les ADM, un autre pour le terrorisme et un troisième pour les infractions aux droits de l'Homme. Visiblement, ils pensaient que la question aurait le même retentissement que la crise des missiles cubains en 1962. À l'époque, Adlai Stevenson, l'ambassadeur américain aux Nations unies, avait présenté des photos satellites d'ogives nucléaires installées à Cuba par l'Union soviétique. Marquant l'un des moments les plus forts de la guerre froide, Stevenson avait demandé à l'ambassadeur soviétique s'il niait que son pays ait installé des missiles sur l'île. « Oui ou non ? Ne vous réfugiez pas derrière la traduction pour lambiner... J'attendrai votre réponse aussi longtemps qu'il le faudra. »

Powell refusa la proposition : « Je ne peux tout de même pas tenir le monde entier en haleine pendant trois jours ! Stevenson n'a pas tenu la vedette pendant toute une semaine. Il n'a eu que sa "minute Stevenson". Je n'aurai qu'une occasion de monopoliser le pupitre. »

Rice et Hadley insistèrent : sur les trois jours, il pourrait peut-être consacrer deux heures à chaque volet de l'acte d'accusation. Ils voulaient que la présentation soit aussi longue, détaillée et fastidieuse que possible pour prouver le sérieux du dossier.

« Pas question », rétorqua Powell. « Je traiterai tout d'un seul coup. »

Soit. La présentation pourrait sûrement durer trois ou quatre heures.

« Non », s'exaspéra Powell. « On ne peut pas capter l'attention de ces gens pendant trois ou quatre heures. Ils vont s'endormir. » Conformément aux usages, il fallait ensuite céder la parole à chaque membre du Conseil de sécurité pour lui permettre de réagir. Rice et Hadley finirent par autoriser Powell à décider lui-même de la durée et du contenu de son exposé.

Powell s'attela à la préparation de son discours. Il reçut un appel de Cheney :

« Colin, étudiez bien le dossier terrorisme qu'a préparé Libby. Épluchez-le à fond.

— Comptez sur moi, Dick », répondit Powell. En privé, il appelait généralement le vice-président par son prénom. Il savait que ce n'était pas un ordre et que Cheney n'essayait pas de l'influencer. Il lui demandait simplement d'étudier le dossier de près.

Powell lut le document, mais l'histoire des quatre rendez-vous de Mohamed Atta à Prague lui suffit à se faire une opinion. C'était du plus haut ridicule. Il mit le rapport au panier.

Powell trouvait que Cheney se laissait emporter par la fièvre des faucons. Le vice-président et Wolfowitz s'obstinaient à chercher le lien entre Saddam et le 11 septembre. Wolfowitz, Libby et le « bureau de la Gestapo » de Feith, comme le surnommait Powell en privé, constituaient un petit État dans l'État. Cheney était en train de mal tourner. Le stratège posé et assuré de la première guerre du Golfe était devenu hargneux. Il se laissait désormais miner par une idée fixe. Dans toutes ses conversations ou presque, il en revenait systématiquement à Al Qaïda et s'évertuait à trouver un lien avec l'Irak. Il sortait régulièrement de sa manche un quelconque rapport du renseignement plus ou moins vaseux. Powell avait l'impression que le vice-président cherchait par tous les moyens à exploiter le renseignement pour transformer toutes les incertitudes et ambiguïtés en des faits concrets. Il reprochait à Cheney ses tours de passe-passe. L'accusation était grave, mais il n'avait pas tort : Cheney avait tendance à affirmer qu'une conversation interceptée prouvait qu'il se passait telle ou telle chose. Powell et d'autres s'empressaient de réfréner ses ardeurs : tout ce que la conversation prouvait, c'était qu'un individu parlait à un autre individu qui avait dit qu'il *pourrait* se passer quelque chose. Or dès qu'il tombait sur une conversation de ce genre, Cheney l'interprétait pour affirmer : « Nous savons que... » Eh bien, non justement, rectifiait Powell, nous ne savons pas. Personne ne savait.

Je demandai par la suite au président s'il avait eu l'impression que Cheney s'était laissé emporter par la fièvre guerrière. « Pas du tout, rétorqua Bush. Cheney est quelqu'un de très posé. Ce n'est pas le genre à s'emballer. La fièvre, pour moi, c'est une espèce de délire. Lui, il se maîtrise. J'ai eu l'impression qu'il défendait une conviction, ça oui. Mais je ne parlerais certainement pas de fièvre. Celui qui a dit ça ne le connaît pas aussi bien que moi, ou le connaît peut-être sous un jour différent. »

Le lundi 27 janvier, Hans Blix présenta au Conseil de sécurité des Nations unies un rapport intermédiaire sans concession mais objectif, sur les deux premiers mois d'inspections.

« L'Irak ne semble pas avoir complètement accepté, même aujourd'hui, le désarmement qui lui a été réclamé et qu'il doit mener pour regagner la confiance du monde et vivre en paix », déclara-t-il. Bien que dans l'ensemble l'Irak ait assez bien coopéré, Blix souligna que les informations dont il disposait donnaient à penser que l'Irak avait produit de plus grandes quantités de bacille du charbon qu'il ne l'avait déclaré. « Il se pourrait qu'il en reste des stocks. »

Le chef des inspecteurs de l'ONU avait également des doutes sur les agents précurseurs du gaz neurotoxique VX. Pour illustrer les difficultés auxquelles se heurtaient ses équipes dans ce qu'il appelait une partie de cache-cache, il évoqua un document de l'armée de l'air irakienne, selon lequel l'Irak avait largué 13 000 bombes chimiques entre 1983 et 1988, pendant le conflit Iran-Irak, alors que l'Irak avait déclaré aux Nations unies avoir utilisé 19 500 bombes de ce type. « L'incohérence de ces chiffres montre que 6 500 bombes manquent au décompte » fit-il observer, soulignant qu'aucune présomption — de culpabilité ou d'innocence — ne résoudrait le problème, et que seules « des preuves et une totale transparence permettront d'aboutir ».

Mohamed ElBaradei, le directeur de l'Agence internationale de l'énergie atomique, déclara pour sa part : « Nous n'avons à ce jour trouvé aucune preuve établissant que l'Irak a relancé son programme d'armement nucléaire depuis que celui-ci a été éliminé dans les années 90. » Rappelant que le processus d'inspection n'était pas achevé, il assura : « Dans les mois à venir, nous serons en mesure de garantir de façon crédible que l'Irak n'a plus de programme d'armement nucléaire. »

Rice avait attentivement suivi ces rapports et se dit que les inspecteurs avaient peut-être une chance de coincer Saddam. Il n'était pas impossible que le dictateur finisse par jeter le masque. En 1995, lorsque son gendre avait fait défection, il avait soudain reconnu qu'il disposait bel et bien d'un programme d'armes biologiques. Les choses pouvaient se passer de la même façon. Cheney n'y croyait pas. Pas une seconde il ne pensa que Saddam déclarerait forfait. D'autant moins qu'un rapport d'espionnage sur Hans Blix mettait en évidence un certain nombre de contradictions. Parmi les principaux responsables américains, plusieurs voulaient y voir la preuve que Blix louvoyait à nouveau, voire qu'il mentait purement et simplement. Les services de renseignements montraient que Blix ne voulait pas rendre ses inspecteurs responsables d'une guerre et qu'il craignait d'avoir pratiquement fourni aux États-Unis un *casus belli* avec son rapport du 27 janvier. Il envisageait donc de faire machine arrière dans son prochain rapport.

Blix ne mentait pas forcément, expliqua Rice au président. D'après elle, il était simplement tiraillé par des considérations contradictoires.

Tout ceci ne fit que conforter Bush dans sa volonté d'en découdre avec le régime irakien. Toutes les prédictions de Cheney sur les Nations unies étaient en train de se concrétiser.

Entre-temps, j'avais appris que Powell allait présenter à l'ONU le matériel collecté par les services de renseignements. Il s'agissait en partie de réfuter les arguments de Blix, dont l'Administration était convaincue qu'ils seraient par trop favorables à Saddam. Contre toute attente, le chef des inspecteurs s'était montré relativement sévère à l'égard du régime irakien, mais Washington était bien décidé à aller plus loin encore. Le 28 janvier, je publiai un article dans le *Washington Post* sous le titre : « Les États-Unis s'apprêtent à rendre publics des documents du renseignement. Il s'agit de partager les preuves de dissimulation d'armes afin de rallier un soutien à la guerre. » Je parlai de ce que certains responsables de l'Administration estimaient être des preuves « accablantes » et « sans ambiguïté », démontrant que l'Irak dissimulait et déplaçait des armes, mais j'ajoutai : « Selon certaines sources, les agences de renseignements américaines n'ont ni repéré ni localisé d'importants stocks d'armes prohibées ou d'agents biologiques ou chimiques à vocation militaire. À les en croire, le gouvernement américain ne tient donc toujours pas ses fameuses preuves irréfutables. »

Ce soir-là, le président Bush consacra le dernier tiers de son discours sur l'état de l'Union à une attaque en règle contre Saddam. Il insista lourdement sur les armes manquant au décompte par rapport aux précédentes déclarations de Saddam, 25 000 litres de bacille du charbon, suffisamment de matériel pour produire plus de 38 000 litres de toxine botulique, « assez pour asphyxier des millions de gens », ainsi que du gaz sarin, de l'agent neurotoxique VX et des laboratoires mobiles de production d'armes biologiques.

Puis, Bush prononça une phrase qui serait appelée à rester célèbre dans les annales : « Le gouvernement britannique a appris que Saddam Hussein a récemment cherché à se procurer de grandes quantités d'uranium en Afrique. » C'était une accusation des plus légères, et l'allégation émanant des Britanniques, il ne manqua pas de citer scrupuleusement sa source. Or, moins de quatre mois plus tôt, Tenet et la CIA avaient retiré la phrase du discours présidentiel de Cincinnati, jugeant l'affirmation invérifiable et fumeuse. Mais cette fois-ci, Tenet n'avait pas révisé le discours sur l'état de l'Union et Hadley avait oublié la mise en garde de la CIA.

Plusieurs hauts responsables de l'Administration

doutaient de la fiabilité des renseignements sur les armes de destruction massive irakiennes, à commencer par Armitage en personne, certains officiers supérieurs de l'armée et jusqu'au porte-parole de la CIA, Bill Harlow, qui répétait à la presse que si les agences de renseignements étaient convaincues que Saddam détenait des armes de destruction massive, elles n'avaient aucune preuve flagrante. De toute évidence, le président ne se laissa jamais gagner aux arguments de ces sceptiques. Il préféra n'entendre que les déclarations tonitruantes des poids lourds de son équipe qu'étaient Tenet, Cheney et Rumsfeld.

28

Le 30 janvier, le président reçut en privé le Premier ministre italien Silvio Berlusconi. Fidèle à la ligne officielle, il lui affirma qu'aucune intervention militaire n'avait été décidée. Mais il précisa aussitôt sa véritable intention : l'Irak serait désarmé, et Saddam ne resterait pas longtemps au pouvoir. « Nous avons amassé une force militaire redoutable et nous allons lui botter le cul. Nous prendrons toutes les mesures nécessaires pour épargner les civils. » Puis, Bush aborda les détails de l'opération : « Si nous avions besoin d'effectifs supplémentaires pour cette action, je vous le ferai savoir. Nous ne laisserons rien au hasard. » Sur ce, il s'attacha à convaincre son interlocuteur : « Les choses vont changer, croyez-moi. Vous verrez, l'opinion publique va tourner. C'est nous qui faisons l'opinion. Nous n'avons pas les moyens d'écouter la rue. »

Le vendredi 31 janvier, Bush devait à nouveau rencontrer Tony Blair à Camp David, mais une tourmente de pluies glacées les retint à la Maison Blanche.

Blair expliqua à Bush qu'il lui fallait absolument une deuxième résolution de l'ONU. Il l'avait promis à son parti, et il était certain qu'ensemble, Bush et lui pourraient gagner les Nations unies et la communauté internationale à leur cause.

Bush n'était pas en faveur d'une deuxième résolution. Powell et Cheney y étaient également hostiles. C'était d'ailleurs l'un des rares points sur lesquels ils étaient d'accord. Il avait déjà fallu sept semaines d'âpres négociations pour faire voter la première ; il serait encore plus difficile d'en arracher une deuxième. Powell ne la jugeait pas même nécessaire. Il pensait qu'un juge pouvait très bien décréter que la résolution 1441 suffisait à légitimer une intervention.

L'hypothèse d'une deuxième résolution posait un autre problème. La première ayant été votée à l'unanimité des quinze voix, on attendrait le même résultat au prochain scrutin. Pourtant, loin d'être la norme, ce consensus faisait figure d'exception. La résolution de 1990 avait été adoptée à douze voix contre deux, le Yémen et Cuba s'étant prononcés contre et la Chine s'étant abstenue. Mais si cette deuxième résolution ne passait pas à l'unanimité, elle n'aurait aucun poids.

Blair opposa à son hôte un argument massue : pour lui, c'était une nécessité politique. Ce n'était pas plus compliqué que cela : une nécessité politique absolue. Bush lui devait bien ce petit service...

Le Premier ministre britannique parlait là un langage auquel Bush ne pouvait rester insensible : « Soit, si vous en avez vraiment besoin, nous ferons tout ce qui est en notre pouvoir pour vous aider à l'obtenir » lui assura-t-il. En fait, il ne voulait pas s'engager seul dans cette aventure et, hormis la Grande-Bretagne, il n'avait pas beaucoup d'alliés sûrs. Le président et l'Administration devaient à tout prix éviter l'écueil de ce que Steve Hadley appelait « l'option impérialiste ».

Cheney leva les yeux au ciel : « Retour à la case départ, si je comprends bien... »

« Blair devait négocier avec son propre Parlement, son opinion publique, mais parallèlement, il devait aussi soigner les relations franco-britanniques dans leur contexte européen » rappela par la suite Bush. « Il avait donc une tâche très difficile. Bien plus difficile, d'ailleurs, que celle du président américain, à certains égards. C'était l'époque où lentement mais sûrement, l'opinion britannique commençait à entendre ce que disaient les Français. »

Invoquant cette rencontre qu'il appelait « la fameuse réunion de la deuxième résolution », Bush expliqua à son équipe que Blair demandait « absolument » de l'aide.

Powell devait déterminer précisément ce qu'il allait dire aux Nations unies. Libby lui fournit un argumentaire de soixante pages, deux fois plus épais que le dossier de la CIA, dans lequel Powell pourrait glaner ce qui l'intéresserait. Il n'y avait aucune note de bas de page, mais Libby avait joint au document des dossiers d'information préparés par des équipes du Conseil de sécurité nationale et du cabinet de la vice-présidence.

Powell trouvait confuses la plupart des données du renseignement. Il préférait décrocher son téléphone ou discuter de vive voix avec ceux qui avaient des informations de première main et pouvaient prendre des décisions. Armitage demandait souvent aux proches du pouvoir de « nourrir la bête », c'est-à-dire de lui fournir des informations voire des rumeurs suffisamment fiables pour qu'il puisse les transmettre à Powell. Mais « la bête » n'était pas très friande d'écoutes téléphoniques et de photos satellites. Powell considérait le travail et la vie comme des sports de contact. Quels que soient ses interlocuteurs ou les dossiers qu'il avait à traiter, il n'aimait rien tant que de mettre les mains dans le cambouis. Pour lui, une photo satellite n'était pas assez parlante. Comment savoir, en effet, ce qu'elle montrait vraiment ou ce qu'il y avait à l'intérieur d'un camion ? Et il ne se fiait pas davantage aux traductions des communications interceptées, craignant que le sens profond d'une conversation lui échappe.

Plus il creusait, plus il se rendait compte qu'en fait de renseignement humain sur les ADM irakiennes, ils n'avaient pas grand-chose de solide. Voilà qui n'était pas très réjouissant. Comme Bush et les autres membres du cabinet de guerre, il était bien entendu très influencé par les agissements passés de Saddam. Le dictateur avait bel et bien utilisé des ADM dans les années 80, les avait dissimulées dans les années 90, et s'il ne cachait maintenant plus rien, pourquoi donc ne jouait-il pas cartes sur table ? Powell était d'accord avec Cheney quand celui-ci disait : « Pourquoi diable se serait-il exposé pendant toutes ces années à des sanctions de l'ONU et aurait-il renoncé à quelque cent milliards de dollars de revenus pétroliers ? Ça n'a aucun sens ! »

Certains analystes de la CIA et David G. Newton, l'ambassadeur américain en Irak de 1984 à 1988, avaient mis en garde l'Administration contre le « syndrome de l'homme rationnel » : il ne fallait surtout pas succomber à la tentation de prendre Saddam pour un homme rationnel, alors que par le passé, le dictateur avait fait de l'irrationnel sa spécialité. Powell était prêt à penser qu'il dissimulait des armes, et il fut briefé sur la façon dont la plupart des agences de renseignements étrangères sérieuses avaient également conclu que Saddam détenait des ADM.

Powell sentait une pression d'autant plus forte que

le monde entier attendait sa présentation. La presse et la télévision ne parlaient plus que de cela et se perdaient en conjectures : Powell va-t-il assener le coup de grâce ? De quels éléments dispose-t-il ? Quels secrets va-t-il enfin sortir du placard ? Saddam sera-t-il démasqué ? Powell connaîtra-t-il sa « minute Stevenson » ? Saddam va-t-il enfin jeter l'éponge ? À moins que ce ne soit Powell qui jette l'éponge ?

Powell savait très bien que le 5 février, jour de son grand oral, la crédibilité des États-Unis, du président et la sienne propre seraient en jeu à la table du Conseil de sécurité. Il redoublait de prudence car il craignait par-dessus tout que les Irakiens profitent de la moindre exagération ou de la moindre imprécision dans son exposé pour s'engouffrer aussitôt dans la brèche. Il n'avait pas le droit de prêter le flanc.

Le samedi 1er février, Powell alla passer la journée au siège de la CIA, à éplucher les dossiers de renseignements, et plus particulièrement les enregistrements originaux des conversations interceptées. Le plus facile fut d'écarter la somme de documents inexploitables. Il resta à la CIA jusque tard dans la nuit. Le lendemain matin, il appela Armitage :

« Qu'est-ce que vous faites ?

— Je rentre tout juste de la salle de muscu.

— Et cet après-midi, qu'est-ce que vous avez prévu ?

— Rien, mais je suppose que je le passe avec vous. »

Powell le pria en effet de le rejoindre.

Ils écumèrent à nouveau les archives de la CIA. Tenet, McLaughlin et d'autres analystes et experts passaient de temps en temps. Powell expliqua que le problème était qu'il ne parvenait plus à retrouver quoi que ce soit, parce que les informations avaient été « si bien mâchées et remâchées à la Maison Blanche, que les pièces à conviction ne correspondaient plus aux déclarations ». Plus personne ne savait sur quoi se fondaient telles ou telles déclarations. Il en était donc réduit à repartir de zéro.

Armitage n'y croyait pas. Saddam avait abondamment utilisé des armes chimiques dans la guerre Iran-Irak. C'était bien la preuve qu'il en avait dans les années 80. Il en avait probablement toujours, mais où étaient les fameuses « preuves en béton » ? Quant aux renseignements sur les armes biologiques et nucléaires, ils semblaient on ne pouvait plus aléatoires.

Qu'avaient-ils de plus solide ? Powell et Armitage se penchèrent sur la conversation entre deux officiers supérieurs de la Garde républicaine que McLaughlin avait utilisée dans sa présentation préliminaire de décembre. Dans l'enregistrement, remontant au 26 novembre, à la veille de la reprise des inspections, on entendait un colonel informer un général qu'il avait un véhicule modifié à la société Al Kindi, entreprise qui, par le passé, avait participé aux programmes d'ADM. Mais au fil de la conversation, le colonel se contredisait : « On a tout évacué. Il ne reste plus rien. » C'était là un témoignage très suggestif, et potentiellement accablant, mais voilà : on ne savait pas vraiment de quoi il parlait. Ni cette conversation ni le reste du matériel collecté par le renseignement ne permettaient de le deviner. Cela pouvait très bien signifier que le colonel et le général voulaient simplement s'assurer qu'ils avaient rempli leurs obligations. Powell décida de l'utiliser parce qu'elle impliquait des officiers supérieurs et que le terme « évacuer » pouvait se prêter à plusieurs interprétations.

Dans un autre enregistrement datant d'une semaine à peine, un officier de la Garde républicaine donnait un ordre à un officier sur le terrain, à propos de « munitions interdites ». L'allusion était bien maigre, mais Powell pensa pouvoir en tirer quelque chose.

Dans une troisième conversation interceptée, que McLaughlin avait également intégrée à sa présentation, un colonel ordonnait à un capitaine de supprimer des instructions radio toutes les occurrences du terme « agents neurotoxiques », suggérant fortement qu'il craignait d'être sur écoute. Il se pouvait que les officiers ne fassent que mettre à jour un manuel d'instruction, puisque justement, il n'y avait plus d'agents neurotoxiques. Mais la possibilité était si infime que Powell garda l'enregistrement pour sa présentation.

Cheney et Libby tenaient absolument à passer en revue les liens présumés de l'Irak avec Al Qaïda, voire avec les complots du 11 septembre. Powell n'y croyait pas du tout. Ce serait donc le président qui trancherait.

Tenet leur rappela les instructions de Bush : il était inutile de forcer la dose sur le chapitre du terrorisme. Ils disposaient d'éléments assez probants pour affirmer qu'un Palestinien du nom d'Abou Moussab Al Zarkaoui, qui entretenait des liens étroits avec Al Qaïda, avait dirigé un camp d'entraînement de spécialistes du poison, dans le nord de l'Irak, où opérait l'équipe de Tim.

Zarkaoui était allé se faire soigner à Bagdad au printemps 2002, et il était soupçonné d'avoir établi une base opérationnelle dans la capitale irakienne. Le meurtrier de Laurence Folley, un fonctionnaire du département d'État assassiné en Jordanie à l'automne précédent, avait avoué que sa cellule avait reçu de l'argent et des armes de Zarkaoui pour mener à bien cet attentat. Le réseau Zarkaoui était étendu et dangereux.

L'affaire aurait pu être entendue, mais il y avait un hic : Tenet n'était pas en mesure d'avaliser officiellement les renseignements de son agence. Ce qui invalidait l'unique preuve attestant que Saddam ou les renseignements irakiens avaient partie liée avec les réseaux terroristes. Libby soutenait qu'il était superflu de prouver que l'Irak contrôlait les opérations. En Afghanistan, les taliban ne dirigeaient pas Ben Laden. Le président avait donné sa définition : il suffisait que quelqu'un abrite des terroristes pour qu'il soit lui-même considéré comme terroriste. Or, la CIA pouvait affirmer que Saddam avait accueilli Zarkaoui, allant jusqu'à lui offrir un sanctuaire. Zarkaoui opérait dans des camps et selon des modes opératoires auxquels le régime de Saddam avait forcément donné son aval. Techniquement, Saddam accueillait donc des terroristes. CQFD. Libby proposa de s'en tenir à ce seul fait solide et indéniable.

Tenet comprit que Cheney voulait en profiter pour avoir la peau d'Al Qaïda. Mais sur ce point, malgré les pressions insistantes de son vice-président, Bush appuya inconditionnellement le chef de la CIA.

Powell choisit toutefois d'intégrer à sa présentation la connexion Zarkaoui, et trouva un compromis. Après le dossier des ADM, qui prendrait près de 75 % de son temps, il déclarerait qu'il y avait « un lien potentiellement bien plus sinistre » entre l'Irak et Al Qaïda. Il présenterait les liens de Zarkaoui avec plus d'une centaine d'agents arrêtés en Europe, plus particulièrement en France, en Grande-Bretagne, en Espagne et en Italie.

Saul essayait depuis des mois d'obtenir une autorisation pour infiltrer l'un des agents de la CIA au cœur de l'Irak quadrillé par l'appareil de Saddam. Il avait un volontaire : un citoyen américain qui, physiquement, n'avait rien du Yankee et qui de surcroît avait accumulé au cours des dix dernières années une grande expérience des pays les plus hostiles de la planète. Au terme de longues négociations, il parvint à faire valider la mission.

« Vous êtes complètement dingue » avait dit Saul à son agent, qu'il connaissait depuis des années. Se rendait-il seulement compte de ce qui pouvait lui arriver s'il se faisait capturer ?

L'homme fut infiltré en Irak et fit bientôt parvenir des témoignages de première main sur les défenses aériennes irakiennes dont l'armée américaine ne soupçonnait pas même l'existence, sur d'autres installations militaires et sur les tranchées creusées autour de Bagdad et remplies de pétrole, auxquelles Saddam pouvait mettre le feu du jour au lendemain. Cette mission était l'un des secrets les mieux gardés de la CIA. Seuls le président, Cheney, Rice, Rumsfeld et Franks en furent informés. Chaque nouveau rapport soulageait un peu plus Saul, qui craignait que son homme ne se fasse arrêter, ce qui aurait compromis les méthodes de l'Agence et bien d'autres choses. Au total, le cavalier solitaire n'envoya pas moins de cent trente rapports de renseignements.

Dans les montagnes du nord de l'Irak, au camp de base de Kalachualan, Tim et son équipe avaient largement développé leurs opérations. Tim tenait à ce que tous ses agents soient en place pour le 10 février, car la guerre devait débuter au plus tard à la mi-février. Il avait demandé aux deux frères de lui présenter un certain officier du SSS irakien, censé avoir accès aux fichiers des membres du SSS. Les deux frères firent venir leur informateur et leur père, redoutable parrain surnommé « le Pape », assista à son débriefing.

« Qu'avez-vous trouvé ? » lui demanda Tim. L'officier était visiblement nerveux, et la présence du Pape n'avait rien pour le rassurer. Celui-ci l'engagea à répondre : « Ce monsieur est de la CIA, et nous te demandons de coopérer avec lui. »

Tim expliqua que l'offensive approchait et qu'ils allaient renverser le régime. L'officier accepta de parler, mais Tim demanda des garanties : « Pouvez-vous nous prouver qui vous êtes ? »

L'homme sortit de sa poche un CD-Rom et le tendit à Tim. « Ce sont les fichiers des agents du SSS. »

L'un des assistants de Tim chargea le CD-Rom dans un ordinateur portable et vit s'afficher 6 000 fiches de renseignements personnels — avec noms, CV complet, missions et photos d'identité. Il examina les clichés et reconnut parmi les visages celui d'un homme qui avait proposé ses services à la CIA, affirmant qu'il était dans l'armée irakienne. C'était en fait un SSS, probablement un agent double qu'on leur avait mis dans les pattes. Le personnage idéal pour propager de la désinformation.

Tim avait le don de dégotter des informateurs si exceptionnels que la CIA les avait surnommés les DB/Rockstar (DB étant le code pays de l'Irak). Tim versait désormais aux deux frères 1 million de dollars par mois pour la collecte de renseignements des agents Rockstar. Les frères dilapidaient leur argent en moins de six jours, mais Tim leur offrait quelques centaines de milliers de dollars supplémentaires s'ils fournissaient des renseignements réellement précieux.

Nageant dans un océan de billets de 100 dollars, les Rockstar disputaient à l'Union patriotique du Kurdistan les armes du marché noir. L'UPK avait accueilli le Pape, ses deux fils et leurs adeptes, et Tim gérait leur réseau d'agents à l'insu des Kurdes. Mais les dirigeants de l'UPK se doutaient qu'il y avait anguille sous roche, car de plus en plus de membres de la secte religieuse endossaient l'uniforme et s'armaient jusqu'aux dents. L'un des responsables de l'UPK posa la question : Qui donc étaient ces religieux qui jouaient aux soldats ?

Tim versait également à l'UPK plusieurs millions de dollars, autant en contrepartie des renseignements et des services de sécurité que fournissaient ses hommes que pour apaiser la curiosité de ses chefs. Il reçut un jour la visite de Jalal Talabani, dirigeant officiel du parti.

« Tim, je préférerais que vous me donniez des coupures d'1, de 5 et de 10 dollars, car on ne trouve maintenant plus rien à moins de 100 dollars à Sulaymaniyah ». Les billets de 100 dollars avaient si bien inondé le marché qu'ils avaient fait grimper l'inflation en flèche. Une tasse de café coûtait désormais 100 dollars, car plus personne ne pouvait faire la monnaie.

Tim promit qu'il ferait son possible. Un million de dollars en coupures de 100 dollars pesait déjà une bonne vingtaine de kilos. En billets de 10, on arriverait au bas mot à 50 kg, et on friserait la tonne avec des billets de 1 dollar ! Les Turcs rendaient le réapprovisionnement difficile, et pour obtenir l'argent, Tim et ses hommes devaient passer la frontière en voiture dans les deux sens, avec des sacs à dos pleins à craquer. De plus, ses hommes s'impatientaient et commençaient à se lasser sérieusement de la cuisine locale, boyaux fourrés au riz, abats, cous et pattes d'animaux plus ou moins identifiables cuits et recuits en ragoûts. Leur régime quotidien se bornait maintenant au poulet et au pain sec.

Quelques jours plus tard, l'un des agents Rockstar

parvint à détourner au profit de la CIA un dispositif de communications mobiles que l'un de ses collègues avait subtilisé en faisant mine de l'envoyer en réparation. C'était le dispositif utilisé par le Premier ministre adjoint Tarik Aziz. Il présentait des capacités de cryptage et constituait l'un des éléments du réseau de communication du SSS. Tim le fit expédier à Washington. La NSA réussit à casser le code de cryptage, et bientôt elle put intercepter des communications du SSS.

Parallèlement, les frères avaient recruté un nouvel agent Rockstar qui s'avérerait précieux : c'était un officier du SSS qui dirigeait l'un des principaux centraux téléphoniques de Bagdad. Ce moustachu trapu ne devait pas son poste à ses connaissances techniques mais à son incroyable fidélité à Saddam. Ils le présentèrent à Tim en présence du Pape. L'officier tremblait comme une feuille et se jeta aux pieds du Pape qui lui ordonna simplement de coopérer. La nouvelle recrue présenta à son tour à Tim un autre coreligionnaire, qui dirigeait une importante unité de communication du SSS.

Tim apprit ainsi que dès que Saddam passait d'une résidence à une autre, les lignes téléphoniques étaient soit transférées, soit relayées. Ce qui à l'avenir pourrait fournir un indice rare et précieux sur les déplacements de l'un des hommes les plus insaisissables de la planète.

Le renseignement Rockstar devenait si crucial qu'au siège de la CIA les spécialistes du contre-renseignement furent chargés de le tester par tous les moyens possibles. On compara certains renseignements spécifiques aux écoutes téléphoniques, aux images satellitaires et à d'autres éléments d'imagerie aérienne. On demanda au général Franks et à quelques autres responsables du Centre de commandement de les authentifier sur le terrain.

Pour ce faire, ils demandèrent les coordonnées GPS des nouveaux sites de défense aérienne, puis envoyèrent des avions des opérations Northern et Southern Watch en reconnaissance ; les militaires trouvèrent effectivement sur place des batteries anti-aériennes qui leur avaient jusqu'alors échappé et les bombardèrent. La quantité et la qualité des renseignements fournis par le réseau éclipsaient décidément tout le reste.

À la fin du mois de février, le réseau de Tim comptait près de 90 agents Rockstar qui travaillaient à l'intérieur de l'Irak. Pour les débriefer, il fallait les faire sortir individuellement du pays à l'insu des autorités irakiennes. La NSA était persuadée que les Irakiens n'avaient pas la capacité d'intercepter les communications téléphoniques par satellite. Tim décida donc de commander à la société Thuraya — un opérateur satellite basé à Abou Dhabi — une centaine de combinés mobiles à 700 dollars pièce.

Il distribua des portables à 87 agents Rockstar stationnés à Oum Kassar au sud et à Mossoul au nord. Les informateurs pouvaient ainsi transmettre leurs renseignements en temps réel vers un serveur téléphonique géré directement par les agents de Tim et les deux frères.

L'UPK de Talabani pouvait joindre directement Washington, et notamment Wolfowitz, par l'intermédiaire d'une liaison sécurisée STU-3. Tim ne croyait pas un mot de ce que lui racontait l'UPK, qui prétendait tenir ses informations de Wolfowitz en personne. Mais il ne pouvait tout de même pas se permettre d'appeler Wolfowitz pour vérifier. Il avait gravi tous les échelons de la hiérarchie de la CIA pour en arriver là, et ce n'était pas un hasard s'il était payé

80 000 dollars par an, soit quelque 4 400 dollars nets par mois, ou 150 dollars par jour. L'UPK ou un quelconque Tartempion pouvait bien bénéficier d'une oreille compatissante auprès de Wolfowitz ou de n'importe quel autre gros bonnet, mais celui qui tenait les cordons de la bourse, c'était lui et personne d'autre. Les Kurdes avaient donc tout intérêt à ne pas le mettre en colère. L'argent était sa carte maîtresse. Il avait les moyens d'insister et d'exiger plus de renseignements, et moins de dépenses ostentatoires.

Tim savait par ailleurs que ses sources d'information ne tenaient qu'à un fil — de plus en plus fragile. Son principal contact au cœur de l'appareil politique de l'UPK, qui avait contribué au recrutement des agents Rockstar, était un alcoolique invétéré. Tim lui avait versé des centaines de milliers de dollars qu'il avait engloutis dans l'alcool. Les agents Rockstar ne rencontraient Tim qu'avec l'accord ou en présence de l'homme de l'UPK. Tim se retrouvait donc contraint à caresser son pochard dans le sens du poil, et il allait le voir tous les dimanches matin.

L'homme ne cessait de pleurnicher et de se plaindre. « J'en ai assez, je veux démissionner. Je vous déteste », disait-il régulièrement. Il se plaignait de ne pas être assez payé. « Vous n'avez aucun respect pour moi. » Il trahissait l'UPK qui, dans sa famille, était une organisation presque sacrée. Sur fond de vapeurs d'alcool, il déversait sa rancœur et se fustigeait tout seul.

N'écoutant que son instinct, Tim lui consacrait toute l'attention dont il était capable, car si cet homme les lâchait ou était dénoncé comme intermédiaire, c'était tout le réseau Rockstar qui volait en éclats.

Tim n'avait aucun contact direct avec George

Tenet. Il était seul sur le terrain et savait très bien que tous ceux à qui il parlait, y compris Saul, ne disposaient que d'une connaissance très fragmentaire de la situation. Quand la guerre allait-elle commencer ? Que se passait-il nom de Dieu ?

Au siège de la CIA, Saul continuait à être émerveillé par les succès qu'enregistraient ses équipes. La NSA fournissait des dispositifs SIGINT complets qui permettaient d'intercepter des communications radio et d'autres communications en basses fréquences, et les agents Rockstar introduisaient ces dispositifs à Bagdad et les plaçaient sur des sites sensibles. Ces écoutes constituaient une source majeure de renseignements. Tout ce que Tim et son équipe arrivaient désormais à faire était totalement inédit en Irak. L'agence n'avait jamais réussi d'opération transfrontalière à long terme ; jamais elle n'avait pu infiltrer les services secrets irakiens, le SSS ou la Garde républicaine. Combien de temps cela durerait-il ? Dans le milieu du renseignement, rien n'est éternel, et les meilleurs dispositifs risquent toujours de capoter du jour au lendemain.

Tandis que la Turquie continuait à se demander s'il était bien raisonnable de laisser les forces américaines ouvrir un front nord à partir de leur territoire, les Turcs qui couvraient Tim et l'autre équipe se montraient de plus en plus difficiles. Ils pouvaient fermer la frontière à tout moment, laissant les équipes en carafe et coupant du même coup les vannes de financement. Une fois que les combats commenceraient, les équipes auraient sans doute besoin de réserves de liquide pour deux ou trois mois, voire davantage. Saul décida de donner à Tim et à l'autre équipe une grosse somme d'un seul coup — 35 millions de dollars en cash. Le magot représentait près d'une tonne de billets de 100 dollars. Ils eurent toutes les peines du monde à les faire passer en Irak, dissimulés dans les rations alimentaires et d'autres fournitures. En trois voyages, l'argent arriva dans le nord de l'Irak.

29

Powell devait prononcer son discours au Conseil
de sécurité de l'ONU dans la matinée du mercredi
5 février. Ce jour-là, sur le coup de 7 heures, Bush
réunit vingt parlementaires importants dans la salle
du Conseil de la Maison Blanche.

« Vous êtes déjà pour la plupart au courant de tout
cela », leur dit-il. C'étaient des dossiers classés secret
défense, et ils le resteraient jusqu'à ce que Powell les
rende publics, à 10 h 30. « Il y a encore d'autres
informations dont nous ne sommes pas certains. » Il
quitta la salle et Rice résuma rapidement les principaux points que Powell s'apprêtait à dévoiler.

Jane Harmann, représentante de Californie et chef
de file des démocrates à la commission parlementaire sur le renseignement, estima qu'il s'agissait d'un
« dossier solide », mais demanda : « En quoi cela
menace-t-il le territoire national ? »

La menace que faisait planer Saddam ne ferait que
s'accentuer avec le temps, expliqua Rice.

Nancy Pelosi, également représentante de Californie et présidente de la minorité démocrate à la Chambre, aborda la question de l'après-Saddam : un nouveau régime pourrait-il développer des armes de
destruction massive ? Et pourquoi ne s'intéressait-on

pas au problème de la Corée du Nord ? L'Amérique devait à son sens avoir une politique cohérente. « Pouvons-nous conclure que le meilleur moyen d'éliminer la menace est de déclarer la guerre maintenant ? Toute la matière fissile que s'est procurée Saddam vient de l'étranger. C'est un problème international, et nous n'avons pas de solution internationale. »

« S'attaquer au problème de l'Irak ne réglera pas tout », concéda la conseillère à la sécurité nationale. Mais si l'ONU est incapable de résoudre le problème irakien sans une douzaine de résolutions, dit-elle, « elle sera impuissante et nous allons devoir faire le boulot nous-mêmes... L'Irak est essentiel pour rétablir la crédibilité du Conseil de sécurité ».

« Mais la guerre est-elle vraiment le meilleur moyen ? » insista Pelosi.

Rice répondit clairement que la guerre était la seule option efficace. « Nous avons essayé les sanctions, nous avons essayé des interventions militaires limitées, nous avons essayé les résolutions. Arrive un moment où il n'y a plus d'autre choix que la guerre. »

Le représentant démocrate du Missouri, Ike Skelton, représentant de son parti à la commission parlementaire sur l'armée, demanda ce qui se passerait dans l'après-Saddam.

« Des équipes humanitaires accompagneront l'intervention militaire » expliqua Rice. « Nous réglerons les violences interreligieuses... Nous devons remonter les infrastructures. Nous n'avons pas envie d'y rester éternellement. »

« Combien de temps y resterez-vous ? » demanda le sénateur Joseph Biden, premier démocrate à la commission parlementaire sur les Affaires étrangères.

« Nous n'en savons rien », répondit Rice. « Cela dépendra des résultats. Nous serons aidés par des gens de l'intérieur et de l'extérieur du pays. »

Le sénateur républicain John Warner, président de la commission sur les forces armées, s'interrogeait sur les armes de destruction massive : « Quand la poussière des combats sera retombée, les caméras pourront-elles enfin dénicher le fameux "pistolet fumant" dont on nous rebat les oreilles ? »

« Nous ne savons pas exactement ce que nous trouverons, ni à quelle échéance », reconnut Rice. « Blix a bien dit qu'il n'était pas en mesure d'assurer qu'ils n'en aient pas. »

Le sénateur Carl Levin, principale personnalité démocrate de la commission sur les forces armées, intervint : « Blix dit aussi qu'il ne pouvait pas assurer qu'ils en aient. Vous n'êtes pas cohérents. »

Le danger, expliqua Rice, était que les inspecteurs retournent en Irak, ne trouvent rien, ce qui pousserait certains pays à appeler à une levée des sanctions.

« Les Irakiens adorent jouer à ce petit jeu, ils le connaissent par cœur, et ils ont aussi la recette pour gagner. Si nous entrons dans son jeu, le Conseil de sécurité va se scinder. Les inspecteurs sont incapables de désarmer l'Irak. Ils ne peuvent que vérifier où en est le désarmement.

— Si nous intervenons et que nous ne trouvons aucune cache, reprit Biden, nous allons avoir un sacré problème d'image.

— Je suis persuadé que nous les trouverons, coupa Warner.

— Je ne veux pas vous donner de réponse catégorique » tempéra prudemment Rice, s'empressant d'ajouter : « Mais Saddam dissimule beaucoup de choses. Je suis tout à fait convaincue que nous en trouverons beaucoup. »

Après la réunion, le sénateur Warner prit Steve Hadley à part : « Vous avez pris la bonne décision. C'est ce que vous devez faire, et je vous soutiendrai, soyez-en sûr. Mais j'espère que vous trouverez des armes de destruction massive, sans quoi vous risquez d'avoir de gros problèmes. »

Powell venait de passer quatre jours extrêmement difficiles à éplucher les rapports de renseignements. La grande majorité de ce qu'il avait vu permettait tout juste de formuler des hypothèses. Les services de renseignement répétaient à l'envi que Saddam détenait plusieurs douzaines de missiles Scud. « Mais personne n'a jamais vu ces Scuds », rappelat-il. En fait, au fil de sa lecture, il vit que sur 819 Scuds, les précédents inspecteurs de l'ONU en avaient retrouvé 817. Mais d'autres sources de renseignements donnaient à penser qu'il pouvait en rester d'autres, et il accepta donc d'évoquer au passage « une force cachée pouvant comprendre jusqu'à plusieurs douzaines de missiles balistiques de type Scud ».

Après la dernière répétition à Washington, Tenet annonça qu'il pensait tenir un dossier parfaitement ficelé, intégralement vérifié jusqu'à la dernière virgule. Ils s'étaient soigneusement abstenus d'élucubrer à partir des données du renseignement, et le patron de la CIA assura que le dossier ne compromettrait ni le président ni Powell.

« Vous m'accompagnez », lui ordonna Powell. Il tenait à ce que Tenet soit à ses côtés pendant qu'il délivrerait son discours à l'ONU, afin de cautionner par sa présence tout ce qu'il dirait, comme si chaque mot émanait directement du directeur de la CIA. Tenet ne fut pas le seul soutien. Powell avait prévu un véritable spectacle son et lumière : il illustrerait son propos d'enregistrements audio et de diapositives qu'il projetterait sur les grands écrans accrochés dans la salle du Conseil de sécurité. Il avait même apporté un échantillon de bacille du charbon factice qu'il montrerait dans un petit tube à essais.

Des millions de gens dans le monde entier suivirent la présentation en direct à la télévision ou à la radio. Au siège de la NSA, des milliers d'employés étaient rivés aux téléviseurs des cafétérias et des salles de conférences pleines à craquer où explosa un tonnerre d'applaudissements lorsque Powell montra les trois transcriptions d'écoutes téléphoniques. Il était rarissime que leur travail ultraconfidentiel soit montré au public.

Vêtu d'un costume sombre et d'une cravate rouge, les mains crispées sur son pupitre, Powell commença prudemment : « Je ne peux pas vous communiquer tout ce que nous savons, mais ce que je puis vous dire, conjugué à ce que nous tous avons appris au fil des ans, est extrêmement préoccupant. Ce que vous allez voir est une accumulation de faits et de comportements répétitifs troublants. »

Il passa l'enregistrement audio où figurait le fameux passage : « On a tout évacué. » Il avait décidé d'ajouter sa propre interprétation des écoutes au scénario qu'il avait répété, afin de les rendre plus parlantes et de les présenter sous un jour bien plus terrifiant. Il avait prévenu les responsables du renseignement, leur expliquant qu'il avait appris dans l'armée qu'il fallait user d'un langage clair pour bien faire passer le sens d'un message. « Notez bien ce qu'il dit : "On a tout évacué." » Powell répéta la phrase, puis proposa son interprétation : « On ne l'a pas détruit. On ne l'a pas mis de côté pour le montrer aux inspecteurs. On ne l'a pas remis aux inspecteurs. On l'a évacué pour être sûrs qu'il ne serait pas dans les parages quand les inspecteurs arriveraient. »

Pour la conversation sur l'inspection d'éventuelles « munitions interdites », Powell poussa plus loin encore son interprétation : « Nettoyez partout, les aires de rebut, les aires abandonnées. Assurez-vous qu'il ne reste rien. » Rien de tout cela n'était dans la conversation interceptée.

Citant des sources humaines, il assena ensuite sa plus grave accusation : « Nous savons, d'après nos sources, qu'une brigade de missiles située à la périphérie de Bagdad transférait en différents lieux des lance-missiles et des ogives contenant des agents biologiques de guerre. » Il cita des photos satellites et d'autres sources de renseignements qui semblaient indiquer qu'un grand nettoyage avait été effectué autour d'anciennes installations de production d'armes chimiques ou biologiques, avant l'arrivée des inspecteurs de l'ONU. « Nous ne savons pas exactement ce que l'Irak déplaçait, poursuivit-il, mais les inspecteurs connaissaient déjà ces sites et l'Irak savait donc qu'ils s'y rendraient. Nous devons nous poser la question suivante : pourquoi est-ce que l'Irak déciderait soudainement de transférer du matériel de cette nature avant les inspections si le gouvernement souhaitait à tout prix prouver ce qu'il a ou ce qu'il n'a pas ? »

Une autre grave accusation se fondait sur plusieurs sources de renseignements humains qui avaient fourni des témoignages de première main sur ce qu'ils disaient être des systèmes mobiles de production d'armes biologiques installés dans des remorques de camion ou dans des wagons de chemin de fer. Powell projeta sur l'écran de la salle des schémas détaillés des laboratoires mobiles. Il mentionna également des véhicules aériens sans pilote : « Nous avons détecté l'un des derniers UAV de l'Irak lors d'un vol d'essai au cours duquel il a parcouru sans pause 500 km, sans pilote, comme on le voit sur ce tracé » — ce qui dépassait de trois fois la limite de

150 km autorisée par l'ONU. Il ajouta d'un ton grave que ces UAV constitueraient un sérieux danger potentiel, sans apporter la moindre preuve de ce qu'il avançait. « L'Irak pourrait utiliser ces petits UAV, qui ont une envergure de quelques mètres seulement, pour déverser des agents biologiques sur ses voisins, ou les transporter vers d'autres pays, y compris les États-Unis », conclut-il.

Le secrétaire d'État qualifia les liens de l'Irak avec Al Qaïda de « potentiellement bien plus sinistres » [que ceux qu'il entretenait avec le terrorisme palestinien], et parla de la fameuse connexion Zarkaoui, entre autres alliances avec des organisations terroristes. « Certains sont convaincus ou prétendent que ces contacts ne veulent pas dire grand-chose. Ils disent que la tyrannie laïque de Saddam Hussein et la tyrannie religieuse d'Al Qaïda ne se mélangent pas. Cette idée ne me réconforte pas » trancha-t-il, ajoutant en forme de mise en garde : « L'ambition et la haine sont suffisantes pour rapprocher l'Irak d'Al Qaïda. »

« Nous savons que Saddam Hussein est résolu à conserver ses armes de destruction massive, et qu'il est déterminé à en produire davantage », déclara le secrétaire d'État en achevant sa présentation. « Devrions-nous prendre le risque qu'il emploie un jour ces armes, à un moment, dans un lieu et à la manière de son choix, à un moment où le monde serait dans une position beaucoup plus faible pour réagir ? Les États-Unis ne peuvent pas faire courir ce risque à leur population et ils ne le feront pas. »

Le discours du secrétaire d'État avait duré soixante-seize minutes.

Powell avait passé en revue plus d'une centaine d'informations émanant des services secrets américains. Le simple fait qu'il ait dévoilé publiquement les sources, les méthodes et les détails des agences de renseignements était presque plus important que le contenu de son discours. Et le fait que ce soit Powell qui ait défendu le dossier était encore plus significatif. Le savant dosage de précautions oratoires, d'exagérations et de passion personnelle faisait de cette présentation un show télévisé palpitant.

Mary McGrory, célèbre éditorialiste du *Washington Post* et féroce critique de Bush, consacra dès le lendemain son article de la page Opinion au discours de Powell, qu'elle plaçait dans la droite ligne du « J'accuse » de Zola : « Je peux simplement dire qu'il m'a convaincue, alors même que j'étais aussi difficile à convaincre que la France. » Elle avait un instant espéré que Powell s'opposerait à la guerre, avouat-elle, mais « l'effet d'accumulation était impressionnant. Cela m'a rappelé le jour où, il y a bien longtemps, John Dean, un habitué de la Maison Blanche, a déversé sa bile sur Richard Nixon ; le désarroi s'inscrivait sur le visage des républicains qui comprenaient qu'une destitution était inévitable ». Elle ajouta : « Je ne suis pas encore prête pour la guerre. Mais Colin Powell m'a convaincue que ce pourrait être la seule façon d'arrêter un diable, et que si nous y allons, c'est pour une bonne raison. »

À la Maison Blanche, Dan Bartlett mesura l'importance de la prouesse du secrétaire d'État, qu'il surnommait désormais « le boniment de Powell ».

Le prince Bandar avait commencé à travailler les Français au corps. Sur ordre du prince héritier saoudien Abdallah, il était allé voir le président Chirac à Paris.

Le chef de l'État français expliqua qu'un désaccord de fond opposait Paris à Washington et souligna notamment que Bush et les Américains ne le respectaient pas et que, de plus, ils ne partageaient pas ses renseignements avec lui.

Lorsque Bush eut vent des récriminations de Chirac, il assura qu'il était tout disposé à lui donner toute l'attention et le respect qu'il voudrait. Tenet ajouta qu'il recevait des données des services secrets français et qu'il n'avait aucun problème particulier avec le chef actuel du renseignement français.

Puis, Bandar rencontra le président Hosni Moubarak, qui l'informa que les Égyptiens disposaient en Irak de nombreux informateurs. « Nos services ont confirmé l'existence de laboratoires mobiles de production d'armes biologiques », lui confia Moubarak. Et il fit également part à l'ambassadeur saoudien d'un étrange message venu tout droit d'Irak : « Un émissaire de Saddam est venu me voir pour me demander d'accueillir en Égypte des femmes, des enfants et certaines personnes dont l'identité nous serait dévoilée ultérieurement. Il souhaitait que je mette un palais présidentiel à leur disposition. »

Selon cet émissaire, les Irakiens voulaient également faire passer en Égypte d'énormes coffres pouvant renfermer 2 milliards de dollars en liquide et en or. À l'en croire, Moubarak s'était borné à garantir qu'il accueillerait les femmes et les enfants. « Pour les hommes et les hauts responsables, vous devrez passer un accord avec les Américains, ou bien c'est moi qui appellerai les Américains. » Moubarak précisa qu'il avait également refusé de les laisser transférer dans son pays 2 milliards de dollars en liquide, car il serait accusé de les avoir volés. Il affirma à Bandar avoir conseillé à l'émissaire d'envoyer des chèques par l'intermédiaire d'une banque suisse.

Bandar confia à Condoleezza Rice que d'après lui, Chirac allait participer à la guerre, et peut-être même la soutenir.

« Vous en êtes sûr ? » demanda Rice sans y croire.

Bandar affirma qu'il avait trois sources : Mouba-rak et le Premier ministre libanais Rafiq Hariri avaient tous deux affirmé que Chirac se dirigeait vers cette solution, et ses propres entretiens avec le pré-sident français l'avaient mené à la même conclusion.

Vendredi 7 février, à 11 h 35, Jacques Chirac appela Bush.

« Je ne partage pas votre conviction sur les raisons pour lesquelles nous avons besoin d'une guerre, » déclara-t-il d'un ton posé. « La guerre n'est pas inévi-table. Il y a d'autres façons d'atteindre nos objectifs. C'est une question de morale. Je suis opposé à la guerre à moins qu'elle ne soit inévitable et nécessaire. »

« Je tiens beaucoup à nos relations, répliqua Bush, et je tiens beaucoup aux rapports personnels que nous entretenons et aux liens qui unissent nos deux pays. Vous êtes un homme cohérent, un homme de compas-sion. Moi non plus je n'aime pas la guerre. C'est à moi qu'il revient de serrer dans mes bras les familles de ceux qui ont perdu la vie à la guerre. Je considère qu'un Saddam Hussein armé est une menace directe au peuple américain. C'est peut-être ce qui explique que nos priorités soient différentes. Quand le Conseil de sécurité des Nations unies dit quelque chose, il est important que ça veuille dire quelque chose. Je tiens également à vous remercier pour les renseignements que vous nous avez fait partager. »

« Je suis favorable à la proposition saoudienne », précisa Chirac en faisait référence à la suggestion récente d'exiler Saddam, « car elle tendrait à éviter la guerre ».

« S'il y a une guerre, poursuivit le président fran-çais, nous travaillerons ensemble à la reconstruction. » Chirac semblait conciliant. « Nous participe-rons tous. »

Bush l'informa qu'il avait d'ores et déjà fait prépa-rer des stocks de nourriture pour les Irakiens et qu'il fournirait des hôpitaux.

« Je comprends très bien que votre position soit différente, dit Chirac. Ce sont deux approches mora-les du monde différentes, et je respecte la vôtre. »

En raccrochant, Bush était plutôt optimiste sur la position française. Chirac avait dit qu'il y avait deux approches morales et lui avait assuré qu'il respectait la sienne. Se pouvait-il que les Français ne fassent pas obstruction à une nouvelle résolution au Conseil de sécurité des Nations unies ?

Le même jour, le fils de Moubarak, Gamal, demanda une audience confidentielle à Bush à la résidence de la Maison Blanche, pour lui transmettre le même message que celui que son père avait confié à Bandar. Figure de proue du mouvement réforma-teur proaméricain au sein du parti politique de son père, Gamal expliqua qu'ils avaient des raisons de penser que Saddam cherchait une occasion de s'exi-ler et évoqua la demande qu'il avait formulée pour mettre à l'abri en Égypte les membres de sa famille et 2 milliards de dollars. Plusieurs pays, dont l'Arabie Saoudite, la Jordanie et la Turquie, participaient aux négociations sur l'exil de Saddam. Gamal voulait savoir ce que Bush en pensait.

Un mois auparavant à peine, Powell, Rumsfeld et Rice avaient publiquement déclaré que le départ en exil du dictateur irakien était une option viable si elle devait éviter une guerre. Mais Bush avertit le fils du président égyptien que si Saddam s'exilait, les États-Unis ne garantiraient pas sa protection, ajou-tant qu'il ne considérerait pas favorablement les pays qui envisageraient d'assurer sa protection. « Si vous cherchez à obtenir des garanties comme quoi nous ne prendrons aucune mesure, je ne vous les donnerai pas », déclara sèchement le président américain. Il était devenu extrêmement intransigeant à l'égard des pays qui abritaient des terroristes et, selon sa définition, Saddam était un terroriste. Mais il s'empressa d'ajouter un commentaire ambigu, qui semblait presque constituer un encouragement tacite : « L'histoire regorge d'exemples de gens qui se sont exilés et ont ainsi évité une guerre, et nous n'ignorons pas ce fait. »

Le 10 février, le Premier ministre australien John Howard fut reçu en privé dans le Bureau Ovale. « Nous sommes encore dans l'ombre, dit Bush, mais grâce à votre forte détermination, nous allons enfin y voir clair. Soit il s'en va, soit nous aurons sa peau. Mais les chances pour qu'il parte sont très minces. » Puis, envisageant les complications qu'impliquerait un tel scénario, il ajouta : « Le problème sera de déterminer s'il est un criminel de guerre et qui lui offre l'asile. »

Powell était certain que la France s'abstiendrait au Conseil de sécurité. « Il sera très difficile d'avoir une réponse positive avant le spectacle de kabuki » poursuivit Bush, se risquant à emprunter l'expression préférée de son secrétaire d'État.

Le même jour, Rice appela le prince Bandar pour l'informer des dernières initiatives de Chirac, qui ne semblaient pas aller dans le sens qu'avait prévu le Saoudien : « Votre ami de l'Élysée a invité Schröder et Poutine à un sommet. »

Le même jour, Chirac, Poutine et Schröder publiaient une déclaration commune sans concession, appelant à la reprise des inspections de l'ONU. « Aujourd'hui, rien ne justifie la guerre » assena Chirac. « La Russie, l'Allemagne et la France sont déterminées à faire en sorte que tous les moyens possibles soient mis en œuvre pour désarmer l'Irak pacifiquement. »

Chirac avait abattu ses cartes — et avec lui, Poutine et Schröder.

Le Conseil de sécurité nationale avait tenté de mettre au point un projet visant à contraindre les inspecteurs de Blix à « inonder la zone », c'est-à-dire à inspecter parallèlement toute une série de sites, au lieu d'aller fouiller mollement un site après l'autre sous l'œil vigilant des Irakiens. Les inspecteurs avaient aussi la possibilité de faire sortir du pays des scientifiques irakiens afin de les interroger, ce qui ferait sans doute monter la pression et contribuerait à faire sortir Saddam de son mutisme. De cette façon, soit Blix finirait par trouver de vraies ADM, soit Saddam mettrait des bâtons dans les roues aux inspecteurs, auquel cas il créerait les conditions nécessaires pour une guerre.

Blix était toujours surveillé de près par les services secrets, et les derniers renseignements indiquaient que le rapport qu'il présenterait le 14 février serait vague et insipide. Une source allait jusqu'à le qualifier de tout à fait « greenpeacesque », en ceci qu'il s'agirait d'un compte rendu scrupuleusement mesuré et équilibré, dominé par un souci proclamé d'objectivité.

Le vendredi 14 février, le président descendit à 8 h 55 dans la Salle de Situation pour discuter avec son équipe de la réaction à prévoir au cas où il y aurait un coup d'État en Irak. L'hypothèse semblait bien improbable, mais ils devaient tout de même s'y préparer. Ils ne voulaient pas être pris de court si d'aventure un quelconque général irakien décidait de prendre la place de Saddam. Les Saoudiens avaient déjà publiquement évoqué cette possibilité. En soi, l'événement serait sans doute une bonne chose, mais l'Irak pourrait se retrouver affublé d'un nouveau dictateur et replonger dans le saddamisme sans Saddam.

Le président et le Conseil de sécurité nationale étudièrent un rapport officiel sur le « scénario du coup d'État » et convinrent que si putsch il y avait, les États-Unis appelleraient immédiatement le nouvel homme fort à remettre le pouvoir à une autorité irakienne dûment constituée, soutenue publiquement et nommée par les États-Unis. Il faudrait faire un pas vers la démocratie. En deuxième lieu, Washington demanderait au nouveau dirigeant d'envisager d'inviter les forces américaines à éliminer les ADM et de couper tous les liens du régime précédent avec le terrorisme. Mais les principaux responsables américains comprirent vite qu'ils ne pourraient pas attendre d'être invités ; l'armée américaine devrait intervenir immédiatement. La question était certes délicate et pouvait faire figure de provocation, mais ils s'accordèrent à penser qu'un coup d'État, avec tous ses impondérables, n'empêcherait pas l'invasion militaire.

Les forces d'opposition irakiennes devaient se retrouver deux semaines plus tard dans la région kurde du nord de l'Irak. Cette réunion était une provocation délibérée. Elle enragerait probablement Saddam, et il y avait une chance qu'il attaque. Il disposait de divisions militaires juste au sud de la fameuse « ligne verte » qui séparait l'Irak de Saddam de la région contrôlée par les Kurdes. Les responsables américains pensaient que si Saddam attaquait directement les Kurdes, il commettrait une erreur grossière et se mettrait à dos l'opinion internationale.

Le président n'était pas convaincu, mais il fallait tenter le coup et il donna tout de même son feu vert.

Le Conseil de sécurité nationale étudiait également un autre scénario autrement délicat : les services de renseignements d'un pays frontalier de l'Irak les avaient informés que ce pays envisageait d'envoyer un émissaire auprès de Saddam, officiellement pour ouvrir des négociations, mais avec comme ultime objectif d'assassiner le dictateur irakien. Le Conseil de sécurité nationale ne pouvait ni compter sur ce genre d'attentat, ni même le soutenir directement, mais si l'initiative aboutissait, cela arrangerait tout le monde — étant entendu que Washington devrait toujours aborder les questions de démocratie, d'armes de destruction massive et de liens avec les terroristes avec le nouveau chef d'État irakien, quel qu'il soit.

Un peu plus tard dans la matinée, Blix présenta au Conseil de sécurité de l'ONU un rapport scrupuleusement équilibré, recensant les points positifs et les points négatifs. Ses résultats étaient aux antipodes du tableau que Powell avait dressé neuf jours plus tôt. « Depuis que nous sommes arrivés en Irak, nous avons mené plus de 400 inspections, couvrant plus de 300 sites » déclara Blix. « Toutes les inspections ont été menées sans préavis, et l'accès a pratiquement toujours été garanti rapidement. » Il n'y avait aucune preuve convaincante que les Irakiens aient été avertis des inspections, dit-il.

« Les inspections se sont déroulées dans tout l'Irak sur des sites industriels, des dépôts de munitions, des centres de recherche, des universités, des sites présidentiels, des laboratoires mobiles, des résidences privées, des installations de fabrication de missiles, des camps militaires et des sites agricoles.

« Nous avons collecté sur les différents sites des échantillons de plus de 200 produits chimiques et de plus de 100 produits biologiques », poursuivit Blix. Les trois quarts de ces échantillons avaient été analysés et aucune arme ou substance interdite n'avait été trouvée.

« Que reste-t-il, si tant est qu'il reste quoi que ce soit, des armes de destruction massive irakiennes et des produits et programmes interdits qui y sont associés ? » demanda Blix. Jusqu'alors, les inspecteurs n'avaient « pas trouvé de telles armes, mais seulement un petit nombre d'ogives chimiques vides, qui auraient dû être déclarées et détruites ». Il ajouta que les documents irakiens montraient que beaucoup d'armes n'avaient pas été déclarées. « Je ne dois pas en conclure hâtivement qu'elles existent. Cependant, la possibilité n'est pas pour autant exclue. »

Blix releva que de nombreux États étaient convaincus que l'Irak détenait toujours des ADM. « Le secrétaire d'État américain a présenté des pièces pour appuyer cette conclusion. Les États ont de nombreuses sources d'information dont ne disposent pas les inspecteurs », releva-t-il avec une pointe d'ironie. « Les inspecteurs, quant à eux, ne doivent fonder leurs rapports que sur les preuves qu'ils peuvent examiner eux-mêmes et présenter publiquement. » Il revint sur l'affirmation de Powell selon laquelle l'Irak avait nettoyé certains sites avant l'arrivée des inspecteurs et la démonta méthodiquement. Les deux photos satellites d'un site avaient été prises à plusieurs semaines d'intervalle et les mouvements détectés « pouvaient aussi bien être des activités de routine que des déplacements de munitions interdites avant une inspection imminente ». Si l'Irak coopérait plus activement encore, ajouta-t-il, « la phase de désarmement par les inspections pourrait se faire sur des délais très courts ».

Au septième étage du département d'État, le téléviseur du bureau d'Armitage était allumé, et le secrétaire d'État adjoint et son équipe regardaient Powell répondre au témoignage de Blix devant le Conseil de sécurité. L'ancien général était furieux mais il garda son sang-froid, laissant toutefois échapper de temps en temps quelques remarques sarcastiques. Il réfutait la principale conclusion de Blix, à savoir que le désarmement par les inspections était possible. « On nous mène par le bout du nez et on se fiche de nous », affirma-t-il. Une exécution immédiate, active et inconditionnelle de la résolution des Nations unies sur le désarmement serait facile et évidente. « On ne demande tout de même pas la lune ! » s'exaspéra-t-il. Aux Français, qui avaient proposé d'affecter davantage d'inspecteurs à la tâche, Powell répondit : « Plus d'inspecteurs ? Désolé. Ce n'est pas la solution. »

« La force devrait être un dernier recours... mais ce doit être un recours possible », conclut Powell. Arborant fièrement son uniforme de guerre, Powell était plus convaincant que jamais. « Les armes de Saddam, soutenait-il, pouvaient tuer des dizaines de milliers de gens. »

30

La guerre aurait pu démarrer le 15 février si, comme on l'espérait, les inspections avaient pris Saddam en défaut. Mais désormais, l'issue n'était plus aussi claire. Les principaux alliés de Bush — l'Anglais Blair, l'Australien Howard et l'Espagnol Aznar — se heurtaient à une forte opposition intérieure.

Bush devait par la suite avouer qu'il avait ordonné à son secrétaire à la Défense de ralentir ses mouvements de troupes. Franks et l'armée avaient laissé entendre qu'ils préféreraient avoir un peu plus de temps, et le président eut l'impression qu'ils faisaient légèrement pression pour repousser de quelques jours le jour J. Il intervint lui-même pour retarder plus encore l'échéance, car, comme il le confia à Rumsfeld, le volet militaire avançait trop vite par rapport aux objectifs diplomatiques.

Cheney n'avait aucune envie d'en passer par une seconde résolution, mais Bush était persuadé qu'il en comprenait la logique, qu'il comprenait qu'ils devaient aussi résister aux énormes pressions qui s'exerçaient sur tous les fronts — les dirigeants alliés comme Blair, l'armée et la CIA. Cheney écouta toutes les conversations téléphoniques ou leurs enregistrements avec ces dirigeants qui, craignant une sanction politique, exigeaient une deuxième résolution. « Nous redoutions surtout un nouveau bras de fer pour arriver à nos fins », rappela Bush.

Le samedi 22 février, le président invita le chef du gouvernement espagnol Aznar dans son ranch de Crawford. Ils organisèrent une conférence téléphonique avec Blair et Berlusconi. Tous quatre acceptèrent de présenter aux Nations unies un projet de résolution déclarant que Saddam n'avait pas respecté ses obligations au regard de la résolution 1441.

Le Conseil de sécurité nationale reconsidéra l'idée de laisser Saddam demander l'asile politique dans un pays tiers, estimant qu'il ne fallait pas exclure cette solution. Rumsfeld et Rice évoquèrent donc à nouveau l'hypothèse dans leurs déclarations officielles.

Le 27 février, Elie Wiesel, écrivain, survivant d'Auschwitz et Prix Nobel de la paix, s'entretint avec Condoleezza Rice. Le président passa rapidement le saluer. Rice lui céda son fauteuil et alla s'installer sur le canapé.

L'Irak étant un État terroriste, expliqua Wiesel, une intervention militaire était un devoir moral. Si l'Occident était intervenu en 1938 en Europe, on aurait pu éviter la Deuxième Guerre mondiale et l'Holocauste. « C'est une question de conscience. Au nom de la morale, comment pourrions-nous ne pas intervenir ? »

« Je reconnais là votre grande sagesse » acquiesça le président américain. « Mais quand ce criminel voit des gens respectables manifester, il se dit qu'ils sont de son côté. Si les Français avaient fait pression sur lui, il serait parti depuis longtemps. J'ai lu vos analyses sur Auschwitz dans le livre de Michael Beschloss. » Dans *Les Conquérants*, analyse des décisions de Roosevelt et Truman pendant la Seconde Guerre mondiale, Wiesel explique qu'il aurait préféré voir les Alliés bombarder les camps de concentration, même si cette offensive avait dû faire des victimes parmi les prisonniers juifs. « Nous n'avons plus peur de la mort — en tout cas, pas de cette mort-là. »

« Si nous ne désarmons pas Saddam, renchérit Bush, il lancera des armes de destruction massive sur Israël et les Israéliens feront ce qu'ils pensent devoir faire, et notre devoir est d'empêcher cette spirale infernale. » Un engagement militaire entre l'Irak et Israël serait une catastrophe, car il dissuaderait définitivement la Jordanie, l'Arabie Saoudite et d'autres États arabes d'unir leurs efforts contre Saddam.

Face à des risques aussi graves, il était impossible de rester neutre, assura Wiesel. L'indécision ne faisait qu'encourager et favoriser la voie du mal et l'agresseur, et non pas les victimes. « Je suis résolument opposé au silence. »

Dans les jours qui suivirent, Bush ne cessa de répéter les remarques de Wiesel. Longtemps après, il évoquait encore cette rencontre : « Ce fut un moment très fort pour moi, car il m'a conforté dans mes convictions. Je me disais que si c'était là ce que ressentait Elie Wiesel, qui est bien placé pour connaître les souffrances et le calvaire que peut causer une tyrannie, d'autres éprouvaient sans doute aussi ce sentiment. Je n'étais donc pas le seul. »

Frank Miller, conseiller à la défense au Conseil de sécurité nationale, était chargé de l'une des missions les plus délicates des préparatifs de guerre. Depuis août 2002, il dirigeait un Groupe de pilotage exécutif (SEG), créé pour superviser au nom de Rice et Hadley la coordination interministérielle pour l'Irak. Ancien officier de la Marine, ce haut fonctionnaire qui avait passé dix-neuf ans dans l'Administration avait travaillé sur les plans de guerre nucléaire à l'époque où Cheney dirigeait le Pentagone.

À sa grande surprise, il découvrit que l'une de ses missions principales consistait à coordonner les différents services du ministère de la Défense de Rumsfeld. Or, l'office budgétaire du Pentagone, la cellule de renseignement de Feith, l'état-major du général Myers et le Commandement Centre de Franks étaient des fiefs plus ou moins autonomes. Miller estimait que la Défense était noyautée par beaucoup trop de cadres supérieurs et de cadres moyens qui lançaient des grandes idées, maniaient remarquablement les concepts sur papier et se payaient de beaux discours, mais qu'il n'y avait pas l'ombre d'un gestionnaire chevronné. Il résuma la situation à Rice et Hadley : « Ces gens-là ne passent jamais à la phase d'exécution. »

Miller dut littéralement convoquer des représentants de l'office budgétaire, de la cellule stratégique et de l'état-major dans son bureau du troisième étage du vieux bâtiment administratif voisin de la Maison Blanche. « Messieurs, serrez-vous la main » dit-il en faisant les présentations. « Maintenant, étudions la situation. » L'ordre du jour couvrait aussi bien les problèmes pratiques de logistique telle la construction de nouvelles pistes d'atterrissage, que les questions épineuses des prisonniers de guerre et des crimes de guerre.

Quelque temps plus tard, Miller avait institué deux ou trois réunions hebdomadaires, exigeant de chacun des participants des graphiques en couleurs indiquant l'évolution et le statut des vingt et un points de son programme — protection des alliés contre d'éventuels missiles irakiens, définition des conditions de victoire, conséquences d'une attaque non

476

conventionnelle irakienne contre Israël, conséquences de l'usage d'ADM sur le théâtre des opérations, fondement juridique d'une occupation, aide humanitaire et répartition des ressources militaires rares, telles que les missiles Patriot.

Il rendait officiellement compte du suivi de ses activités aux adjoints des ministres, et transmettait son rapport et la décision stratégique aux principaux responsables, puis au besoin, au président. Mais il fut confronté à une organisation interne si chaotique qu'il en fut réduit à programmer une réunion hebdomadaire supplémentaire avec Card, Rice, Hadley et Libby, afin de mettre à plat les problèmes et de tirer la sonnette d'alarme : il devait absolument les pousser à secouer Rumsfeld ou d'autres membres de l'Administration.

Il dénonça dans un premier temps l'absence totale de communication entre les services civils et militaires du département de la Défense. Grâce aux contacts personnels qu'il entretenait au Pentagone avec des généraux trois et quatre étoiles et des amiraux, il comprit que l'état-major craignait Rumsfeld et Feith et ne voulait surtout pas donner l'impression de mettre le nez dans le plan de guerre de Franks.

Le point n° 16 du programme de Miller proposait ainsi la création d'une force irakienne libre de 5 000 exilés, susceptible de seconder l'armée américaine. Feith voulait former des unités de reconnaissance, et par la suite une brigade opérationnelle qui serait envoyée en Irak. Le chef d'État-Major Interarmes avait émis un ordre de planification le 12 septembre 2002, jour où Bush prononçait son discours à l'ONU, mais l'entraînement n'avait commencé que cinq mois plus tard. Trouver le lieu d'entraînement, interroger les Irakiens pour s'assurer qu'ils n'étaient pas des sympathisants du régime ou des espions, débloquer l'argent et organiser le transport des troupes avait été un véritable cauchemar. Le projet fut confié à un général deux étoiles et on finit par trouver un camp d'entraînement en Hongrie. Ce projet mobilisa quelque 800 soldats pendant des mois et engloutit plusieurs millions de dollars. Il se solda par un échec si retentissant qu'il en était presque comique : au bout du compte, seuls 70 exilés irakiens furent formés.

Au matin du lundi 24 février, le président participa à une réunion confidentielle du Conseil de sécurité nationale sur le thème : « Préparer l'infrastructure pétrolière irakienne : points à décider. » Le président et ses collaborateurs espéraient que si l'ONU levait ses sanctions, l'industrie pétrolière irakienne aide le prochain régime à réintégrer rapidement le circuit de l'économie mondiale.

Pamela Quanrud, une économiste du département d'État détachée au Conseil de sécurité nationale, expliqua au président qu'un bon quart des 16 milliards de dollars dégagés par le programme des Nations unies « Pétrole contre nourriture » était placé sur un compte à terme pour payer au Koweït et à l'Arabie Saoudite les réparations au titre de la guerre du Golfe de 1991, et 15 % étaient affectés aux Kurdes du nord. Il restait donc aux Irakiens près de 60 %. Le programme « Pétrole contre nourriture » était régi par un écheveau de résolutions de l'ONU qu'il leur reviendrait de démêler, conclut-elle.

Dans l'éventualité d'une guerre, les perspectives étaient incertaines. Si, comme il l'avait fait en 1991, Saddam incendiait les puits de pétrole, Washington risquait d'avoir à débourser 7 à 8 milliards de dollars pour reconstruire les infrastructures pétrolières, estimait Quanrud. Même à supposer que les dégâts soient limités, les recettes de la première année ne dépasseraient guère les 12 milliards de dollars, pour atteindre peut-être 22 milliards de dollars l'année suivante, ce qui serait une somme raisonnable au vu de la capacité moyenne de l'Irak.

Les États-Unis ne préjugeraient pas des décisions du futur gouvernement irakien en matière d'industrie pétrolière, poursuivit Quanrud, ce qui signifiait qu'ils ne devaient pas s'ingérer dans les contrats pétroliers existants ou à venir, ni intervenir auprès de l'Opep. La reprise se ferait en trois temps. D'abord, les militaires sécuriseraient les infrastructures pétrolières, puis les États-Unis collaboreraient avec une administration civile irakienne émergente pour instituer une autorité provisoire chargée du pétrole et relancer la production ; cet organisme serait dirigé par un Irakien et conseillé par des experts irakiens et internationaux. Enfin, une fois que le nouveau gouvernement irakien serait en place, l'autorité serait intégralement transférée à la direction irakienne.

« Les grandes compagnies accepteront-elles le pétrole ? » demanda le président. « À qui seront cédés les droits d'exploitation ? » Il n'était pas certain qu'après tant d'années de sanctions onusiennes, le pétrole irakien réussisse à se faire une place au soleil sur les marchés mondiaux.

Le président répéta qu'il était indispensable de confier la gestion du secteur à des Irakiens et à des Américains qui connaissaient bien le marché du pétrole. « Nous devons mettre un visage irakien à la tête de l'autorité provisoire chargée du pétrole », souligna-t-il. Et il faudrait laisser aux Irakiens autant de contrôle que possible. Les revenus des premières années d'exploitation devraient revenir directement aux Irakiens, ajouta-t-il. « Le remboursement de la dette doit être le dernier poste budgétaire. » Les Russes, les Français et les Américains détenaient une partie des créances, mais les plus gros prêteurs étaient les Saoudiens et d'autres États du Golfe.

« Ce qui m'inquiète, c'est la capacité de réaction du marché du pétrole », confia le président. Il doutait de la capacité du marché mondial à compenser les pénuries provisoires que risquait de provoquer une guerre au Moyen-Orient. Cela aurait un effet dévastateur sur l'économie américaine, à moins, à la rigueur, que les Émirats arabes unis et l'Arabie Saoudite n'aient suffisamment d'excédents pour stabiliser les cours. La politique pétrolière saoudienne pouvait être la planche de salut. Selon le prince Bandar, les Saoudiens envisageaient d'ajuster les prix du pétrole sur dix mois pour doper l'économie pour 2004. Bandar savait que le secret de la victoire reposait sur la situation économique à la veille d'une élection présidentielle, et non pas au moment du scrutin.

Powell faisait remarquer depuis un certain temps déjà qu'il n'était pas très réaliste de ne prévoir au Koweït qu'un seul grand port et un seul aéroport principal pour faire transiter les troupes et les provisions. Il suffisait que Saddam lance une attaque chimique ou biologique sur ces sites pour paralyser totalement l'opération et le système d'approvisionnement.

Dès l'origine, Franks avait insisté pour ouvrir un autre front au nord, et les Britanniques avaient également proposé d'envoyer leurs forces par la Turquie.

« Ils comptent débarquer à Gallipoli ? » railla Powell lors d'une réunion du Conseil de sécurité nationale, en faisant référence à la péninsule turque du détroit des Dardanelles où les forces australiennes et britanniques avaient lancé une offensive catastrophique pendant la Première Guerre mondiale, faisant 100 000 morts et dont un film de 1981 retraçait les péripéties. « Nous avons tous vu le film, et les choses ne se passeront pas comme ça. » Powell trouvait cela absurde.

Bientôt, on envisagea de faire partir les forces américaines de Turquie. Franks commença enfin à parler de faire transiter 30 000 à 80 000 hommes par la Turquie, à condition que ces effectifs comportent toutes les unités de logistique et de soutien. Rumsfeld envoya en Méditerranée des bateaux de marchandise transportant les chars de la 4e division d'infanterie, dans la perspective d'un débarquement en Turquie.

Powell avertit que pour un tel contingent, il faudrait revoir tous les accords avec les Turcs. « Faire transiter 80 000 hommes par la Turquie ? Pas question. Réfléchissez : c'est un nouveau gouvernement islamique et ils sont incapables de gérer cela. » Les effectifs furent donc ramenés à 40 000 hommes, puis repassèrent à 62 000.

« Je pense que les Turcs peuvent accepter les survols de leur territoire », confia par la suite Powell au Conseil de sécurité nationale. « D'après moi, ils peuvent gérer cette capacité, et je crois qu'ils pourront gérer la partie aérienne. Mais de là à faire traverser par voie terrestre toute l'Anatolie à une division blindée flanquée d'un énorme train et un nombre faramineux de véhicules pour aller envahir un autre pays musulman, il y a un pas ! Personnellement, j'y serais plutôt favorable, mais c'est peut-être leur en demander un peu trop. Je ne pense pas que nous ayons la moindre chance de les convaincre. Si nous leur demandons ça, nous risquons de tout perdre. Êtes-vous certains que vous en avez vraiment besoin ? »

Rumsfeld et Franks étaient catégoriques : c'était essentiel.

Le 1er mars, le Parlement turc rejeta la demande américaine : il n'était pas question de laisser les troupes utiliser le pays comme base de lancement. Avec le recul, Franks estima que la 4e division d'infanterie, consignée à bord des cargos au large des côtes turques, avait tout au moins servi à faire diversion. Le contre-renseignement avait fait parvenir aux plus proches collaborateurs de Saddam des éléments de désinformation issus des renseignements de la CIA, affirmant que la Turquie avait en fait autorisé les forces américaines à traverser leur territoire et que le vote du Parlement n'était qu'une façade. Franks était d'avis que ces rumeurs avaient poussé Saddam à maintenir au nord onze divisions de son armée régulière et deux divisions de la Garde républicaine, qui, du coup, arriveraient trop tard pour participer aux combats à Bagdad.

Powell trouva l'interprétation tirée par les cheveux.

Début mars, Rumsfeld convoqua ses troupes : Wolfowitz, Feith, le général Myers, le général de la Marine Pete Pace, chef d'état-major adjoint des armées, et même Saul de la CIA, ainsi que ses premiers conseillers de Larri DiRitta, chargé des affaires civiles, et le général John Craddock, chargé des questions militaires.

Il leur demanda combien de temps, d'après eux, la guerre durerait. Il voulait une estimation aussi fiable et précise que possible. Ils préparaient cette intervention depuis plus de quinze mois. Combien de temps leur faudrait-il ensuite pour imposer un changement de régime ?

Plusieurs participants refusèrent de répondre. Le patron leur avait assez souvent répété de ne jamais jouer au petit jeu des prédictions, et de surtout ne jamais donner de date butoir. Se risquer à des conjectures était un délit grave. Ce que les militaires appelaient souvent des « estimations au pifomètre » se révélaient rarement exactes, et la presse les ressortait à la première occasion. Ils avaient appris l'une des règles d'or de Rumsfeld. Prédire des échéances était pratiquement aussi grave que de laisser échapper des fuites. L'atmosphère se détendit un instant autour de la table autour de cette question des plus critiques et des plus sérieuses.

Pris à son propre piège, Rumsfeld insista : « Allons, ne jouez pas à ça avec moi. On est en famille. » Il lui fallait absolument des réponses sur ce point. Rien ne sortirait de la pièce. Ils se faisaient tous confiance, et d'ailleurs, ils n'avaient pas le choix.

Le général Myers se montra quelque peu optimiste en affirmant qu'il faudrait aux forces américaines entre deux et trois semaines pour prendre Bagdad, et trente jours en tout. Plus tard, dans une interview, Myers se refusa à commenter cette prédiction, car le sondage organisé par Rumsfeld était exclusivement à usage interne.

Le général Pace avoua quant à lui qu'il avait été surpris par la question tant elle ressemblait peu à Rumsfeld. C'était la première fois qu'il lui demandait son intime conviction. « Beaucoup d'informations indiquaient que de nombreuses divisions irakiennes étaient à deux doigts de capituler. Si je me souviens bien, je lui ai dit que si nos renseignements étaient corrects, il nous faudrait moins d'un mois. S'ils n'étaient pas bons, il pourrait nous falloir deux à trois mois, selon le type de résistance que nous rencontrerions. Mais je lui ai bien précisé qu'on ne sait jamais vraiment ce qui va se passer tant qu'on ne s'est pas lancé dans l'action. »

Franks parla de plusieurs semaines, pas de mois.

Saul était pour sa part d'avis que l'opération serait bouclée en trois mois. DiRitta fut plus catégorique : treize jours, pas un de plus ni de moins. Le général Craddock en prévoyait vingt et un. Wolfowitz sept.

Puis, tous se tournèrent vers le ministre, espérant qu'il livrerait à son tour une estimation. « Ne comptez pas sur moi ! Vous me prenez pour qui ? » rétorqua-t-il. Il refusait de jouer le jeu, mais il avait tout de même noté le chiffre que chacun lui donnait sur un papier qu'il rangea soigneusement dans l'un de ses tiroirs. Les échéances allaient de sept à trente jours, ce qui montrait que ceux qui étaient censés en savoir le plus long étaient très optimistes.

Le président confia par la suite n'avoir jamais eu vent de ces estimations. « Rumsfeld est trop prudent pour faire cela, croyez-moi. Il est trop malin. Je ne le vois vraiment pas frapper au Bureau Ovale pour venir m'annoncer : "Monsieur le président, tout sera fini dans neuf jours." » Il ne se trompait pas en pensant que le secrétaire à la Défense s'était soigneusement abstenu de la moindre estimation. « Je connais Rumsfeld. Je le connais trop bien. Je ne suis pas surpris. » Franks ne lui donna jamais la moindre estimation non plus, ajouta-t-il. Et lui-même évita soigneusement de se perdre dans des calculs. Tout au plus reconnut-il qu'il « pensait » qu'il faudrait plusieurs semaines, et non des mois. « Mais j'étais prêt à affronter le pire », ajouta-t-il.

Franks avait assuré à certains de ses collaborateurs qu'il y aurait selon lui moins d'un millier de victimes côté américain, et que le chiffre ne dépasserait probablement pas les quelques centaines. Le président avait eu vent de ces prévisions, mais autre chose le préoccupait davantage : « Je craignais surtout que Saddam n'utilise ses armes de destruction

484

massive contre son propre peuple. Pas contre nous. Contre son propre peuple. Et que ce soit à nous que le monde entier vienne reprocher une catastrophe humanitaire. »

Quoi qu'il en soit, il n'était pas prévu de faire le moindre décompte des victimes du camp ennemi. C'était là l'un des fantômes du Vietnam. Les vétérans du Vietnam, qui occupaient maintenant de hautes responsabilités au Pentagone, avaient déjà donné. Ils avaient appris la leçon. Le général Pace avait servi dans la jungle vietnamienne en tant que jeune officier de la Marine.

« Pas une seule fois dans ce bâtiment nous n'avons évoqué un chiffre », affirma-t-il. Cet homme généralement réservé qui occupait un bureau dans l'aile est du Pentagone, faisait référence au bilan des victimes ennemies. « C'est sans doute parce que des gens comme moi qui ont fait le Vietnam savent ce qui se passe quand on commence à compter. On pervertit totalement la façon de penser des gens, la façon dont les types sur le terrain opèrent. Ce que nous voulons faire comprendre à nos soldats de terrain, c'est que nous sommes là pour faire notre boulot en faisant le moins de morts possible, mais autant qu'il en faudra pour protéger nos propres troupes. Mais à partir du moment où l'on commence à compter, on ne raisonne plus qu'en termes comparatifs : trois fois, cinq fois ou sept fois plus... »

Pace frémit au souvenir de l'époque où, trente-cinq ans plus tôt, le secrétaire à la Défense Robert S. McNamara et les généraux pensaient gagner si le ratio des victimes nord-vietnamiennes était assez élevé par rapport aux morts américains. « Il ne s'agissait pas d'aller trucider un nombre X d'individus, mais de renverser un régime. Si vous y arrivez sans tuer personne, vous avez gagné. Si vous avez tué un millier de gens sans rien faire pour remplacer le régime, vous avez perdu. C'est pourquoi les chiffres ne veulent rien dire. »

Le simple fait de poser la question à un commandant est déjà pernicieux. « Si je lui demande : "Combien avez-vous fait de victimes ?", il risque de comprendre qu'il n'était pas là pour prendre la capitale mais pour massacrer des gens. Ce n'est pas la bonne réponse. »

Franks devait pourtant donner par la suite une estimation confidentielle des victimes irakiennes au président et à ses plus proches collaborateurs.

Feith préparait déjà l'après-guerre, dans un tourbillon de paperasses. Il travaillait depuis plus d'un mois sur son rapport « Objectifs des États-Unis et de la coalition ».

Le 4 mars, il se rendit à la Maison Blanche pour communiquer ses conclusions encore confidentielles au président et au Conseil de sécurité nationale. Il énuméra les objectifs suivants :

— Maintenir l'intégrité territoriale de l'Irak et améliorer sensiblement la qualité de vie en Irak.

— Faire évoluer de façon visible l'Irak vers des institutions démocratiques qui serviront de modèle à la région.

— Maintenir une liberté d'action totale des États-Unis et de la coalition pour poursuivre la guerre contre le terrorisme à l'échelle internationale et les activités de confiscation et de destructions d'ADM.

— Obtenir la participation internationale à l'effort de reconstruction.

— Obtenir le soutien du peuple irakien.

— Obtenir le soutien politique de la communauté internationale, y compris des États de la région, de préférence à travers une résolution du Conseil de sécurité de l'ONU.

— Placer autant d'Irakiens que possible à des postes de direction effective, et ce dans les plus brefs délais.

— Réaliser tout ce qui précède très vite.

L'une des grandes difficultés consisterait à trouver un équilibre idéal afin d'asseoir leur légitimité en passant par des institutions internationales, et d'optimiser leur efficacité. Ils devaient par ailleurs déterminer jusqu'à quel point le parti Baas aurait sa place dans l'appareil du pouvoir de l'après-Saddam. Le Baas existant présentait l'avantage de disposer d'une bureaucratie expérimentée et efficace. Feith espérait asseoir la légitimité américaine autant sur la participation des Irakiens que sur la communauté internationale.

Il présenta ses organigrammes. Ils étaient si abstraits et fastidieux que le président ne trouva pas grand commentaire à faire, se bornant à souligner qu'il voulait avoir des informations sur la façon dont ils traiteraient avec les militaires et les services de renseignements.

Au matin du mercredi 5 mars, Rumsfeld et Franks retrouvèrent le président et le Conseil de sécurité nationale dans la Salle de Situation. Les diapositives multicolores et les rapports, tous marqués Top Secret/Polo Step, étaient recouverts d'une page de garde proclamant en grosses lettres de plus d'un centimètre de haut :

PROJET PRÉDÉCISIONNEL

Ce terme figurait sur la plupart des documents relatifs à la planification de la guerre. Les avocats du

Pentagone tenaient à le faire figurer, car cette désignation permettait de ne pas révéler ces documents au Congrès, ni même de les publier dans le cadre de la loi sur la liberté d'information. Selon leur raisonnement, ces documents « prédécisionnels » s'inscrivaient dans des délibérations internes et n'étaient donc pas censés être dévoilés. C'était là une argutie qui, de l'avis d'autres vieux routards des services juridiques de l'Administration, ne tiendrait certainement pas devant un tribunal.

Franks avait amassé dans la région un effectif total de 208 000 soldats, dont 137 000 au sol. Toutes les unités de la Marine étaient en place, et celles de l'armée de terre et de l'armée de l'air étaient en train de prendre position. Ils attendaient encore 50 000 hommes, presque tous de l'armée de terre, qui devaient arriver dans les deux semaines, mais Franks affirmait pouvoir lancer l'offensive dès que le président lui en donnerait l'ordre. Les forces de la coalition, surtout britanniques, réuniraient 44 000 hommes supplémentaires.

Rumsfeld avait préparé un calendrier des événements dont il avait le secret, et qu'il qualifiait de « théorique », puisqu'il ne comportait aucune date concrète. Rien ne pouvait véritablement être programmé tant que le président n'avait pas fixé la date du début des opérations. Le diagramme du secrétaire à la Défense fournissait toutefois une séquence plausible sur deux semaines. L'une des premières initiatives serait une mission d'ingénierie du côté koweïtien de la frontière : il s'agirait de couper des longueurs impressionnantes de barbelés pour permettre aux forces américaines et de la coalition d'entrer en Irak. Rumsfeld était persuadé qu'ils devaient envoyer un ultimatum public à Saddam en lui donnant quarante-huit ou soixante-douze heures pour quitter le pouvoir. L'ultimatum constituait le « point central » de son diagramme. Celui-ci ne faisait apparaître aucun combat majeur avant l'échéance de l'ultimatum, mais simplement une intervention des Forces d'opérations spéciales.

Entre-temps, les négociations avec la Turquie pour utiliser le pays comme base de lancement avaient été ouvertes et Franks devait décider de ce qu'il ferait de la 4ᵉ division d'infanterie, qui attendait pour l'instant sur vingt-sept bâtiments mouillant au large des côtes.

Le président demanda s'ils étaient prêts à réagir à d'éventuels sabotages de ponts et de puits de pétrole par les forces de Saddam. Les sources de la CIA présentes en Irak et les services de renseignements étrangers semblaient penser que ces sites étaient sécurisés, lui assura-t-on.

Rumsfeld refusait toujours de se fier au renseignement. « En fait, nous ne savons pas grand-chose. Il est possible qu'on nous mène en bateau. Nos informateurs ne seront fiables que quand ils seront convaincus qu'ils peuvent compter sur nous. » Puis, laissant entendre que les responsables du renseignement berçaient d'illusions quelques-unes de leurs sources et même certains de leurs agents, il ajouta : « Méfions-nous, car la situation peut s'inverser à n'importe quel moment. Vous connaissez l'histoire de l'arroseur arrosé... » Cette mise en garde caractéristique de Rumsfeld contre les risques de la désinformation fut accueillie par quelques haussements d'épaules.

« Pourquoi voulez-vous attendre deux jours après l'expiration de l'ultimatum pour lancer les offensives aériennes ? » demanda Bush.

Franks expliqua qu'il leur fallait deux jours pour faire passer la frontière aux forces spéciales et les laisser pénétrer toutes les régions du pays pour s'emparer des postes d'observations frontaliers, éviter des attaques de missiles Scud et sécuriser les puits de pétrole.

« Si le président calait son ordre d'exécution sur cette chronologie, est-ce que cela nous engagerait définitivement ? » demanda Rice.

Powell en profita pour rappeler qu'il tentait toujours de décrocher une deuxième résolution.

« Non, cela ne nous engage en rien », assura Rumsfeld. « Nous devons avoir assez de souplesse pour laisser le travail diplomatique suivre son cours. » Toutes les chronologies pourraient être modifiées plus tard, mais il serait difficile de les modifier avant.

Franks annonça que ses hommes avaient d'ores et déjà identifié vingt-quatre cibles de dommages collatéraux importantes qui pouvaient faire une trentaine de victimes civiles ou plus si elles étaient touchées. Il avait mis au point une procédure très complexe pour évaluer les risques liés à chaque cible. Il avait des photos satellites et d'autres clichés des vingt-quatre installations, mais pour certaines, il n'était pas très sûr des renseignements dont il disposait.

« Je ne sélectionne pas des cibles » coupa Bush. Pendant la guerre du Vietnam, le président Johnson avait passé des heures à choisir et à approuver des cibles. « Parlez-nous plutôt de celles que vous pensez devoir toucher pour assurer la victoire et protéger nos troupes. »

Franks poursuivit son rapport sur les cibles sensibles. Il montra la photo du cantonnement de la Garde républicaine spéciale à Tikrit, le fief natal de Saddam, à 150 km environ de Bagdad, qui était aussi sa plus forte base de soutien. La cible présentait un intérêt militaire élevé, dit-il. Elle avait été frappée pendant la guerre du Golfe. Franks montra les six points d'impact différents sur le bâtiment où ils envisageaient de lancer six bombes ou missiles. Ils pensaient, sans en être certains, que ces baraques servaient également de centre de commandement et de contrôle, et c'est pourquoi l'attaque pourrait faire une trentaine de victimes civiles. Il présenta une évaluation similaire des autres cibles majeures, mais suggéra à Bush de ne s'arrêter sur aucune, à moins qu'il n'ait une question particulière.

« Je vois qu'il y a une école, ici », fit remarquer le président en montrant l'un des exemples.

« C'est pourquoi nous allons toucher la cible de nuit » répliqua Franks. « Il n'y aura pas d'enfants à l'école, la nuit. » Franks cita un autre exemple de frappe diurne sur une installation, car la plupart des civils du quartier seraient au travail pendant la journée.

« Nous nous réservons le droit de revenir vous consulter si nous estimons qu'il y a d'autres cibles qu'il serait nécessaire de viser et qui peuvent représenter des dommages collatéraux importants », annonça Rumsfeld au président.

Franks voulait savoir précisément comment formuler une sommation publique aux militaires irakiens pour les dissuader d'utiliser des ADM.

Le président voulait un message ferme, qui serait publié en même temps dans la région et à l'extérieur. Lui-même était prêt à ajouter ces mises en garde dans ses propres déclarations, précisa-t-il.

Avant de boucler la réunion, ils passèrent en revue le programme des briefings dont le président aurait besoin tout au long de la guerre — à quelle fréquence se rencontreraient-ils et à quel moment de la journée ? Rumsfeld accepta d'y réfléchir avec Card.

Lorsque tous les autres furent partis, Card eut l'impression qu'ils venaient de voir les leçons du Vietnam à l'œuvre. Ce n'est en effet qu'après le Vietnam que les militaires avaient songé à informer avec tant de détails un président des cibles. C'était presque une assurance obligatoire que les militaires prenaient pour se décharger de toute responsabilité. Card souleva la question avec le président lorsqu'ils se retrouvèrent seuls. Les deux hommes n'avaient qu'un an de différence. En quittant le lycée, Card s'était engagé dans le corps des officiers de réserve de la Marine ; Bush avait quitté l'université pour s'engager dans la garde nationale aérienne. Ni l'un ni l'autre n'étaient le genre à porter les tee-shirts délavés du mouvement anti-guerre, mais tous deux étaient conscients du piège qui peut guetter les hommes politiques qui s'amusaient à jouer les guerriers — et dans lequel certains étaient d'ailleurs tombés.

« Aujourd'hui, expliqua Card au président, les réalités du département de la Défense sont telles qu'ils ne veulent prendre aucune responsabilité. Ils refilent le bébé aux politiques. »

« Officiellement, c'est pour pouvoir tirer un mémo de leurs archives et dire : "Vous saviez" » ajouta Card en riant.

« Je ne le sais hélas ! que trop » acquiesça le président.

Le 5 mars après déjeuner, Bush reçut un émissaire personnel du pape Jean-Paul II. Le prélat venait plaider contre la guerre. Il y aurait des victimes civiles, et cela creuserait le fossé entre le monde chrétien et le monde musulman, expliqua le cardinal Pio Laghi. Cet ancien ambassadeur du Vatican aux États-Unis était un vieil ami de la famille Bush. Il ne s'agirait pas simplement d'une guerre, mais d'un conflit illégal qui n'améliorerait en rien la situation. « Mais si, croyez-moi, elle améliorera la situation », protesta le président.

Le lendemain soir, 6 mars, lors d'une conférence de presse retransmise en prime time à la télévision, le président réitéra ses accusations contre Saddam qui ne désarmait pas. « Les militaires irakiens continuent de dissimuler des agents biologiques et chimiques pour empêcher les inspecteurs de les trouver », affirma-t-il. « Nous sommes encore dans la phase finale de la diplomatie. Nous appelons au vote d'une deuxième résolution à l'ONU. Il est grand temps que chacun abatte ses cartes », ajouta-t-il.

Le président avançait à pas de loup, laissant entendre qu'il y aurait une guerre mais sans le dire franchement. Vers la fin de la conférence, à la faveur d'un lapsus qui suggérait presque un nous royal, Bush dit : « Je n'ai pas pris notre décision sur l'action militaire. » Cheney, Powell, Rumsfeld et Rice savaient que c'était absolument faux.

Sans reconnaître qu'il s'était empêtré dans ses propres contradictions, Bush expliqua neuf mois plus tard son cheminement intellectuel dans une interview : « Je réalise maintenant qu'un échec politique à ce moment précis aurait largement renforcé Saddam. Ce qui aurait montré que je n'avais pas fait mon travail. En fait, mon engagement solennel ne me facilitait pas la tâche. J'étais très inquiet pendant toute cette période. Je ne doutais pas, non. Je savais depuis le début que la décision d'y aller était la bonne. Mais ce qui m'inquiétait, c'était le côté tactique, la façon de faire qui me semblait tortueuse et dangereuse. J'avais l'impression que nous naviguions sur une mer particulièrement houleuse. »

Le président était de plus en plus en butte aux attaques des conservateurs, car la guerre n'avait toujours pas démarré. Ken Adelman, qui poussait à la guerre depuis plus d'un an, lança une première salve dans *USA Today* le 7 mars : « Donnez à Saddam Hussein une dernière, dernière dernière dernière dernière chance. Juste une. S'il vous plaît », écrivit-il. L'Administration avait « déjà fait une grosse erreur en attendant trop longtemps... Nous avons perdu un temps énorme. Attendre donne simplement à la France l'occasion de se prendre pour un grand pays ».

Dans le cadre de ses tournées, Rove prononça un discours devant le Congrès. Son message : Saddam est un danger, capturez-le, arrêtez de tergiverser. Un groupe de conservateurs de la Chambre confia à Rove autour d'un bon repas que le président tardait trop à agir et risquait de se faire dépasser par les événements. Le stratège du président déjeunait régulièrement avec William Kristol, le rédacteur en chef de la revue conservatrice *The Weekly Standard*, avec l'éditorialiste du *Post* Charles Krauthammer, et plusieurs autres journalistes tout aussi influents. Tous avaient envie de dire la même chose à Bush : Arrêtez de tourner autour du pot, foncez et faites votre boulot. Rove transmit au président, qui réagit : « J'aime mieux être critiqué pour ma lenteur que pour être allé trop vite. » Mais, comme Rove le savait, le président finirait par y aller.

Bush assurait ne pas lire les éditoriaux de presse, mais il commençait à prendre la mesure du mécontentement ambiant. « C'est là que j'ai commencé à craindre que le retour de bâton ne vienne d'Amérique : "Bush ne fera rien. Ce chef que nous pensions fort, direct et lucide s'est maintenant mis dans une position telle qu'il ne peut plus agir." Et ces commentaires ne venaient même pas de la gauche. Le coup venait de la droite. »

31

« C'est bien parti, ça va se faire », disait une fois de plus le message reçu par Tim à la base de Kalachualan, dans les hauteurs du nord de l'Irak. Tim et son équipe de la CIA avaient le sentiment d'être abandonnés, perdus à la fois dans l'espace et dans le temps. Oui, non, oui, non, oui — au bout du compte, ça se résumait à peut-être. Tim avait quatre-vingt-sept Rockstar qui se baladaient dans la nature, et certains avaient déjà commencé à lui faire leurs rapports sur leurs téléphones Thuraya. À 3 000 m, au sommet d'une montagne enneigée, il avait établi un centre de communications qui se composait de trois caravanes des années 70 et d'une poignée de vieilles cabanes Quonset emballées dans du plastique et fixées avec des cordes. Ils avaient baptisé l'ensemble « Jonestown ».

Le vent, violent, faisait gonfler et claquer les toiles plastique, qui laissaient passer l'eau. La température frisait le zéro. Jonestown n'était qu'un pitoyable trou, le sifflement du vent sur les toiles faisant penser à un démon qui aurait voulu les jeter à bas de la montagne. Les deux frères avaient accepté de venir tous les jours à Jonestown pour prendre les appels des Rockstar sur leurs Thuraya. Étant du genre lève-tard, ils ne se présentaient qu'aux environs de 14 heures, mais restaient jusqu'à 4 h 30 ou 5 heures du matin. Pour assurer la sécurité, Tim pouvait compter sur trois de ses agents traitants et deux types des forces spéciales, lesquels résidaient également à Jonestown. Ils écoutaient les rapports en arabe que récupéraient les frères, puis les relayaient dans la vallée sur une radio cryptée.

La base de Tim, Pistache, se trouvait à près de 5 km de là, dans les collines au pied de la montagne. Il fallait un quart d'heure de route sur un parcours sinueux et tortueux à travers un no man's land. La base était submergée de rapports : « Pistache, ici Jonestown, selon nos informations... » Ils s'efforçaient de transformer aussi vite que possible ces rapports téléphoniques en rapports de renseignements, avant de les transmettre au QG de la CIA. À cela s'ajoutaient les communications avec la montagne : « Jonestown, ici Pistache, pouvez-vous... » Tim voulait toujours plus de détails, de clarifications, de vérifications.

À Jonestown, un écran high-tech de 2 m sur 2 indiquait le point de départ précis de tous les appels en provenance d'Irak. Les deux frères étaient terrorisés à l'idée que les services de sécurité de Saddam puissent disposer du même type d'équipement et qu'ils soient en mesure de localiser Jonestown. Tim, quant à lui, était pratiquement certain que les Irakiens ne pourraient pas les trouver. Mais il savait qu'ils risquaient d'identifier certains des Rockstar éparpillés dans tout le pays.

Sûrs que Saddam les ferait exécuter dès le début de la guerre, le Pape et les frères étaient nerveux. Les Kurdes de l'Union patriotique du Kurdistan étaient furieux et harcelaient les membres du groupe, allant jusqu'à en passer certains à tabac parce qu'ils achetaient toutes les armes que l'on pouvait trouver au marché noir. En dépit de ces conditions déplorables, la qualité des renseignements collectés allait en s'améliorant. Un garde du corps de Qoussaï, l'un des fils de Saddam, fut recruté et commença à émettre des rapports. Des officiers du SSS, spécialistes des communications qui travaillaient pour les dirigeants du régime, rejoignirent le réseau. Parfois, Tim avait le sentiment de collaborer avec l'équivalent irakien du Rotary. Efficace, mais bizarre.

Le Pape et les deux frères mettaient la pression sur leurs agents pour qu'ils fournissent des informations de haut niveau. Un Rockstar potentiel transmit ainsi un rapport étonnant. En clair, la source affirmait que Saddam avait déployé des sous-marins peints en rouge et blanc qui patrouillaient dans le Tigre. Le rapport avait été traduit de l'arabe. Des sous-marins déguisés en berlingots ? demanda Tim. Il voulait parler de sous-marins ou de bateaux ? Avec une hélice ? Que voulait dire ce type, exactement ? Il s'avéra que tout cela n'était qu'un tissu de conneries. Au beau milieu d'un océan de rumeurs et de ragots, Tim et ses agents traitants devaient tout passer au crible.

Puis, un jour, ils reçurent un appel qui ne collait pas. L'homme parlait sous la contrainte. Une autre voix intervint, qui lança quelque chose du genre : « On sait que vous êtes de la CIA. » Le contact se coupa et ne fut plus jamais rétabli. Un des Rockstar venait d'être arrêté par des éléments des services de sécurité de Saddam. On le vit ensuite à la télévision irakienne. Manifestement, il avait été frappé et torturé. « J'ai été pris. Je suis mauvais », déclara-t-il. « Je suis un traître. » Quelqu'un en uniforme brandit un téléphone Thuraya devant la caméra, lançant que quiconque serait pris avec ce matériel serait tué, ainsi que tous ses frères et son père. La possession d'un Thuraya équivalait désormais à une condamnation à mort. Sur quatre-vingt-sept des téléphones de la base de Kalachualan, trente ne donnèrent plus jamais signe de vie.

Le samedi 8 mars, Rice rencontrait David Manning, le conseiller à la sécurité nationale de Blair. Ce dernier faisait l'objet d'un pilonnage en règle pour le soutien qu'il apportait à Bush et sa politique irakienne. La presse britannique le dépeignait comme le « caniche de Bush ». En assurant qu'il avait opté pour ce que commandait la moralité, Blair n'avait fait qu'envenimer les choses. Dans un entretien accordé au quotidien *The Guardian* la semaine précédente, il s'était comparé indirectement à Churchill. « Une grande majorité de gens bien, de bonne volonté, disait qu'il n'était pas nécessaire de s'opposer à Hitler, et que ceux qui le faisaient n'étaient que des fauteurs de guerre », avait-il déclaré. Interrogé sur la ferveur sans faille de son soutien à Bush, il avait répondu : « C'est pire que ce que vous pensez. J'y crois. Je suis totalement engagé dans cette voie, peu importe la position de l'Amérique. Si les Américains ne le faisaient pas, je les pousserais à le faire. »

Rice se retrouva obligée de se familiariser avec la politique britannique. Le Parlement comptait 413 travaillistes et 166 conservateurs, ce qui conférait un énorme avantage au Premier ministre. Les conservateurs étaient en faveur de la guerre, mais avec la défection de quelque 150 travaillistes, les Tories pourraient être tentés de se joindre à eux pour faire chuter le gouvernement Blair sur une motion de confiance.

« Il est prêt à tomber si besoin est », annonça Manning à Rice. Tout le monde pensait que si un seul des ministres de Blair se montrait rétif, il s'en tirerait, mais le départ de deux ministres le rapprochait dangereusement d'une motion de confiance au Parlement.

Le lendemain, dimanche 9 mars, Rice débattit de la situation de Blair avec le président.

« Vous pensez qu'il risque de perdre son gouvernement ? demanda Bush.

— Oui.

— Les Britanniques pourraient vraiment faire ça ?

— Souvenez-vous de Churchill », fit-elle, lui rappelant qu'il avait perdu le pouvoir après avoir gagné la Seconde Guerre mondiale.

Du point de vue de Bush, Blair était le type qui avait pris des risques, qui avait les « cojones » d'être fort, inébranlable. Si son gouvernement tombait, non seulement Bush perdrait son principal allié, mais en outre, Saddam en sortirait renforcé. Imaginez les gros titres ! De plus, réfléchissait Bush, la faute rejaillirait sur lui. Une double défaite.

Inquiet, le président appela Blair pour qu'ils aient une de leurs conversations régulières. Ils explorèrent les différentes possibilités, envisagèrent ceux des pays qui, au Conseil de sécurité, pourraient soutenir leur projet de nouvelle résolution.

« S'ils ne votent pas avec nous, dit Bush, je tiens à vous dire que je ne veux absolument pas que votre gouvernement tombe. Nous ne voulons pas de ça, en aucune circonstance. Je suis sincère. » Si cela pouvait servir à quelque chose, continua-t-il, il permettrait à Blair de quitter la coalition, puis ils trouveraient un autre moyen de gérer la participation britannique.

« Je vous ai dit que j'étais avec vous. Je ne plaisante pas », répondit Blair.

Bush dit alors qu'ils pourraient deviser d'un autre rôle pour les forces britanniques, « une deuxième vague, en maintien de la paix ou quelque chose du genre. Je préférerais y aller seul que de voir votre gouvernement tomber ».

« Je comprends, répliqua Blair, et c'est gentil de votre part de me le dire. Mais je vous l'ai dit, je suis avec vous. »

Bush insista. Il était vraiment sincère : Blair pouvait se retirer s'il le souhaitait. « Vous pouvez compter là-dessus. »

« Je sais que vous êtes sincère, fit Blair, ce que j'apprécie. J'en suis absolument convaincu. Je vous en remercie. C'est gentil à vous de le dire », répéta le Premier ministre à sa façon typiquement britannique. « Mais je serai avec vous jusqu'au bout. »

Faisant la tournée des talk-shows du dimanche, Powell fit part de son optimisme. Selon lui, les États-Unis et la Grande-Bretagne obtiendraient la majorité pour une nouvelle résolution du Conseil de sécurité. Sur NBC, à *Meet the Press*, il déclara : « Tout me porte à croire que nous pourrions obtenir les neuf ou dix voix dont nous avons besoin. » Or seules l'Espagne et la Bulgarie s'étaient engagées à soutenir la résolution américano-britannique. Il manquait donc au moins cinq voix à Powell, mais il était en contact téléphonique avec les représentants de trois pays d'Afrique qu'il espérait rallier à sa cause.

Dans les journaux du lendemain, les unes reflétaient l'hésitation du moment. « Soutien de l'ONU et majorité au Conseil : Powell est optimiste et parle "de grandes chances" », titrait *The Washington Post*, tandis que *The New York Times* commentait : « Les manœuvres diplomatiques dans l'urgence ne suffisent pas à garantir les neuf voix dont ont besoin les États-Unis. »

Le lundi 10 mars, à 8 h 55, heure habituelle de la conférence du Conseil de sécurité nationale, Frank

Miller, directeur du personnel de la Défense au sein du Conseil, entama la présentation des derniers projets concernant l'Irak après-Saddam. « Les gens qui gouvernaient l'Irak sous Saddam ne peuvent pas travailler pour nous, et ils ne peuvent pas diriger l'Irak libre à venir, mais nous devons veiller à ce que l'État continue de fonctionner », constata-t-il. Les services de renseignements américains estimaient que la hiérarchie du parti Baas regroupait environ 25 000 personnes. Miller affirma qu'il serait nécessaire de les écarter systématiquement des postes du gouvernement et de toute autre position de pouvoir et d'influence. Ne représentant qu'à peine 1 % des 2 millions de fonctionnaires du pays, il serait possible, ajouta-t-il, de les éliminer sans décapiter les institutions publiques.

Miller expliqua ensuite qu'il faudrait préserver les archives et incarcérer les principaux criminels de guerre. Considérant que le personnel de la justice et de la police disposait du niveau de formation adéquat, le gouvernement transitoire mis en place par la coalition pourrait avoir recours à lui. « Il est vital de parvenir à instaurer l'État de droit dans l'environnement de l'immédiat après-conflit si l'on veut garantir la stabilité, faciliter l'aide et la reconstruction et rebâtir rapidement la société irakienne. »

Le président intervint : « Il nous faut convaincre le peuple irakien que nous avons confiance en lui. » Il voulait que certains ministères soient placés dès que possible sous le contrôle des Irakiens. « La population irakienne a souffert sous Saddam Hussein, poursuivit-il, et ils éprouveront du ressentiment envers les Irakiens qui avaient quitté le pays du temps de Saddam. » Il ne souhaitait pas, dit-il, choisir les nouveaux dirigeants. Il torpillait ainsi définitivement l'idée d'une prise de pouvoir par Chalabi tout en reportant tout projet de gouvernement provisoire. « Avant de nous intéresser aux détails, attendons d'en apprendre plus », fit-il.

Powell proposa d'obtenir une résolution spéciale de l'ONU qui servirait de parapluie légal à l'autorité irakienne par intérim.

« Ça pourrait être utile », reconnut Bush.

Ensuite, John Snow, le secrétaire au Trésor, présenta le plan prévoyant la mise en place d'une nouvelle devise en Irak. Il y avait alors deux monnaies, le dinar suisse au nord et, dans le sud, le dinar de Saddam, dont chaque billet était orné d'un portrait du dictateur. Après le changement de régime, expliqua Snow, il faudrait veiller à ce que plus un seul dinar de Saddam ne soit imprimé, et les stocks existants seraient saisis pour éviter l'hyperinflation. Une fois Saddam chassé du pouvoir, souligna-t-il, il faudrait payer les gens pour que l'économie puisse continuer à fonctionner.

Pour ce qui était de la devise de substitution, l'option préférée de Snow était le dollar américain. Lors de la première guerre du Golfe, les banques américaines avaient gelé près de 1,7 milliard de dollars d'actifs irakiens. Dans le cadre de la loi Patriote, le président pouvait saisir cet argent de façon permanente. Le transport de cet argent en Irak nécessiterait plus de trois 747.

Le projet d'intérim du dollar avait l'approbation de Bush, mais ce dernier tenait à ce que les gens en Irak, en particulier les retraités, obtiennent une augmentation sous une forme ou sous une autre, qui ne serait toutefois pas susceptible de grever l'économie. Au lieu de Saddam sur leurs billets, les Irakiens devraient bientôt se familiariser avec d'anciens présidents américains comme Washington, Jackson,

Lincoln et Grant, ainsi que des héros de l'indépendance comme Hamilton et Benjamin Franklin.

Cet après-midi-là, Bush réunit Rice, Hadley, Card, Bartlett et Gerson dans le Bureau Ovale. Le sort de la deuxième résolution de l'ONU était encore incertain, mais le président allait malgré tout devoir s'exprimer en public à ce sujet. Comment réagir au vote des Nations unies ? Bush pourrait adresser un ultimatum à Saddam, lui dire, expression favorite de la famille Bush, qu'un des deux était de trop dans cette ville. Ou bien il pourrait se contenter d'annoncer le déclenchement des opérations militaires, prétextant que Saddam ne s'était pas plié aux exigences de la première résolution, la 1441.

Il s'agirait bel et bien d'un ultimatum, le président avait été clair à ce sujet. Il demanda ce qui se passait à l'ONU, exprimant une fois encore son impatience face à une procédure qu'il jugeait aussi confuse que trop lente. La Grande-Bretagne, le Chili et l'Espagne avaient tous avancé des propositions. Après bien des tergiversations, Gerson reçut l'ordre de préparer deux discours : l'un partirait du principe qu'au minimum les Français auraient opposé leur veto à la deuxième résolution ; l'autre se fonderait sur une réaffirmation de la 1441.

Mais c'était le destin de Blair qui était en réalité au centre de ces hésitations. Bush ne cessait d'y penser. Si le gouvernement britannique tombait, tous s'entendaient à reconnaître que ce serait un véritable désastre.

Lors de la conférence de presse du lendemain, 11 mars, au Pentagone, Rumsfeld prévint que les Britanniques pourraient ne pas participer à une guerre éventuelle. « On peut penser que le président va s'efforcer de résoudre cette question dans les jours qui viennent », déclara le secrétaire à la Défense.

« Mais qu'est-ce que vous foutez ? » s'emporta aussitôt un responsable de l'ambassade britannique à Washington auprès du cabinet de Rumsfeld. C'était une insulte. L'armée britannique avait déployé 45 000 hommes dans la région, presque la moitié des forces terrestres dont elle disposait. Le Pentagone, l'ambassade et le 10, Downing Street ne tarderaient pas à être assiégés par l'ensemble des médias britanniques, et devraient répondre à des questions comme : Qu'est-ce que ça veut dire ? Les Britanniques laissent-ils tomber ?

Rumsfeld émit donc un rectificatif précisant qu'il « ne doutait pas » que les Britanniques accorderaient leur soutien total à toute opération visant à désarmer l'Irak. « Si la décision est prise d'un recours à la force, tout nous porte à croire que la contribution militaire du Royaume-Uni sera significative. »

Le même jour, Rice faisait diffuser aux principaux intéressés un « Résumé des Conclusions » classé secret défense, qui mettait par écrit ce qui avait été décodé au Conseil de sécurité nationale le matin. De cette façon, n'importe quel responsable pourrait réclamer des modifications si le document ne reflétait pas ce qui, selon lui, s'était passé. Le résumé décrivait comment une autorité irakienne de transition serait mise en place dès que possible après la libération. L'institution impliquerait des Irakiens, des Kurdes et des membres de l'opposition en exil. Une conférence serait organisée à Bagdad « pour élargir la base », comme après la guerre en Afghanistan, pour nommer des dirigeants par intérim et « aider à l'établissement d'un nouveau gouvernement démocratique ». Le document synthétisait les briefings dont avait été gratifié le président à propos de

la monnaie, du pétrole et de la réforme de la bureaucratie.

Le mercredi 12 mars, à 7 h 15, le président et Gerson étaient penchés sur deux projets de texte, l'un
comme l'autre des ultimatums. La troisième option,
qui se limitait à annoncer le déclenchement des opérations militaires, n'avait pas encore été rédigée.
Mais Bush considérait maintenant qu'il était tout
aussi important de travailler à sa rédaction.

Card et Rice vinrent voir comment les choses avan-
çaient.

« Il faut que ça cesse », dit Bush. Les Nations unies
étaient ridicules. Peut-être était-il finalement souhai-
table qu'il n'y ait pas de deuxième résolution. Mieux
valait simplement faire dépendre l'action militaire de
la résolution 1441. Peut-être ferait-il mieux de lancer
l'ultimatum à Saddam, d'ici un jour ou deux. Rice,
apparemment, penchait pour une déclaration
annonçant une action plutôt qu'un ultimatum. Les
discours d'ultimatum n'étaient pas des mieux tour-
nés, et ils comportaient une contradiction potentielle : les deux projets affirmaient que les Nations
unies n'avaient pas le courage de leurs convictions
collectives, mais en même temps, il fallait bien
reconnaître qu'elles avaient déjà pris des mesures,
par le biais de la résolution 1441.

« Blair dit qu'il a toujours des problèmes au Parlement, leur expliqua le président, et il craint un vote
de confiance sur la guerre. » Le Premier ministre
britannique lui avait fait part de ses inquiétudes lors
de leurs conversations téléphoniques presque quotidiennes. Pourtant, les rassura Bush, « je ne pense pas
qu'il soit obligé de démissionner ».

Le vice-président Cheney et Karl Rove étaient censés contacter les conservateurs britanniques pour les inviter à soutenir Blair et la guerre.

Plus tard ce matin-là, pendant la réunion du Conseil de sécurité nationale, Doug Feith présenta les plans de l'après-invasion concernant le ministère irakien des Affaires étrangères, ainsi que l'armée et les services de renseignements. Au sujet du ministère des Affaires étrangères, il rappela que l'objectif était de « purger l'institution des responsables baasistes et des officiers du renseignement ». Il faudrait également régler le sort des cinquante-six ambassades irakiennes de par le monde, demander aux États où elles se trouvaient d'expulser les ambassadeurs et les membres présumés des services de renseignements, et enfin geler les avoirs bancaires irakiens.

« D'accord, fit le président, qui va s'en charger ? »
Powell dit qu'il le ferait.

Au sujet des services de renseignements irakiens, Feith déclara qu'il était nécessaire de les démanteler totalement, mais de façon transparente aux yeux de la population irakienne et du reste du monde. Pouvait-on envisager de conserver la Garde républicaine spéciale ? Non. La Garde républicaine ? Non. Le SSS ? Non plus.

Quand ils arrivèrent à la question de l'armée régulière, la réponse fut : peut-être. Feith définit son programme. Il s'agissait de dégraisser les forces armées, de démilitariser la société, de créer une armée dépolitisée qui serait soumise à un contrôle politique, un contrôle civil représentatif de la composition ethnique et confessionnelle du pays. Il ajouta que les milices spéciales, comme les fedayin de Saddam, devraient être démantelées et leurs membres démobilisés.

L'autorité par intérim serait responsable des camps de prisonniers irakiens au niveau de la compagnie, du bataillon et peut-être même de la brigade, poursuivit-il. L'idée était de « ne pas démobiliser immédiatement tout le monde pour les laisser dans la nature, mais plutôt de les utiliser en tant qu'éléments de la reconstruction ». Selon lui, le noyau d'une nouvelle armée s'articulerait autour de trois à cinq divisions régulières.

Ce qu'ils n'avaient pas prévu, c'était que des centaines de milliers de soldats rentreraient tout simplement chez eux, que la main-d'œuvre nécessaire à la reconstruction du pays s'évaporerait.

Plus tard le même jour, Blair appela Bush pour une mise à jour. « Si on n'obtient pas les voix, lança Bush, on laisse tomber. Ça suffit. » Il en avait plus qu'assez des résolutions.

« Acceptez-vous d'essayer une dernière fois ? » demanda Blair, faisant référence aux votes essentiels de Fox, le président mexicain, et du Chilien Lagos.

« Bien sûr, répondit Bush. Avec joie. »

Bush appela Fox.

« Vicente, je tiens à ce que le Conseil vote demain à l'ONU. Pouvons-nous compter sur votre voix ?

— Quels sont les termes exacts de cette résolution ? rétorqua Fox.

— Vicente, nous en avons discuté plus qu'assez. C'est la sécurité des États-Unis qui est en jeu. Je veux votre voix. »

Le président mexicain lui promit de le rappeler. Par la suite, lors du dîner, Rice appela Bush pour dire qu'elle avait reçu une communication téléphonique annonçant que Luis Ernesto Derbez, le ministre mexicain des Affaires étrangères, était désormais aux commandes de la politique mexicaine. Fox venait d'être hospitalisé pour être opéré du dos.

« Intéressant », commenta Bush. Il appela alors le président chilien, Ricardo Lagos, qu'il tenait pour un dirigeant respectable. Par conséquent, il fit preuve de politesse et évita les menaces.

« Pouvons-nous compter sur votre voix ? » demanda Bush au leader socialiste âgé de 65 ans.

« Vous êtes sûr que c'est le moment de voter ?

— Oui, c'est le moment, Ricardo. Il y a trop long-temps que ces discussions traînent.

— Pourtant, nous avançons, constata Lagos.

— Uniquement parce que nous avons déployé 100 à 200 000 hommes. Si ces troupes n'étaient pas là, on avancerait encore moins sur le plan diplomatique. Et Saddam Hussein n'en a cure. Tous les progrès aux-quels vous croyez assister sont illusoires. » Bush lui fit ensuite clairement part de ses inquiétudes. « Je ne vais pas laisser nos troupes là-bas. Soit elles y vont, et l'éliminent, soit elles rentrent au pays, Ricardo. »

L'idée avait de quoi faire réfléchir. Pour des raisons tant pratiques que politiques, il était impensable pour Bush de rapatrier les troupes sans avoir résolu le problème Saddam. Il se retrouvait dans la position qui avait été celle de son père en janvier 1991, avec 500 000 hommes et femmes des forces armées déployés au Moyen-Orient. « Il faut qu'il y ait la guerre », avait lancé Bush senior à ses conseillers plu-sieurs semaines avant le déclenchement de Tempête du Désert. De nouveau, un président Bush, avec cette fois plus de 200 000 soldats au Moyen-Orient, s'était mis dans une situation où il lui fallait une guerre.

« Ricardo, vous voteriez quoi ? demanda Bush à Lagos.

— Non, répliqua le président chilien.

— Merci beaucoup », conclut Bush.

Il contacta Blair et lui rapporta ses discussions avec Fox et Lagos. « Prenez ces deux conversations en compte, dit Bush. Ce ne sont pas de bonnes nou-velles. C'est fini. »

32

Le lendemain matin, jeudi 13 mars, quand le président rencontra le Premier ministre irlandais Bertie Ahern, la conversation aborda inévitablement le sujet des Français. Bush déclara à Ahern : « Chirac est allé tellement loin qu'en Amérique, il y a un gigantesque retour de bâton antifrançais. Tout le monde se moque de lui. Il est allé trop loin. » Le problème, insista-t-il, était qu'il ne s'agissait pas seulement de Saddam Hussein. C'était une question d'ascendant et de pouvoir en Europe. L'affaire aurait pu se régler pacifiquement si l'Allemagne et la France s'étaient montrées plus décidées à s'opposer à Saddam. Au lieu de cela, le leader irakien avait interprété le comportement des deux dirigeants européens comme un signe, affirma Bush. Cela l'avait poussé à croire qu'il pourrait défier l'ONU et s'en tirer, comme il l'avait toujours fait.

Bush ajouta que Chirac jouait les « gros bras », surtout auprès des pays d'Europe de l'Est. Ce qui avait suscité une réaction en retour et avait fini par rendre service à Tony Blair, assura le président, parce que les Français donnaient l'impression d'être trop dogmatiques.

Plus tard dans la journée, Bush se réunit avec ses

conseillers et leur annonça qu'il tenait à organiser un sommet avec Blair pour manifester sa solidarité avec le Premier ministre britannique. Le but en était également de combler un vide. La guerre était inévitable, mais le cirque diplomatique, lui, continuait. Que pouvait-il faire ? Il refusait de rester à attendre les bras croisés. C'était une période pénible, lourde d'incertitude, mais l'équipe de Blair répugnait à ce que le Premier ministre quitte le pays, ne fût-ce que pour huit heures, du fait du précédent de Maggie Thatcher. En 1990, elle s'était rendue à l'étranger pour assister à une conférence. À son retour, elle avait été démise de ses fonctions au sommet de son parti. De plus, Blair ne tenait pas à ce que Bush prononce un discours ou lance un ultimatum. Il devait en outre choisir le bon moment pour appeler à un vote au Parlement. Par conséquent, il faudrait attendre au moins le lundi suivant avant que le président américain puisse faire un discours. « Tout ce que vous voulez, du moment que ça rend service aux Britanniques », décréta Bush.

Le vendredi 15 mars à 10 heures, dans la Roseraie, Bush faisait part de son accord sur la « feuille de route » pour la paix au Moyen-Orient. C'était une autre concession réclamée par Blair, qui l'avait incité à ne pas repousser le plan de paix jusqu'à ce que la question irakienne soit résolue.

Peu après midi, à l'occasion de la conférence de presse à la Maison Blanche, Ari Fleischer annonçait la tenue d'un sommet avec Blair et Aznar dans les Açores, « pour passer en revue l'évolution diplomatique alors qu'elle en arrive à sa conclusion ».

Le même jour, Hadley confiait à Gerson un document top secret comportant les points essentiels à inclure dans le discours sur l'ultimatum. Le document résultait d'une réunion des principaux acteurs de la Défense et du département d'État, et portait clairement la marque de Rumsfeld, qui souhaitait un ultimatum de quarante-huit heures.

Le prince Bandar avait pris rendez-vous avec le président pour lui transmettre un message urgent du prince héritier Abdallah. Le dirigeant saoudien croyait encore en une solution de dernière minute et se prononçait toujours en faveur d'une opération clandestine afin de renverser Saddam. Mais le retard, la valse-hésitation onusienne, était, aux yeux des Saoudiens, pire que la guerre. Les efforts visant à aider Blair coûtaient cher aux amis de l'Amérique au Moyen-Orient. Le roi Abdallah de Jordanie était hors de lui. « Allons-y, disait-il aux Saoudiens, je ne peux plus supporter ça. » Le message du prince héritier était simple : cette indécision apparente était néfaste à tout le monde dans la région. Qu'en était-il, y aurait-il ou non la guerre ?

Quand Bandar fut introduit dans le Bureau Ovale, Cheney, Rice et Card étaient présents. Card fut surpris de l'apparence de Bandar. Le poids de l'ambassadeur avait toujours eu tendance à être fluctuant et ce jour-là, les boutons de sa veste étaient mis à rude épreuve. Il semblait fatigué, nerveux, surexcité et il suait abondamment. Un spectacle impressionnant.

« Qu'est-ce qui ne va pas ? lui demanda le président. Vous n'avez pas de rasoir, quelque chose pour vous raser ? » Habituellement, le prince arborait une barbe soigneusement taillée. Mais là, son visage était mangé par une broussaille désordonnée.

« Monsieur le Président, lui expliqua Bandar, je me suis promis de ne pas me raser tant que cette guerre n'aurait pas commencé.

— Eh bien, vous allez devoir vous raser très bien-tôt.

— J'espère bien, fit Bandar. Mais je crois que le temps que cette guerre commence, je ressemblerai à Ben Laden. » Et, de la main, il indiqua une barbe de quelques dizaines de centimètres de long.

Bush fulminait. Détestant les moqueries, il ne trouvait pas l'allusion amusante. Bandar le savait. Bush ne supportait pas qu'on le soupçonne d'être hésitant. « Je vous le répète, vous n'aurez pas à atten-dre trop longtemps », lâcha le président.

Bandar rappela qu'on lui avait dit que la guerre serait déclenchée le 3 mars, mais qu'il ne s'était rien passé. Puis on avait parlé du 10 mars, mais là encore, rien. Maintenant, Bush était censé adresser un ulti-matum à Saddam.

« Ne commencez pas, le prévint le président.

— Le prince héritier Abdallah...

— Ça suffit, le coupa Bush. Je sais, j'y vais, je ne plaisante pas.

— Monsieur le Président...

— Écoutez, je vous le répète ! Ça suffit. J'y vais, Bandar, faites-moi confiance, c'est tout.

— Bien, dit Bandar, alors, je pense que... d'ac-cord...

— Après l'ultimatum, combien de temps va passer avant que nous entrions en guerre ? l'interrogea le président.

— C'est à *moi* que vous le demandez ?

— Oui.

— Vous le savez bien.

— Donnez-moi une estimation », insista Bush sèchement.

Bandar avança le chiffre de soixante-douze heures.

« Faux ! »

Cheney se tortillait dans son fauteuil, comme s'il

voulait faire passer à Bandar un message disant :
« Du calme, notre homme va s'en charger. » L'expression de Rice était indéchiffrable, tout comme Card.

« Très bien », conclut Bandar.

L'ambassadeur saoudien se rendit ensuite chez Rumsfeld. C'était leur troisième rencontre depuis que Washington avait lancé sa campagne en faveur d'une deuxième résolution de l'ONU. Rumsfeld paraissait nerveux. Il craignait par-dessus tout que Saddam fasse une offre de dernière minute pour réclamer encore quelques jours. Aussitôt, Russes et Français diraient que c'était une proposition raisonnable.

« Monsieur le secrétaire, lui déclara Bandar, j'éprouve le même sentiment de panique qu'en 1991. » La situation présentait une étrange ressemblance avec la veille de la guerre du Golfe. À l'époque aussi, il aurait suffi que Saddam fasse la plus infime concession, en promettant par exemple simplement d'ordonner le retrait de son armée du Koweït. À ce stade, les Nations unies et les États-Unis auraient dû reporter les opérations. Bien que Saddam ait toujours eu tendance à faire ce qu'il ne fallait pas et qu'il ait été incapable de voir qu'il pouvait retarder l'échéance d'une guerre en jouant la carte diplomatique, Bandar ne put s'empêcher de dire :

« J'ai très peur qu'il se passe la même chose.

— Bon, vous avez rencontré le patron, ce matin, lui demanda Rumsfeld, qu'est-ce que vous en pensez ?

— Don, je crois que la tentation est toujours présente, reconnut Bandar. Mais je pense que votre homme, le mien, a pris sa décision.

— Répétez-le donc, ça ne peut pas faire de mal », suggéra Rumsfeld.

Le samedi 15 mars, à 7 heures du matin, Saul décrocha son téléphone sécurisé dans son domicile de la région de Washington. Il y avait déjà des heures qu'il travaillait sur son ordinateur. Ces derniers temps, le responsable des opérations de la CIA en Irak avait du mal à trouver le sommeil.

« Ils l'ont fait sauter ! » lui rapporta son subordonné au QG de la CIA. « On attend la confirmation par imagerie.

— Tenez-moi au courant, fit Saul.

— Ne vous excitez pas trop, on n'a pas encore la confirmation. »

Saul patienta. Pour en arriver à ce moment, ce moment pour l'heure encore hypothétique, il avait fallu des mois de négociations et de débats avec Franks et son état-major. Quand l'Agence pourrait-elle lancer des opérations actives de sabotage sur le territoire irakien ? En décembre, Franks avait avoué qu'il craignait que les sabotages ne provoquent une réaction irakienne qu'il n'était pas encore prêt à gérer. Pour Saddam, le sabotage, quelle qu'en soit l'importance, pouvait constituer une provocation, ce qui lui permettrait de déclencher ses propres opérations militaires alors que Franks était censé laisser une chance à la diplomatie. Mais en fin de compte, le général avait donné son feu vert.

Une des équipes de la CIA en activité dans le nord avait fourni des explosifs aux Kurdes, ainsi qu'un conseiller technique pour leur apprendre à les utiliser. La cible était la voie ferrée reliant Mossoul à Bagdad, un axe de communication vital de plus de 300 km de long. Les Kurdes avaient pour instruction de faire sauter la voie, puis d'appeler la compagnie de chemin de fer et de dire : « Nous avons détruit les rails. N'envoyez pas de trains. » Des instructions très claires, qui répondaient à la volonté de Bush de réduire les pertes civiles.

À 9 h 00, l'agent des opérations rappelait Saul.

« C'est bon, on a l'imagerie. Ils ont fait sauter la voie. » L'explosion avait eu lieu à environ 30 km au sud de Mossoul.

« Parfait.

— Mais ils n'ont pas appelé.

— Putain, lâcha Saul. Ça veut dire quoi ?

— Ben, on a un train qui a déraillé. » Il y avait des wagons-citernes un peu partout, et des voitures de passagers avaient quitté la voie.

Saul avait connu la guerre des Contras, orchestrée par la CIA dans les années 80. À l'époque, l'Agence était censée renverser le régime sandiniste de gauche au Nicaragua. Il n'avait pas oublié que les services avaient miné les ports, soulevant un tollé au Congrès, qui avait convoqué le directeur de la CIA, Bill Casey, et d'autres responsables, pour les faire passer sur le gril. « Bon, au moins, on est samedi, se dit Saul. Ça me laisse le dimanche pour préparer mon audition au Capitole lundi matin. Je vais sûrement être convoqué. » Saul appela Jim Pavitt, directeur adjoint de la Direction des opérations, qui avait la haute main sur toutes les activités secrètes et clandestines de l'Agence.

« Jim, la première opération a eu lieu.

— Qu'est-ce qui s'est passé ? s'enquit Pavitt.

— On a fait dérailler un train. Il y a des citernes partout. Il y a une putain de marée noire. Il y a des wagons de passagers. On ne sait pas s'il y a des pertes. »

À l'autre bout du fil, il y eut un long silence, inquiétant. Saul se dit que Pavitt n'allait pas tarder à lui rentrer dedans.

« Eh bien, fit ce dernier, je suppose que ce genre de choses, ça arrive en temps de guerre. Tenez-moi informé. »

Saul contacta son équipe. « Allez-y ! Ça ne l'a pas

dérangé. Allez-y ! » L'ordre de démarrer les opérations fut transmis.

En fait, c'était un train transportant des soldats, et il y avait eu des pertes. Les Kurdes en rajoutèrent une couche en diffusant des tracts dans la zone concernée : « Peuple, soulève-toi ! L'heure de la libération a sonné ! »

Des dizaines d'autres attaques furent lancées. Des véhicules officiels furent détruits, les sièges du parti Baas pris pour cible, de même que les locaux des services de renseignements irakiens. Du nord au sud, les statues, portraits et affiches de Saddam étaient vandalisés. La nuit, des voitures mitraillaient les édifices du gouvernement. Des gardes des services de renseignements et des unités de la sécurité durent être déployés près des principaux monuments dédiés au dictateur, ce qui les empêchait d'accomplir d'autres missions. Dans le cinéma où le parti Baas avait été créé, des inconnus distribuaient des tracts clamant « Renversez Saddam » et « À bas Saddam ».

Un autre train, qui transportait du carburant sur la ligne entre Bagdad et la Syrie, fut touché par une roquette. À Kirkuk, près de la frontière du territoire sous contrôle kurde, près de 20 000 manifestants marchèrent sur le siège du parti Baas en appelant à la chute de Saddam. Le vandalisme et les graffitis anti-Saddam fleurissaient partout. En gros, c'était un vaste cri de ras-le-bol à l'échelle de tout un pays.

Mais, comprit Saul, il restait un problème lancinant. Maintenant que tout était déclenché, il fallait prier Dieu pour que le président ne fasse pas marche arrière, car la CIA, elle, n'en était désormais plus capable.

Ces opérations de sabotage n'étaient pas tant destinées à affaiblir le régime qu'à l'obliger à se replier sur lui-même et à donner l'impression qu'une insurrection nationale se préparait. Ce qui était loin d'être la réalité, comme tout le monde en était conscient.

Sur le front du renseignement, Saul considérait qu'ils avaient réalisé des progrès plus substantiels. L'accomplissement le plus marquant en était bien sûr le réseau Rockstar. Il pouvait compter sur d'autres infiltrations des tribus à l'intérieur de l'Irak, une vingtaine en tout si l'on y incluait les Rockstar. Il comptait aussi une dizaine de retournements au sein de l'appareil de sécurité, et une dizaine d'autres dans la Garde républicaine et l'armée régulière, si l'on y ajoutait là encore les Rockstar.

L'Agence avait fourni à Franks des renseignements sur l'emplacement des rares positions rescapées de missiles sol-sol et de défense antiaérienne, qui avaient été confirmés par imagerie par satellite. Ces positions seraient frappées dès les premières minutes de la guerre.

Nombre d'autres secteurs avaient également été infiltrés. Plusieurs ingénieurs irakiens travaillant sur les champs de pétrole avaient accepté d'aider la CIA et étaient à même de transmettre des informations en temps réel sur toute tentative du régime de piéger les puits. Une équipe de spécialistes de la CIA se préparait à accompagner les éléments avancés de l'armée qui franchiraient la frontière koweïtienne. Sa mission consisterait à rester en contact avec les ingénieurs dans l'espoir d'éviter une catastrophe dans les champs pétrolifères.

Une des recrues Rockstar était responsable de la sécurité du port irakien d'Oum Kassar. Le seul accès à la mer de l'Irak est une baie exiguë à l'extrémité du golfe Persique, où se trouve Oum Kassar. Pendant plus de trois mois, cet agent avait transmis des informations sur l'emplacement des mines et des forces de sécurité, si bien que les Marines seraient pratiquement en mesure d'entrer dans la ville et de s'emparer du port.

Des gradés de haut rang dans de grandes unités militaires irakiennes, soit près de six divisions, avaient accepté de refuser le combat, de se rendre et de passer à la coalition avec toutes leurs forces. D'où les grands espoirs que d'aucuns fondaient sur une prétendue stratégie de la capitulation, qui permettrait d'utiliser ces unités pour contribuer à stabiliser le pays après la guerre.

Une autre source de l'Agence dans le Golfe avait communiqué les identités des membres des renseignements irakiens dans une demi-douzaine de pays. Il s'agissait d'hommes qui avaient pour ordre d'opérer en équipes de deux à quatre pour perpétrer des attentats terroristes sur les installations américaines dans ces pays dès le début de la guerre. Les noms et les caractéristiques détaillées étaient si précis que la CIA avait pu traquer et neutraliser ces équipes.

Saul estimait en outre que l'Agence marquait des points importants dans le domaine de la désinformation. Normalement, la CIA employait des agents doubles, des gens dont les services savaient qu'ils travaillaient en réalité pour l'autre camp, à seule fin de chercher à savoir comment communiquaient les agents irakiens. « Laissons tomber toute cette merde », avait exigé Saul. Les agents doubles identifiés grâce au fichier du personnel du SSS sur CD-Rom seraient peut-être plus utiles si on leur fournissait de faux renseignements sur la date et le déroulement prévu des opérations.

Plusieurs agents doubles apprirent donc que la guerre serait une sorte de Tempête du Désert 2, impliquant une mobilisation massive de forces. Ou encore, certains agents doubles qui avaient proposé leurs services furent interrogés sur les points de passage à la frontière Iran-Irak, puis longuement débriefés sur l'Iran. Le but en était de susciter le sentiment qu'une offensive pourrait se développer à partir de l'Iran, ennemi notoire de Saddam. D'autres fausses informations faisaient état d'une possible attaque américaine articulée autour de deux divisions venues de Jordanie. Un autre agent double se vit gratifier de plans de guerre américains factices qui avaient été soigneusement maquillés pour prouver que l'attaque principale reposerait sur une gigantesque offensive aéroportée sur l'Aéroport international de Bagdad. Dans l'espoir de repousser ladite attaque, la Garde républicaine spéciale déploya des chars et des blindés sur le tarmac.

Dans le cadre de l'une des opérations les plus inventives, les services s'efforcèrent de laisser filtrer la rumeur qu'ils préparaient un coup d'État et qu'ils avaient infiltré la Garde républicaine spéciale, chargée de la protection de Saddam. Un agent double parfaitement connu de la CIA reçut une mission risquée. On lui confia un gros caillou, puis on lui montra des équipements de communication qui, lui dit-on, avaient été dissimulés dans le caillou. On lui apprit que cet équipement émettait des transmissions de faible puissance et de courte durée vers un satellite géostationnaire, transmissions qui étaient la responsabilité d'un autre agent. On lui demanda ensuite de placer ce caillou à un endroit précis, près des logements et d'une caserne de la Garde républicaine spéciale. La CIA aménagea une cache dans la voiture de l'agent double, et lui versa une petite somme d'argent. Le système de transmission avait déjà été dépisté par le passé, mais la CIA était sûre que les Irakiens ne seraient pas en mesure d'en casser le code. Le dispositif fut programmé pour émettre quand des centaines de membres de la Garde républicaine spéciale prenaient ou quittaient leur service. L'ensemble, en transmettant des messages au caillou, donnait ainsi l'impression que l'un d'entre eux était secrètement en communication.

Un rapport d'un service de renseignements étranger révéla par la suite que les officiers commandant la Garde républicaine spéciale avaient été convoqués et avertis que quelqu'un dans leurs rangs complotait contre Saddam. Quiconque serait pris en flagrant délit serait exécuté. Des documents retrouvés après la guerre montrent que Saddam avait été prévenu de cette prétendue opération de la CIA et que les Irakiens avaient mené une enquête pour démasquer le traître.

D'autres actions clandestines visaient à pousser certains pays à geler les comptes en banque irakiens à l'étranger. Les renseignements de Bagdad avaient souvent pour habitude de payer leurs recrues non en devises mais avec un contrat « Pétrole contre nourriture » de l'ONU. Les recrues pouvaient gagner 1 million de dollars avec des contrats de ce genre. L'Agence s'efforça donc de faire geler l'argent se trouvant au Liban, en Jordanie et en Suisse. Lors de l'une de ces opérations, quelque 650 millions de dollars ont ainsi été bloqués.

En revanche, les efforts visant à prévenir l'achat illicite de matériel supposé pour les armes de destruction massive, conformément à la directive présidentielle sur le renseignement datée du 16 février 2002, n'eurent pas autant de succès. L'idée était de prendre des ordinateurs envoyés de l'étranger et de les programmer discrètement pour qu'ils subissent des dysfonctionnements une fois implantés dans les installations censées abriter des ADM. Mais les ordinateurs en question aboutirent finalement dans le système de télécommunications de Bagdad, qui se mit donc à connaître des pannes intermittentes avant la guerre.

Au cours de la série d'interviews que j'ai effectuées avec divers responsables et sources lors de la préparation de la guerre, trois sources distinctes m'avaient expliqué sous le sceau du secret que les informations sur les armes de destruction massive n'étaient pas aussi solides que la CIA et le gouvernement l'avaient suggéré. Révélation inquiétante, en particulier à ce qui semblait être la veille d'une guerre. Je m'entretins avec Walter Pincus, un collègue du *Washington Post*, auteur de nombreux articles sur les inspections de l'armement et le renseignement en Irak. Pincus me dit qu'il avait justement entendu la même chose auprès de plusieurs de ses sources. Je rédigeai les cinq paragraphes qui suivent pour en faire un éventuel papier, puis en donnait une copie de la main à la main à Pincus et au rédacteur en chef pour les questions de sécurité au *Post* :

« De plus en plus, il semblerait que les renseignements qui ont poussé les autorités à conclure que l'Irak disposait de caches importantes d'armes de destruction massive soient circonstanciels. De source bien informée, on les dit même fragiles, alors que ces données font sans cesse l'objet d'une attention accrue, sont soumises à l'analyse d'observateurs extérieurs et confrontées aux vérifications sur le terrain.

« Un haut responsable du gouvernement Bush à qui l'on a présenté ces renseignements le mois dernier les a jugés "plutôt faibles", ce qui suffirait peut-être, en termes juridiques, à établir une "cause probable" pour obtenir un chef d'inculpation, mais ne serait pas assez pour une condamnation.

« Selon un autre responsable de l'Administration, les renseignements par satellite, photographiques et en imagerie, montrent clairement les Irakiens en train de déplacer du matériel. "On les a vus enterrer des choses, affirme ce responsable, puis les déterrer, ouvrir des portes, et emporter ce qu'il y avait dans des containers. Nous avons vu beaucoup de choses."

« Quand on lui demande si les services de renseignements américains savaient ce qui se trouvait dans ces containers, il répond : "Non, mais ce qui est sûr, c'est qu'ils y font très attention."

« La même source nous rappelle que le gouvernement n'est pas en quête d'une preuve irréfutable. "L'objectif de la 1441, l'esprit même de la résolution, était de nous décharger de ce fardeau." »

Je donnai également à Pincus une copie d'une lettre que Tenet avait écrite au sénateur John Warner, président de la commission sénatoriale sur les forces armées, où il stipulait que les services avaient fourni aux inspecteurs de l'armement de l'ONU « des informations détaillées sur tous les sites de grande valeur et valeur moyenne » soupçonnés d'être liés aux armes de destruction massive.

Pincus et le rédacteur spécialiste des questions de sécurité m'avouèrent tous deux qu'ils avaient trouvé mon brouillon un peu fort, ce que je reconnaissais. Si les sources étaient en béton, elles se contentaient de dire que les preuves étaient fragiles. Aucune n'affirmait que l'on ne trouverait aucune ADM en Irak après un conflit. Pincus, à juste titre, préférait recadrer le sujet sur l'incapacité des services américains à fournir des informations précises sur la quantité ou l'emplacement de ces armes en Irak. Il rédigea un article qui fut publié le dimanche 16 mars, en page A17, sous le titre : « Les États-Unis manquent d'informations précises sur les armes interdites. »

Mon nom figurait dans la liste des personnes qui avaient contribué à son article.

Aujourd'hui encore, je ne suis pas en mesure de révéler l'identité de mes sources. Mais sur le moment, j'estimai ne pas avoir assez d'informations pour m'attaquer avec efficacité aux conclusions officielles sur les ADM présumées de l'Irak. À la lueur des événements ultérieurs, je pense que j'aurais dû insister pour faire la première page, avec un article qui, même à la veille de la guerre, aurait mis en scène avec davantage de vigueur ce que nos sources nous avaient confié. Je sais que la plupart d'entre elles avaient fait part de leurs réserves au sein des organisations où elles opéraient. Mais elles ne disposaient pas non plus d'assez d'informations pour se livrer à une dénonciation en règle des conclusions auxquelles l'Administration était déjà parvenue. À ma connaissance, rien ne prouve que le président ait eu vent des réserves de ces sources particulières.

33

Andy Card avait suggéré que le sommet réunissant Bush, Blair et Aznar ait lieu dans les Bermudes, Mais c'était trop loin pour Blair, et trop près pour les États-Unis. La Maison Blanche proposa également que Bush se rende à Londres. L'entourage de Blair renâcla : une visite du président américain à Londres à ce moment-là aurait été considérée comme une provocation et aurait entraîné des manifestations gigantesques. Pour finir, ils s'étaient entendus sur les Açores, groupe d'îles appartenant au Portugal et situé dans l'Atlantique Nord, plus près de la Grande-Bretagne que de Washington. L'hôte ne serait autre que José Manuel Durão Barroso, le Premier ministre portugais, lui aussi favorable à la guerre. Le dimanche 16 mars, les quatre dirigeants et les principaux conseillers se rassemblèrent pour une séance à huis clos sur une base aérienne dans l'île de Terceira.

Bush commença par résumer leur situation. « Peut-être que la foudre va tomber, dit-il, et que Chirac va accepter la résolution que nous proposons, mais il n'y aura pas de négociations. » Cela impliquait un retard « d'une semaine ou deux ou trois ». Il déclara sans ambages que pour lui, la guerre n'était plus qu'une question de jours, non de semaines. Si l'on prend du retard, continua-t-il, « l'opinion publique ne s'améliorera pas, et elle empirera dans des pays comme l'Amérique ».

Chirac avait enregistré un entretien pour *60 Minutes*, l'émission télévisée de CBS, qui devait être diffusé ce soir-là, et quelqu'un transmit au Premier ministre britannique un résumé des déclarations du président français. Blair annonça aux autres que Chirac réclamait trente jours supplémentaires pour les inspecteurs de l'ONU.

« Rien du tout, fit Bush, c'est un moyen de gagner du temps. » Pour lui, c'était une preuve supplémentaire de ce qu'il pensait déjà. La France serait prête à saisir la moindre perche lui permettant de repousser l'échéance de la guerre. Avis que partageaient apparemment les autres dirigeants.

Les quatre hommes passèrent en revue les différents efforts entrepris par la diplomatie qui, à leurs yeux, avait brûlé ses dernières cartouches. Ils s'entendaient à reconnaître qu'il leur fallait laisser vingt-quatre heures de plus à la diplomatie, tout en sachant qu'il était peu probable que l'on assiste à une avancée de dernière minute. Puis, à 10 heures le lendemain matin, heure de la Côte Est, ils proposeraient la deuxième résolution.

Ils débattirent ensuite pour savoir s'ils avaient l'autorisation légale d'entrer en guerre. Point par point, ils épluchèrent la 1441 et en conclurent que la clause sur les « conséquences graves » leur donnait l'autorité nécessaire pour déclencher les hostilités en cas de non-respect. Et tous étaient d'avis que l'Irak n'avait pas désarmé.

« Il va falloir que je fasse un discours », concéda Bush. « Il va falloir que j'adresse un ultimatum à Saddam Hussein. » Le dictateur irakien aurait quarante-huit heures pour quitter son pays avec ses fils.

« C'est ce que je vais faire, d'accord ? » Il ne les consultait pas, il les informait. « Pour que tout le monde soit au courant », ajouta-t-il.

Ils en vinrent à la possibilité que la France, la Russie ou un autre membre du Conseil de sécurité mette en avant une contre-résolution pour retarder les « conséquences graves » et imposer un vote. Ce qui serait un véritable problème. Tout ce qu'ils pouvaient faire, admirent-ils, c'était secouer les indécis au téléphone, leur arracher la promesse qu'ils s'opposeraient à une contre-résolution et qu'ils voteraient si besoin était.

Blair se raidit. « Si un autre pays tente d'avancer une nouvelle résolution uniquement afin de nous retarder, grinça-t-il, nous serions contraints de considérer cela comme un acte hostile sur le plan diplomatique. »

Ce qui les ramena aux Français. « Je serais ravi de pouvoir opposer mon veto à une de leurs propositions, fit Bush, vraiment ravi. »

Les préparatifs diplomatiques étaient bouclés. « Vous savez, dit le président, nous allons devoir…, il faut que nous continuions à travailler sur le projet de l'après-guerre en Irak, et nous sommes tous d'accord sur les cinq principes de base. L'intégrité territoriale doit être garantie. Il nous faut une aide immédiate, une aide humanitaire prête à résoudre immédiatement une crise alimentaire ou de réfugiés. » Le programme « Pétrole contre nourriture » de l'ONU serait maintenu. « Il permet à près de la moitié des Irakiens de se nourrir, et il a en dépôt beaucoup de richesses du peuple irakien, qui proviennent de ventes précédentes réalisées dans le cadre du programme. Les Nations unies doivent être prêtes à intervenir et à utiliser ces richesses pour aider les gens.

« Il nous faut obtenir un consensus international sur l'Irak, un nouvel Irak, en paix avec ses voisins, et on reviendra à l'ONU pour une autre résolution après la guerre. L'ONU peut aider sur pas mal de dossiers, mais hors de question qu'elle dirige le pays. » Il rappela sans détour que le pouvoir devait être l'affaire de la coalition. Puis ils travaillèrent aux déclarations communes qui seraient communiquées plus tard dans la journée.

« Gerson, vous essayez de passer inaperçu ? » lança le président au rédacteur de ses discours quand il quitta la réunion. Ce qui était exactement ce que Gerson tentait de faire. Il avait accompagné le président pour ce voyage de plus de 7 000 km afin de pouvoir travailler avec lui sur le discours de l'ultimatum, qui était encore secret et n'avait pas pris sa forme définitive.

« Vous avez une copie du discours ? » lui demanda Rice. Il en avait une, mais elle comportait ses notes, réflexions et autres pattes de mouche.

« C'est pas grave, lui dit-elle, je vais le prendre. » Elle le tendit alors à Blair. Gerson n'en revenait pas. Il était difficile d'envisager un document plus secret, puisqu'il donnait le signal du compte à rebours du conflit. Dans le même temps, il comprenait que le moindre mot prononcé par Bush à cette occasion pourrait avoir un impact sismique sur la politique britannique, un impact presque immédiat puisqu'un vote de confiance était annoncé au Parlement. Gerson remarqua qu'Alastair Campbell, le directeur de la communication et de la stratégie de Blair, lisait la copie du brouillon de discours et prenait quelques notes.

À 17 h 30, Bush et les trois autres dirigeants ouvraient une conférence de presse dans la salle de bal de la base aérienne de Lajes.

Le Premier ministre portugais souhaita la bienvenue à tous et s'efforça de présenter le cadre de la réunion. « C'était la dernière chance de parvenir à une solution politique, assura-t-il aux journalistes, même s'il ne s'agissait que d'une chance sur un million. »

Bush prit la parole. « Nous en avons conclu que demain sera un moment de vérité pour le monde », dit-il, soulignant que « la logique » de la résolution 1441 était « implacable : le régime irakien doit désarmer de lui-même, ou le régime irakien sera désarmé par la force ». Puis, allant soudain trop vite en besogne, comme si la guerre était une certitude et que Saddam était déjà chassé, il déclara : « Nous allons réclamer le plus vite possible la mise en place d'une autorité irakienne intérimaire », avant d'ajouter, à la hâte, « si l'usage de la force est requis ».

À son tour, Blair présenta la question, quoique sous un jour quelque peu différent : « Le point essentiel est qu'il est de notre responsabilité de faire respecter la volonté des Nations unies telle qu'elle s'est exprimée dans la résolution 1441 de novembre dernier. »

La coalition venait de s'arroger le titre de bras armé du Conseil de sécurité des Nations unies. Les dirigeants rassemblés aux Açores, dans les faits, étaient en train d'adresser un ultimatum aux Nations unies et au Conseil de sécurité. Leur attitude mettait en lumière la difficulté d'une guerre préventive et le paradoxe de la diplomatie de coercition. Ce qui n'échappa pas aux journalistes. L'un d'entre eux demanda : « Allons-nous entrer en guerre ou pas ? »

Bush répondit que la décision appartenait à Saddam.

Un autre journaliste précisa, au beau milieu d'une question alambiquée et multiple : « Il n'y a aucune issue possible par le biais des Nations unies puisque la majorité n'y est pas en faveur d'une action militaire. » Personne ne le contredit.

Mais y aurait-il un vote sur la deuxième résolution ?

« C'est moi qui ai dit qu'ils devraient voter, reconnut Bush. La France a montré son jeu... Ils ont dit qu'ils opposeraient leur veto à tout ce qui incriminerait Saddam. Les cartes sont sur la table, il va donc falloir que l'on évalue après-demain ce que veut dire cette carte. » Bush ajouta qu'il souhaitait parler de l'importance de l'ONU. « Dans l'Irak post-Saddam, il faut absolument que les Nations unies aient un rôle à jouer. Et comme ça, elles pourront récupérer une partie, une partie de leur responsabilité. »

Il ne répéta pas en public ce qu'il avait affirmé aux autres chefs de gouvernement, à savoir qu'il était « hors de question » que l'ONU « dirige le pays ».

Gerson récupéra enfin sa copie du discours auprès des Britanniques. Ils voulaient que le discours présidentiel soit davantage au conditionnel, qu'il soit littéralement saupoudré de la phrase « s'il y a la guerre ». Même s'il annonçait le conflit, il ne fallait pas qu'il ressemble à un discours belliqueux. Il fallait encore laisser une marge infime à une solution pacifique. Ces suggestions ne posaient aucun problème à Gerson. Il était justement dans cet état d'esprit à ce stade-là, éprouvant personnellement quelques doutes quant au conflit qui approchait.

Chrétien convaincu, Gerson savait que c'était le Carême, cette période de quarante jours de pénitence et de prières afin de préparer Pâques. Pendant le Carême, son fils et lui avaient cessé de manger des sucreries. Il jeûnait depuis deux jours, et priait qu'advienne quelque chose qui empêcherait la guerre.

Blair dut rentrer chez lui rapidement. La politique britannique l'attendait, et il devait en outre faire face à une rébellion au sein de son parti. Card le trouva à la fois résolu et anxieux. D'une fermeté nerveuse, jugea-t-il. Rice, pour sa part, trouvait que le contact avait encore été des plus brefs avec les Britanniques. En les voyant partir, elle se dit : « Oh là, j'espère que ce n'est pas la dernière fois qu'on les voit. »

À bord d'*Air Force One*, Bush et Rice étaient du même avis. Il s'agissait désormais uniquement de gérer la politique aux Nations unies, et de ne pas tout déclencher avant que Blair n'ait surmonté le vote de son Parlement. Hughes et Bartlett les rejoignirent, et ils étudièrent le discours ligne par ligne. Comportant quelque trente paragraphes, il durerait donc une quinzaine de minutes. Les suggestions britanniques étant acceptables, Gerson s'installa de nouveau à l'un des ordinateurs de bord et intégra soigneusement les modifications.

Le discours revenait sur les douze dernières années d'efforts diplomatiques, et rejetait le blâme sur Saddam. « Notre bonne foi n'a pas été payée de retour », devrait dire Bush en martelant : « Nous souhaitions trouver une solution pacifique à cette question. »

« Si nous devons déclencher une campagne militaire...

« Si Saddam Hussein choisit la confrontation, le peuple américain doit savoir que toutes les mesures ont été prises pour éviter la guerre », disait maintenant le texte. « Si Saddam Hussein tente de s'accrocher au pouvoir... »

D'un autre côté, c'était bien un discours belliqueux, qui ne cédait pas un pouce de terrain, qui évoquait même sombrement l'éventualité d'une frappe nucléaire. « Le régime irakien continue de détenir et de dissimuler certaines des armes les plus meurtrières jamais conçues. » Des terroristes équipés « d'armes nucléaires obtenues avec l'aide de l'Irak » risquaient de tuer « des centaines de milliers d'innocents dans notre pays ou dans d'autres ».

Le discours revenait également sur le 11 septembre. D'ici un à cinq ans, la menace représentée par Saddam proliférerait, poursuivait le discours. « Nous préférons y faire face maintenant, là où elle surgit, avant qu'elle n'apparaisse soudain dans notre ciel et dans nos villes. » On y retrouvait aussi certains éléments des allocutions prononcées par Bush dans le sillage du 11 septembre : certains, par exemple, pouvaient penser que nous vivions une ère de terreur, mais par ses actions, Bush en ferait une ère de liberté. Gerson savait parfaitement que c'était là le leitmotiv du discours présidentiel depuis les attentats contre le World Trade Center : les États-Unis devaient contrôler les événements, et non être soumis aux décisions d'autrui. Et il égratignait les Français au passage, affirmant que « ces gouvernements partagent notre évaluation du danger, mais pas notre volonté de le confronter ».

Quand Gerson eut terminé d'intégrer ses corrections, il rejoignit le président et son entourage qui, depuis dix minutes, regardaient *Complots*, film avec Mel Gibson. Bush résuma l'histoire à voix haute, puis, pendant tout le reste de la projection, tourna le film en dérision en dénonçant son côté hautement prévisible.

La séance terminée, Bush apporta quelques corrections de style au travail de Gerson.

À 19 h 42, heure de la Côte Est, soit des heures plus tard, au-dessus de l'Atlantique, Bush appela le Premier ministre australien John Howard, allié essentiel qui n'avait pas assisté au sommet. L'Australie devait envoyer 2 000 soldats dans le Golfe.

« On va attendre jusqu'au matin », lui expliqua le

président. Powell allait jouer du téléphone pendant la nuit. « Colin va comme qui dirait prendre la température des alliés, des pays arabes à l'ONU, et on verra la position de chacun. Si rien n'a changé, on laisse tomber la résolution. Ce soir, je fais un discours, on va simplement adresser un ultimatum à Saddam. »

S'agirait-il d'une déclaration de guerre ?

« Non, c'est un discours d'ultimatum. »

Howard craignait la réaction de l'opinion publique américaine. Il déclara qu'il avait besoin d'une ultime assurance officielle de Bush avant que la guerre ne commence. « Sinon, pour les Australiens, ça serait comme si Bush avait déclenché la guerre sans même en parler à ses principaux alliés. »

« Non, non, fit Bush, ce n'est pas le dernier coup de fil que je vous passe. »

34

Le lendemain lundi 17 mars, Rice était en ligne avec le conseiller à la sécurité nationale de l'Inde. Il était 7 heures du matin. Deux jours plus tôt, le Premier ministre indien, Atal Bihari Vajpayee, avait écrit à Bush pour lui proposer d'organiser un sommet des cinq membres permanents du Conseil de sécurité de l'ONU, la Russie, la France, la Chine, le Royaume-Uni et les États-Unis, afin de résoudre leurs problèmes. À plusieurs reprises, la Maison Blanche avait poussé l'Inde à trouver une solution négociée à son dangereux litige avec le Pakistan depuis que les deux pays détenaient l'arme nucléaire. Il fallait donc faire preuve de diplomatie en rejetant l'offre de Vajpayee.

« C'est une très bonne idée, fit Rice poliment, mais nous n'en voyons pas l'intérêt maintenant. » Merci de vous être inquiété, et merci de votre aide. « Nous apprécions les efforts du Premier ministre, mais un pays au moins s'est exprimé clairement. » La France opposerait son veto. « Par conséquent, nous ne voyons pas l'utilité d'une telle rencontre. »

Le président pensait avant tout à repousser une éventuelle contre-résolution aux Nations unies. Car une telle mesure risquait de gripper les rouages et de rogner sur la légitimité dont disposait encore la 1441. Lors d'une conversation avec Aznar, Bush lui demanda de l'aider avec le président chilien. La semaine précédente, il n'avait pu obtenir le soutien de Lagos en faveur d'une nouvelle résolution, mais Aznar jouissait d'une influence plus grande. « Pouvez-vous appeler Lagos et lui enjoindre de s'abstenir de toute manœuvre de dernière minute ? » s'enquit le président. Il était désormais essentiel de maintenir la situation de pat qui régnait au Conseil de sécurité.

Aznar dit qu'il appellerait Lagos, et demanda en retour : « Écoutez, ça m'aiderait énormément si vous appeliez Juan Carlos. Par pure courtoisie. » Le roi Juan Carlos Ier d'Espagne est le chef de l'État. Bien que ne jouant en fait qu'un rôle de représentation, il est populaire et a la haute main sur la nomination du Premier ministre. Aznar tenait à ce qu'il soit satisfait.

« Très bonne idée », admit Bush.

En quinze minutes de conversation téléphonique, Bush et Blair coordonnèrent leurs efforts afin de veiller à ce qu'il n'y ait pas de contre-résolution. Ils tombèrent d'accord sur le fait qu'il faudrait discuter avec les Russes à différents niveaux. Du côté de Blair, la situation au Parlement semblait s'améliorer, même s'il avait encore de nombreuses difficultés à surmonter. « Je crois que je peux l'emporter, expliqua-t-il. Ce qui m'inquiète, c'est la marge de voix en ma faveur. Je ne tiens pas à dépendre du vote conservateur. Je veux gagner grâce à la force de mon propre parti. Je sais que je n'arriverai pas à les convaincre tous, mais je ne veux pas que les Tories puissent dire : "Sans nous, vous auriez perdu" ; je fais tout mon possible auprès des travaillistes pour être sûr d'obtenir une très nette majorité des voix de mon parti. »

À 8 h 55, Bush assistait à la réunion du Conseil de

sécurité nationale. Powell annonça que rien n'avait changé pendant la nuit. Les Français ne comptaient pas faire marche arrière.

Le président prévint Franks qu'il devrait peut-être mettre en œuvre ce qui portait désormais l'appellation de Plan d'opérations 1003 V dans les soixante-douze prochaines heures. « Je ne vous donne pas encore l'ordre d'y aller, mais soyez prêts, ordonna-t-il. Faites toutes les choses de dernière minute que vous avez à faire. »

Le président appela Ari Fleischer. « À 9 h 45, dit-il à son attaché de presse, dites à nos alliés que nous nous sommes réunis ce matin et que nous avons retiré notre projet de résolution. » Il n'y aurait pas de vote à l'ONU.

Ainsi, à 9 h 45, Fleischer se rendit dans la salle des conférences de presse et déclara : « Les Nations unies se sont avérées incapables de faire respecter leurs propres exigences d'un désarmement immédiat de l'Irak. En conséquence, la fenêtre diplomatique est désormais fermée. Le président s'adressera à la nation ce soir, à 20 heures. Il dira que si Saddam veut éviter un conflit militaire, il doit quitter le pays. »

Près de la moitié des journalistes présents se rua hors de la salle. En plus de deux ans à son poste, Fleischer n'avait jamais rien vu de tel. « Il n'y avait que comme ça que je pouvais m'en débarrasser aussi facilement », pensa-t-il. La galopade concernait essentiellement le fond de la salle. Les représentants des agences et des télévisions étaient encore là, dans les premiers rangs. Ils pouvaient rester pour essayer d'arracher quelques informations de plus à Fleischer, sachant que leurs services suivaient l'évolution de la situation et n'auraient qu'à émettre ou diffuser les bulletins.

Ensuite, Bush tint la promesse faite à Aznar et s'entretint pendant quatre minutes avec le roi d'Espagne. « Votre Majesté, voilà ce qui se passe. Nous allons laisser tomber la résolution et je vais m'adresser au peuple américain. » Le roi le remercia cordialement d'avoir appelé.

À 11 heures, le président contactait le Premier ministre de Bulgarie, Simon de Saxe-Cobourg Gotha. Le dirigeant bulgare, qui était sur le point d'ouvrir son espace aérien à l'aviation américaine et comptait envoyer une équipe de plusieurs dizaines de spécialistes de la guerre biologique et chimique dans le Golfe, manifesta quelque inquiétude à l'idée que son pays puisse apparaître sur une liste officielle de membres de la coalition.

« Qu'est-ce que vous voulez dire ? demanda Bush. Vous allez envoyer des gens là-bas, tout le monde saura que vous y allez, mais vous ne voulez pas être porté sur la liste ? »

Le Premier ministre lui fit part de son malaise.

Rice intervint aussitôt pour obtenir une précision. « Vous n'êtes pas en train de dire que vous n'envoyez plus vos gars, hein ? »

« Oh, non, non, non, on va les envoyer. »

C'était ce que voulait Bush. Il souhaitait que la coalition soit aussi étendue que possible, si modestes soient les contributions des autres participants. Pour ce qui est de l'appartenance officielle à la liste, dit-il, « c'est bon. Faites ce que vous avez à faire ».

Puis Rice eut une conversation téléphonique avec le ministre de la Défense russe Sergueï Ivanov. Elle lui annonça que Saddam se verrait notifier un ultimatum de quarante-huit heures et que la diplomatie avait fait son temps. « Nous espérons que vous n'allez pas proposer une nouvelle résolution », suggéra-t-elle avec une insistance polie. Elle s'enquit des rumeurs selon lesquelles Igor Ivanov, le ministre des Affaires étrangères, aurait eu l'intention de convoquer la prochaine réunion du Conseil de sécurité au niveau ministériel. Elle craignait que cela n'oblige Powell à se présenter, ce qui permettrait à ses homologues étrangers de le prendre pour cible, ainsi que Bush, ou encore que Powell soit le seul ministre des Affaires étrangères absent. « S'il vous plaît, n'envoyez pas Igor aux Nations unies », demanda-t-elle.

« Je ne peux pas vous garantir absolument qu'il ne s'y rendra pas, répondit Ivanov, mais je vous promets que si c'est le cas, il n'en fera pas un grand événement politique. Il n'en profitera pas pour vous dénoncer ou pour vous gêner. »

Rice lui expliqua alors que d'après des rapports de renseignements, les Irakiens s'étaient procuré des lunettes de visée nocturne et des systèmes GPS auprès des Russes.

« Ne vous inquiétez pas, nous allons nous renseigner. Nous ne leur vendrions évidemment pas ce matériel. » L'ancienne Union soviétique avait pour habitude de leur vendre ce genre d'équipements, souligna-t-il. « Il pourrait s'agir d'équipements anciens. Peut-être que vos informations sont confuses. » Et il commença à parler d'inviter Rice en Russie.

La conseillère appela le secrétaire général des Nations unies, Kofi Annan. « S'il y a la guerre, l'ONU aura un rôle essentiel à jouer dans l'après-conflit », dit-elle. Les Britanniques avaient particulièrement insisté sur le mot « essentiel », mais pour le reste, le projet n'était encore qu'à l'état d'ébauche. « Nous allons travailler avec vous sur ce sujet », lui dit-elle, tout en laissant le sujet en question dans le flou.

Son appel suivant était destiné à Alexandre Volochine, chef de cabinet de Poutine.

« S'il vous plaît, lui fit-elle, n'envoyez pas Ivanov à l'ONU, n'essayez pas de transformer ça en réunion de niveau ministériel. » Elle porta une dernière estocade : « Sinon, Powell n'ira pas, nous n'en voyons pas l'intérêt. »

Volochine roucoula : « Nous serions ravis de vous avoir à Moscou. »

Ce matin-là, Bush se livra à la première des deux séances de lecture de l'ensemble du discours au téléprompteur. La première moitié se passa sans anicroche mais quand il en arriva à la partie qui contenait les phrases d'action, « Saddam et ses fils doivent quitter l'Irak dans les quarante-huit heures. Leur refus aura pour résultat un conflit militaire, qui débutera au moment que nous aurons choisi », il s'enroua.

Gerson savait que l'une des raisons pour lesquelles il était nécessaire de répéter était de permettre au président de se familiariser avec les émotions liées aux mots. Puis, à la deuxième lecture, il pourrait les surmonter. À la troisième, il les maîtriserait et se contrôlerait. En entendant ces phrases, Gerson ne put s'empêcher de frissonner, bien qu'il en ait été l'auteur et qu'il les ait déjà entendues à plusieurs reprises.

À 14 heures, Bush appelait le Premier ministre australien Howard pour passer en revue ce qu'il devrait dire le soir même.

« George, fit Howard, si l'on en vient à ça, je vous jure que les troupes australiennes se battront si nécessaire. »

Bush entra ensuite en contact avec le Premier ministre israélien Ariel Sharon. « Ariel, je vous avais dit dans le Bureau Ovale que je vous préviendrais soixante-douze heures à l'avance. C'est ce que je fais maintenant. »

« Nous comprenons », répondit Sharon en remerciant le président. L'appel avait à peine duré trois minutes.

À 16 h 45, Bush relisait son discours dans le Cross Hall, le couloir officiel au tapis rouge situé au premier étage de la Maison Blanche. C'était de là qu'il le prononcerait en direct dans trois heures. Un peu plus tard, quand Gerson le rejoignit sur l'estrade, Bush fit du texte un rouleau dont il administra un coup sur la tête de l'auteur de son discours. Comme toujours en de pareils moments, Bush était très décontracté, parfois même un peu trop.

Le président avait promis de tenir le Congrès informé et il avait ce soir-là deux réunions prévues. Rice et d'autres, dont Cheney et Fleischer, lui firent un prébriefing dans le Bureau Ovale pour étudier qui serait présent. Une procédure parfaitement normale, mais ils n'eurent pas besoin de beaucoup discuter. Tous étaient conscients des dimensions extraordinaires de ce qui était en trahi de se passer. « Le plus dur, leur déclara Bush, c'était de prendre la décision d'avoir recours à la force. » Ce qui remontait à six mois plus tôt, quand, le 12 septembre 2002, il avait lancé un défi à l'ONU en assurant que l'Organisation devait résoudre le problème Saddam. Sinon, il s'en chargerait. « La décision d'y avoir recours aujourd'hui n'est pas la plus dure. »

Bush accueillit les chefs de file des formations politiques au Sénat et à la Chambre dans le salon Roosevelt. Il y avait là le président de la Chambre, Dennis Hastert, ainsi que les chefs de file des démocrates à la Chambre et au Sénat, Nancy Pelosi et Tom

Daschle. Bill Frist, patron de la majorité au Sénat, avait du retard.

« Nous en sommes arrivés à la conclusion que c'était impossible à cause des Français », expliqua Bush, faisant référence au projet de deuxième résolution. « Nous sommes tous d'avis qu'il est temps d'avancer. Nous avons fait tout ce que nous pouvions à l'ONU. » Il parla de son discours, de l'ultimatum de quarante-huit heures. « Nous allons le chasser du pouvoir, conformément à la loi de 1998 que certains d'entre vous ont peut-être votée », précisa-t-il, ajoutant qu'il n'était pas improbable que le dictateur irakien accepte son offre et s'en aille.

« Je vous en prie, fit Pelosi, dites-nous que vous disposez de renseignements allant dans ce sens.

— Non, répondit le président. Nous avons beaucoup d'informations qui montrent qu'il est bien décidé à s'entêter. »

Vers 18 h 15, Bush invita les présidents des commissions parlementaires sur les affaires étrangères et le renseignement à se joindre à la réunion. « Les généraux irakiens sont des criminels de guerre », lança-t-il, avant de leur révéler un élément aussi nouveau que significatif : « Même si Saddam Hussein s'en va, nous allons y aller. Comme ça, nous pourrons éviter une purification ethnique. Nous irons de façon pacifique, et il y aura une liste de pays qui, les uns après les autres, se rassemblent solidement derrière nous dans cette coalition. » Il était vital d'entrer en Irak pour trouver les armes de destruction massive et régler le sort de la direction du parti Baas.

« La Turquie finira par être avec nous, continua Bush. Erdogan commence à apprendre. » Il faisait référence à Recep Tayyip Erdogan, le nouveau Premier ministre turc démocratiquement élu. « Nous gagnerons sans la Turquie. Ça serait bien de les avoir.

La question est de savoir comment garantir qu'ils ne pénètrent pas dans le nord de l'Irak. »

À 18 h 26, le président se retira pour se préparer. Cheney et Rice, eux, restèrent pour répondre aux questions. Bush eut une conférence en multiplex avec Tom Ridge, secrétaire à la Sécurité du territoire, Powell, Tenet, Robert Mueller, directeur du FBI, John Ashcroft, ministre de l'Intérieur, et plusieurs autres, pour faire le point sur les mesures prises afin de contrer les menaces terroristes aux États-Unis. Il fut décidé de faire passer le niveau d'alerte nationale au niveau supérieur, soit orange, anticipant ainsi d'éventuelles représailles en cas de guerre.

Pendant ce temps-là, dans le salon Roosevelt, le sénateur Warner demandait si la diplomatie était terminée et si Saddam allait partir.

« Tout porte à croire que non », répondit Cheney. Il ajouta que la 4e division d'infanterie aurait pu être utile si elle avait été déployée sur zone trois semaines plus tôt, si elle avait eu l'autorisation de passer par la Turquie. Quoi qu'il en soit, conclut-il en reprenant les affirmations de Franks, sa seule présence avait suffi à paralyser les Irakiens.

Le sénateur Joseph Biden, le démocrate le plus expérimenté de la commission sur les affaires étrangères, s'interrogea sur le rôle qui serait à l'avenir dévolu aux Nations unies.

« Je pense que nous allons être accueillis comme des libérateurs, rétorqua Cheney en éludant la question, mais ça sera aussi l'heure de la vengeance. C'est une région dure. Nous nous chargerons de la sécurité. »

Rice ajouta qu'ils mettraient en place une autorité irakienne de transition pour gouverner le pays. « Nous voulons confier l'administration de l'Irak aux Irakiens le plus vite possible. »

Cheney rapporta qu'il s'était entretenu personnellement avec les dirigeants turcs. « Très clairement, nous ne voulons pas d'eux sur place. » Tel était le message qu'il leur avait fait passer. « Je pense qu'ils sauront se tenir. Cependant, à nous de tenir les Kurdes aussi. » Même les amis peuvent s'avérer dangereux.

« Israël n'a joué aucun rôle et ne fait pas partie de la coalition, souligna le vice-président, mais nous sommes en liaison étroite avec eux pour ce qui est de gérer leur réaction. »

Le sénateur Pat Roberts, républicain du Kansas qui présidait la commission sénatoriale sur le renseignement, prit la parole. Selon lui, quarante-huit heures, c'était long.

« Je ne peux pas encore parler de ce genre de choses », répondit Cheney. Il rappela l'importance de la sécurité du territoire. Revenant sur la première guerre du Golfe, quand il était secrétaire à la Défense, il raconta que Saddam et ses services de renseignements avaient tenté de déclencher des attentats aux États-Unis, mais leurs efforts avaient été d'un pathétique qui frisait le comique.

« Nous ne nous attendons pas à des difficultés de la part de l'Iran », intervint Rice.

Le sénateur démocrate de Virginie-Occidentale, Robert Byrd, lut alors des réflexions préparées qui revenaient à s'opposer à Bush et ce qu'il s'apprêtait à faire. « Je suis à fond derrière notre armée. Je soutiendrai des rallonges pour nos troupes. Les gens doivent être au courant des coûts et des plans de reconstruction, mais il y a des questions sans réponse. Je ne soutiens pas l'idée d'un chèque en blanc pour des projets grandiloquents. » Il mit en garde contre le fait que la mission soit détournée de ses objectifs, et contre les menaces sur le territoire national. Enfin, il réprimanda le président et le vice-président pour ne pas avoir assez débattu de la situation avec le Congrès.

Bien avant 20 heures, Bush se trouvait dans le salon Rouge, qui jouxte le Cross Hall. Il était furieux. Une chaîne de télévision l'avait filmé alors qu'il jouait dans le jardin de la Maison Blanche à lancer un bâton à ses chiens, Barney et Spot. Il ne faisait que se détendre, mais la chaîne avait passé les images pendant le plus clair de la journée.

« Ils ont violé les règles, non ? » demanda le président à Bartlett et à Fleischer. En effet. Les médias, qui jouissaient d'un accès exceptionnel à la Maison Blanche, ne devaient pas filmer le jardin. L'accord stipulait que cette zone était interdite. Apparemment, le recyclage incessant des images l'obsédait : le président occupé à jouer avec ses chiens, surtout un jour comme celui-là. Ce n'était vraiment pas le message qu'il souhaitait faire passer.

Gerson, à l'arrière-plan, écoutait la conversation. Il ne voyait pas où était le mal. Se promener, jouer avec ses chiens, c'est ce que font les Américains. Mais il s'abstint de tout commentaire.

« Gerson », fit Bush pour désamorcer la tension, « on ne vous entend pas ». Il s'approcha de l'auteur de ses discours.

« Vous êtes nerveux.

— Oui », répondit Gerson.

Bush lui raconta une anecdote remontant au premier débat télévisé de son père en 1988, face au candidat démocrate, le gouverneur du Massachusetts Michael Dukakis. « Un de mes frères et moi, on était tellement nerveux qu'on n'a pas pu regarder, dit-il. Donc, nous sommes allés au cinéma, tout simplement parce que le débat et tout ce qui y était lié, c'était trop. Mais le film ne nous a pas changé les idées, continua-t-il. On n'arrêtait pas de sortir de la salle, pour téléphoner et pour savoir comment ça se passait. Pour finir, on a quitté le cinéma, on est rentré et papa nous a appelés et nous a demandé : "Alors, comment je m'en suis tiré ?" "Oh, vachement bien !" a-t-on répondu tous les deux. »

« Une minute » lança une voix. Le président se concentra pendant un moment.

Gerson savait que ce discours était particulièrement important. C'était lui qui contenait les informations choc. L'annonce du déclenchement des opérations militaires, quelques jours plus tard, paraîtrait curieusement fade en comparaison.

« Mes chers concitoyens, commença Bush à 20 h 01, les événements en Irak ont atteint un point décisif. » Au début, il se montra un peu emprunté, ce dont il est coutumier. Mais ses mots et le décor donnaient plus de force à l'instant. Le pays s'était habitué à ces interventions du soir, il s'était même, semblait-il, habitué à ce que ce soit lui le président. Pour Gerson, c'était là l'une des meilleures interventions télévisées de Bush.

Tom Shales, critique de la rubrique télévision du *Washington Post*, écrivit par la suite que Bush avait eu une « solennité funèbre, comme une aura de regret endeuillé » pendant son discours d'un quart d'heure, et qu'il n'avait « en rien fait preuve de bravade ».

La journée du mardi 18 mars commença par quelques politesses diplomatiques. Bush appela le nouveau président chinois, Hu Jintao, à 7 h 48, pour le féliciter, l'assurer que la situation en Irak n'aurait pas d'effet contraire sur les relations sino-américaines et le remercier des efforts de la Chine pour parvenir à une solution négociée en Corée du Nord.

Puis il s'entretint avec Poutine, à qui il expliqua

que les actions de la France avaient engendré un puissant ressentiment antifrançais aux États-Unis. « Je ne peux rien y faire. Le peuple américain est en colère, à juste titre. Je vous remercie de ne pas avoir attisé le ressentiment russe vis-à-vis de l'Amérique, ni d'avoir personnellement attaqué les dirigeants avec lesquels vous êtes en désaccord. Cela m'aide pour ce qui est de l'opinion publique américaine vis-à-vis de la Russie, et permet de maintenir des relations fortes. »

En gros, Poutine, qui avait ses propres soucis, lui répondit : « Mon petit gars, je ne vais rien faire de tel. » Si Igor Ivanov, son ministre des Affaires étrangères, se rendait aux Nations unies, ce ne serait que pour parler des inspections de l'armement, ajouta-t-il. « Ivanov ne cherchera pas à marquer des points dans le domaine de la propagande. »

Ils tombèrent d'accord sur le fait que l'ONU devait être impliquée dans l'Irak de l'après-Saddam. Poutine sonda Bush pour savoir s'il viendrait au sommet prévu à Saint-Pétersbourg, ville natale du président russe, à l'occasion des fêtes du tricentenaire de la cité. « J'espère bien pouvoir m'y rendre », fit Bush, non sans malice.

Lors de la réunion rassemblant tous les hauts responsables ce matin-là, on annonça deux informations officielles : les visites touristiques de la Maison Blanche allaient être interrompues, et des équipes médicales seraient présentes pour gérer le stress.

Dans le Bureau Ovale, Mitch Daniels, le directeur du Budget, déclara au président qu'il faudrait obtenir du Congrès le feu vert pour une rallonge de quelque 73,3 milliards de dollars pour la guerre et le renforcement de la sécurité du territoire.

« Il nous faut une stratégie pour limiter les coûts,

rappela Bush, pour que les projets importants n'en souffrent pas. »

Rice, elle, entra en contact avec son homologue canadien qui lui apprit que, désolé, mais cela se ferait sans eux. Il promit toutefois de veiller à ce que la rhétorique reste discrète, de quoi satisfaire l'opinion publique canadienne sans agressivité ou provocation.

Pour Blair, c'était une journée décisive. Son discours d'une heure au Parlement fut salué comme l'un de ses plus enflammés et efficaces, même par certains de ces principaux détracteurs.

« Face à ce dilemme, avait-il lancé, aucun choix n'est parfait, aucune cause n'est idéale. Mais de cette décision dépend le sort de tant de choses. »

À 13 h 30, Bush appela Blair pour lui dire : « Formidable, votre discours. »

« Maintenant, je sais que j'ai assez de voix pour l'emporter, lui expliqua Blair, parce que mes troupes chargées de battre le rappel ont travaillé toute la nuit. Il ne reste que la question de la marge, mais je suis confiant. »

Ils parlèrent de la nécessité de trouver un moyen de réintégrer la Russie, la France et l'Allemagne.

Dans le nord de l'Irak, l'indicatif familier retentit. « Pistache, ici Jonestown ! » Il annonçait l'arrivée d'un rapport de l'un des Rockstar essentiels, un agent du SSS qui contrôlait une partie des communications utilisées par Saddam quand il se déplaçait d'un palais à l'autre ou ailleurs.

L'agent avait appris que les communications de Saddam utilisaient un certain type de câbles et le panneau de contrôle émettait un bip indiquant où se trouvait le dictateur. Mais le temps que cet emplacement soit relayé au QG de la CIA, il fallait compter entre quarante-cinq minutes et une heure, et Saddam était déjà parti. De manière significative, on obtenait souvent le lendemain une confirmation par imagerie qui montrait le déplacement de véhicules des forces de sécurité.

Au fur et à mesure que Tenet reçut ces rapports, il prit conscience qu'ils n'étaient plus très loin de pouvoir localiser Saddam en temps réel, objectif longtemps considéré comme impossible.

L'agent irakien avait recruté une source Rockstar, un certain Rokan, responsable de la sécurité à Dora Farm, un complexe situé sur le Tigre au sud-est de Bagdad et qui servait à l'épouse de Saddam. Au SSS, Dora Farm portait le nom de code de *Umidza*, « abattoir ». Le 18 mars, Rokan signala à son agent traitant Rockstar que Saddam se trouvait à « l'abattoir ». Tim réclama davantage de détails et de vérification. Il s'avéra que Rokan disposait d'un Thuraya et qu'il pouvait être localisé géographiquement sur l'écran vidéo de Jonestown. Rokan était bel et bien dans le complexe où il disait se trouver.

Rokan déclara qu'il avait intérêt à couper la communication. À Jonestown, la personne de garde hurla : « Tu vas rester au téléphone ! » La conversation prenait un tour houleux. À un moment donné, un des deux frères lui dit : « Sous peine de mort, tu dois nous appeler toutes les deux heures. » Les frères aimaient se considérer comme omnipotents. Qu'un des Rockstar n'appelle ou ne réponde pas, et ils prenaient cela pour un grave affront personnel. Ils ne voulaient pas faire preuve de faiblesse devant Tim et la CIA.

Tim s'efforça de passer au crible ce qu'il avait. C'était très prometteur : une source SSS vérifiée, Rokan — agent de cette dernière — et le recoupement géographique à Dora Farm.

Tim transmit un rapport à Saul établissant la possibilité que Saddam ou sa famille se trouve à Dora Farm, ou s'y rende bientôt. En tout cas, à en juger par les communications et d'autres activités, une visite de haut niveau se préparait. Enfin, il put sentir que la guerre approchait parce que Jim Pavitt, chef de la Direction des opérations clandestines de l'Agence, avait envoyé un message à toutes les stations et les bases : « Dans un avenir très proche, sauf retournement aussi improbable qu'extraordinaire, notre nation va s'embarquer dans une dangereuse mission visant à désarmer l'Irak et chasser Saddam Hussein du pouvoir. »

À 16 h 00, Tenet se rendit à la Maison Blanche pour rencontrer le président et Rice. Il avait tenu Bush informé de l'existence des Rockstar, lui avait dit comment, grâce à eux, la CIA était sur le point de localiser Saddam. Maintenant, précisa-t-il, plusieurs Rockstar donnaient de plus en plus de détails sur la possibilité que Saddam ou sa famille se trouvent à Dora Farm, ou s'y rendent bientôt. C'était plus que tentant, reconnut Tenet, puisque les Rockstar fournissaient de plus en plus de nouvelles informations qui recoupaient les données géographiques et d'autres renseignements.

Jamais Bush n'avait été aussi attentif à un débat ou un vote à l'étranger que celui qui se déroulait ce jour-là au Parlement britannique. « Quel est le décompte ? » avait-il demandé à plusieurs reprises pendant la journée. Enfin, à 17 h 15, 10 h 15 heure de Londres, le parlement vota. Blair l'emporta par 396 voix contre 217. Bien qu'il ait perdu un bon tiers des votes de son propre parti, les conservateurs, eux, avaient voté pour la guerre. Un deuxième vote sur une résolution proposée par le gouvernement avait débouché sur un résultat encore plus net, les dissidents travaillistes étant encore moins nombreux. Manifestement, Blair et son équipe avaient habilement su jouer sur le risque d'une éventuelle défaite, et la victoire n'en fut donc que plus impressionnante.

À 18 h 15, l'ancien secrétaire d'État Henry Kissinger, désormais âgé de 75 ans et ayant quitté ses fonctions un quart de siècle plus tôt, rencontra Rice pour un entretien de quinze minutes. Il passait à Washington, et en profita pour répéter que plus on attendrait, plus les gens douteraient de la volonté de faire la guerre. « On ne peut pas armer son fusil comme vous l'avez fait sans presser la détente », déclara-t-il. Rice ne put qu'acquiescer.

Le prince Bandar était perplexe. La veille, il n'avait pas été prévenu de ce que contiendrait le discours d'ultimatum, ce qui était inquiétant. Bandar avait toujours considéré Bush comme un homme ouvert, qui disait clairement ce qu'il pensait, noir ou blanc, ami ou ennemi, bien ou mal. Les assurances que Bush lui avait données en privé le vendredi précédent l'avaient satisfait : « J'y vais... je suis sérieux... faites-moi confiance... » Satisfaisant, mais pas définitivement. Bandar s'enorgueillissait de pouvoir obtenir des informations solides du sommet de l'État. Il avait vu trop de gens, y compris des présidents américains, changer de cap pour des raisons dont personne ne s'était méfié, ou que personne n'avait vu venir. Tant qu'il ne se passait rien, il ne se passait rien, et même là, Bandar avait encore des doutes. Il demanda à Rice s'il pourrait rencontrer Bush. Il se rendit à la Maison Blanche à 19 heures, et eut un entretien de onze minutes.

« Monsieur le Président, j'espère simplement que

vous n'avez pas changé d'avis, fit Bandar à Bush, maintenant que vous avez lancé l'ultimatum.

— Écoutez, Bandar, répondit le président, je ne peux pas vous en dire plus, mais je vous promets que vous serez le premier [gouvernement étranger] à savoir. Ne vous inquiétez pas, ayez foi en moi, c'est tout, faites-moi confiance. »

Bandar frisait l'hystérie : « Écoutez, je vous fais confiance, mais au nom de Dieu, il est trop tard pour reculer, pour tout le monde ! »

35

Le mercredi 19 mars, Bush commença sa journée de travail à 7 h 40 par une conversation de vingt minutes avec Blair sur la ligne cryptée. Les deux dirigeants avaient le moral au beau fixe. Bush félicita Blair pour le vote au parlement.

« Non seulement vous avez gagné, mais en plus, l'opinion publique a basculé parce que vous restez aux commandes », s'enthousiasma Bush, exprimant sa profonde conviction que les gens et les nations seront toujours prêts à suivre dans le « sillage », comme il l'appelait, des leaders capables de défendre des positions vigoureuses et de définir clairement quels sont leurs objectifs. « C'est pour ça que le vote s'est passé comme ça. Parce que quelqu'un a la volonté de diriger. »

Indirectement, ils abordèrent la possibilité de modifications dans le plan de guerre. Même sur leur ligne cryptée, ils parlaient en code.

« Les gens de mes renseignements, fit le président, m'ont dit que quelqu'un sur place, un des nôtres, avait vu un type qui avait exprimé une opinion contre Saddam se faire arracher la langue, et qu'ils l'ont laissé se vider de son sang en public.

— Mon Dieu, dit Blair, c'est affreux. »

Lors du résumé de situation présenté à Bush ce matin-là, Tenet déclara qu'il aurait bientôt des informations vraiment intéressantes, mais qu'il ne pouvait en dire plus pour l'instant. Il ne voulait pas susciter de faux espoirs le jour où le président devait donner l'ordre de déclencher les opérations. Il n'était pas dans ses habitudes de se montrer aussi vague, mais Bush savait que les Rockstar resserraient les mailles de leur filet sur Saddam.

Card remarqua que Tenet était très agité, presque effervescent. Or, se dit-il, si Tenet était toujours motivé, une telle agitation était inhabituelle. Très inhabituelle. Bush et Card revinrent sur la victoire écrasante de Blair au Parlement, qui n'était pas sans rappeler les votes largement majoritaires qui, au Sénat et à la Chambre des représentants, avaient conféré au président l'autorité pour déclencher les hostilités.

Le président, en réalité, avait déjà l'esprit ailleurs, un étage plus bas, dans la Salle de Situation d'où il donnerait l'ordre d'attaque à Franks et ses troupes. Quelques instants plus tard, retrouvant le Conseil de sécurité nationale dans la Salle de Situation, Bush demanda : « Vous avez un dernier commentaire, une dernière recommandation, une dernière pensée ? »

Ce n'était pas le cas.

Une liaison vidéo sécurisée fut établie avec Franks et neuf de ses responsables d'opération. C'était probablement la première fois qu'un président allait parler directement à tous ses commandants de théâtre à la veille d'une guerre. Franks, qui se trouvait sur la base aérienne de Prince Sultan, en Arabie Saoudite, ouvrit les débats en expliquant que chacun de ses adjoints brieferait le président.

« Vous avez tout ce qu'il vous faut ? » fit Bush au premier, le général [de corps aérien] T. Michael

« Buzz » Moseley, commandant en chef des opérations aériennes à partir de l'Arabie Saoudite. « Pouvez-vous gagner ? »

« Mon système de commandement et de contrôle est prêt, répondit Moseley. J'ai reçu et distribué les règles d'engagement. Je n'ai pas de problèmes. Je suis en place, je suis prêt. » Il veilla toutefois à ne pas promettre directement la victoire. « J'ai tout ce qu'il nous faut pour gagner. »

« Je suis prêt », dit également le général [de corps d'armée] David D. McKiernan, commandant en chef des opérations terrestres de l'armée de terre. « Nous sommes en train de nous déployer sur nos positions avancées pour l'offensive. Notre logistique est en place. Nous avons tout ce qu'il nous faut pour gagner. »

Le vice-amiral Timothy J. Keating déclara qu'il disposait de 90 bâtiments de combat de l'US Navy, auxquels s'ajoutaient 59 unités de la coalition. « Pour nous, tout est au vert. »

Bush réitéra sa question à chacun des autres responsables. Tous répondirent de plus en plus brièvement par l'affirmative.

« Les règles d'engagement, de commandement et de contrôle sont en place. La force est prête à y aller, monsieur le Président », conclut Franks.

Bush avait préparé un petit discours : « Pour la paix dans le monde, pour le bien et la liberté du peuple irakien, je donne l'ordre d'exécuter l'opération Liberté de l'Irak. Que Dieu bénisse nos soldats. » Dès lors, le plan de guerre prévoyait quarante-huit heures d'opérations clandestines. À peu près à la même heure, donc, cette composante invisible de la guerre passerait à une nouvelle étape, à 9 heures du matin, heure de la Côte Est, 17 heures en Irak. Au même moment, la première équipe des forces spéciales franchissait la frontière irako-jordanienne avec pour mission de trouver et de neutraliser les positions de missiles Scud.

« Dieu bénisse l'Amérique, répondit Franks.

— Nous sommes prêts à gagner, dit le président. Il faut gagner. » Il adressa un salut militaire à ses généraux puis, brutalement, se leva avant tous les autres participants. Il avait les larmes aux yeux, comme certains membres de son entourage.

Il quitta rapidement la salle et revint dans le Bureau Ovale seulement suivi de Card, qui lui collait littéralement aux basques.

« Ils sont prêts, déclara-t-il à son chef de cabinet. Ce n'était qu'une procédure de mise en œuvre. »

Puis il sortit faire quelques pas dehors, seul.

Il a gardé cet instant en mémoire : « J'étais ému. Tout en marchant, j'ai prié. J'ai prié pour que nos troupes soient en sécurité, pour qu'elles soient protégées par le Tout-Puissant, pour que les pertes en vies humaines soient réduites. » Il pria pour tous ceux qui allaient prendre des risques pour le pays. « À ce moment-là, j'ai prié pour avoir la force de faire la volonté du Seigneur... Bien sûr, je ne vais pas invoquer Dieu pour justifier cette guerre. Comprenons-nous bien. Malgré tout, en ce qui me concerne, je prie pour être un aussi bon messager que possible de Sa volonté. Et, évidemment, je prie pour être fort et pour qu'il m'accorde Son pardon. »

Après sa promenade, le président passa une série d'appels sécurisés aux dirigeants des pays de la coalition pour leur annoncer en substance : « C'est parti ! »

Karl Rove, Dan Bartlett et Ari Fleischer se trouvaient à côté du Bureau Ovale. Card tenait à ce que, parmi ceux qui étaient au courant, personne n'aille parler ou informer les autres membres de l'Administration. Un véritable verrouillage, reconnaissait-il, mais pour ceux qui étaient dans la confidence, l'adrénaline coulait à flots. Il le voyait chez Bush, il le sentait en lui-même. Rove s'attarda, et le président lui annonça qu'il avait déclenché les opérations.

« Pistache, Pistache, ici Jonestown. » Sur la base de Kalachualan, dans le nord de l'Irak, Tim était en communication. Jonestown venait de recevoir un rapport du Rockstar du SSS qui confirmait les renseignements récoltés sur Dora Farm. À l'aide de son Thuraya, la source affirmait qu'un autre Rockstar travaillant aux communications dans le complexe lui avait signalé un détail important en termes de sécurité. Ils stockaient des vivres et du ravitaillement. Ça ressemblait à une réunion de famille. Tim relaya l'information à Saul, au QG de la CIA.

Saul ne diffusait que très peu des informations fournies par les Rockstar parce qu'elles n'avaient d'importance que pour la planification militaire, laquelle, se disait-il, était bouclée, pour l'essentiel. Il craignait qu'une trop grande diffusion ne compromette son cher réseau. Un peu après 10 h 15, il analysa les dernières images satellites de Bagdad. Et là, que vit-il ? Sous les palmiers de Dora Farm, trente-six foutus véhicules de la sécurité étaient rangés ! Un nombre considérable, beaucoup plus que pour une ou deux personnes. Sajida, l'épouse de Saddam, avait coutume de se rendre sur le complexe, et Saul savait que Saddam y venait aussi parfois.

Vers 10 h 30, Bush rencontra le secrétaire Ridge et le maire de New York, Michael Bloomberg.

« Nous sommes à l'aube de la guerre, leur dit le président, et puisque la ville de New York est une cible potentielle, il est important que nous nous y rendions. » Il loua les efforts de préparation de la ville, mais conseilla au maire de se concentrer sur les principaux objectifs susceptibles d'être visés par les terroristes. « Surveillez les tunnels, les ponts et la communauté juive. »

À 11 h 30, heure de Washington, un deuxième commando des forces spéciales pénétrait en Irak, cette fois depuis l'Arabie Saoudite.

À 13 h 05, dans le salon Roosevelt, Bush s'entretenait avec ses principaux conseillers sur les questions d'énergie. Étaient présents Cheney, Powell, Rice et Card. La discussion portait sur les flux du pétrole international. Quelles perturbations supplémentaires cela pourrait-il provoquer sur le marché ? Le Venezuela, en proie à des troubles politiques, avait d'ores et déjà procédé à une réduction radicale de sa production. Le président devrait-il avoir recours à la réserve stratégique ?

Bob McNally, spécialiste de l'énergie au sein de l'équipe présidentielle, signala que les prix du brut avaient déjà fléchi, passant de 37 à 31 dollars le baril. C'était une bonne nouvelle. Une augmentation rapide des tarifs coûterait cher aux entreprises et aux consommateurs dans tout le pays. Les Saoudiens s'étaient engagés à stabiliser le marché du brut en renforçant leur production et en mettant du brut dans des pétroliers prépositionnés dans les Caraïbes ou faisant route dans cette direction. Si l'on considérait le marché mondial, poursuivit McNally, la surproduction atteignait les 1,5 à 1,9 million de barils par jour. Une situation qui entraînait une chute des prix.

Spence Abraham, le secrétaire à l'Énergie, déclara que les Saoudiens compenseraient toute pénurie de pétrole liée à l'Irak en augmentant leur production à 10,5 millions de barils par jour pendant trente jours.

C'était une promesse presque incroyable. En décembre précédent, les Saoudiens ne fournissaient que 8 millions de barils par jour, et en février un peu moins de 9 millions.

Don Evans, le secrétaire au Commerce, rappela que près des deux tiers des champs pétrolifères irakiens étaient situés à proximité les uns des autres. Les renseignements collectés ne permettaient pas de déterminer combien de puits avaient été minés.

Le président, affichant des compétences techniques glanées du temps de sa carrière dans le secteur pétrolier, expliqua que si les explosifs étaient placés au sommet du puits, l'incendie pouvait être relativement facile à maîtriser. Si, en revanche, l'explosion était provoquée en profondeur dans le forage, il faudrait une éternité pour rétablir la situation. « S'ils font sauter leurs champs de pétrole, il faudra plus d'un mois. S'ils les font vraiment exploser, il faudra des années. »

Un peu après 12 h 30, il était 20 h 30 en Irak, Tim reçut un rapport Rockstar établissant que Rokan avait vraiment vu Saddam, qui avait quitté l'« abattoir » quelque huit heures plus tôt pour assister à des réunions, mais qu'il reviendrait dormir à Dora avec Qoussaï et Oudaï. Il était sûr à 100 % que Saddam « devait » revenir. Dans ce contexte, Tim savait que le « devait » en question signifiait peut-être, mais il lui fallait transmettre ce qu'il venait d'apprendre. Puisqu'il s'agissait de la personnalité qu'ils tenaient absolument à coincer, il se dit qu'il n'avait pas le choix. Il envoya un rapport à Saul précisant que d'après leur agent en place, Rokan avait vu Saddam, qui reviendrait dormir à la ferme. C'était une estimation, mais qui, selon Tim, était sûre à 99 %. Rien ne l'est jamais à 100 %. Toute la situation était floue, mais ils communiquaient par des messages de deux phrases qui ne laissaient pas de place à la nuance.

À 13 heures, près de trente et une unités des forces spéciales entrèrent en Irak par l'ouest et le nord.

« Ils sont sur le terrain, ils y sont », annonça Card au président en aparté.

« C'est normal », répliqua Bush. Tout était presque trop tranquille. Card et lui étaient impatients de savoir si Al Jazira, CNN ou d'autres médias avaient eu vent de ces déplacements. À 13 h 45, le président eut un entretien de vingt minutes avec Aznar.

« Il faut qu'on parle un peu en code », expliqua Bush sur la ligne cryptée. « Les choses sont en train de changer. Ça ne se voit peut-être pas, mais le rythme n'est plus le même. »

À 14 heures, rien n'avait encore transparu dans les médias. Card contacta la Salle de Situation.

« Les Polonais sont entrés en action, apprit-il au président. Ils tiennent la plate-forme. » Une équipe des forces spéciales polonaises avait été déployée très tôt et s'était emparée d'un des objectifs clés, une plate-forme pétrolière dans le sud. Bush eut une rapide conversation avec le président polonais.

« Les Australiens entrent en jeu », fit Card. Un commando australien venait d'intervenir par l'ouest.

À 15 h 06, Bush discuta avec Anders Rasmussen, le Premier ministre danois. Ce dernier expliqua que son Parlement était en train de voter une résolution autorisant le Danemark à engager un sous-marin et une escorte navale dans la guerre.

« Je ne parlerai pas ce soir, lui dit le président, mais sachez que je vous tiendrai informé. »

Tenet, McLaughlin, Saul et d'autres responsables de la CIA avaient débarqué au Pentagone avec le rapport de renseignements de Tim et des photos prises par satellite. Rumsfeld avait suivi la progression du réseau Rockstar et estimait qu'il méritait d'être porté à l'attention du président. Il y avait de grandes chances pour que ces gens soient tout à fait honnêtes. Ils mettaient donc en péril leur propre vie. Mais comme tout renseignement, leurs informations étaient imparfaites. Rumsfeld s'entretint avec Franks, qui considérait que Dora Farm constituait une cible envisageable. Le secrétaire à la Défense demanda au général de veiller à être prêt à frapper le site.

Vers 15 h 15, Rumsfeld appela Card. « Nous avons certains développements, je souhaiterais passer vous en parler. »

Card transmit la requête de Rumsfeld au président, qui téléphona à Rice. « Don Rumsfeld vient d'appeler, lui dit Bush, et il veut venir avec George Tenet. Il dit qu'ils ont un truc très important dont ils veulent nous parler, et il vient. Descendez nous rejoindre. »

Tenet contacta Steve Hadley. « J'arrive, fit celui-ci, énigmatique. Je ne dirai pas un seul mot au téléphone. Je veux le faire avec Don en présence du président. Jusque-là, pas un mot. »

Rumsfeld, McLaughlin, Tenet, Saul et deux autres représentants de la CIA entrèrent dans le Bureau Ovale, puis passèrent dans la salle à manger présidentielle.

« Nous avons deux types proches de Saddam », commença Tenet. Il résuma brièvement les informations dont il disposait sur l'homme de la sécurité à Dora, Rokan, et sur l'autre Rockstar qui se trouvait sur place pour participer aux communications. Il fit circuler des images satellites qui indiquaient l'emplacement du complexe, près de Bagdad, dans une boucle du Tigre. On distinguait plusieurs bâtiments.

« Saddam et ses deux fils étaient là, et s'ils n'y sont plus, ils pourraient revenir. » La CIA était en communication directe avec ses deux sources.

Bush les interrogea à ce sujet. Qui étaient ces hommes ? Étaient-ils vraiment bons ? Saul expliqua que l'une des clés du réseau était un agent du SSS spécialiste des communications qui opérait avec les deux sources oculaires à Dora. Les contacts et les recrues de l'homme du SSS s'étaient avérés très efficaces. « Si on le compare aux sources irakiennes dont nous avons la charge, continua Saul, nous le considérons comme l'un des meilleurs, l'un des plus fiables. » Il avait été l'un des premiers Rockstar à se rendre à la base de Kalachualan. Ils le supervisaient depuis des mois, et bon nombre des renseignements qu'il avait transmis avaient été confirmés, en particulier par le renseignement électronique.

« C'est bien, dit le président, vraiment très bien. »

« En fait, admit Saul, nous ne pourrons jamais être sûrs à 100 % de la fiabilité de l'organisation. » À ce stade, une de leurs sources, Rokan, était en mesure de leur signaler quand Saddam serait là, ou sur le point de revenir. « Pour l'instant, ajouta Saul, nous sommes sûrs à 75 %. »

Il semblait désormais possible de procéder à une frappe destinée à décapiter le régime. Tous soupesaient l'impact éventuel d'une élimination de Saddam et de ses fils. Qui prendrait alors les décisions en Irak ? Tout le monde y était si habitué à recevoir les ordres du plus haut niveau. Dans le scénario idéal, cela pourrait même entraîner un démantèlement du régime et rendrait la guerre superflue. C'était peu probable, mais envisageable.

« Quelles armes utiliseriez-vous ? » s'enquit le président.

Le général Myers, qui avait rejoint la réunion,

parla de missiles de croisière Tomahawk, et proposa une frappe avec un déploiement de 15 à 17 engins.

Bush avait encore des doutes : Où et qui, dans ces bâtiments ? demanda-t-il. Où est-ce que se trouverait Saddam ? Les fils ont-ils des enfants ? Où est l'épouse ? Saddam est-il avec sa femme ? Sommes-nous sûrs que ce n'est pas justement ici qu'il a mis tous les enfants à l'abri ?

Dans le nord de l'Irak, Tim passa une veste par-dessus son long maillot, et enfila ses chaussures boueuses. Tel était le rituel kurde en matière de respectabilité. Si crottés fussent-ils, les frères, là-haut, à Jonestown, porteraient veston et cravate. Il sauta dans son Cherokee et entama l'ascension sur la route traîtresse qui couvrait les 5 km séparant Pistache de la montagne, pour être sur place quand les rapports Rockstar arriveraient. Il neigeait, et il ne se sentait pas à l'aise à bord de la Jeep, mais il écrasa le champignon. À Jonestown régnait un climat d'hystérie. Les frères hurlaient : « Ne raccroche pas ! Reste là, reste en ligne ! Ne raccroche pas ! » Clic. Tim décida que la meilleure solution était encore de hurler à son tour sur les deux frères.

« Le destin de votre nation dépend de vous, beugla-t-il, mais ça se fera sans vous ! Si vous me laissez tomber maintenant, il n'y aura pas de place pour vous à la table des négociations ! »

La source principale émit un rapport concocté à partir de ce que ses deux agents à Dora Farm lui transmettaient : Oudaï et Qoussaï étaient présents sur le complexe, c'était une certitude, et Saddam était attendu vers 2 h 30 ou 3 heures, heure locale. Les sources sur place avaient également fourni des détails sur les bâtiments. En outre, disait le rapport, le complexe comprenait un *manzul*, ce qui pouvait se traduire par « refuge » ou « bunker ». Tim opta pour cette solution. Le rapport donnait quelques détails supplémentaires sur le « bunker », la distance qui le séparait des principaux édifices, son épaisseur, en mètres de béton enfoui sous des mètres de terre. Tim se dépêcha de retransmettre le tout sous forme de message express au QG de la CIA.

Le président avait encore des questions à poser. « Est-ce que ça risque de perturber le plan de Tommy ? » s'inquiéta-t-il. Ils avaient passé plus d'un an à le peaufiner. Quel impact aurait la frappe ? Ne risquait-elle pas de compromettre l'élément de surprise ? Les unités spéciales déjà déployées sur le terrain étaient censées opérer clandestinement. Cela ne risquait-il pas de dévoiler leur présence ?

« Allez demander à Tommy », ordonna-t-il à Rumsfeld.

Le général Myers finit par contacter Franks.

« Que pensez-vous de l'idée de tenter le coup sur cet objectif à Dora Farm ? » fit Myers.

Franks avait méticuleusement passé en revue ces cibles mobiles. Il savait que, la veille, la CIA s'était rapprochée de Saddam, peut-être à Dora Farm. C'était apparemment une cible idéale pour une frappe de missiles de croisière Tomahawk et Franks avait demandé à la Marine de calibrer des missiles sur l'objectif. « Que les gars y travaillent toute la nuit », avait-il déclaré. Avant d'annoncer aux Marines qu'ils ne devraient pas nécessairement tirer. Le délai de quarante-huit heures que le président avait accordé à Saddam et ses fils n'avait pas encore expiré. Franks était franchement opposé à l'idée de procéder à des frappes pendant cette période, et avait conseillé Rumsfeld en ce sens. Car il s'agissait d'une sorte de moment de grâce. Pour des raisons de supériorité morale, Franks refusait de tirer sur quelqu'un qui, si improbable que cela ait pu paraître, était peut-être en train de s'éclipser par la porte de derrière.

« Pouvez-vous le faire dans deux heures ? » demanda alors Myers.

Franks répondit par l'affirmative. Les Tomahawks étaient prêts au lancement.

Un peu après 15 heures — en Irak, il était désormais minuit passé —, le tout dernier rapport Rockstar arriva dans la Salle de Situation et fut immédiatement transmis au Bureau Ovale.

« Ils disent qu'ils sont avec lui en ce moment même ! Ses deux fils sont là ! » annonça Tenet. Les épouses étaient là elles aussi, ainsi que le reste de la famille. Saddam, lui, était attendu vers 2 h 30 ou 3 heures, soit dans moins de deux heures. Il y avait un bunker, et l'un des Rockstar avait réussi à y pénétrer et à en mesurer sommairement les dimensions.

. « Vous pouvez me montrer où se trouve le bunker ? » demanda Hadley à Saul. Ce dernier n'était pas sûr, mais ils consultèrent les photos par satellite et Hadley s'efforça d'en dessiner un croquis. Bientôt, McLaughlin en fit un dessin plus technique.

Powell était le seul responsable absent. Vers 17 h 15, le président s'adressa à Rice : « Il vaudrait mieux que vous appeliez Colin. »

« Colin, on vous attend à la Maison Blanche ! » fit-elle, au téléphone avec Powell, qui se trouvait au département d'État. D'un ton sec, elle ne lui donna aucune explication. Quand le secrétaire d'État arriva quelques minutes plus tard, ils lui résumèrent la situation. Au début, il tenta de s'abstenir de tout commentaire. C'était avant tout un problème militaire. Mais, bien vite, il se retrouva à analyser le pour et le contre : dommages collatéraux, risque de manquer Saddam. « Si nous avons une chance de le neutraliser, ça vaut la peine » finit-il par concéder.

Rumsfeld était fermement en faveur d'une frappe, tandis que Cheney, qui l'approuvait, semblait légèrement en retrait. Pour passer le temps, Bush harcelait son entourage de questions, allant ainsi jusqu'à demander s'ils étaient vraiment sûrs qu'ils étaient en train de voir ce qu'ils pensaient qu'ils étaient en train de voir.

« On ne pourra pas obtenir mieux, lui avoua Tenet. Je ne peux pas vous donner une assurance à 100 %, mais on ne pourra pas obtenir mieux. »

Bush continuait de s'inquiéter pour les femmes et les enfants. C'était peut-être quelque chose dans le style usine de lait pour bébé, dit-il, se remémorant un incident pendant la première guerre du Golfe, quand les Irakiens avaient affirmé que les alliés, pensant frapper un laboratoire d'armes biologiques, avaient bombardé ce qui était en réalité une usine de production de lait pour bébé. « Ils montreraient des femmes et des enfants morts, poursuivit-il, et les premières images qu'on aurait seraient celles de pertes civiles à une échelle relativement grande. » Et si l'Irak s'en servait comme d'une arme de propagande ? fit-il. Cela risquait de susciter de la sympathie pour Saddam. Des bébés, des femmes et des enfants morts, ce serait un cauchemar. De quoi faire démarrer toute l'affaire du mauvais pied.

Rumsfeld et Myers rétorquèrent que, peu importait ce qu'ils toucheraient lors de la première frappe, car la machine de propagande irakienne clamerait de toute façon que les États-Unis avaient tué des femmes et des enfants. Et si besoin était, les Irakiens exécuteraient des femmes et des enfants, puis rejetteraient la faute sur les États-Unis. C'était en effet le revers de la médaille. Mais les autres, Cheney, Rumsfeld, Tenet et même Powell semblaient convaincus par le côté positif de l'opération, qui pouvait constituer un raccourci jusqu'à la victoire.

Le général Myers souleva toutefois un problème grave. S'il y avait un bunker à Dora Farm, comme tous le pensaient désormais, les missiles de croisière ne pourraient pas le perforer. Pour agir en profondeur, il fallait mettre en œuvre des bombes antibunker d'une tonne. On envoya donc Myers parler à Franks.

Pendant quelques instants, le groupe soupesa les inconvénients. Ils avaient promis de défendre Israël, or la défense de l'État hébreu n'était pas encore totalement prête. Que risquaient d'être les autres conséquences ? Et si la frappe servait de prétexte aux Irakiens pour incendier les puits de pétrole ? Et s'ils tiraient des Scuds sur Israël ou l'Arabie Saoudite ? Une attaque prématurée pouvait avoir des conséquences considérables. D'autant plus que le plan d'opérations prévoyait que la campagne aérienne démarrerait dans deux jours.

Vers 17 h 40, Cheney fit une pause et convoqua Libby. Le vice-président lui fit part des derniers développements. « Ces renseignements ont l'air très fiables, mais comme tous les renseignements, il pourrait s'agir de désinformation, expliqua-t-il. On n'a pas assez de temps pour en être définitivement sûrs. »

Libby revint dans le Bureau Ovale avec Cheney. Bush fit le tour des personnes présentes et leur demanda ce qu'elles feraient.

« Moi, je le ferais, monsieur le Président », répondit Card. L'occasion était trop belle pour ne pas la saisir. Rumsfeld, lui aussi, était tout à fait favorable à l'opération. Powell, quant à lui, trouvait que tous ces renseignements étaient diablement précis, et apparemment de bonne qualité, mais qu'il était quelque peu étrange que les sources de la CIA, à l'autre bout des téléphones par satellite, aient pu acquérir autant d'informations.

« Si nous avons une chance de les décapiter, ça en vaut la peine », répéta-t-il.

Rice et Hadley se posaient encore des questions au sujet des sources, mais étaient en faveur d'une frappe.

Myers contacta Franks sur une ligne sécurisée. Est-ce qu'il pouvait envisager d'armer un chasseur furtif de deux bombes antibunker EGBU-27 pour l'opération ?

« Absolument pas, répondit Franks. Les F-117 ne sont pas encore prêts. » Le F-117A Nighthawk, le chasseur-bombardier furtif monoplace, peut emporter deux de ces bombes au maximum de sa capacité. Franks vérifia et apprit que l'Air Force avait suivi l'évolution de la situation et, la veille, avait préparé un F-117. L'escadrille de l'Air Force basée au Qatar avait entendu dire qu'il était possible de larguer ces bombes par deux en toute sécurité, bien que cela n'ait encore jamais été tenté.

Franks demanda quelle chance avait un F-117 de se faufiler en solo et de larguer ses deux bombes ? Bien que furtif et presque invisible au radar, le F-117 serait contraint d'intervenir avant que la défense antiaérienne irakienne, si faible fut-elle, ait été neutralisée. L'appareil serait livré à lui-même. Tout ce que les aviateurs pouvaient dire, c'était que la mission avait 50 % de chances de succès.

« Préparez deux chasseurs-bombardiers », ordonna Franks en calculant que les chances seraient ainsi multipliées par deux. Au Qatar, l'escadrille réussit à charger un deuxième F-117.

Franks prévint le Bureau Ovale que la mission était faisable, mais il devrait recevoir une confirmation définitive vers 19 h 15 pour que les F-117 puissent décoller et pénétrer dans l'espace aérien irakien bien avant l'aube.

Rumsfeld, Myers et les gens de la CIA entraient et sortaient en coup de vent du Bureau Ovale pour trouver des téléphones sécurisés dans l'aile ouest. Card redoutait que l'occasion ne leur échappe. Avaient-ils vraiment compris les renseignements collectés ? Était-il nécessaire de changer d'armes ? Myers tentait de déterminer combien de temps il faudrait pour que les F-117 soient armés, pour qu'ils décollent puis fassent l'aller-retour de Doha à Bagdad. De combien d'avions-citernes disposaient-ils pour ravitailler les furtifs ?

« Où est le soleil ? » demanda quelqu'un. Quand le soleil se lèverait-il en Irak ?

Une autre question fusa. Si le raid était lancé, le président devrait-il apparaître le soir même à la télévision pour annoncer le déclenchement des hostilités, un discours qui n'était prévu que pour le vendredi suivant ?

« Écoutez, fit Cheney, l'opération est en cours. On n'a pas annoncé que les forces spéciales étaient entrées en action. On n'a pas annoncé que les Polonais avaient pris la plate-forme. Ni que les Australiens progressaient vers le barrage. Donc, pas besoin de l'annoncer maintenant. On ne fait une annonce que quand on est prêt à la faire. »

Rumsfeld n'avait l'air qu'à moitié d'accord. « Si quelqu'un doit y aller, ça devrait être moi », dit-il. Mais il ajouta, en montrant Bush : « Ou vous, peut-être. »

Powell évoqua l'effet CNN. Le raid serait vu *instantanément*. Les journalistes logés à l'hôtel Rachid à Bagdad étaient suffisamment proches pour le voir ou l'entendre. Des dizaines de missiles de croisière et des bombes antibunker. La presse n'attendait qu'un signe pour hurler : « Ça commence ! Ça commence ! » Des tirs antiaériens et des traçantes zébreraient le ciel. La guerre débuterait comme ça.

« Si des vies sont en jeu, commenta le président, je dois l'annoncer. »

Cheney lui rappela que des vies étaient d'ores et déjà sur la sellette et que personne n'avait rien annoncé.

« Faut-il que j'attende jusqu'à demain matin ? » reprit le président. Cela laisserait encore douze heures à Franks avant toute déclaration officielle.

Bush convoqua Karen Hughes et Dan Bartlett dans le Bureau Ovale et ordonna à Saul de résumer les informations recueillies. Puis il ajouta qu'il allait probablement devoir donner son feu vert à l'opération.

« Comment on procède ? » demanda-t-il à Hughes et Bartlett. « Je passe à la télévision ? » Devait-il informer l'opinion publique avant, pendant, ou après ? Ou était-ce le rôle du secrétaire à la Défense ? Toutes les têtes se tournèrent vers Hughes. Tous savaient à quel point Bush lui faisait confiance.

« Non, monsieur le Président, c'est à vous de le faire, dit-elle. Le peuple américain ne devrait pas l'apprendre par la presse, ni par qui que ce soit d'autre. Il devrait l'entendre de votre bouche. Et vous devriez lui expliquer pourquoi et comment. » Si des civils, des femmes et des enfants étaient touchés, il faudrait que le président ait une bonne longueur d'avance. Et elle conclut par une de ses réflexions typiques : « On ne peut pas avoir l'air de courir derrière l'actualité. »

Bartlett était de cet avis, mais Cheney émettait encore des réserves. Quelles seraient les implications pour Israël, la Turquie, l'Arabie Saoudite ? Nos défenses étaient-elles prêtes pour Israël ? Nous avions promis à l'État hébreu que nous le défendrions. Le plan de défense de Tommy prévoyait cette défense, mais il n'était pas encore totalement mis en œuvre.

Powell ne pouvait admettre qu'ils se préparent à déclencher une guerre sans commencer par une déclaration présidentielle.

« J'ai promis aux gens que je leur ferais savoir quand la guerre commencerait, assura Bush. La guerre commence ce soir, des vies sont en danger, je dois dire au peuple américain que j'ai engagé les forces américaines dans la guerre. »

Ce qui ne semblait pas faire le bonheur de Cheney.

« C'est à moi de le leur dire, continua Bush, je le ferai. Ça va déclencher la guerre, répéta-t-il. Ne nous racontons pas d'histoires. »

Vers 18 heures, Card appela Gerson.

« C'est prêt ? » s'enquit-il. Il ne restait plus qu'un seul discours à prononcer.

« Il sera prêt d'ici cinq minutes, répondit Gerson.

— Retrouvez-moi devant le Bureau Ovale à 18 h 30 avec plusieurs copies du discours. »

Gerson descendit au Bureau Ovale et s'installa dans une des deux chaises dans le couloir. Card fit bientôt son apparition. « On arrive tout de suite. Attendez », lui dit-il. Il s'empara des copies du discours et laissa Gerson seul à réfléchir. Manifestement, il se passait quelque chose. Quant à savoir quoi, Gerson n'en avait aucune idée. Tenet et son équipe allaient et venaient pour passer des appels sécurisés.

Dans le Bureau Ovale, le président fit une nouvelle fois le tour de l'assistance, demandant si tous les responsables présents étaient d'accord, les acculant presque tous au mur. Ils acquiescèrent. Bush se tourna vers Saul.

« Alors, qu'en pensez-vous ? »

Saul avait le vertige. Jamais encore il n'avait assisté à une discussion de ce niveau. Quant à donner son avis... Il s'inquiétait pour les pilotes des F-117. Ses renseignements allaient désormais mettre directement en danger des vies américaines. Les appareils allaient intervenir sans contre-mesures électroniques, sans escorte de chasseurs ni suppression des défenses antiaériennes irakiennes.

« Je suis désolé que vous soyez contraint de prendre cette décision si difficile, déclara-t-il au président. J'en suis vraiment désolé.

— Ne vous en faites pas, lui affirma Bush, c'est mon boulot. C'est moi qui prendrai la décision.

— Alors, monsieur, répondit Saul, je vous dirais d'y aller. »

Le président expulsa tout le monde du Bureau Ovale à l'exception de Cheney.

« Dick, qu'en pensez-vous ?

— Jamais nous n'avons eu de renseignements aussi précis sur la localisation de Saddam, répliqua Cheney. Si on le tue, on pourra sauver de nombreuses vies et raccourcir la guerre. Et même si on ne le tue pas, on va sacrement secouer sa cage, peut-être même perturber sa chaîne de commandement. Rien que ça, ça en vaut la peine. » Il était maintenant sûr de lui. « Je pense qu'il faut tenter le coup. »

Les autres revinrent. Enfin, à 19 h 12, le président lâcha : « Allons-y. » Il restait trois minutes avant que le délai de Franks ne soit écoulé.

Powell remarqua intérieurement que rien n'avait pu se décider véritablement tant que le président n'avait pas discuté seul à seul avec Cheney. Myers décrocha la ligne sécurisée et informa Franks.

Rumsfeld surgit et lança à Gerson : « J'étais en train de massacrer votre discours. »

Le président l'appela : « Entrez, Gerson. »

Hughes et Bartlett étaient là.

« On va les descendre, expliqua Bush.

— Je ne comprends pas, fit Gerson.

— Nos renseignements sont bons », répondit Bush, précisant que leurs informations leur permettaient de tenter d'éliminer Saddam et ses fils.

« Espérons qu'on ne se trompe pas », ajouta-t-il, ému.

Le « massacre » du discours par Rumsfeld était simple. Il voulait que le président déclare qu'il s'agissait de « l'étape préliminaire » des opérations militaires, et faisait une fois encore référence dans le deuxième paragraphe au « prélude » à la guerre.

« Je veux vous voir à la résidence dès que vous serez prêts », dit Bush à Gerson et à Hughes, réclamant que les corrections soient intégrées.

Tous les deux montèrent dans le bureau de Gerson au deuxième étage et ne prirent que quelques minutes pour intégrer les modifications. Gerson était satisfait qu'ils puissent remettre une ligne qui avait été supprimée du discours de l'ultimatum du lundi précédent. Faisant référence à Saddam et à ses prétendues armes de destruction massive, le texte disait maintenant : « Nous faisons aujourd'hui face à cette menace, avec notre armée de terre et de l'air, notre Marine, nos garde-côtes et nos Marines, afin que nous n'ayons pas à la confronter dans nos rues et nos villes avec des armées de pompiers, de policiers et de médecins. » Pour Gerson, c'était la façon la plus marquante de faire clairement allusion au risque d'un nouveau 11 septembre.

Rumsfeld lut le discours mot par mot à Franks sur une ligne cryptée pour vérifier que le général n'avait ni objections ni suggestions. Il n'en avait pas.

À 19 h 30, Rice appela brièvement Benjamin Netanyahou, le ministre israélien des Finances, pour lui parler d'autre chose. Il lui dit qu'il était déjà au courant pour la guerre, et souhaita qu'elle soit rapide et « sans trop de pertes ». Puis elle réveilla Manning, son homologue britannique.

« David, il y a un petit changement de programme. Je suis désolée, mais je crois que vous feriez mieux de réveiller le Premier ministre pour lui dire. »

Bush se rendit à la résidence. Card s'assit avec lui dans le salon Jaune. « Vous êtes bien installé ? lui demanda le chef du cabinet présidentiel. Êtes-vous prêt à faire votre discours ? » Il tenait à ce qu'une distinction soit faite entre les deux : la décision de prendre Saddam pour cible et le discours.

« Oui », répondit le président, il était prêt sur les deux tableaux. Il avait déjà interrogé toute son équipe, dont Card, pour savoir si, à sa place, ils le feraient et tous avaient dit oui. Pourtant, il redemanda :

« Vous le feriez, vous ?

— Oui, fit Card, c'est ce qu'il faut faire. Absolument. Il ne faut pas rater cette occasion. »

« Depuis quand les F-117 sont partis ? s'inquiéta le président. Quand est-ce qu'ils vont arriver ? »

Les appareils se trouvaient déjà dans l'espace aérien irakien, assurait le dernier rapport. Qui serait effectivement le dernier avant les frappes, puisque les pilotes volaient désormais en silence radio.

Hughes, Bartlett et Gerson rejoignirent la résidence. Ne sachant pas si le président souhaitait les voir ou s'ils devaient se contenter de lui transmettre le discours, ils demandèrent à l'huissier de s'en enquérir. Si Bush était en train de dîner, ils ne voulaient pas le déranger. L'huissier revint bientôt et les escorta jusqu'à la salle des Traités, le bureau privé de Bush. Gerson trouva que Bush avait l'air abattu et un peu pâle. Pour la première fois, il lui donna l'impression de ployer sous le fardeau de la situation. Le président prit le discours et commença à le lire à voix haute :

« Mes chers concitoyens, *en ce moment même*...

« Les forces américaines et de la coalition ont entamé l'étape préliminaire des opérations militaires visant à désarmer l'Irak, libérer son peuple et défendre le monde d'un grave danger. »

Il lut les dix paragraphes et déclara que le discours lui convenait. Il n'avait aucun changement à apporter. Il les raccompagna à l'ascenseur. Doucement, comme pour se rassurer, il leur répéta : « Nos renseignements sont bons. »

Rice contacta le prince Bandar. « Je peux vous voir à 19 h 45 ? fit-elle.

— Condi, lui dit Bandar, il faut que nous arrêtions de nous voir comme ça, maintenant. Les gens vont jaser. »

Habituellement, toute rencontre annoncée après 18 h 30 était en quelque sorte codée, et signifiait que Bandar allait s'entretenir avec le président. 19 h 45 était une heure vraiment tardive, puisque Bush se couchait la plupart du temps vers 21 heures. Bandar avait réservé tout un petit restaurant arabe à Georgetown ce soir-là pour dîner avec son épouse, sa famille et des amis. Il prévint sa femme de ne pas l'attendre. En arrivant à l'accueil de l'aile ouest, il remarqua la présence d'un photographe. Bizarre. Quand enfin on le fit entrer, à 20 h 38, Rice vint vers lui, et là, il y eut un flash !

Bandar sursauta.

« J'espère qu'il travaille pour vous.

— Oui, oui, ne vous en faites pas. »

Ils allaient s'asseoir quand le photographe prit un nouveau cliché, puis un troisième quand ils furent effectivement assis. « Le président m'a..., commença Rice.

— ... demandé de vous dire, l'interrompit Bandar en terminant sa phrase, que nous sommes en guerre. »

C'était une évidence, l'ultimatum avait expiré. Et puis, il y avait ce photographe. « Depuis deux ans, nous nous rencontrons dans ce bureau, et je n'y avais encore jamais vu de photographe. Or je ne suis pas en train de prendre ma retraite. Ni vous non plus. Donc, ce ne sont pas des photos d'adieu. Vous en avez parlé à quelqu'un d'autre d'étranger à part moi ?

— Non, dit Rice, mais les Israéliens sont déjà au courant.

— Alors, cette photo compte beaucoup pour moi, déclara Bandar. Je suis officiellement le premier étranger à savoir.

— Vers 21 heures, l'enfer se déchaînera, dit Rice. Et votre ami, le président, a tenu à ce que vous en soyez immédiatement informé.

— Dites-lui que la prochaine fois que je le verrai... » commença Bandar. Mais ses vingt ans passés à Washington lui avaient appris à se méfier. « La prochaine fois que je le verrai, *si* la guerre a commencé, je me serai rasé. » Ils rirent.

Cette légèreté fut de courte durée. Bandar pouvait presque sentir la tension ambiante. Rice, d'ordinaire directe et enjouée, arborait une expression qui semblait presque dire : Retenez votre souffle, c'est parti, personne ne sait ce qui va se passer dans les quarante-cinq prochaines minutes, comment le monde va changer, en bien ou en mal.

« Où est le président, en ce moment ? demanda Bandar.

— En ce moment, il dîne avec la première dame, puis il a décidé qu'il préférait qu'on le laisse seul.

— Dites-lui qu'il sera dans nos prières et dans nos cœurs, fit Bandar. Que Dieu nous vienne en aide. »

Le téléphone de Rice sonna à 20 h 29.

« Oui, oui, monsieur le Président, dit-elle. Non, je lui ai dit... Il est là... Oui, il est là avec moi. Je lui ai dit. Eh bien, il dit qu'il va prier pour vous. »

« Il vous remercie, ajouta Rice à l'adresse du Saoudien après avoir raccroché. Continuez de prier. »

Bandar a toujours bénéficié d'un accès privilégié au président des États-Unis. Il calcula donc que si Bush lui avait dit : « Passez me voir », ou s'il s'était contenté de bavarder avec lui au téléphone, cela aurait pu impliquer que le moment n'était peut-être pas aussi important qu'il le pensait. Bush avait-il pris toute la mesure de la situation ? Peu importait qui avait fait quoi à qui. Bush était responsable, que l'affaire tourne au massacre, à la défaite, à l'humiliation, ou aboutisse à la victoire. Seul celui qui prenait la décision était en mesure d'en parler. Bandar préféra se retirer. Il lui sembla qu'il y avait un bon millier de kilomètres entre l'aile ouest et sa voiture qui attendait à l'extérieur. L'air frais lui gifla le visage et il se mit soudain à transpirer. Il frissonna.

Tout était si différent de la guerre de Golfe de 1991. Cette fois, ils avaient fait comprendre à Saddam que c'était lui qu'ils voulaient abattre. Selon les règles d'un combat à mort, Bandar se dit que si Saddam avait un tant soit peu de nerf, armes chimiques et biologiques commenceraient à voler dans tous les sens d'ici une heure, sur Israël, la Jordanie, l'Arabie Saoudite, tout le monde. Il les utiliserait, c'était certain. Il se sentait totalement noué. D'un côté, il était ravi que la carrière de ce salopard touche à sa fin, mais de l'autre, il éprouvait la sensation que l'histoire allait leur échapper, se transformer en une chose qu'ils ne pouvaient ni imaginer ni prévoir. Il monta dans sa voiture et dit à son chauffeur de le ramener chez lui, tout en distribuant des ordres à tout va au téléphone.

« Que tous ceux qui sont au restaurant rentrent à la maison. Tous ceux qui sont à la maison, n'en bougez pas. Ceux qui sont sur la route, demi-tour, appelez la maison, on se retrouve là-bas. »

Il avait devisé d'un code pour alerter le prince héritier Abdallah s'il était prévenu parmi les premiers. Le code faisait référence à la Roda, une oasis à l'extérieur de Riyad.

« La météo annonce de fortes pluies sur la Roda pour ce soir », dit-il depuis sa voiture au prince, qui se trouvait en Arabie Saoudite.

« Oh, je vois, répondit Abdallah. Je vois. Vous êtes sûr ?

— Tout à fait sûr », rétorqua-t-il, ajoutant que les Américains avaient tous les moyens, des satellites et le reste, de prédire le temps qu'il ferait.

« Redites-le-moi. »

Bandar répéta son message.

Le prince héritier prit une profonde inspiration. « Que Dieu décide de ce qui est bon pour nous tous. » Puis, à voix haute : « Savez-vous à quelle heure l'orage va frapper ?

— Monsieur », répliqua Bandar, risquant ainsi de compromettre toutes les mesures de sécurité opéra-

tionnelle si jamais une ambassade étrangère ou quelqu'un d'autre en ayant les capacités les écoutaient,
« je ne sais pas, mais regardez la télévision. »

« La journée avait été très longue », se souviendra le président par la suite. « Je monte, mais impossible de dormir. Parce qu'il me reste encore à peu
près une heure et demie, maintenant. » Il ne voulait
pas parler tant que les chasseurs-bombardiers
n'avaient pas décroché de leur cible. « J'essayais de
faire un somme. » Une fois encore, il appela Rice.

Pas de nouvelles.

Il tenta de dormir, de lire, de trouver de quoi
s'occuper, en vain. Donc, il rappela Rice.

« Monsieur le Président, nous venons de recevoir
un rapport de la personne qui se trouve sur place.
Un convoi vient d'arriver sur le complexe.

— Est-ce que ce convoi est plein de gosses ? »
demanda Bush. Il prit conscience du fait qu'il était
désormais impossible de faire marche arrière. Les
avions frapperaient les premiers, immédiatement
suivis de 36 missiles de croisière. Ils avaient doublé
le nombre de Tomahawks pour la frappe. Les missiles, lancés sur Dora Farm près d'une heure plus tôt,
n'étaient pas équipés de mécanismes d'autodestruc-
tion. Par conséquent, ils atteindraient leur cible quoi
qu'il advienne.

« Non, le rassura Rice. Il pense que c'est le genre
de convoi qui pourrait escorter Saddam Hussein. »

Une heure plus tard environ, le président redes-
cendit dans le Bureau Ovale et relut son discours.
Gerson fut heureux de constater que son expression
était maintenant résolue. Après l'avoir vu si accablé,
la transformation était impressionnante. Une fois sa
relecture bouclée, Bush se rendit dans l'étude qui
jouxtait le Bureau Ovale.

Fleischer attendait. Il savait que cette réunion, exceptionnellement longue, voulait dire que quelque chose se tramait. Surtout avec toutes les allées et venues des principaux responsables, sans compter l'apparition de quelques visages peu familiers. Jamais il n'avait vu autant de téléphones dans la Salle de Situation. Il fallait se montrer prudent. Normalement, à la fin de la journée, il devrait refermer le couvercle. Autrement dit, il annoncerait aux correspondants des médias à la Maison Blanche qu'il n'y aurait plus d'informations ce soir.

Enfin, Card invita Fleischer dans son bureau. « Ça commence ce soir, lui dit-il. Nous n'en sommes qu'à la phase préliminaire. Nous avons une cible d'opportunité, et nous avons envoyé un avion furtif pour la traiter.

— Est-ce qu'on a aussi envoyé autre chose ?

— Je vous ai dit tout ce que vous aviez à savoir », répliqua Card. La frappe porterait sur le sud de Bagdad. On ne tarderait pas à entendre les batteries anti-aériennes irakiennes.

Rice, Card, Bartlett et Fleischer se rassemblèrent autour de la télévision dans le bureau de la conseillère. À 21 h 30, des dépêches annonçaient que les sirènes avaient été entendues à Bagdad. Puis les tirs de DCA commencèrent.

« Allez-y », fit Rice à Fleischer.

À 21 h 45, il était sur l'estrade : « La phase préliminaire du désarmement du régime irakien a commencé. Le président s'adressera à la nation à 22 h 15. »

Myers apprit à Hadley que les F-117 avaient réussi à larguer leurs bombes, mais les pilotes étaient toujours en territoire hostile. Hadley rejoignit le président, en cours de maquillage dans l'étude du Bureau Ovale, et lui transmit le rapport, ainsi qu'à Rice.

« Prions pour les pilotes », fit Bush.

À 22 h 16, le président apparut sur les écrans de télévision, sur fond de drapeaux et de photos de famille. Il déclara que « l'étape préliminaire » de la campagne militaire contre Saddam avait commencé, sans donner de détails. « Plus de trente-cinq pays nous apportent un soutien crucial, annonça-t-il. Une campagne sur le terrain difficile d'un pays aussi grand que la Californie pourrait durer plus longtemps et être plus difficile que ce que d'aucuns prédisent. » C'était une heure de « grand danger » et de « péril ».

« Nos forces rentreront au pays dès que leur travail sera accompli, continua-t-il. Cette campagne ne s'accommodera pas de demi-mesures. »

Quand il eut terminé, il demanda à Rice ce qu'elle avait pensé du discours. « Un de vos meilleurs », lui dit-elle.

Hadley appela Myers qui, vers 23 heures, signala que les pilotes étaient en approche après avoir quitté l'espace aérien hostile. Rice prévint le président.

« Les pilotes sont hors de danger. »

« Eh bien, Dieu soit loué. »

Il était à peine 8 heures du matin dans le nord de l'Irak, minuit à Washington. Tim émit un rapport reprenant les informations communiquées par le principal agent Rockstar. D'après lui, Saddam et ses deux fils se trouvaient à Dora Farm quand les bombes et les missiles étaient tombés, mais il n'en savait pas plus, Tim ne tenait pas à envoyer d'autre message avant d'être à peu près sûr qu'ils avaient eu Saddam. Vers midi, l'aube ne s'était pas encore levée à Washington, il transmit un autre message. Une fois encore, il devait se contenter de relayer les renseignements fournis par les Rockstar. Il n'était sûr de rien, car les Rockstar, occupés à évacuer le site, ne lui transmettaient que des bribes d'information. Leur source, Rokan, avait été tuée par un missile de croisière. Un des fils de Saddam, sans que l'on sache exactement lequel, s'était rué dehors en hurlant : « On nous a trahis ! » et avait tiré une balle dans le genou d'un autre Rockstar. Le deuxième fils avait surgi des décombres, couvert de sang, désorienté, mais personne ne pouvait dire si c'était son propre sang ou celui de quelqu'un d'autre. À en croire un témoin oculaire Rockstar, Saddam avait été blessé, et il avait fallu l'extirper des ruines. Il était bleu. Gris. Sous oxygène. On venait de le mettre sur une civière, de l'embarquer dans une ambulance, qui était restée sur place pendant trente minutes avant de quitter le complexe en empruntant un pont.

Vers 4 h 30, Tenet appela la Salle de Situation et lança à l'officier de permanence : « Dites au président qu'on l'a eu, ce fils de pute. »

Ils ne réveillèrent pas le président. Le temps que Bush arrive au Bureau Ovale vers 6 h 30, le jeudi 20 mars, et ils n'étaient déjà plus aussi sûrs d'eux. Apparemment, Saddam s'en était tiré.

À 11 heures, Bush téléphona à Blair.

« Merci d'avoir compris que parfois, les plans changent, lui dit Bush. Je pense que quand les militaires proposent une solution qu'ils recommandent sérieusement, tout le monde doit s'adapter aux changements de plan. C'est ce qui s'est passé. »

Blair était d'humeur volubile. Il avait entraîné dans la guerre son pays qui y répugnait pourtant, et dans l'immédiat, les perspectives s'annonçaient tout à fait bonnes. « D'une certaine façon, je pense que les décisions que nous prendrons dans les prochaines semaines décideront du reste du monde pour les années à venir, fit Blair. En tant que principaux acteurs, nous avons la possibilité d'influer sur les questions dont on débat aujourd'hui. Nous bénéficierons tous deux d'un capital immense, et beaucoup de gens nous suivront. »

ÉPILOGUE

Le 20 mars, premier jour plein de la guerre, le général Franks annonça que les forces spéciales contrôlaient partiellement l'immense région du désert occidental, 25 % du territoire irakien, ce qui leur permettait de prévenir tout tir de missile Scud, ainsi que les champs pétrolifères du sud. Au total, 241 516 membres des forces armées américaines étaient déployés sur zone, ainsi que quelque 41 000 Britanniques, 2 000 Australiens et 200 Polonais. Les unités terrestres des États-Unis et de la coalition rassemblaient 183 000 hommes, pour l'essentiel positionnés de façon à entrer en Irak à partir du Koweït, prêts à parcourir les 400 km qui les séparaient de Bagdad.

Au cours des quelque seize mois qu'avait duré la préparation du plan d'attaque, Franks n'avait cessé de rogner sur la longueur des opérations aériennes qui précéderaient la mise en branle de la composante terrestre. À l'origine, le plan Hybride prévoyait seize jours de frappes avant l'invasion, se fondant sur le principe classique que la supériorité aérienne américaine ramollirait ou détruirait autant d'unités ennemies que possible avant un assaut au sol. Franks avait ensuite grignoté cette phase uniquement aérienne pour la réduire à cinq jours, et enfin au plan actuel. Ce dernier nécessitait seulement neuf heures de bombardements et de frappes de missiles dans le cadre d'une campagne dite de « choc et stupeur », déclenchée le vendredi 21 mars à 13 heures, heure de Washington. À 22 heures, le même jour, la première grande offensive terrestre devait débuter.

Tout cela était possible parce que Franks disposait de renseignements fiables sur le déploiement des formations tactiques irakiennes. La reconnaissance par satellite et aérienne, les interceptions de communications et le renseignement humain provenant de sources de la CIA comme les Rockstar avaient montré aux militaires que Saddam n'avait pas positionné ses forces de manière à contrer une opération au sol. Cela pouvait paraître incroyable, compte tenu du fait que la montée en puissance des forces terrestres alliées avait été plus qu'ostensible. Malgré tout, Franks s'était aperçu qu'il était encore envisageable d'intervenir avec un certain degré de surprise tactique.

Deux autres facteurs entraient en jeu. Franks avait appris que Saddam avait déplacé quelques obusiers et chars dans les champs de pétrole. Pour les États-Unis, la sécurisation de ces champs était un impératif stratégique. Ensuite, le président avait d'ores et déjà déclenché la partie visible de la guerre avec la frappe sur Dora Farm.

Franks proposa donc une ultime modification, encore plus radicale. Il s'agissait d'avancer le lancement des opérations terrestres de vingt-quatre heures, soit avant la guerre aérienne. Il était prêt à déclencher l'offensive au sol le jeudi 20 mars à 22 heures, au moment où le soleil se levait en Irak. « Un peu comme si j'avais eu une vision, j'avais placé mes forces terrestres en alerte sur vingt-quatre heures pour qu'elles soient prêtes à intervenir les premières », dira-t-il par la suite. Comme prévu, la campagne aérienne commencerait le vendredi à 13 heures, quand la nuit serait tombée sur Bagdad.

Rumsfeld approuva. Il avait longtemps insisté pour que les phases aérienne et terrestre de la campagne soient presque simultanées. Le président en fut informé, mais à ses yeux, il s'agissait d'une décision tactique qui était du ressort du secrétaire à la Défense et de Franks, et non du sien.

Wolfowitz était ravi. Il pensait que cette option permettrait de faire mentir l'image d'une Amérique faisant la guerre au Moyen-Orient par le biais de bombardements massifs, avec leurs dommages collatéraux inévitables, afin de faciliter la tâche des troupes au sol. « Pourquoi, raisonnait-il, commencer par une horrible campagne aérienne quand on peut obtenir un succès stratégique ? »

À 17 heures le jeudi, Cheney et Libby retrouvèrent Bush à la résidence. Rice et Card étaient déjà là. Rumsfeld, par haut-parleur, présenta un résumé enthousiaste du plan. Cheney glissa qu'il était essentiel que les États-Unis paraissent forts en ce moment, et rappela une discussion qu'il avait eue avec Libby sur l'importance de remporter une victoire décisive. La Première Guerre mondiale, continua-t-il, s'était terminée par un armistice, laissant à certains Allemands le sentiment qu'ils n'avaient pas été battus. Dans cette guerre, ils devaient absolument veiller à ce que leur victoire soit sans ambiguïté.

Le vendredi 21 mars, à 6 heures du matin, heure d'Irak, la 1re division des Marines franchit la frontière irako-koweïtienne, suivie de près par la 3e division d'infanterie. L'offensive terrestre s'enfonça de près de 100 km en territoire, ne se heurtant qu'à une résistance sporadique. Les premières pertes furent dues à un accident d'hélicoptère qui causa la mort de quatre Américains et huit Britanniques.

Ce jour-là, le président n'avait aucune décision importante à prendre. Il passa le plus clair de son temps à écouter des rapports et à s'entretenir avec les dirigeants de la coalition. Il déclara à Blair : « Je dirais que nous tenons 40 % du pays et 85 % des champs de pétrole, et c'est une réussite incroyable pour le premier jour. » En conversant avec Aznar, Bush raconta comment il avait donné l'ordre de déclencher les hostilités lors d'une vidéoconférence avec Franks et ses principaux officiers deux jours plus tôt.

« Dans des moments comme ça, n'imaginez pas que vous êtes seul », le rassura le Premier ministre espagnol. « Vous savez que nous sommes nombreux à vous soutenir.

— Je le comprends parfaitement, répondit Bush.

— Chaque fois que vous y pensez, n'oubliez pas que nous sommes avec vous. Il y aura toujours une moustache près de vous », fit Aznar, lui-même moustachu.

Le samedi 22 mars, Franks fit part au président et à son conseil de guerre réuni à Camp David de l'évolution de la situation par vidéoconférence. Il annonça que la colonne d'avant-garde de la 3e division d'infanterie avait progressé de 240 km en territoire irakien. Plus tard, appelant Blair, le président lui décrivit la scène : « Tout dans l'attitude de Tommy et de tous les commandants est franchement positif. Ils sont satisfaits de la progression, satisfaits qu'aucune ADM ne nous ait été tirée dessus, et on les cherche, et on va les trouver. » Il y avait eu quelques défections dans les rangs irakiens, mais pas encore de reddition en masse, poursuivit Bush. Les

États-Unis n'avaient pour l'instant pas fait beaucoup de prisonniers.

« Des milliers se contentent d'enlever leurs uniformes et de rentrer chez eux.

— Oui, ils fondent littéralement, acquiesça Blair.

— Absolument, ils fondent », répéta Bush.

Dans son gigantesque QG dernier cri de Doha, au Qatar, le général Franks surveillait l'évolution sur le champ de bataille sur un écran plasma géant qui donnait une représentation visuelle en temps réel à la fois des forces ennemies, en rouge, et de ses propres forces, en bleu. Les indicateurs bleus donnaient la position détaillée des petites, moyennes et grandes unités de la coalition.

Au bout de plusieurs jours de guerre, alors que ses forces convergeaient vers Bagdad, tous les indicateurs bleus donnèrent soudain l'impression de fusionner en une sorte d'énorme masse bleue. Une concentration massive d'unités. Pour Franks, c'était une cible idéale pour une attaque biologique ou chimique irakienne.

« On a un putain de désastre qui se prépare, rugit-il. Réglez-moi ça ou je relève tout le monde de son commandement ! »

Une attaque à l'aide d'armes de destruction massive aurait été ce que Franks définissait comme un « élément de disruption stratégique », susceptible de mettre un coup d'arrêt à sa marche sur la capitale. « Il faut disperser cette putain de formation aussi vite que possible, parce que nous présentons une cible d'opportunité à l'ennemi vraiment au mauvais moment. » Un hélicoptère de l'aviation irakienne, squelettique, mais équipé de quelques litres de produits chimiques ou d'agents biologiques suffirait à les stopper net. « Clouez-moi tout de suite au sol tous les avions et tous les hélicoptères ! » ordonna-t-il.

Quand il s'aperçut que les forces bleues n'étaient en réalité pas aussi proches les unes des autres sur le terrain que ce que montrait l'écran plasma, il se calma aussitôt.

Le matin du lundi 24 mars, Poutine appela Bush. « Ça va être affreusement difficile pour vous, fit le président russe. Je suis désolé pour vous. Désolé.

— Pourquoi ? demanda Bush.

— Parce que les souffrances humaines vont être terribles, expliqua Poutine.

— Non, rétorqua Bush, nous avons un bon plan. Mais merci de vous en inquiéter. »

Tout en discutant, Bush comprit que Poutine, engagé dans une guerre sanglante avec les rebelles tchétchènes, s'inquiétait du coût personnel de la guerre pour le président américain.

« Eh bien, merci d'avoir appelé, fit Bush. C'est vraiment très gentil de votre part. »

Par la suite, Bush se souviendra de cet appel : « C'était vraiment sincère. Ça n'était pas pour me dire : "Je vous avais prévenu." C'était un appel amical. J'ai vraiment apprécié. » Et d'ajouter : « C'est le seul appel de ce genre que j'ai reçu, d'ailleurs. »

Rice, elle, ne put s'empêcher d'être interloquée par la démarche. Un ou deux jours plus tard, elle transmit au président un article rédigé par un ancien général russe qui connaissait Bagdad et qui écrivait que, bien sûr, Bush gagnerait la guerre, mais que pour y parvenir, il serait obligé de raser la capitale irakienne sous les bombes.

Certains ne comprenaient pas que les États-Unis avaient trouvé un moyen de faire la guerre qui épargnait autant que possible les civils, évitait les dommages collatéraux et visait les dirigeants et leurs moyens de se battre et de se maintenir au pouvoir. Ce qui, reconnaîtra Bush plus tard, l'avait alors profondément troublé. Les guerres d'annihilation, les bombardements tapis et les villes incendiées au napalm, tout cela appartenait au passé, estimait-il.

Au fil de la semaine suivante, les forces américaines et britanniques se heurtèrent à des poches de résistance d'éléments non conventionnels comme les fedayin de Saddam, commandés par son fils, Oudaï. Le mauvais temps et les tempêtes de sable contribuaient également à freiner la progression. Des généraux, comme le général William S. Wallace, commandant en chef des forces terrestres américaines, laissèrent entendre que la guerre pourrait être plus longue que prévu, qu'elle pourrait même durer des mois. Pour Bush et son équipe, ce fut une période sombre. L'armée s'enlisait, des dizaines d'Américains avaient été tués, quelques-uns faits prisonniers, et la couverture dans les médias était négative.

Rencontrant des anciens combattants dans le salon Roosevelt le vendredi 28 mars, le président déclara : « Je ne fais pas attention à la presse. On dirait... je ne sais pas quoi. Mes informations, je les obtiens de Tommy Franks », fit-il encore. « Ce qui compte, c'est de gagner la paix. Je ne m'attends pas à du Thomas Jefferson, mais je crois que les gens seront libres. »

Le lendemain, lors de la réunion du Conseil de sécurité nationale, Bush revint sur le sujet. « Une seule chose compte : la victoire. Il y a beaucoup de spéculations sur l'après-Saddam. Notre boulot, c'est de parler au peuple américain, de lui dire à quel point nous sommes fiers de nos soldats ; de dire au monde que nous accomplirons cette mission ; de dire merci à nos alliés européens pour leur aide ; et au peuple irakien, que nous venons pour libérer tout le pays. » Il ajouta : « Ne faites pas attention aux hésitants, ni à ceux qui jouent aux devinettes. Soyez au-dessus de ça, ayez confiance, n'oubliez pas votre électoral. »

« On ne peut pas laisser la presse nous demander de commenter le moindre développement sur le terrain, renchérit Powell. Restons concentrés sur l'essentiel. »

« Peu importe le respect des horaires, répéta Bush. Ce qui compte, c'est la victoire. »

Le mercredi 2 avril, Rumsfeld signala au Conseil de sécurité nationale : « Nous avons 116 000 hommes en Irak, 310 000 sur le théâtre. » Ce jour-là, quelque 55 % des bombardements frapperaient trois divisions d'élite de la Garde républicaine, unités combattantes fidèles à Saddam. Déjà, la moitié de l'arsenal de Tomahawks avait été épuisée. Les éléments de tête de la 3e division d'infanterie se trouvaient à environ 15 km de Bagdad, et des forces américaines avaient ouvert un second front modeste dans le nord du pays avec des parachutistes. Le Commandement Centre annonça au président que deux divisions de la Garde républicaine étaient désormais considérées comme inaptes au combat.

Bush put s'entretenir de nouveau avec Aznar. « Nous sommes en train de perdre cette guerre dans le domaine de la propagande », fit-il. L'Irak utilisait des camions pour continuer de diffuser les émissions de la télévision d'État. Toutefois, Bush expliqua au Premier ministre espagnol que les véhicules étaient systématiquement traqués et détruits. Le président jouait quant à lui le rôle d'officier chargé du moral des dirigeants de la planète et raconta à Aznar une conversation récente qu'il avait eue avec Franks. « Je

lui ai dit, Tommy, vous avez tout ce qu'il vous faut ?
Et il m'a dit : "Oui, monsieur le Président". Alors, je
lui dis : "Comment vous vous sentez ?" Il m'a dit
qu'on était sur le chemin de la victoire. Tommy, je le
connais très bien. On vient de la même région du
Texas. Je sais quand il me dit la vérité et quand il
essaye de m'embrouiller à la texane. Là, il disait la
vérité. »

Bush rassura ensuite l'Australien John Howard, lui
rapportant qu'après une semaine difficile dans les
médias, les choses semblaient s'améliorer. « Je crois
que ces temps-ci, tout le monde marche d'un pas plus
léger. Cette opération ressemble à un graphique en
courbe. Au départ, il y a eu l'euphorie, puis le doute,
et maintenant, on se remet au travail. C'est un
schéma prévisible, mais en ce moment, on est au
sommet de la vague. Si je devais décrire la situation
psychologique en Irak, je dirais que Saddam étrangle
toujours son peuple, mais qu'il ne lui reste que deux
doigts et que nous allons le forcer à lâcher prise.

« Dans chacun de mes discours, continua-t-il, je
leur rappelle les atrocités commises par le régime,
simplement pour leur montrer que c'est un régime
de terroristes. D'après les juristes, il vaudrait mieux
ne pas le dire, pour des questions de connotations. »
Il n'était pas censé rendre un verdict sur des gens qui
risquaient d'être un jour jugés comme criminels de
guerre. « Moi, ce que je dis, c'est que ce sont des
activités comparables à celles des terroristes »,
lança-t-il, avant de conclure : « Ces juristes, ils sont
pénibles. »

Le matin du mercredi 9 avril, Franks briefa le président et le Conseil de sécurité nationale par téléconférence sécurisée. « La semaine a été bonne. Les
troupes sont concentrées, le moral est bon, la popu-

lation locale est remarquable », dit-il. Ville par ville, il présenta la situation : dans le sud, toutes les formations ennemies étaient détruites. Bassorah, on signalait des tireurs isolés. À Nassiriyah, les notables locaux commençaient à se montrer. « Dans le centre, nous avons détruit 90 % de l'équipement des forces irakiennes. Dans le nord, l'armée régulière est fixée et harassée, à seulement 50 ou 60 % de sa capacité. »

Ce qui était étonnant, c'étaient les omissions : pas un mot sur la Forteresse Bagdad, pas de crise des réfugiés, pas de recours aux armes chimiques ou biologiques.

Puis Franks déclara : « On estime les pertes irakiennes à 30 000. »

Rumsfeld avait veillé autant que possible à ce qu'ils ne communiquent pas de chiffres. Comme il le dit par la suite : « Je me souviens d'être intervenu et d'avoir suggéré que peut-être cette personne n'était-elle pas très sûre de ce chiffre, et que j'avais l'impression qu'il ne serait pas très utile que les gens quittent la salle en ayant ce chiffre en tête. »

« En d'autres termes, on les fauchait tout en avançant », commenta le président plus tard dans une interview. Il dit qu'il avait demandé s'il s'agissait de civils ou de soldats, et qu'on lui avait répondu que c'étaient des soldats. Je lui glissai que certains généraux estimaient que les Irakiens avaient perdu 60 000 hommes, mais que personne n'en était sûr car on n'avait pas retrouvé les corps. « C'est ce que j'ai demandé, fit Bush. Où sont tous les corps ? Et ils m'ont répondu : dans les divisions régulières, ils les enterrent immédiatement. Sûrement une tradition musulmane. »

À la fin de la réunion, Bush évoqua l'Irak de l'après-Saddam. Le dictateur ayant passé vingt à trente ans à ravager son pays, la reconstruction prendrait du temps. Une reconstruction qui ne saurait être comparée à celle d'une cité américaine ou d'Europe occidentale. « Il nous reste encore beaucoup de travail. Ne vous laissez pas leurrer par les manifestations de joie. »

Ce même jour, 9 avril, marqua l'effondrement symbolique du régime de Saddam. Son gouvernement s'éparpilla tandis que l'armée américaine occupait les berges du Tigre, et que des Marines pénétraient dans le centre de Bagdad, aidant un groupe d'Irakiens à faire basculer une statue de 6 m de haut de Saddam Hussein, avec le renfort d'un blindé équipé d'une chaîne et d'une poulie pour l'arracher de son socle. Cet effort laborieux eut droit au direct sur les écrans de télévision du monde entier. Considérant ces images entre deux réunions, le président constata que la foule était très peu nombreuse. Mais dans toute la capitale irakienne, des milliers de personnes descendaient dans les rues pour exprimer leur joie. C'était bien l'accueil en fanfare que certains avaient prédit, semblait-il.

À 11 h 27, Bush s'entretint de nouveau avec Aznar. « La stratégie s'avère payante, dit le président, mais nous n'allons pas nous mettre à exécuter une danse de la victoire ou autre chose du genre parce que le tiers nord du pays, Mossoul, Kirkuk et Tikrit, est toujours aux mains de l'ennemi. Nous avons encore du travail pour pénétrer dans Bagdad et trouver des dirigeants de valeur. » Deux jours plus tôt, ils avaient bombardé un restaurant où Saddam et ses fils étaient censés se trouver, bien que rien n'ait prouvé qu'ils avaient survécu à la frappe de la première nuit. « Personnellement, je crois que nous avons tué Saddam Hussein deux fois. Je pense que nous avons tué le vrai le premier jour, et qu'hier, nous avons eu son sosie. » Quant aux armes de destruction massive, assura le président, « il y a un réseau incroyable de tunnels et de grottes. Il ne faut pas que nous espérions trop à ce sujet. Il va nous falloir du temps pour fouiller les ruines et trouver où il a caché tout ça ».

Le lendemain 10 avril, Ken Adelman publiait un éditorial dans le *Washington Post* intitulé « Un gâteau revisité ». Se vantant plus ou moins de ce qui ressemblait à une victoire éclair, il rappelait aux lecteurs que quatorze mois plus tôt, il avait écrit que cette guerre serait « du gâteau ». Il s'en prenait à ceux qui avaient prédit un désastre. Selon lui, Brent Scowcroft « méritait le premier prix des nombreuses Cassandre effarouchées ». Il affirmait que sa propre certitude tenait au fait qu'il avait travaillé pour Rumsfeld à trois reprises et qu'il « connaissait Dick Cheney et Paul Wolfowitz depuis tant d'années ».

Cheney appela Adelman, en voyage à Paris avec Carol, son épouse. « Excellent édito, le félicita le vice-président. Vous les avez vraiment descendus. » Il ajouta qu'avec Lynne, il organisait un petit dîner privé le dimanche 13 avril au soir, pour discuter et célébrer la réussite de l'opération. Comme invités, il n'y aurait que Libby et Wolfowitz. Adelman comprit que c'était la façon de Cheney de le remercier. Sa femme et lui rentrèrent de Paris un jour plus tôt pour assister au dîner.

Quand Adelman entra dans la résidence du vice-président ce soir-là, il était si heureux qu'il en fondit en larmes. Il donna l'accolade à Cheney pour la première fois en trente ans. Ces derniers jours, la coalition avait retrouvé des fosses communes ainsi que des preuves aussi abondantes que terribles des tortures que pratiquait le régime de Saddam. Tout le monde avait donc le sentiment d'avoir pris part à quelque mission supérieure, d'avoir contribué à la libération de 25 millions de personnes.

« Nous sommes tous réunis. Pas de protocole, discutons simplement », fit Cheney quand ils furent tous à table.

Wolfowitz se lança dans une longue analyse de la guerre du Golfe de 1991. Selon lui, le fait d'avoir autorisé les Irakiens à utiliser leurs hélicoptères après l'armistice avait été une grave erreur, puisqu'ils s'en étaient servis pour réprimer des soulèvements.

Cheney avoua qu'il n'avait alors pas compris à quel point cette époque avait constitué un traumatisme pour les Irakiens, en particulier les chi'ites, qui avaient eu l'impression d'être abandonnés par les États-Unis. Forts de cette expérience, dit-il, les Irakiens avaient craint que cette fois encore, la guerre n'aboutît pas au renversement de Saddam.

« Attendez, attendez ! intervint Adelman. Et si on parlait plutôt de *cette* guerre du Golfe. Elle a le mérite d'être célébrée. » Il n'était qu'un observateur extérieur, fit-il, quelqu'un qui avait fait monter la pression dans l'opinion publique. « Pour moi, c'est si facile d'écrire un article pour dire "il n'y a qu'à faire ça". C'est nettement plus dur pour Paul de défendre sa position. Paul et Scooter, vous donnez votre avis, et le président vous écoute. Dick, votre avis est le plus important, celui qui pèse le plus. Quand vous vous en faites l'avocat, c'est infiniment plus sérieux. Mais au bout du compte, tout ce que nous avons fait n'était que donner des conseils. La décision est revenue au président. J'ai été époustouflé par sa détermination. » La guerre avait été impressionnante, poursuivit-il. « Donc, je souhaiterais porter un toast, sans trop de sensiblerie. Au président des États-Unis. »

Tous levèrent leur verre. Au président !

Adelman dit ensuite qu'il avait été terriblement inquiet et avait craint qu'il n'y ait pas de guerre quand, avec le temps, l'opinion publique avait commencé à faiblir.

Après le 11 septembre, fit Cheney, le président a compris que l'Irak était une nécessité. Il fallait commencer par l'Afghanistan, et procéder étape par étape, mais après l'Afghanistan, « très rapidement », le président avait su qu'il lui faudrait s'en prendre à Bagdad. Il souligna qu'après le 11 septembre, il avait été certain que cela se ferait.

Malgré tout, c'était courageux, insista Adelman. Quand John Kennedy avait été élu avec une marge infime, rappela-t-il, il avait déclaré à toute son équipe que les grands projets, comme les droits civiques, devraient attendre un éventuel deuxième mandat. Il n'en allait assurément pas de même avec Bush.

« C'est vrai », concéda Cheney. Et ça a commencé dès les premières minutes de la présidence, quand Bush leur avait lancé qu'il comptait avancer à toute vitesse. « On a tellement tendance, dit-il, à se retenir à l'approche des élections, à faire ce que le *New York Times* et autres experts suggèrent et prédisent. Ce gars-là est complètement différent, raconta le vice-président. Il a simplement décidé : "voilà ce que je veux faire, et je vais le faire". Quand il a une idée en tête, il sait ce qu'il veut.

— Taisez-vous donc un peu, tous les trois, ordonna Lynne Cheney en montrant du doigt Cheney, Wolfowitz et Adelman. Écoutons ce que Scooter a à dire. »

Dans un sourire, Libby glissa simplement qu'il trouvait que ce qui s'était passé était « merveilleux ».

C'était un succès plutôt incroyable, tous le reconnaissaient, surtout quand on tenait compte de l'opposition à la guerre. Comme Brent Scowcroft, pilier de l'establishment de la politique étrangère. Lui qui était souvent considéré comme un factotum de Bush père n'avait pas fait mystère de ses opinions.

Et Jim Baker, qui avait insisté pour que l'on établisse une coalition plus importante. Lawrence Eagleburger, secrétaire d'État pendant les six derniers mois de l'Administration du premier président Bush, que l'on ne cessait de voir à la télévision, martelant que la guerre ne serait légitime que s'il était prouvé que Saddam se disposait à nous attaquer. Eagleburger avait accusé Cheney de « jouer des muscles ».

Quelqu'un parla de Powell, et des rires fusèrent. Cheney et Wolfowitz commentèrent que Powell était vraiment préoccupé par sa cote de popularité, dont il se vantait régulièrement. Interviewé sur la radio publique nationale des semaines plus tôt, il avait déclaré : « Consultez n'importe quel sondage Gallup récent, et vous verrez que le peuple américain a l'air tout à fait satisfait de mon travail en tant que secrétaire d'État. »

« Sûr qu'il aime ça », la popularité, admit Cheney.

Wolfowitz reconnut que Powell était synonyme de crédibilité, et que sa présentation sur les ADM aux Nations unies avait eu son importance. Dès que Powell avait compris ce que voulait le président, argumenta Wolfowitz, il était devenu un membre loyal de l'équipe.

Cheney secoua la tête. Non, Powell était un problème. « Colin a toujours exprimé de grands doutes quant à ce que nous voulions faire. »

Ils en vinrent à Rumsfeld, le larron manquant. Le couple Cheney les régala de quelques gentilles anecdotes remontant à la fin des années 60, quand ils s'étaient liés avec lui.

Adelman, lui, se souvenait encore des affres qu'il traversait quand il rédigeait les discours de Rumsfeld lors de son premier mandat à la Défense. « Je travaillais sur un discours, ça devait être au moins la douzième version, et il m'envoyait ses corrections, des pattes de mouche, c'est tout juste s'il sait écrire. Moi, je regarde ça, et puis je lui porte et je fais : "Don, vous pouvez modifier ce que j'écris, vous pouvez changer ce que vous-même vous écrivez, mais, Bon Dieu, je vous avais mis une superbe citation de Périclès. Périclès, vous ne pouvez pas y toucher." Là, Don prend le texte et rajoute encore des gribouillis. J'y jette un œil, et je vois qu'il avait confirmé sa réécriture du grand général athénien, et qu'il avait rajouté : "comme aurait dû le dire Périclès". »

Cheney expliqua qu'il venait de déjeuner avec le président. « La démocratie au Moyen-Orient, ça compte énormément pour lui, c'est tout. C'est ça qui le motive. »

« Permettez-moi une question, glissa Adelman, avant qu'on en vienne à s'autocongratuler. J'ai été choqué qu'on n'ait pas trouvé d'armes de destruction massive. » Des centaines de milliers de soldats et d'experts passaient le pays au peigne fin.

« On les trouvera », assura Wolfowitz.

« En fait, ça ne fait que quatre jours, renchérit Cheney. On les trouvera. »

S'il avait averti de ne pas se laisser aller à une danse de la victoire et de ne pas se laisser leurrer par les célébrations, le président Bush fut le premier à ne pas suivre son propre conseil. Le 1er mai 2003, l'ancien pilote de la Garde nationale aérienne du Texas enfila une combinaison de vol et se posa sur le porte-avions USS *Abraham Lincoln*, en mer au large de San Diego. Là, dans un discours adressé à la nation depuis le pont d'envol, il proclama : « La phase majeure des opérations de combat en Irak est terminée. » Techniquement, il n'avait pas tort, et il avait pris la précaution d'ajouter : « Une tâche difficile nous attend encore en Irak. » Mais il n'y avait aucun doute qu'il s'agissait bien là d'un discours de la victoire. Tandis que le président parlait, une grande bannière était suspendue à l'arrière-plan, avec la mention « MISSION ACCOMPLIE ».

Cette fois, Gerson, le rédacteur des interventions présidentielles, avait levé tous les garde-fous. « Le tyran est tombé, et l'Irak est libre », lança Bush sur le pont écrasé de soleil. C'était « une noble cause », « une grande avancée morale », qu'il rattachait à la Normandie et à Iwo Jima, aux Quatre Libertés de Roosevelt, à la Doctrine de Truman, au défi de Reagan à l'empire du Mal et à sa propre guerre contre le terrorisme, déclenchée le 11 septembre. « Avec l'image de ces statues abattues, nous avons été témoins de l'avènement d'une nouvelle ère. » La guerre contre le terrorisme ne durerait pas éternellement. « Nous avons vécu un tournant. »

En mai 2003, le général Garner fut remplacé par L. Paul « Jerry » Bremer III, chef de l'Autorité provisoire de la coalition chargée de superviser la reconstruction du pays et, pour finir, sa transition démocratique.

L'équipe de Bush n'eut pas le temps de connaître le sentiment de vacuité que suscite la conquête. Même si, sous bien des aspects, cette guerre avait été une remarquable victoire militaire, elle eut très bientôt pour conséquence un cortège incessant de violences et d'incertitudes.

Franks fut le premier à prendre sa retraite. Pour nombre de ses généraux et d'autres, il avait complètement raté les opérations de stabilisation de l'Irak. Le Bureau de reconstruction et d'assistance humanitaire, à l'origine dirigé par Jay Garner, n'avait ainsi pas été subordonné à Franks, mais s'était vu attribuer un statut d'égalité. Franks, malgré toutes ses troupes et toute son expérience, n'était pas aux commandes. Ce qu'il ne chercha même pas à contester. « J'ai une guerre à mener », répétait-il à l'envi. Il estimait avoir poussé Rumsfeld, Wolfowitz et le général Myers aussi loin qu'il l'avait pu sur la question de l'après-guerre, et affirmait qu'ils ne pouvaient pas simplement accepter de souscrire du bout des lèvres à certains dossiers. Il l'avait annoncé, les opérations de combat décisives iraient très vite, et il leur faudrait réfléchir à la suite. Mais Rumsfeld et les autres n'avaient voulu penser qu'à la guerre.

Quand la phase principale des opérations fut bouclée, en mai, Franks, épuisé, prit un congé. Rumsfeld voulait le nommer chef d'état-major de l'armée de terre, promotion nominale. C'est en réalité le commandant de théâtre qui fait la pluie et le beau temps, et Franks ne tenait certainement pas à devenir un de ces « enculés de bureaucrates ». Il quitta le Commandement Centre en juillet et prit sa retraite en août. Il déclara à des amis qu'il avait empoché un million de dollars en faisant des discours pendant les premiers mois de sa retraite. Il a signé un contrat de plusieurs millions de dollars pour rédiger ses Mémoires. Il a expliqué à ses éditeurs qu'il n'avait rien à reprocher à Rumsfeld, qui était son copain, son ami. Hors de question qu'il aille offenser son ancien patron. Ses Mémoires seraient un ouvrage sérieux, pas un recueil de ragots.

Bien trop souvent, Powell passa les mois qui suivirent acculé à la défensive. À ceux qui estimaient qu'il aurait dû davantage s'opposer à la guerre, il objecta qu'il avait fait tout son possible. Il n'avait induit personne en erreur, dit-il à ses associés. En août et septembre 2002, il avait su convaincre le président d'opter pour deux solutions possibles, la préparation de la guerre et la poursuite de la diplomatie par le biais des Nations unies. Par la suite, ils avaient atteint un embranchement, dont l'une des routes menait à la guerre. « C'est le président, continua Powell. Et il a pris la décision. Il était donc de mon devoir de le suivre sur cette voie. »

Au fil des seize mois de préparatifs militaires, Powell avait eu le sentiment que plus la guerre avait semblé simple, moins Rumsfeld, le Pentagone et Franks s'étaient souciés de ses conséquences. Ils considéraient apparemment l'Irak comme un gobelet de cristal et qu'ils n'avaient qu'à taper dessus pour le fracasser. Mais le gobelet, en fait, était une cruche de bière, qu'ils partageaient tous désormais.

Se rendant en Irak à l'automne 2003, Powell visita les fosses communes et entendit le témoignage de témoins des tortures et de l'oppression. Il était ravi de la chute de Saddam et de sa saleté de régime. C'était sa seule consolation. La décision de partir en guerre n'avait pu être erronée à 100 %. L'histoire, après tout, n'avait pas encore décidé si elle avait été juste ou non.

De son côté, Armitage était de plus en plus nerveux. Il estimait que le système de prise de décision en matière de politique étrangère, théoriquement coordonné par Rice, était essentiellement dysfonctionnel. Ce dysfonctionnement avait eu son utilité, tant que Powell et lui avaient été en mesure de retarder le conflit. Mais au bout du compte, leurs efforts avaient échoué. Plus tard dans l'année 2003, chaque fois qu'il y avait un discours présidentiel ou un débat avec la Maison Blanche, en particulier sur le Moyen-Orient, Armitage prit l'habitude de lâcher à Powell : « Dites à ces gens-là d'aller se faire mettre. »

En réponse, Powell se contenta de continuer à travailler.

Des mois après la guerre, Rice interrogea Armitage sur son trouble par trop manifeste. « Le système du

Conseil de sécurité nationale ne fonctionne pas, lui rétorqua-t-il froidement, et le comité des adjoints ne fait pas son travail. La politique est mal coordonnée, mal discutée, mal réglée. » Pour être une bonne conseillère à la sécurité, il fallait qu'elle soit bagarreuse, increvable, et prête à faire respecter la discipline.

Rice répliqua qu'elle avait affaire à de véritables poids lourds, comme Armitage le savait bien. Cheney, Powell et Rumsfeld étaient tout sauf des lavettes effarouchées, et le président tenait à ce que chacun ait son mot à dire.

Début octobre, Bush conféra à Rice une nouvelle autorité et la responsabilité de coordonner la tâche, énorme, de stabiliser et reconstruire l'Irak. Le 12 octobre 2003, le *Washington Post* publiait un long article en première page intitulé : « Rice ne parvient pas à colmater les brèches, dit-on de source officielle ; des rivalités internes compliquent sa mission. » Signé de Glenn Kessler et Peter Slevin, les deux ténors du journal pour les questions liées au département d'État, l'article reflétait avec exactitude les critiques d'Armitage, bien qu'aucun membre du gouvernement en activité, dont Armitage, n'ait été cité.

Rice fit part de son inquiétude à Powell, qui défendit son adjoint. « Vous pouvez vous en prendre à Rich si vous voulez, fit-il. Mais il a eu les tripes d'aller vous voir directement pour vous en parler, donc, je ne crois pas que ce soit lui la source. » Les propos d'Armitage révélaient en fait un sentiment plus généralement partagé à Washington et dans l'establishment des Affaires étrangères, continua Powell. « Nous ne sommes pas unis, nous ne nous entendons pas sur ces questions. Que vous l'appréciiez ou non, c'est une opinion qui circule. Je suis désolé, mais c'est bien la faute du Conseil de sécurité nationale. » Powell se dit que

Rice tenait plus à trouver un responsable à blâmer pour avoir osé parler du problème plutôt qu'à chercher un moyen de résoudre ce dernier.

Cheney était toujours la bête noire de Powell. Selon lui, lors des réunions entre hauts responsables, le vice-président avait amélioré sa technique qui consistait à ne pas trahir sa position soit en affirmant qu'il n'en avait pas, soit en changeant d'avis toutes les trente minutes. Powell avait fini par décrypter sa technique. Il en conclut qu'il lui fallait écouter attentivement, puisque les désaveux de Cheney étaient en réalité des opinions sur lesquelles le vice-président n'avait absolument pas l'intention de changer d'avis.

Les relations parvinrent à un tel stade de crispation que les deux hommes ne se réunirent jamais autour d'un déjeuner ou pour discuter de leurs divergences. Jamais.

Le secrétaire d'État pensait que maintenant que Bush et son gouvernement étaient contraints de vivre avec les conséquences de leurs décisions sur l'Irak, ils avaient tendance à se montrer de plus en plus agressifs dans la défense de leur choix. Plus personne à la Maison Blanche ne pouvait oser suggérer une réévaluation réaliste de la situation. Pas de Karen Hughes, capable d'aller voir Bush pour lui dire : « Attention, vous avez des ennuis. » Powell savait que rien n'était plus ardu que de revenir à l'essentiel, de remettre en question son propre jugement. Et tout portait à croire que rien de tel n'était sur le point de se produire. Alors, une fois de plus, il fit contre mauvaise fortune bon cœur et continua d'avancer.

Rumsfeld avait été omniprésent, à la fois gestionnaire, interrogateur implacable et technocrate de la Défense qui avait soumis au président le plan d'attaque. Cheney appelait ça « la gestion-jusqu'aux-oreilles », typique de Rumsfeld. Powell, s'il avait constaté une certaine exaltation chez Cheney, n'en avait jamais vu trace chez le secrétaire à la Défense. Si le président avait finalement choisi de ne pas faire la guerre, Powell était sûr que Cheney, Wolfowitz et Feith s'en seraient arraché les cheveux et seraient peut-être même devenus dingues. Pas Rumsfeld.

Franks aussi était au fait de la volonté de Rumsfeld, mais avait également perçu chez lui comme une sorte de détachement, comme s'il avait été dehors à regarder ce qui se passait par la fenêtre.

Interviewant Rumsfeld à l'automne 2003, je lui demandai s'il avait voulu la guerre.

« Oh, mon Dieu, non, répondit-il. Personne de sensé ne peut souhaiter un conflit.

— Aviez-vous recommandé d'entrer en guerre ? »

Il marqua une pause. « La question est intéressante. Il ne fait aucun doute que j'ai toujours approuvé l'approche du président, et sa décision. Quant à savoir si, à un moment précis, il m'a demandé si je pensais qu'il devrait faire la guerre, je ne crois pas. »

Le président dit par la suite qu'il n'avait pas posé la question à Rumsfeld.

Mais le secrétaire à la Défense reconnut que le président lui avait posé d'autres questions essentielles qui, selon lui, étaient tout à fait de son ressort. « Je l'entends encore me demander si j'avais confiance dans le général Franks. Est-ce que j'avais confiance dans le plan de guerre ? Et dans ses renseignements ? » Tout cela faisait vibrer la fibre du technicien de la guerre qu'est Rumsfeld. « Il fallait qu'il soit sûr que cette institution, qui est son instrument, l'instrument du pays, avait soigneusement analysé ces choses. » Et le président dut ensuite décider à qui il lâcherait la bride et à qui il la laisserait sur le cou. « Dans tout ce processus, il s'est comporté de façon magnifique en tant que dirigeant », s'enthousiasma Rumsfeld. Il ne s'est pas laissé aller à la microgestion. « On retrouve chez ce président bien des qualités de Ronald Reagan, la même façon de scruter l'horizon, d'y planter un étendard puis de nous l'indiquer du doigt. »

La décision de déclencher une guerre préventive étant extrêmement difficile, je voulus savoir si le président s'en était jamais ouvert à lui.

« Non », me dit Rumsfeld.

« A-t-il jamais...

— Jamais, m'assura-t-il. Il endosse tout à fait ses responsabilités. » Le président ne se rongeait pas les sangs au sujet des décisions qu'il devait prendre parce qu'il avait consacré en amont le temps nécessaire à l'analyse et à la définition de ce qu'il voulait, et pour quoi, poursuivit Rumsfeld. Quelqu'un qui n'a pas suivi ce processus « a tendance à ne pas se sentir à l'aise face à la prise de décision, et risque de se laisser perturber, de changer d'avis, de s'inquiéter, de s'angoisser. Lui, il s'est inquiété et il s'est investi avant d'agir, pas après ».

Tim, le chef de la base de la CIA en Irak, savait qu'il venait de vivre le rêve de tout agent en opération. On l'avait laissé tranquille, sans intervention du département d'État, de l'armée, rien, seul avec lui-même et de l'argent.

Le 24 mars 2003, cinq jours après le début de la guerre, Tim réussit à se rendre à Dora Farm. L'endroit avait été assez joliment nettoyé. On aurait dit les vestiges d'un marché aux puces. Des gens continuaient à embarquer des objets. Il y avait des cratères et, manifestement, le site avait été attaqué. Il fouilla partout. Aucune trace de bunker. Il tomba sur un cellier souterrain destiné à stocker des vivres, près du bâtiment principal. C'était peut-être à ça que ses agents Rockstar avaient fait allusion. C'était curieux, mystérieux. Était-il possible que le *manzul* ait été non un abri, ni un bunker, mais un cellier ?

Tim finit par retrouver certains des Rockstar qui lui avaient transmis des rapports cette nuit-là. Deux lui dirent que leurs épouses avaient été arrêtées par des agents de Saddam, et torturées. On leur avait arraché les ongles. Un autre affirma que sa maison avait été rasée par des bulldozers. Quelques indices semblaient étayer leur version, mais Tim ne pouvait s'empêcher d'en douter.

Il fut ensuite réaffecté au QG de la CIA, pour travailler sous couverture sur d'autres dossiers. Saul et ses supérieurs lui demandèrent, ainsi qu'à son équipe, de reconstituer par écrit la succession d'événements de la journée et de la nuit du 19 au 20 mars 2003. Ils réclamaient un document impeccable, facile à présenter. Plus Tim creusait dans ses souvenirs et dans les éléments dont il disposait, plus il en mesurait le caractère douteux. Sur le moment, tout le monde était stressé. Sur le terrain, les Rockstar ne voulaient pas décevoir, et avaient visiblement craint d'être capturés ou tués.

Tim dut s'y reprendre à plusieurs fois pour décrire de façon logique ce qui s'était passé. Il s'essaya à une première version. Était-elle fiable à 40,62 ou 83 % ? Quel pourcentage de la vérité était accessible ? Qu'est-ce qui leur avait échappé ? Qu'est-ce qui était faux ? Il recommença, encore et encore. Rien n'était tout noir, ou tout blanc, pas plus que le processus n'avait suivi une ligne bien droite. Se rapprochait-il ou s'éloignait-il au contraire de la vérité ? Jamais il ne parvint à accoucher d'une version définitive. La plus grande question à rester sans réponse était :

Saddam et son entourage s'étaient-ils effectivement trouvés sur place cette nuit-là ?

Le 2 octobre 2003, David Kay, le spécialiste des armements trié sur le volet par Tenet pour diriger le Groupe d'investigation en Irak, qui rassemblait 1 400 personnes, rendit public un rapport préliminaire sur les trois premiers mois de leur traque des armes de destruction massive. Il déclara qu'ils avaient accompli des « progrès remarquables », mais la destruction méticuleuse des disques durs et de certains documents avait gêné leur travail. Il maintint fermement que l'Irak avait violé les résolutions des Nations unies de façon que nul n'aurait envisagée avant la guerre. Mais sa déclaration, malgré tout, ne pouvait que se résumer comme suit : « Nous n'avons pas encore trouvé de stocks d'armes. »

Rice, de plus en plus, pensait que l'essentiel était désormais de viser des résultats à long terme. Elle estimait qu'il était important de faire preuve de patience quant à la suite des événements en Irak. Pas seulement en relation avec les ADM, mais aussi en ce qui concernait un règlement politique. Ce qui risquait de prendre du temps. Elle se consolait en voyant que le président ne lâchait pas la barre et que lui aussi pensait au long terme. En visite au Japon en octobre 2003, Bush avait expliqué au Premier ministre Junichiro Koizumi : « Si on n'avait pas fait ce qu'il fallait en 1945, si on n'avait pas aidé à établir un Japon prospère et démocratique, cette conversation, entre un Premier ministre japonais et un président des États-Unis, n'aurait jamais pu avoir lieu. Un jour, un président irakien et un président des États-Unis seront assis là, à essayer de résoudre un problème, et ils se diront qu'ils sont heureux que *nous* ayons créé un Irak prospère et démocratique. »

En Irak, l'insurrection et les violences perduraient, entraînant la mort de centaines de militaires américains et d'Irakiens.

Le premier entretien que j'ai mené avec le président Bush pour ce livre eut lieu l'après-midi du mercredi 10 décembre 2003, dans son bureau de la résidence à la Maison Blanche. Il dura plus d'une heure et demie. Puis, l'après-midi du lendemain, je le retrouvai au Bureau Ovale pour deux heures de discussion. Rice et Bartlett étaient présents lors de ces interviews.

J'avais soumis une chronologie de vingt et une pages détaillant les réunions, les instants de décisions, les moments clés sur lesquels je souhaitais poser des questions. Le président me dit qu'il avait eu la possibilité de relire en partie ses archives personnelles avant notre rencontre. Pour l'essentiel, mes questions portaient sur la décision d'entrer en guerre. Ses réponses détaillées et ses souvenirs d'événements précis et de moments importants ont été fidèlement repris dans mon récit. Nous allons maintenant en venir aux questions et réponses plus générales.

Nous avons consacré du temps à parler du vice-président Cheney. Non seulement Bush tint à me dire qu'il n'avait jamais trouvé que le vice-président avait fait preuve d'exaltation à propos d'Al Qaïda ou de l'Irak, mais il me déclara en outre : « Il ne veut être considéré ni comme un héros ni comme un méchant. Tout ce qu'il veut, c'est qu'on le considère comme un vice-président fidèle. Ce qu'il est. Et, vous savez, il a son avis. Les gens apprécient ses opinions parce que Dick, c'est le genre de personne qui ne parle pas forcément beaucoup. Mais quand il parle, il donne l'impression d'être quelqu'un de réfléchi. »

Je lui répondis que Cheney donnait le sentiment d'être une sorte de Howard Hughes, un homme secret, qui tire les ficelles en coulisses et répugne à répondre aux questions.

« C'est ce que je lui ai dit », opina Bush. Il ajouta que Cheney aurait intérêt à davantage se montrer, à se laisser plus souvent interviewer. En gardant le silence, lui avait dit Bush, « vous courez le risque de passer pour sacrément plus puissant, ou sacrément plus faible que vous l'êtes ».

Les questions détaillées, reconnut le président, « terrorisaient » Cheney, « lui flanquaient carrément la trouille ». La tendance à la circonspection du vice-président était digne d'éloges, fit-il. « C'est pour ça que j'aime Cheney. » Il glissa encore que « Cheney est terrifié » à l'idée que l'on dégage un sens erroné de déclarations qui seraient extirpées de leur contexte, voire gonflées. « Cheney ne tient pas à se retrouver là où tout le monde joue des coudes. »

« Je le connais bien, continua Bush, et, soit dit en passant, c'est un excellent vice-président. Sur ce plan-là, il tient à rester anonyme, ce qui est normal. Mais il est solide comme un roc. Je veux dire qu'il n'a pas tremblé, qu'il n'a jamais cessé de considérer que Saddam était une menace pour l'Amérique et que nous devions nous occuper de lui. »

« Pour être franc avec vous, me dit-il, il sait que ce livre va sortir en pleine campagne électorale, et là encore, il est juste... ça l'inquiète. »

Nous en vînmes à la question des doutes. Je citai Tony Blair, qui avait récemment déclaré, lors de la convention annuelle de son parti : « Je ne désapprouve absolument pas ceux qui ne partagent pas mon avis. » Blair avait également dit qu'il avait reçu des lettres de parents qui avaient perdu des fils dans la guerre, et qui lui avaient écrit pour lui dire qu'ils le haïssaient pour ce qu'il avait fait. Encore une fois, je citai le Premier ministre britannique : « Et n'allez pas croire ceux qui vous diront que quand ils reçoivent ce genre de lettres, ils n'éprouvent aucun doute. »

« Ouais, rétorqua le président Bush. Moi, je n'ai pas de doutes.

— Vraiment ? demandai-je. Aucun ?

— Non. Et je sais le faire comprendre à la population. À ceux qui ont perdu des fils ou des filles, dit-il, j'espère que je sais leur faire comprendre de façon humble. »

Je l'interrogeai alors sur son père : « C'est le seul être humain qui a occupé la même fonction que vous, qui a eu à prendre lui aussi la décision d'entrer en guerre. On ne peut pas croire que vous ne lui ayez pas demandé, à un moment ou à un autre : "Quelle est la solution pour faire ça bien ?", ou : "Qu'en penses-tu, voilà à quoi je suis confronté."

— Si on ne peut pas le croire, répliqua Bush, j'ai intérêt à inventer quelque chose.

— Non, non, dis-je, je suis aussi dur, aussi direct, parce que...

— Non, non, non, rétorqua le président. C'est normal. Écoutez, bien sûr que je lui parle. Je n'ai pas souvenir qu'il m'ait jamais dit "fais ça" ou "ne le fais pas". Je n'ai pas le souvenir de m'être jamais dit que peut-être il pourrait m'aider à prendre la décision. Parce que, ce qu'il faut que vous compreniez, c'est que cette décision n'avait rien à voir avec, soudain, une menace contre le Koweït. Elle s'intégrait à ce qui m'est apparu comme mon devoir au sens le plus large, le 11 septembre 2001. Ça fait partie d'une autre guerre, plus vaste. Comme un front.

— Lui avez-vous demandé : "Papa, comment je fais pour que ça marche ? À quoi je dois penser ?"

— Je ne crois pas, non, me dit-il.

— Lui en avez-vous parlé ?

— Ça, oui, j'en suis sûr. Je cherche à me souvenir. C'est assez incroyable qu'un père et son fils mènent une guerre sur le même théâtre. Ça n'est encore jamais arrivé. Peut-être que si... non. Ah si, bien sûr, les Adams. » Le fils de John Adams, le deuxième président des États-Unis, était John Quincy Adams, le sixième président. « John Q. n'a jamais relancé une guerre. Mais c'est une guerre différente. Vous voyez, c'est une guerre différente.

« Je n'essaye pas d'éluder la question. Je ne me souviens pas. Je pourrais lui demander, voir s'il se souvient de quelque chose. Mais comment on peut demander à quelqu'un : Ça fait quoi d'envoyer des gens se faire tuer ? En plus, pour commencer, je l'ai déjà fait, en Afghanistan.

« En fait, nos discussions portaient plutôt sur les tactiques ; comment ça se passe ? Comment ça marche avec les Brits ? Il suit les infos, et moi, je le briefe sur ce qu'il voit. Vous savez, c'est pas à ce père-là qu'il faut faire appel pour ce qui est de la force. Je m'adresse à un autre père, supérieur. »

Le président m'avoua qu'il avait vécu un moment d'histoire « fantastique ». « Mais je ne vous le cache pas. Je n'arrive pas à me souvenir d'un seul moment poignant. Je suis sûr que c'est arrivé, qu'il m'a dit : "Hé, fils, ça doit être incroyablement stressant pour toi. Je veux juste que tu saches que nous t'aimons, que nous sommes là." » Il ajouta que son père avait sans doute essayé de lui apporter son soutien. « Ce n'était pas tellement du genre : "Voilà ce que tu dois faire pour t'occuper de ce type", mais plutôt : "J'ai vécu ce que tu traverses en ce moment, je sais ce qui est en train de se passer, donc, je t'aime." Ça serait une façon plus exacte de le décrire. »

Je lui expliquai qu'au *Washington Post*, un de mes patrons m'avait suggéré de lui poser une question sans concession sur les armes de destruction massive. « Le président a-t-il été induit en erreur...

— Non, lâcha-t-il.

— ... par les renseignements, ou a-t-il induit le pays en erreur ?

— Non, répéta-t-il, absolument pas.

— Que s'est-il passé ?

— Comment ça, que s'est-il passé ? »

À propos des ADM, du « score d'enfer » promis par Tenet.

Si toutes les violations des résolutions de l'ONU rapportées par David Kay en octobre 2003 avaient été connues avant la guerre, déclara le président, elles auraient suffi à justifier le déclenchement des opérations. « Mais je crois qu'il est beaucoup trop tôt pour comprendre pleinement toute l'histoire. » Les renseignements avaient paru suffisamment solides pour que les Nations unies votent plusieurs résolutions, « suffisamment solides » pour que l'ancien président Clinton décide de frapper l'Irak en 1998, quand 650 sorties d'avions et tirs de missiles de croisière avaient été effectués.

« Mais on n'a trouvé aucune arme de destruction massive, dis-je.

— On a trouvé des programmes d'armement, dit Bush, qui auraient pu être reconstitués.

— Auraient pu, c'est vrai », acquiesçai-je.

Il aurait été possible de fabriquer très rapidement de véritables armes, continua-t-il. « Et donc, par conséquent, compte tenu de ça, même si ça n'est que le minimum dont on disposait, comment aurait-on pu ne pas agir contre Saddam Hussein ? Voilà ma réponse. »

Je lui dis qu'après le 11 septembre, il avait été la « voix du réalisme », annonçant au pays qu'après ces attentats catastrophiques, nous connaîtrions une guerre longue et difficile. À en juger par ce que j'avais vu au cours de mes déplacements, beaucoup de gens, y compris dans les rangs de ses partisans, estimaient qu'aujourd'hui, il n'était plus autant la voix du réalisme, car il n'avait pas dit ni reconnu que l'on n'avait pas encore retrouvé ces armes.

« Je ne veux pas que les gens viennent me dire : "Ha, on vous l'avait bien dit." Je veux que les gens sachent que le processus est toujours en cours », commenta-t-il, ajoutant que personne ne l'avait invité à reconnaître une telle chose. « Mais vous fréquentez des cercles très différents du mien. Nettement plus l'élite.

— En fait, ce sont surtout des gens du milieu des affaires, fis-je.

— Le réalisme, m'expliqua le président, c'est de pouvoir comprendre la nature de Saddam Hussein, son histoire, le mal potentiel qu'il aurait pu faire à l'Amérique. »

Je lui dis que j'essayais simplement de m'intéresser au fait qu'aucune ADM n'avait encore été dénichée. « On n'a trouvé ni fumée, ni feu. »

Il gloussa.

« Quoi qu'en on en dise, insistai-je, le résultat officiel pour les six ou sept derniers mois, c'est que l'on n'a pas retrouvé d'armes. C'est tout.

— Certes, certes, certes », admit-il. Mais il maintint qu'ils avaient trouvé suffisamment de preuves. « Ceux qui veulent que le président vienne reconnaître ça publiquement sont aussi ceux qui disent : "Fallait pas y aller." Et il ne fait aucun doute pour moi que nous devions y aller. Pas seulement pour notre propre sécurité, mais aussi pour les citoyens irakiens. » À ses yeux, le rapport préliminaire de Kay suffisait à démontrer que Saddam était dangereux. « Tout d'un coup, je dois vous sembler incroyablement sur la défensive », ajouta-t-il calmement. Ce n'était pas parce qu'on n'avait trouvé « ni fumée, ni feu » que Saddam en était « inoffensif » pour autant.

Je lui dis que je posais ces questions parce que j'espérais montrer dans le livre ce qu'il pensait de l'état d'avancement des recherches sur les ADM.

« Pourquoi faut-il que vous en parliez dans le livre ? s'étonna-t-il. Je ne vois pas le rapport. »

Je lui expliquai qu'il me fallait parler de l'après-guerre, et que cette question était essentielle.

Le président m'assura qu'il tenait à ce que le fait qu'il ait reconnu qu'aucune arme de destruction massive n'avait encore été retrouvée ne soit pas publié dans le *Washington Post* avant la sortie du livre. « Autrement dit, je ne veux pas voir de gros titres du style : "Bush dit qu'il n'y a pas d'armes." »

Je lui promis que cela n'arriverait pas. Mais à peine deux mois plus tard, il le reconnaîtrait bel et bien, déclarant, le 8 février 2004, dans le cadre de *Meet the Press* sur NBC : « Je pensais qu'il y aurait des stocks d'armes » et « Nous pensions qu'il possédait des armes. »

Avait-il le sentiment que des erreurs avaient été commises quant à la durée de la période de stabilisation et de pacification de l'Irak après la guerre ?

« Non, dit-il, je pense que je savais parfaitement que nous étions partis pour un long moment. »

« Il s'est passé beaucoup de choses positives », affirma-t-il. Il rappela que les champs de pétrole avaient été protégés avec succès, que la famine avait été évitée, et qu'une nouvelle devise avait été mise en place, ce qui, en soi, « était une belle réussite ». « Toutes nos grandes inquiétudes ne se sont tout simplement pas concrétisées. »

Les violences, poursuivit-il, ne concernaient que 5 à 10 % du territoire irakien. « La situation est dangereuse parce qu'il reste encore assez de truands, d'assassins pour tuer les gens... C'est encore très dur. Il y a encore des pertes. » Mais il se dit optimiste quant aux perspectives. « Ça n'est qu'une question de temps, d'évolution de la société, d'évolution de la question de la souveraineté », de date à laquelle le pouvoir serait transmis au peuple irakien. Il déclara que la libération était « en train de changer les mentalités ». Bientôt, les Irakiens « se chargeraient de toutes les missions de police » et ce seraient eux qui s'occuperaient des tueurs, aux côtés de soldats irakiens. Il se plaignit que certains des éléments positifs en Irak étaient ignorés par les médias américains.

« Ce qui compte, c'est l'émergence d'une société libre, où les gens comprennent qu'ils peuvent vivre mieux. Et où ils peuvent surmonter leurs traumatismes pour profiter de toutes les opportunités. » En guise de conclusion à notre premier entretien, il dit de la guerre et de l'après-guerre : « C'est l'histoire du XXIe siècle. »

Il revint ensuite sur la courte visite qu'il avait effectuée en Irak deux semaines plus tôt. « Et quand je suis allé là-bas pour le Thanksgiving, j'y suis allé pour remercier nos soldats, mais aussi pour dire au peuple irakien : "Profitez de cet instant, c'est votre pays." » Pour que la transition soit une réussite, il faudrait que les minorités et groupes qui n'étaient pas chi'ites jouissent des mêmes droits que la majorité, et que tout le monde « comprenne bien que l'heure n'était pas à la vengeance et aux jalousies ».

Selon lui, l'histoire montrerait que Rumsfeld,

Franks, les militaires et lui avaient développé un plan d'opérations qui avait pris soin de viser avant tout Saddam, la direction du Baas, le cercle des dirigeants et leurs moyens de se maintenir aux commandes. Cette guerre les avait précisément pris pour cible, ainsi que leur appareil, l'armée, les services de sécurité, la police secrète ; autant que possible, on s'était efforcé d'épargner l'Irakien de la rue. Leur action servirait d'exemple historique, fit-il, et « permettrait à d'autres leaders, s'ils estiment devoir entrer en guerre, d'épargner la vie de citoyens innocents ».

C'était, me dit-il, en grande partie pour pouvoir parler de cela qu'il avait accepté d'être interviewé en détail sur la guerre, pour cela aussi qu'il avait tenu à ce que Rumsfeld et d'autres membres du gouvernement répondent à mes questions. « Mais pour moi, la vraie info dans tout ça, ce n'est pas de voir comment George W. prend ses décisions. Pour moi, la vraie info, c'est que l'Amérique a bouleversé la façon de faire et de gagner une guerre, et donc a favorisé la paix à long terme. En ce qui me concerne, voilà quelle est l'importance historique de ce livre. »

Le président me redit alors que dans son bureau privé, il conservait une brique que lui avait rapportée la première unité des forces spéciales à avoir mené la première opération militaire américaine en Afghanistan après le 11 septembre. Elle provenait du complexe où résidait alors le mollah Omar, le chef des taliban. Cette brique était là pour lui rappeler que quand il envoyait des types sur le terrain, quand il ordonnait des opérations de combat, c'était synonyme de mort pour des militaires américains. Ce n'était pas cette guerre aseptisée qui consiste à tirer des missiles de croisière pour protéger le personnel des forces armées. « Quand on tire des Tomahawks depuis des sous-marins, on ne fait prendre de risque à personne », constata-t-il.

« Il faut qu'un président ait une volonté de fer pour faire face aux pertes qui sont inévitables dans une stratégie visant à gagner la guerre, dit-il encore. Je veux dire que des morts, il y en aura, surtout quand vous voulez libérer tout un peuple. Il y aura des morts. » En Irak, avec près de 200 000 militaires américains sur le terrain, poursuivit-il, « je savais qu'il y aurait des pertes. Et cette brique est là pour me le rappeler ».

Deux jours plus tard, le 13 décembre, l'armée américaine capturait Saddam Hussein, hirsute et manifestement désorienté, l'extirpant d'un trou près d'une ferme aux abords de Tikrit. Le lendemain, dimanche, le président s'adressait à la nation. « La capture de cet homme était essentielle à l'avènement d'un Irak libre, déclara Bush. Elle marque le bout du chemin pour lui et pour tous ceux qui ont fait régner la terreur et assassiné en son nom. » Il ajouta : « Une ère sombre et douloureuse prend fin », mais conclut par une mise en garde : « La capture de Saddam Hussein ne signifie pas la fin de la violence en Irak. »

Même les plus convaincus commençaient à hésiter face à l'incapacité à trouver des ADM alors que les violences et l'instabilité restaient la norme en Irak. À commencer par Wolfowitz qui, pendant tant d'années, avait défendu avec autant de constance que d'acharnement l'idée d'une éviction de Saddam.

Il se retrouvait désormais contraint de se demander, de plus en plus souvent, si cette guerre avait été utile. La question se posa de façon particulièrement aiguë aux obsèques du lieutenant-colonel Chad Buehring, de l'armée de terre, tué à l'étage juste en dessous de celui qu'occupait Wolfowitz quand son hôtel avait été pris pour cible à Bagdad à la fin de l'année 2003. Elle se posa à chaque fois qu'il rendit visite à des militaires blessés. Il s'efforçait de leur faire part de sa gratitude pour leur courage et leur sacrifice. Mais l'histoire de ces tués et de ces blessés illustrait à quel point le véritable prix à payer pour la guerre pouvait sembler disproportionné.

En dépit des angoisses que lui inspiraient ces violences, Wolfowitz restait persuadé que la guerre avait été justifiée, qu'elle en avait valu la peine, et que la décision d'agir avait été un acte de courage personnel de la part du président. À la suite du 11 septembre, il avait décrété que le terrorisme avait franchi un seuil totalement inacceptable. Tant ses réseaux mondiaux que les États qui le soutenaient devaient être attaqués. Le régime de Saddam méritait depuis longtemps d'être renversé. Après le 11 septembre, son élimination était devenue importante au point de risquer directement des vies américaines.

Au cours des neuf mois qui suivirent la fin des opérations de combat majeures, Wolfowitz se rendit trois fois en Irak. Mêlé aux soldats, il prit la mesure de leur solidité, de leur dévouement, à un point qui lui coupa le souffle à chaque fois. Un colonel déclara à ses hommes que ce qu'ils avaient fait valait ce que leurs grands-pères avaient accompli face à l'Allemagne et au Japon, ou leurs pères en Corée. Pour Wolfowitz, le parti baasiste de Saddam était une organisation de bandits et de sadiques dignes des nazis. En le chassant du pouvoir, on ne faisait pas que neutraliser une menace pour les États-Unis, on préparait l'avènement d'un monde meilleur.

En tant que campagne militaire, la guerre avait été brillante, pensait-il. Elle avait entraîné moins de pertes américaines qu'on ne pouvait le craindre, sans impliquer Israël. Il n'y avait eu aucune utilisation d'ADM, pas de destruction des champs de pétrole irakiens, pas d'intervention extérieure de la Turquie ou de l'Iran, pas de conflit ethnique significatif entre Kurdes, Turcs et Arabes. Si quelqu'un avait osé prédire une telle évolution avant la guerre, on lui aurait reproché son optimisme béat.

Il était persuadé que de grandes choses avaient ainsi été accomplies pour l'Irak et le Moyen-Orient, même s'il faudrait du temps pour que les blessures cicatrisent. La liberté est une aspiration universelle de l'homme, et pas uniquement des Américains, estimait-il. Les États-Unis devaient aider les musulmans modérés et le talentueux peuple irakien à mettre en place des institutions libres. En dépit des prédictions, il avait vu la démocratie s'étendre en Asie de l'Est au cours des quinze dernières années. Donc, d'ici dix ou vingt ans, Wolfowitz était sûr que cette guerre serait considérée comme une étape essentielle dans la marche à la liberté, la démocratie et la défaite du terrorisme, qui ne pourrait que profiter aux Américains.

Pour le sénateur Bob Graham, le démocrate de Floride qui, en 2003, avait un temps posé sa candidature à la présidentielle, la guerre en Irak était l'une des plus graves erreurs de la politique étrangère américaine depuis la Seconde Guerre mondiale. Un peu comme si, en 1941, les États-Unis étaient entrés en guerre contre l'Italie de Mussolini au lieu de l'Allemagne de Hitler. Graham pensait que les Hitler du terrorisme, c'étaient Al Qaïda et le Hezbollah, des extrémistes soutenus par l'Iran. L'un et l'autre représentaient des menaces plus graves que l'Irak. L'un et l'autre avaient la capacité et la volonté de passer à l'attaque, et disposaient d'infiltrations aux États-Unis, pensait-il.

La guerre en Irak avait plus particulièrement détourné l'attention d'Al Qaïda qui, selon lui, avait repris des forces et était aujourd'hui plus menaçant. Par conséquent, les États-Unis étaient aujourd'hui plus en danger qu'avant la guerre.

Sur la question des armes de destruction massive, Graham pensait que la CIA avait eu recours à des renseignements de mauvaise qualité, que l'Administration, président inclus, avait ensuite manipulés et gonflés. Il estimait que Tenet aurait dû démissionner, ou être viré, et était surpris que Bush n'ait rien entrepris pour réformer l'Agence sur-le-champ. Le président, se disait-il, aurait dû accepter la responsabilité des erreurs commises. Lors de l'élection de 2004, espérait-il, les Américains seraient de son avis et expulseraient Bush de la Maison Blanche.

Au début de l'année 2004, Cheney était certain que la guerre en Irak resterait dans l'histoire comme un événement clé. Il n'en démordait pas, son analyse du terrorisme et ses affirmations au sujet de Saddam avaient été justes. La grande menace qui pesait sur le pays, c'était de voir Al Qaïda armé de bien pire que de cutters et de billets d'avion, mais plutôt d'une bombe nucléaire en plein cœur d'une ville américaine. On avait accusé l'Administration de ne pas avoir su tirer les bonnes conclusions avant le 11 septembre. Comment, dans ce cas, auraient-ils pu ne pas tirer les conclusions qui s'imposaient après les attentats ? C'était aussi simple que cela.

Cheney pensait que compte tenu des renseignements récoltés au fil de tant d'années sur les liens entre Bagdad et Al Qaïda et des indices accumulés sur les ADM, il aurait fallu, à la place de Bush, être dérangé pour en faire fi. Il estimait que les évaluations des services de renseignements pour 2002 avaient été plus que fiables.

Dans l'ensemble, il considérait que Bush avait compris qu'il fallait se concentrer sur l'essentiel, qu'il avait compris à quoi consacrer son temps. Le président ne perdait pas de temps sur les détails sans importance. Au cours des quelque seize mois qui avaient précédé la guerre, il s'était focalisé sur les plans de guerre. Cheney avait vu l'impact des questions présidentielles sur le département de la Défense et l'armée, déclarant ainsi à l'un de ses adjoints : « Ils savent qu'il va leur poser des questions difficiles, et qu'ils vont devoir y trouver une réponse. »

Cheney était par ailleurs persuadé que Bush croyait fermement qu'en apportant aux gens la liberté et la démocratie, on déclencherait un processus de transformation en Irak qui, des armées plus tard, entraînerait des changements dans tout le Moyen-Orient. Il y avait une dimension morale. Victor Davis Hanson, un de ses historiens militaires préférés, avait écrit que les dirigeants et les nations peuvent devenir « complices du mal par l'inaction ». Bush, lui, avait agi. Ce qu'avait fait le président, jugeait Cheney, était beaucoup plus important et plus dur que ce qu'il avait pu observer de près dans les autres gouvernements pour lesquels il avait travaillé, ceux de Ford et de Bush père.

On ne parlait plus aujourd'hui que de l'après-guerre, dont on dénonçait la préparation. Plus tard, se disait Cheney, cela ne compterait plus. Il ne subsisterait de tout cela qu'un vague bruit de fond par rapport à l'histoire, du moment qu'ils réussissaient ce qu'ils étaient en train d'entreprendre. Seul le résultat comptait. Il pensait que l'histoire réserverait un traitement favorable à Bush, même s'il reconnaissait que la sentence n'avait pas encore été prononcée.

À force, Karl Rove avait fini par aimer Cheney. Presque tous les présidents ont dû gérer des vice-présidents nourrissant des projets d'avenir réels ou imaginaires. Même Bush senior, archétype du fidèle vice-président, avait publiquement pris des distances vis-à-vis de Reagan à chaque fois qu'il l'avait estimé nécessaire, comme quand l'administration Reagan avait négocié avec le dirigeant panaméen Manuel Noriega. Bush avait alors préféré ne pas sembler être mêlé à ces négociations avec le douteux dictateur.

Cheney, lui, avait clairement fait savoir qu'il n'aspirait pas à devenir président. C'était un avantage presque inouï que le vice-président ne passe pas son temps à couper l'herbe sous le pied du président, Rove en était conscient. Cheney ne semblait pas se soucier de se couvrir, un phénomène presque inconnu en politique. Rove n'avait jamais identifié de projets personnels derrière les avis qu'il donnait à Bush. Le vice-président ne parvenait pas toujours à convaincre le président, en dépit du fait qu'il en savait souvent plus que le reste de l'entourage. Il connaissait les rouages de Washington, même si cette connaissance, estimait Rove, n'était pas toujours appliquée à bon escient. Cheney avait ses têtes, et son comportement lui permettait de rester inaccessible. Rove avait également noté son obsession pour Al Qaïda qui, selon ses propres termes « frisait l'exaltation ». En cela, Rove rejoignait Powell.

Cheney ne pouvait s'empêcher d'être nerveux quand il se trouvait au même endroit que le président, et ne cessait de craindre que le réseau de Ben Laden ne frappe et ne décapite le gouvernement américain en une seule fois. Il lui arrivait donc parfois de se rendre dans des lieux secrets, ou de s'absenter. À de rares occasions, Rove et le président avaient pu discuter des rumeurs reprises par les médias, qui prétendaient qu'en réalité, c'était Cheney qui tirait les ficelles en coulisses. À la Maison Blanche, quelques-uns des responsables de la communication s'en inquiétaient, ce qui faisait rire Bush. Tous deux savaient à quel point Cheney respectait la charge présidentielle. « Oui, monsieur le Président ; non, monsieur le Président. » Et il en allait de même quand le vice-président était seul avec Bush.

Quand ce dernier n'était pas là, Cheney parlait souvent de lui en disant « l'Homme » : « L'Homme veut ceci », ou « L'Homme pense cela. » Cheney pouvait certes être aussi convaincant que convaincu, mais la décision revenait au président. La preuve la plus manifeste en était les objections formulées par le vice-président à propos d'une démarche auprès des Nations unies en vue d'obtenir une nouvelle résolution sur les inspections de l'armement. Le président était passé outre son avis, et Cheney s'était incliné.

De plus, Rove estimait que la théorie qui voulait que Cheney soit en réalité aux commandes jouait en leur faveur. Tout d'abord, quiconque en était persuadé ne pouvait leur être d'aucune utilité. Ensuite, Rove tenait à ce qu'ils continuent à en parler, qu'ils s'enferrent dans cette voie. Il était certain que l'homme de la rue, lui, n'en croyait pas un mot. 67 % des Américains déclaraient que Bush était un président fort, ce qui englobait un tiers de ceux qui n'approuvaient pas sa présidence. Jamais un président fort n'aurait donné l'impression de suivre son vice-président et, en public, Bush avait tout sauf l'air faible.

Au début de février 2004, Rove comprit que l'Irak commençait à avoir un impact potentiellement négatif. Sur le terrain, les violences continuaient. L'armée américaine avait déployé 100 000 hommes sur place, et aurait peut-être même besoin de renforts pour un certain temps. Le taux des pertes américaines était trop élevé, sans qu'un accord politique soit en vue. Il semblait peu prudent de transférer la souveraineté aux Irakiens. L'incapacité à retrouver des armes de destruction massive, l'aveu public, de la part de Bush et Tenet, d'éventuelles erreurs des renseignements étaient comme autant de revers annoncés.

Auparavant, Rove avait lancé qu'il salivait à l'idée que les démocrates optent pour Howard Dean, ancien gouverneur du Vermont, dans la course à la présidence. Mais Dean avait implosé et c'était John Kerry, le sénateur démocrate du Massachusetts, qui avait empoché douze des quatorze primaires démocrates. Il semblait bien parti pour la candidature. La politique étant avant tout une question de récupération, d'adaptabilité et d'optimisme, Rove avait changé son fusil d'épaule.

« La bonne nouvelle pour nous, c'est que le candidat n'est pas Dean », affirma-t-il ainsi à l'un de ses adjoints, dans son bureau du premier étage de l'aile ouest. « Parce que l'une des forces de Dean, c'était qu'il pouvait dire : "Je ne fais pas partie de cette coterie." » Kerry, lui, était un élément à part entière de la coterie de Washington, et il avait voté en faveur de la guerre. Rove sortit son carnet intitulé « Qu'il y vienne », où il notait tout ce qu'il avait pu trouver sur les dix-neuf années passées par Kerry au Sénat. Les pages 9 à 20 de la partie consacrée à l'Irak étaient les plus intéressantes.

Kerry, semblait-il, avait été de tous les bords sur ce dossier. Tel un acteur entrant dans son personnage, Rove lut quelques morceaux choisis.

« L'Irak a développé sa capacité dans le domaine des armements chimiques », aurait dit Kerry en octobre 1990, à en croire le *Congressional Record*, les minutes du Congrès. En janvier 1991, Kerry avait déclaré que Saddam « s'efforçait » de développer des ADM ou « en avait toutes les capacités » (ce qui, en fait, était avéré, comme s'en aperçurent les inspecteurs de l'ONU à l'issue de la guerre du Golfe de 1991). En 1998, alors membre de la commission sénatoriale sur le renseignement, Kerry avait affirmé que Saddam « menait un programme de production d'armes de destruction massive » et, en octobre 2002, il annonçait : « Je suis prêt à demander à Saddam Hussein de rendre des comptes et à détruire ses armes de destruction massive. » Et « la menace des armes de destruction massive de Saddam Hussein est bien réelle... Il a continué à en produire. »

Tout en lisant, Rove haussait les sourcils. « Voilà ma préférée », dit-il en citant Kerry pour le 19 mars 2003, le jour où la guerre avait commencé : « Je pense que les armes de destruction massive de Saddam Hussein constituent une menace, et c'est pourquoi j'ai voté afin que nous soyons sûrs de le désarmer et de lui faire rendre des comptes. »

« Eh oui ! » s'exclama Rove. Le tout sur une chaîne de radio nationale. Tout était enregistré. Et donc, on avait là un membre de la commission sénatoriale sur le renseignement qui déclarait que Saddam avait bien ces fameuses armes. Pour la campagne de Bush, il suffirait de dire : « Vous disposez des mêmes informations que le président, vous arrivez à la même conclusion que lui, donc, si vous l'accusez d'avoir trompé le peuple américain, que faisiez-vous à ce moment-là ? Êtes-vous en train de dire qu'on vous a dupé ? »

Évidemment, souligna Rove, dès que l'après-guerre s'est avérée difficile, Kerry a commencé à faire marche arrière, affirmant qu'il n'avait pas voté en faveur de la guerre, mais seulement afin de conférer au président le pouvoir de brandir la menace d'une guerre. Kerry avait déclaré froidement à *Meet the Press* en août 2003 que la résolution du Congrès « que nous avons votée ne donnait pas au président le pouvoir de procéder à un changement de régime, nous ne l'avions autorisé qu'à faire respecter les résolutions des Nations unies ». Eh bien, Rove et tout le pays savaient que cette résolution autorisait clairement le président à employer l'armée en Irak.

Rove était ravi. « C'est enregistré ! répéta-t-il, on l'a échantillonné, il n'y a qu'à le sortir, littéralement, il suffit de prendre un extrait de ce qu'il dit, et mettre ça à côté de ce qu'il disait à Chris Matthews, comme quoi il était contre la guerre, et les gens vont se dire : "Non, mais quel hypocrite !" »

Des réponses, Kerry n'en manquait pas. Essentiellement, il pouvait souligner que Bush n'avait pas fait pression assez longtemps aux Nations unies, qu'il n'avait pas édifié une coalition internationale légitime, qu'il n'avait rien prévu pour l'après-guerre, et qu'il avait été trop pressé d'entrer en guerre contre un Saddam isolé et affaibli.

Rove pensait cependant qu'ils tenaient le candidat démocrate, puisqu'il avait voté pour donner le feu vert au président pour la guerre et qu'il faisait maintenant machine arrière, parce que l'après-guerre ne lui plaisait pas ou qu'il voyait une occasion politique à saisir. Dans un cas comme dans l'autre, Rove, apparemment, pensait qu'ils pourraient protéger le président au sujet de la guerre dans une campagne contre Kerry. Rien n'était joué, mais Rove était tout à fait prêt à tenter le coup.

Pour Powell et Armitage, l'influence d'Ahmed Chalabi, ancien dirigeant en exil et l'un des chefs du

Conseil irakien par intérim, restait une source d'inquiétude. Bien que le président ait déclaré qu'il n'avait ni l'intention de s'en mêler, ni d'aider à désigner le nouveau pouvoir à Bagdad, Chalabi, en tant que membre du Conseil, se comportait comme s'il bénéficiait du soutien de Bush. Le 20 janvier 2004, lors du discours sur l'état de l'Union du président, il avait occupé une place à côté de Laura Bush. Mais par la suite, Bush avait fait savoir qu'il n'avait pas apprécié que quelqu'un lui ait attribué ce siège. Parfois, Powell se disait que leur plus gros problème en Irak, c'était Chalabi. À en croire les rapports qu'Armitage recevait, la plupart des Irakiens le considéraient comme un imbécile. Et si l'Administration s'entêtait à le nier, Armitage était convaincu que Chalabi leur avait transmis des informations trafiquées sur les armes de destruction massive, informations qui avaient fini par atterrir sur les bureaux de Bush et Cheney avant la guerre. Selon lui, la CIA et le Congrès en viendraient immanquablement à s'intéresser au rôle de Chalabi dans les fiascos des services.

Pour Armitage, on ne pouvait pas tout accepter. Powell et lui menaient un juste combat, s'efforçant dès que possible d'atténuer l'unilatéralisme et l'arrogance de la politique étrangère du gouvernement Bush. Mais, se disait-il, cela ne leur vaudrait jamais de louanges, ni à Powell ni à lui.

Un adjoint au secrétaire d'État nommé depuis peu, qui avait auparavant travaillé pour l'une des cellules de réflexion conservatrices de Washington, s'était présenté devant lui le jour de son entrée aux Affaires étrangères. « Je pense que grâce à mes contacts, je serai vraiment en mesure de renouer des relations et de servir de lien entre la Défense et le département d'État », déclara le nouveau venu.

« Vous faites partie de l'équipe », lui rétorqua

Armitage tout en sachant qu'il était en train de s'énerver. « Vous n'êtes pas là pour établir des liens à la con. Ça fait trente ans que je connais ces fumiers. Pas de lien de merde. » Environ trois semaines plus tard, l'homme revint le voir.

« Alors, comment ça roule ? demanda Armitage.

— Oh, bien, monsieur.

— C'est beaucoup plus dur que ce que vous pensiez, non ?

— Je n'imaginais pas, reconnut le nouveau venu. C'est épuisant. » Puis il relata en détail comment « les enfoirés » de la Défense avaient mis des bâtons dans les roues de leurs efforts pour renouer avec l'ONU.

Un membre du Congrès, ami d'Armitage, lui déclara que Powell et lui avaient véritablement échoué. En fait, ils avaient facilité les choses en offrant une couverture, un vernis de raison qui avaient permis à Cheney et Rumsfeld d'agir comme bon leur semblait. Armitage dut le reconnaître, son ami du Congrès n'avait pas tort. Dans ses moments de déprime, il revenait sur les trois ans qu'il avait passés au département d'État et sa seule consolation, c'était sa relation personnelle avec Powell, qui s'était développée alors qu'ils tentaient de résoudre les problèmes par la diplomatie plutôt que par la guerre.

L'Irak, estimait-il, les confrontait à deux difficultés durables. S'il pensait qu'en fin de compte ils parviendraient à l'emporter et à mettre un terme à l'insurrection, l'armée américaine devrait en payer le prix pour au moins dix ans. Les effectifs de l'armée de terre, en particulier, étaient près du point de rupture. En réalité, ils menaient trois guerres en même temps : l'Afghanistan, qui continuait, l'Irak, et la guerre à l'échelle planétaire contre le terrorisme. À ses yeux, il était illogique, impossible d'y parvenir avec les forces dont disposait l'administration Clinton en temps de paix. C'était pourtant ce que cherchait à faire le gouvernement Bush. Le deuxième problème était d'ordre politique. Armitage ne voyait pas ce qui pourrait advenir en Irak ou ailleurs qui soit susceptible, au cours des huit mois qui les séparaient encore de la présidentielle, de ne pas donner l'impression que Bush était dans une impasse. Ses amis républicains au Sénat qui, à la fin de l'année 2003, estimaient qu'ils pouvaient encore gagner deux ou trois sièges supplémentaires en novembre 2004, craignaient maintenant de perdre le contrôle du Sénat au profit des démocrates, pour ne rien dire de la Maison Blanche.

Le mercredi 28 janvier 2004, David Kay, qui venait de démissionner du Groupe d'investigation en Irak, déclara devant la commission sénatoriale sur les forces armées : « Nous avions presque tout faux, et je m'inclus dans le lot. » Il dit que sa mission était accomplie à 85 % et qu'il ne pensait pas trouver d'arsenaux d'ADM en Irak. « Il faudra une enquête extérieure », dit-il, pour analyser l'échec des renseignements sur les ADM. Il avança qu'il était « important de reconnaître un échec » et que le Congrès et l'opinion publique ne pourraient avoir la confiance nécessaire dans les informations qui étaient transmises au président et aux principaux décideurs que si une telle enquête était ouverte.

Tant les démocrates que les républicains se mirent à faire pression en faveur d'une enquête indépendante. À l'origine, Bush refusa. Puis, avec Cheney, Rice et d'autres à la Maison Blanche, il ne tarda pas à en comprendre l'urgence, et la chance que cela représentait. Ils décidèrent donc de prendre l'initiative et proposèrent la création d'une commission composée de membres des deux partis nommés par le président. Ils mettraient à cela deux conditions. Pour commencer, la commission s'intéresserait aux ADM et aux problèmes de renseignements plus généralement, pas uniquement en Irak, mais s'attachant également à la prolifération en Iran, en Corée du Nord et en Libye. Ensuite, la commission ne rendrait son rapport qu'après l'élection présidentielle.

Cheney contacta des membres des commissions sur le renseignement à la Chambre et au Sénat, affirmant en particulier qu'une enquête menée en pleine élection présidentielle ne serait qu'une comédie qui risquait de politiser instantanément les questions liées au renseignement. En prenant tout le monde de vitesse, comme l'avait si souvent recommandé Karen Hughes, la Maison Blanche put dicter les gros titres : « Bush soutient une enquête sur les renseignements à propos de la guerre en Irak », clamait le *Washington Post* dans son édition du dimanche 1er février. Les journalistes précisaient : « Le changement de position de Bush vise à prendre les devants sur une question potentiellement dangereuse pour sa campagne. »

Le lundi 2 février, à l'issue d'une réunion du cabinet, un journaliste demanda au président :

« Pensez-vous que le pays a droit à une explication sur l'échec des renseignements en Irak avant l'élection, afin que les électeurs en soient avertis au moment d'élire un nouveau président ?

— Avant tout, je tiens à connaître tous les faits », répliqua Bush, soulignant que ces derniers n'avaient pas encore été tous compilés, et éludant ainsi la question.

Powell fut surpris d'apprendre que Kay avait choisi de partir en fanfare. Tenet lui avait dit que Kay continuerait d'occuper des fonctions en tant que consultant de haut niveau à la CIA et que l'Agence le « garderait à la ferme ». Eh bien, la grange était en feu, et Kay s'en était enfui au galop. Powell consacra du temps à éplucher la transcription de la déposition de Kay devant la commission sénatoriale sur les forces armées. Certes, elle établissait que Saddam avait eu l'intention et les moyens de produire des ADM. Mais l'absence de stocks bien réels d'armes chimiques et biologiques était un problème grave que l'on ne pouvait ignorer.

Peut-être était-ce un réflexe de son esprit militaire, mais si les informations sur lesquelles il avait fondé l'une de ses décisions étaient modifiées, il se devait au moins de reconnaître qu'il aurait peut-être pris une autre décision s'il avait pu obtenir ces nouvelles informations. Maintenant que Kay, usant de toute son autorité, disait qu'ils s'étaient « terriblement trompés » au sujet des stocks d'armes, le gouvernement devait regarder la nouvelle réalité en face. L'un des principaux motifs de la guerre s'en trouvait considérablement affecté.

À l'issue de la réunion du cabinet du 2 février, Powell, ayant sur lui une transcription soigneusement annotée des déclarations de Kay, rencontra un groupe de journalistes et de rédacteurs du *Washington Post* à qui il devait accorder une interview. Je n'étais pas présent. Powell défendit la décision de Bush d'entrer en guerre, lançant : « C'était ce qu'il fallait faire. »

« Si Tenet avait annoncé avant le début de la guerre ce que Kay affirmait aujourd'hui au sujet de l'absence d'arsenaux, demanda un journaliste, auriez-vous malgré tout recommandé d'envahir l'Irak ?

— Je ne sais pas, répondit Powell, parce que c'était cet arsenal qui constituait la touche ultime, qui en faisait un danger plus réel, plus présent, une menace pour la région et pour le monde. Il ajouta : L'absence d'arsenal modifie le calcul politique. Il modifie la réponse que l'on obtient. »

Les réflexions du secrétaire d'État firent la une du *Post* du lendemain : « Powell déclare que la décision d'entrer en guerre aurait pu être affectée par les nouvelles informations. »

Powell savait que la Maison Blanche retenait son souffle chaque fois qu'il s'adressait aux médias, et que Rice consultait les journaux très tôt le matin. Toute information qui ne se conformerait à la position du président suffirait à la mettre dans tous ses états. Quand elle l'appela ce matin-là, elle avait déjà discuté de ses commentaires avec le président. Tout comme elle, ce dernier était « furieux », dit-elle au secrétaire d'État. Powell avait « donné aux démocrates un outil formidable ». Le président avait affirmé publiquement que la question des ADM n'était pas encore résolue, qu'il fallait attendre de connaître les faits. Et maintenant, Powell déclarait tout autre chose. Il avait une fois de plus fait la une des journaux du monde entier.

Même quand Rice lui transmettait un message du président, Powell n'appréciait pas vraiment de se faire tirer les oreilles par quelqu'un qui avait dix-sept ans de moins que lui et occupait les fonctions qu'il avait lui-même occupées quinze ans plus tôt. « Regardez le reste de ce que j'ai dit, répliqua-t-il. C'était très bien. » En revanche, alors qu'ils étaient confrontés à des faits entièrement nouveaux sur l'un des éléments moteurs de leur décision d'entrer en guerre, il estimait de son devoir d'au moins reconnaître qu'il aurait reconsidéré la décision en question.

L'un comme l'autre savait que Powell n'avait jamais conseillé Bush sur l'ensemble de la guerre, puisqu'on ne le lui avait jamais demandé. Ce qui n'était pas apparu dans l'interview du *Post*. Le message de Rice était sans équivoque : rentrez dans le rang.

À 10 h 45 ce matin-là, alors que Powell quittait le département d'État pour rencontrer Bush et le secrétaire général de l'ONU Kofi Annan à la Maison Blanche, des journalistes l'interrogèrent à propos de ses réflexions publiées dans le *Post*. Il s'abstint de les réitérer. Il déclara que Saddam avait eu l'intention et avait conservé les moyens de développer des armes de destruction massive. « C'est finalement ce qui compte : le président a pris la bonne décision », fit Powell. À trois autres reprises, il répéta que la décision du président avait été la « bonne ». Puis il fit une déclaration extraordinaire, assurant que même s'ils avaient disposé « d'autres informations », vraisemblablement quelque chose du genre de l'évaluation de Kay, avant la guerre, cela n'aurait pas changé la décision d'entrer en guerre. « Nous étions tous d'accord à ce sujet, et nous serions encore probablement tous d'accord quelles que soient les circonstances. »

L'attitude de Bush, son style et tout ce qu'il avait appris sur lui permettaient à Powell d'en déduire clairement plusieurs choses. Le président n'était pas du genre à mettre les gens sur la touche, qu'il s'agisse de Powell ou de Tenet. Bush avait également affirmé sans ambiguïté que personne ne quitterait le navire. Le précédent de Kay en soulignait les risques.

Le président n'en démordait pas. Ils avaient absolument fait ce qu'il fallait en renversant Saddam. Tous les membres du cabinet de guerre avaient été d'accord. Ils formaient une équipe. Le message plus général derrière tout cela était encore plus évident : il était temps de resserrer les rangs.

Il avait fallu longtemps à Tenet pour prendre la mesure de l'énormité du problème. Un mois après la fin de la phase majeure des opérations de combat, le fait qu'ils n'avaient pas encore trouvé d'ADM ne l'inquiétait pas. Ils finiraient par en trouver, se disait-il, mais cela pourrait prendre des mois. En septembre, au bout de six mois de recherches stériles, il commençait à se dire qu'il leur faudrait peut-être une dizaine d'années. Il restait persuadé que leurs renseignements étaient bons. Même si on lui en avait donné la possibilité, il ne serait pas revenu sur leurs évaluations. En novembre, Tenet envisageait l'éventualité qu'ils n'aient jamais la réponse à la question des ADM. Les pillages et la destruction de documents avaient été si étendus que l'Irak du 18 mars, celui de la veille de la guerre, n'existait plus.

Pendant dix mois, jusqu'à la démission de Kay, jusqu'à ce qu'il déclare qu'ils s'étaient tous trompés, l'affaire des armes de destruction massive plana en arrière-plan. Tenet était pris en étau. La CIA et lui étaient fiers de leurs analyses pointues et de leurs conclusions. La barre étant placée très haut, une erreur était inacceptable. En privé, il ne s'était pas gêné pour critiquer les articles qui, à tort, avaient annoncé avec fracas à la fin de 2001 que la guerre en Afghanistan dégénérerait en bourbier. Quand les médias se trompaient, avait-il dit alors, « ils n'en payaient jamais le prix ». Et il avait ajouté que si le directeur de la CIA avait fourni des informations aussi fausses, le président l'aurait « foutu à la porte ».

Mais pour ce qui semblait bien être une erreur, personne ne payait quelque prix que ce soit à la CIA, personne ne se voyait obligé de rendre des comptes. Or c'était Tenet qui avait garanti à Bush qu'ils trouveraient de quoi marquer un « score d'enfer » à propos de la présence d'ADM.

L'Agence passait donc maintenant au crible tous les renseignements qu'elle avait en sa possession, s'efforçant de comprendre ce qui avait bien pu clocher, revenant sur chaque dossier en se fondant sur l'apparente inexistence de ces armes, afin de déterminer comment chaque communication, chaque rapport avait pu être soit erroné, soit mal compris.

Tout comme John McLaughlin, son adjoint, Tenet considérait qu'il leur fallait parfois oser se tromper afin de pouvoir parer à toute éventualité. D'après lui, la CIA avait ce qu'il appelait le « devoir de mettre en garde », c'était à l'Agence que revenait la responsabilité de signaler les dangers potentiels. Peut-être que, dans le sillage des enquêtes sur le 11 septembre, ils avaient développé une tendance à grossir les risques, les attentats ayant démontré qu'ils n'avaient pas su parvenir aux bonnes conclusions à propos d'Al Qaïda. Personne, et surtout pas Tenet, ne tenait à être pris en flagrant délit de sous-estimation d'une menace.

« Je ne suis pas idiot », lâcha Tenet à ses adjoints, avant d'ajouter que leur incapacité à retrouver les armes de destruction massive était « bizarre ». Il savait que sa tête pouvait se retrouver sur le billot. Les commissions du Sénat et de la Chambre sur le renseignement avaient lancé leurs enquêtes, et leurs présidents avaient d'ores et déjà publiquement affirmé qu'elles rendraient des rapports sans concessions.

Tenet prépara sa défense. Le 5 février 2004, premier anniversaire de la présentation de Powell sur les ADM à l'ONU, lors de l'une de ses rares interventions publiques, il fit un discours à l'université de Georgetown.

« Nous sommes loin d'avoir bouclé 85 % de nos recherches », fit-il, s'en prenant directement aux déclarations de Kay. « Tout ce que je peux dire aujourd'hui est, par force, provisoire. Pourquoi ? Parce qu'il nous faut plus de temps, plus d'informations. » Il affirma qu'ils avaient découvert que l'Irak disposait des capacités en recherche et développement, avait la volonté et les moyens de produire des armes chimiques et biologiques. Vers le milieu de son discours, il reconnut cependant qu'ils n'avaient encore rien trouvé.

La CIA analysait et étudiait tout afin d'améliorer ses résultats, et s'était aperçue que certaines de ses sources avaient « fabriqué » des informations, poursuivit-il. Il rappela que c'étaient les espions de la CIA qui avaient fourni les informations qui avaient permis l'arrestation de certains des principaux chefs d'Al Qaïda, dont Khalid Cheikh Mohammed, cerveau présumé des attentats du 11 septembre. C'étaient encore eux qui avaient joué un rôle essentiel dans la mise au jour du réseau secret de prolifération nucléaire d'Abdul Qadeer Khan, père du programme nucléaire pakistanais qui avait aidé la Libye, l'Iran et la Corée du Nord à mettre en place leurs propres programmes. Au fil des enquêtes et des analyses en cours, prévint-il, il leur faudrait se montrer prudent. « Nous ne pouvons nous permettre de laisser se développer un environnement où les analystes ont peur de passer un coup de fil, où ils s'abstiendraient d'émettre un jugement par peur de se tromper. »

En un sens, Tenet réclamait qu'il n'y ait que peu ou pas de prix à payer pour les erreurs commises. Face aux conséquences du 11 septembre et à la menace toujours active d'Al Qaïda, la CIA avait adopté une mentalité qui consistait à mettre en garde à tout prix. Pendant des années, le problème de l'Agence avait essentiellement été d'attirer l'attention des décideurs et de l'opinion publique. Bien sûr, c'était une chose de se tromper sur l'éventualité d'une attaque contre les États-Unis. Tenet et les principaux responsables de la CIA étaient sûrs qu'Al Qaïda frapperait de nouveau. James Pavitt, patron de la Direction des opérations, avait déclaré à son équipe au début de 2004 : « Ils vont nous attaquer encore. Une frappe massive, sous une forme ou sous une autre. Absolument. Absolument. » Mais, avait-il ajouté : « Si cinq, six ou sept ans se passent sans que rien n'arrive, je serai tout à fait satisfait d'avoir eu tort. » En revanche, s'ils avaient eu tort sur le fait que Saddam ait détenu des armes biologiques et chimiques, le mobile de la guerre, il n'y avait pas vraiment de quoi s'estimer tout à fait satisfait.

Revenant sans cesse sur les renseignements incriminés, Tenet reconnut devant ses pairs que la CIA et lui auraient dû ouvrir leurs rapports d'évaluation par une phrase soulignant que les preuves n'étaient pas d'une solidité à toute épreuve, qu'elles ne reposaient sur aucune base incontestable.

« Putain de merde ! » souffla Powell en lisant une copie du discours de Tenet. Le directeur de la CIA en personne déclarait que les tubes d'aluminium dont ils avaient été si sûrs qu'ils serviraient à des centrifugeuses pour enrichir de l'uranium n'avaient peut-être été que des obus d'artillerie classiques. Powell avait encore en mémoire les doutes qu'il avait exprimés à ce sujet avant sa présentation aux Nations unies. John McLaughlin s'était alors lancé dans un long soliloque sur l'épaisseur des parois des tubes, sur leur taux de rotation, affirmant qu'ils étaient destinés à des centrifugeuses. Et maintenant, Tenet disait : « Il nous faut encore collecter d'autres données, interroger davantage de sources », mais son agence « avait peut-être surestimé » les progrès réalisés par Saddam dans le développement d'armements nucléaires. C'était déprimant.

Tenet faisait également marche arrière sur d'autres

certitudes précédentes, à propos des prétendus laboratoires biologiques mobiles. Auparavant, la CIA avait affirmé disposer de cinq sources humaines pour étayer cette affirmation, se souvenait Powell. Aujourd'hui, Tenet disait qu'il n'y avait aucun consensus sur la question : « Et je dois vous avouer que nous nous heurtons à des divergences dans les affirmations de nos sources portant sur la production mobile d'armes biologiques avant la guerre. »

Powell cracha un autre « Putain de merde ! » Il savait parfaitement que Tenet avait dit au président, « dans le langage imagé des rues de New York », comme l'avait décrit Powell, qu'avec l'affaire des ADM, ils marqueraient un « score d'enfer ».

Le président était le plus en vue de ceux qui avaient tout gobé. Mais Powell venait juste après lui, et il savait qu'il pouvait être sacrifié. Il savait aussi que Tenet se sentait mal, et qu'en tant que directeur, il ne devait penser qu'à protéger son Agence. Mais c'était malgré tout une catastrophe. Powell en vint à remettre en question absolument tout ce que la CIA disait ou avait pu lui communiquer. Contrairement à Armitage, il se souciait peu d'être considéré comme l'un de ceux qui avaient ouvert la voie à la politique des faucons, Cheney et Rumsfeld. Une fois passé en revue tous les problèmes, il considérait que le département d'État s'était correctement acquitté de sa tâche et qu'on ne lui était généralement pas assez reconnaissant des succès qu'il avait remportés, comme l'amélioration des relations avec la Chine et la Russie.

Chaque fois que quelqu'un lui disait qu'il devait éprouver des angoisses au sujet de la guerre, Powell rétorquait qu'il avait fait tout ce qui était en son pouvoir. En août 2002, il avait presque joué sa carrière en présentant au président toutes les difficultés qu'impliquerait une guerre, les conséquences et les revers potentiels. À l'époque, il se disait que le président n'avait peut-être pas une vision d'ensemble de la situation. Il l'avait donc averti. La décision était revenue à Bush, pas à lui. Maintenant, l'Irak appartenait aux États-Unis. À Bush. Mais Powell avait le sentiment d'avoir fait son travail.

Après le discours de Tenet, le président ne tenait à dire qu'une seule chose au patron de ses renseignements. « Vous avez fait du bon boulot », le complimenta-t-il au téléphone.

Rice trouvait que le processus qui avait mené à la guerre avait été difficile. Et c'était normal, se disait-elle. Mais l'après-guerre était inquiétant, surtout leur incapacité à retrouver des armes de destruction massive.

Elle savait que qui dit renseignement ne dit pas nécessairement fait avéré. Après avoir passé tant d'années au contact de la communauté du renseignement, contact qui remontait à l'époque où elle s'occupait de la Russie au sein du Conseil de la sécurité nationale de Bush père, elle savait que le renseignement n'était un recours que lorsqu'ils ignoraient quelque chose. Bien que les informations de la CIA sur les ADM irakiennes aient été parmi les plus catégoriques qu'elle ait jamais vues, le renseignement a des limites en tant que fondement d'une politique. Le renseignement est plus suggestif, il reflète des possibilités, des ombres plutôt que des certitudes. Elle avait personnellement interrogé le spécialiste du renseignement national de l'Agence sur les conclusions liées aux ADM de l'Irak, lui demandant si ces assertions étaient un fait ou un avis.

« Un avis », lui avait-il répondu.

En tant que conseillère à la sécurité nationale, Rice n'osait pas influencer les rapports d'évaluation de la

CIA, mais compte tenu de ses liens et de son statut aux yeux de Bush, si quelqu'un avait pu inviter le président à modérer ses propres déclarations catégoriques sur les ADM, c'était bien elle.

Mais Cheney leur avait coupé l'herbe sous le pied le 26 août 2002 quand il avait déclaré qu'il ne faisait « aucun doute » que l'Irak détenait des ADM. Et le président n'avait pas tardé à manifester publiquement sa certitude, avant même que le rapport d'évaluation de la CIA pour le mois d'octobre ne leur fût remis.

Tandis que la controverse sur les armes de destruction massive enflait en 2004, le président fit part de son inquiétude à Rice. En dévoilant toutes les difficultés que connaissait la CIA, on risquait d'aboutir à deux conséquences négatives qu'il tenait à éviter. D'une part, la controverse susciterait des enquêtes parlementaires comme les commissions Church et Pike, en 1975-76, qui avaient révélé que la CIA espionnait des citoyens américains, testait de nouvelles drogues et préparait des attentats contre des dirigeants étrangers. Il ne voulait pas d'une nouvelle chasse aux sorcières, conscient que la succession d'enquêtes dont elle avait fait l'objet avait contribué à démoraliser l'Agence et l'avait rendue durablement allergique aux risques. D'autre part, il ne voulait pas non plus qu'à l'avenir, un président se retrouve les mains liées s'il était nécessaire d'entreprendre une action préventive contre une autre menace.

Le vendredi 6 février, à 13 h 30, le président se présenta dans la salle de presse pour annoncer ce qui était déjà connu. Il déclara qu'il nommerait une commission de neuf membres chargée d'étudier les capacités américaines dans le domaine du renseignement et d'analyser les renseignements sur les armes de destruction massive dans le monde. Elle aurait pour tâche de déterminer pourquoi certaines des informations collectées avant la guerre sur les prétendues armes de destruction massive de l'Irak n'avaient pu être confirmées sur le terrain. Bush vanta les mérites du personnel des services de renseignements, qui étaient, dit-il, « des professionnels dévoués, qui effectuent un travail complexe et difficile. Les ennemis de l'Amérique opèrent dans le secret. Afin de les surveiller et de perturber leurs activités, notre nation doit user de toutes ses armes et de tous les avantages dont nous disposons. »

Puis le président ajouta : « Les membres de la commission remettront leur rapport le 31 mars 2005. »

Tout au long des heures que j'ai passées à interviewer le président, et des centaines d'heures que j'ai consacrées à des entretiens avec son entourage ou avec ceux qui ont été impliqués dans la prise de décision qui a mené à la guerre en Irak, un thème est revenu sans cesse : la conviction de Bush d'avoir pris la bonne décision.

Lors de ma deuxième interview avec lui, le 11 décembre 2003, le président m'a dit qu'il avait un jour déclaré à Rice : « Je suis prêt à risquer ma présidence pour faire ce que je considère comme juste.

« J'étais sur le point d'agir. Et si cela me coûtait la présidence, j'en étais pleinement conscient. Mais j'avais tellement le sentiment que c'était la chose à faire que j'étais prêt à prendre ce risque. »

Je lui demandai si, comme on me l'avait rapporté, il avait dit lors de l'une des réunions de préparation : « J'aimerais bien avoir deux mandats, mais si je n'en ai qu'un, qu'il en soit ainsi. »

« C'est vrai, répondit le président. C'est ce que j'ai dit, absolument. » Il me rappela que les choses auraient pu mal se passer sur le terrain, dans la préparation, ou encore qu'ils auraient pu finir par être pris au piège d'interminables inspections de l'ONU.

« Et si cette décision vous coûte votre réélection ? lui fis-je.

— La présidence, c'est comme ça que ça marche, commenta Bush. Je suis tout à fait prêt à vivre avec. »

Ce jour-là, au bout de deux heures, nous sommes sortis du Bureau Ovale pour marcher un peu. Dehors, la nuit commençait à tomber. Peut-être le verdict le plus immédiat sur la guerre serait celui rendu prochainement par les urnes. Mais ce ne serait pas le dernier. Comment l'histoire jugerait-elle sa guerre en Irak ? l'interrogeai-je.

Il serait impossible d'en comprendre le sens à court terme, m'expliqua le président, ajoutant que selon lui, il faudrait quelque dix ans pour en comprendre l'impact et la véritable signification.

Il y aura probablement des cycles, intervins-je. Comme le pense Karl Rove, glissai-je, toute l'histoire se mesure à ses résultats.

Bush eut un sourire. « L'histoire », fit-il en haussant les épaules. Il sortit les mains de ses poches et écarta les bras comme pour dire que tout cela était encore si loin.

« Nous n'en saurons rien. Nous serons tous morts. »

REMERCIEMENTS

Une fois de plus, Simon & Schuster et le *Washington Post* m'ont accordé un soutien total, me laissant le temps et une remarquable indépendance afin que je puisse réaliser ce livre.

Alice Mayhew, ma directrice éditoriale depuis trente-deux ans et sur douze livres chez Simon & Schuster, a une fois encore consacré son talent habituel et sans égal à ce projet, nous permettant de publier aussi vite que possible une fois le projet bouclé. Toujours dans les temps, Alice est une force de la nature, elle regorge d'idées, de questions, et sait accorder de l'attention tant aux grandes lignes qu'aux petits détails.

Leonard Downie Jr., le directeur de la rédaction du *Washington Post*, et Steve Coll, le rédacteur en chef, fournissent à la fois le soutien et la flexibilité nécessaires à des projets complexes et de longue haleine. Don Graham, directeur général du *Post*, et Bo Jones, le président, sont au premier rang des patrons de grands médias qui comprennent le journalisme et l'importance d'aller autant que possible jusqu'au bout d'un sujet.

Bill Hamilton, rédacteur en chef adjoint pour l'entreprise (autrement dit, pour tout), et l'un des meilleurs de la presse écrite, a consacré plusieurs semaines à m'aider pour l'édition et les bonnes feuilles destinées au *Post*. Un grand merci pour ses conseils éclairés.

Grâce à un livre, on peut utiliser ce qui a été fait auparavant. Ce livre s'appuie sur mon propre travail, bien que je sois certain d'avoir utilisé des informations fournies par des sources ou encore prélevées dans des archives publiées auparavant sous une forme ou une autre dans d'autres publications ou journaux. J'ai une immense dette envers tous ceux qui ont écrit ou effectué des reportages sur la montée à la guerre, sur sa conduite et ses conséquences. Dans l'ensemble, ils ont tous accompli un travail formidable. Les centaines de journalistes embarqués dans les unités militaires pendant la guerre méritent un coup de chapeau particulier. Ils sont plus d'une dizaine à avoir perdu la vie, dont Michael Kelly et David Bloom.

Mes collègues du *Post* m'ont apporté une aide précieuse, non seulement par leur excellente couverture quotidienne des événements, mais aussi de façon informelle, par leurs nombreuses idées et suggestions. Parmi eux, citons Walter Pincus, Dana Priest, Thomas E. Ricks, Karen DeYoung, Mike Allen, Dana Milbank, Vernon Loeb, Bradley Graham, Glenn Kessler, Peter Slevin et Barton Gellman. Liz Spayd et Michael Abramovitz, responsables du bureau national, se sont comme toujours montrés aussi courtois qu'indispensables.

Le bureau international du *Post* s'est également montré des plus compréhensifs et m'a apporté une grande aide dans le domaine du contexte ; ce groupe de remarquables journalistes, sous la férule habile de Phil Bennett et David Hoffman, comprend Anthony Shadid, Rajiv Chandrasekaran, Rick Atkinson et tant d'autres.

Olwen Price s'est chargée de la transcription de nombreux entretiens, souvent dans des délais impossibles, et nous l'en remercions sincèrement.

Joe Elbert et son équipe de photographes du *Post*, toujours les meilleurs, m'ont fourni nombre des clichés qui illustrent l'édition originale. Un grand merci aussi à Michael Keegan et Laris Karklis pour la cartographie.

Chez Simon & Schuster, Carolyn K. Reidy, la présidente, et David Rosenthal, l'éditeur, ont veillé à ce que les gens et les systèmes soient en place afin que ce livre se retrouve en librairie aussi vite que le permet l'édition du XXIᵉ siècle. Merci à Roger Labrie pour tant d'aide. Merci également à Jack Romanos, président directeur général, Elisa Rivlin, conseillère générale, Victoria Meyer, directrice de la publicité, Aileen Boyle, directrice associée de la publicité, Jackie Seow, directrice artistique, qui a conçu la jaquette, Linda Dingler, directrice de la conception, et Mara Lurie, directrice de la production qui a su intelligemment gérer nos délais des plus compressés.

Un grand merci à John Walter, directeur de la production, pour le soin extrême et l'expertise apportés à tous les détails, petits, moyens et grands.

Mark Malseed et moi-même tenons à remercier Fred Chase, qui nous avait aidés et avait corrigé *Bush s'en va-t-en guerre* en

2002, d'être venu une nouvelle fois du Texas pour éditer ce manuscrit, nous en faire une lecture avec un regard acéré et pour toutes ses innombrables et importantes suggestions.

Ce livre s'articule essentiellement sur le témoignage de plus de soixante-quinze sources. La plupart ont accepté de nous fournir des informations sous couvert d'anonymat. À tous ces anonymes, à tous ceux qui sont nommés, j'offre mes remerciements et ma gratitude, pour toutes ces heures passées, pour certains plus d'une dizaine, à me répondre sur ce sujet.

Les reportages et les analyses du *New York Times*, du *Wall Street Journal*, de *Newsweek*, *Time*, *US News & World Report*, du *Los Angeles Times*, du *New Yorker*, du *National Journal*, de l'Associated Press et tant d'autres services d'information m'ont apporté une aide inestimable. Le site Web de l'association à but non lucratif GlobalSecurity.org s'est révélé une source précieuse sur les questions militaires, de renseignements et de sécurité nationale.

Robert B. Barnett, mon agent et mon avocat, s'est comme toujours montré sage dans ses conseils, et en tant qu'ami. Puisqu'il représente également des démocrates de renom comme l'ancien président Bill Clinton et le sénateur Hillary Rodham Clinton, ainsi que des républicains comme Karen Hughes et l'ancien sénateur Bob Dole, il n'a pu voir ce livre avant son impression.

Merci encore à Rosa Criollo, Norma Gianelloni, et Jackie Crowe.

Mes deux filles, Tali, journaliste au *San Francisco Bay Guardian* et Diana, qui est en terminale, m'ont gentiment supporté tout au long de la préparation et de la rédaction de ce livre.

Elsa Walsh, mon épouse et ma meilleure amie, m'a une fois encore apporté son soutien, ses conseils et sa sagesse sur ce projet, le neuvième livre que j'écris en quinze ans de mariage. La rédaction d'ouvrages sur des sujets liés à l'information, qui se développent et se modifient presque chaque jour, est un travail intense qui met la vie de famille à rude épreuve. Elsa s'y adapte avec une grâce éblouissante, et c'est tout juste si elle plaisante quand elle dit que l'année passée, notre vie n'a été « que de l'Irak tout le temps ». Pour cela, pour tant d'autres choses, et la vie merveilleuse qu'elle offre à ma famille, je lui dédie ce livre.

DU MÊME AUTEUR

Aux Éditions Denoël

BUSH S'EN VA-T-EN GUERRE, 2003 (postface inédite de l'auteur, Folio documents n° 16)

PLAN D'ATTAQUE, 2004 (Folio documents n° 25)

Chez d'autres éditeurs

WATERGATE : LES FOUS DU PRÉSIDENT (avec Carl Bernstein), Robert Laffont, 1974

LES DERNIERS JOURS DE NIXON (avec Carl Bernstein), Robert Laffont, 1976

CIA – GUERRES SECRÈTES, Stock, 1987

CHEFS DE GUERRE, Calmann-Lévy, 1991

COLLECTION FOLIO

Dernières parutions

3971. Vassilis Alexakis — *Les mots étrangers.*
3972. Antoine Audouard — *Une maison au bord du monde.*
3973. Michel Braudeau — *L'interprétation des singes.*
3974. Larry Brown — *Dur comme l'amour.*
3975. Jonathan Coe — *Une touche d'amour.*
3976. Philippe Delerm — *Les amoureux de l'Hôtel de Ville.*
3977. Hans Fallada — *Seul dans Berlin.*
3978. Franz-Olivier Giesbert — *Mort d'un berger.*
3979. Jens Christian Grøndahl — *Bruits du cœur.*
3980. Ludovic Roubaudi — *Les Baltringues.*
3981. Anne Wiazemsky — *Sept garçons.*
3982. Michel Quint — *Effroyables jardins.*
3983. Joseph Conrad — *Victoire.*
3984. Émile Ajar — *Pseudo.*
3985. Olivier Bleys — *Le fantôme de la Tour Eiffel.*
3986. Alejo Carpentier — *La danse sacrale.*
3987. Milan Dargent — *Soupe à la tête de bouc.*
3988. André Dhôtel — *Le train du matin.*
3989. André Dhôtel — *Des trottoirs et des fleurs.*
3990. Philippe Labro/ Olivier Barrot — *Lettres d'Amérique. Un voyage en littérature.*
3991. Pierre Péju — *La petite Chartreuse.*
3992. Pascal Quignard — *Albucius.*
3993. Dan Simmons — *Les larmes d'Icare.*
3994. Michel Tournier — *Journal extime.*
3995. Zoé Valdés — *Miracle à Miami.*
3996. Bossuet — *Oraisons funèbres.*
3997. Anonyme — *Jin Ping Mei I.*
3998. Anonyme — *Jin Ping Mei II.*
3999. Pierre Assouline — *Grâces lui soient rendues.*
4000. Philippe Roth — *La tache.*
4001. Frederick Busch — *L'inspecteur de nuit.*
4002. Christophe Dufossé — *L'heure de la sortie.*

4003. William Faulkner   *Le domaine.*
4004. Sylvie Germain   *La Chanson des mal-aimants.*
4005. Joanne Harris   *Les cinq quartiers de l'orange.*
4006. Leslie kaplan   *Les Amants de Marie.*
4007. Thierry Metz   *Le journal d'un manœuvre.*
4008. Dominique Rolin   *Plaisirs.*
4009. Jean-Marie Rouart   *Nous ne savons pas aimer.*
4010. Samuel Butler   *Ainsi va toute chair.*
4011. George Sand   *La petite Fadette.*
4012. Jorge Amado   *Le Pays du Carnaval.*
4013. Alessandro Baricco   *L'âme d'Hegel et les vaches du Wisconsin.*
4014. La Bible   *Livre d'Isaïe.*
4015. La Bible   *Paroles de Jérémie-Lamentations.*
4016. La Bible   *Livre de Job.*
4017. La Bible   *Livre d'Ezéchiel.*
4018. Frank Conroy   *Corps et âme.*
4019. Marc Dugain   *Heureux comme Dieu en France.*
4020. Marie Ferranti   *La Princesse de Mantoue.*
4021. Mario Vargas Llosa   *La fête au Bouc.*
4022. Mario Vargas Llosa   *Histoire de Mayta.*
4023. Daniel Evan Weiss   *Les cafards n'ont pas de roi.*
4024. Elsa Morante   *La Storia.*
4025. Emmanuèle Bernheim   *Stallone.*
4026. Françoise Chandernagor *La chambre.*
4027. Philippe Djian   *Ça, c'est un baiser.*
4028. Jérôme Garcin   *Théâtre intime.*
4029. Valentine Goby   *La note sensible.*
4030. Pierre Magnan   *L'enfant qui tuait le temps.*
4031. Amos Oz   *Les deux morts de ma grand-mère.*
4032. Amos Oz   *Une panthère dans la cave.*
4033. Gisèle Pineau   *Chair Piment.*
4034. Zeruya Shalev   *Mari et femme.*
4035. Jules Verne   *La Chasse au météore.*
4036. Jules Verne   *Le Phare du bout du Monde.*
4037. Gérard de Cortanze   *Jorge Semprun.*
4038. Léon Tolstoï   *Hadji Mourat.*
4039. Isaac Asimov   *Mortelle est la nuit.*

4040.	Collectif	*Au bonheur de lire.*
4041.	Roald Dahl	*Gelée royale.*
4042.	Denis Diderot	*Lettre sur les Aveugles.*
4043.	Yukio Mishima	*Martyre.*
4044.	Elsa Morante	*Donna Amalia.*
4045.	Ludmila Oulitskaïa	*La maison de Lialia.*
4046.	Rabindranath Tagore	*La petite mariée.*
4047.	Ivan Tourguéniev	*Clara Militch.*
4048.	H.G. Wells	*Un rêve d'Armageddon.*
4049.	Michka Assayas	*Exhibition.*
4050.	Richard Bausch	*La saison des ténèbres.*
4051.	Saul Bellow	*Ravelstein.*
4052.	Jerome Charyn	*L'homme qui rajeunissait.*
4053.	Catherine Cusset	*Confession d'une radine.*
4055.	Thierry Jonquet	*La Vigie* (à paraître).
4056.	Erika Krouse	*Passe me voir un de ces jours.*
4057.	Philippe Le Guillou	*Les marées du Faou.*
4058.	Frances Mayes	*Swan.*
4059.	Joyce Carol Oates	*Nulle et Grande Gueule.*
4060.	Edgar Allan Poe	*Histoires extraordinaires.*
4061.	George Sand	*Lettres d'une vie.*
4062.	Frédéric Beigbeder	*99 francs.*
4063.	Balzac	*Les Chouans.*
4064.	Bernardin de Saint Pierre	*Paul et Virginie.*
4065.	Raphaël Confiant	*Nuée ardente.*
4066.	Florence Delay	*Dit Nerval.*
4067.	Jean Rolin	*La clôture.*
4068.	Philippe Claudel	*Les petites mécaniques.*
4069.	Eduardo Barrios	*L'enfant qui devint fou d'amour.*
4070.	Neil Bissoondath	*Un baume pour le cœur.*
4071.	Jonahan Coe	*Bienvenue au club.*
4072.	Toni Davidson	*Cicatrices.*
4073.	Philippe Delerm	*Le buveur de temps.*
4074.	Masuji Ibuse	*Pluie noire.*
4075.	Camille Laurens	*L'Amour, roman.*
4076.	François Nourissier	*Prince des berlingots.*
4077.	Jean d'Ormesson	*C'était bien.*
4078.	Pascal Quignard	*Les Ombres errantes.*
4079.	Isaac B. Singer	*De nouveau au tribunal de mon père.*

4080. Pierre Loti — *Matelot.*
4081. Edgar Allan Poe — *Histoires extraordinaires.*
4082. Lian Hearn — *Le clan des Otori, II : les Neiges de l'exil.*
4083. La Bible — *Psaumes.*
4084. La Bible — *Proverbes.*
4085. La Bible — *Évangiles.*
4086. La Bible — *Lettres de Paul.*
4087. Pierre Bergé — *Les jours s'en vont je demeure.*
4088. Benjamin Berton — *Sauvageons.*
4089. Clémence Boulouque — *Mort d'un silence.*
4090. Paule Constant — *Sucre et secret.*
4091. Nicolas Fargues — *One Man Show.*
4092. James Flint — *Habitus.*
4093. Gisèle Fournier — *Non-dits.*
4094. Iegor Gran — *O.N.G.!*
4095. J.M.G. Le Clézio — *Révolutions.*
4096. Andreï Makine — *La terre et le ciel de Jacques Dorme.*
4097. Collectif — *«Parce que c'était lui, parceque c'était moi».*
4098. Anonyme — *Saga de Gísli Súrsson.*
4099. Truman Capote — *Monsieur Maléfique et autres nouvelles.*
4100. E.M. Cioran — *Ébauches de vertige.*
4101. Salvador Dali — *Les moustaches radar.*
4102. Chester Himes — *Le fantôme de Rufus Jones et autres nouvelles.*
4103. Pablo Neruda — *La solitude lumineuse.*
4104. Antoine de St-Exupéry — *Lettre à un otage.*
4105. Anton Tchekhov — *Une banale histoire.*
4106. Honoré de Balzac — *L'Auberge rouge.*
4107. George Sand — *Consuelo I.*
4108. George Sand — *Consuelo II.*
4109. André Malraux — *Lazare.*
4110. Cyrano de Bergerac — *L'autre monde.*
4111. Alessandro Baricco — *Sans sang.*
4112. Didier Daeninckx — *Raconteur d'histoires.*
4113. André Gide — *Le Ramier.*
4114. Richard Millet — *Le renard dans le nom.*
4115. Susan Minot — *Extase.*

4116. Nathalie Rheims — *Les fleurs du silence.*
4117. Manuel Rivas — *La langue des papillons.*
4118. Daniel Rondeau — *Istanbul.*
4119. Dominique Sigaud — *De chape et de plomb.*
4120. Philippe Sollers — *L'Étoile des amants.*
4121. Jacques Tournier — *À l'intérieur du chien.*
4122. Gabriel Sénac de Meilhan — *L'Émigré.*
4123. Honoré de Balzac — *Le Lys dans la vallée.*
4124. Lawrence Durrell — *Le Carnet noir.*
4125. Félicien Marceau — *La grande fille.*
4126. Chantal Pelletier — *La visite.*
4127. Boris Schreiber — *La douceur du sang.*
4128. Angelo Rinaldi — *Tout ce que je sais de Marie.*
4129. Pierre Assouline — *Etat limite.*
4130. Elisabeth Barillé — *Exaucez-nous.*
4131. Frédéric Beigbeder — *Windows on the World.*
4132. Philippe Delerm — *Un été pour mémoire.*
4133. Colette Fellous — *Avenue de France.*
4134. Christian Garcin — *Du bruit dans les arbres.*
4135. Fleur Jaeggy — *Les années bienheureuses du châtiment.*
4136. Chateaubriand — *Itinéraire de Paris à Jerusalem.*
4137. Pascal Quignard — *Sur le jadis. Dernier royaume, II.*
4138. Pascal Quignard — *Abîmes. Dernier Royaume, III.*
4139. Michel Schneider — *Morts imaginaires.*
4140. Zeruya Shalev — *Vie amoureuse.*
4141. Frederic Vitoux — *La vie de Céline.*
4142. Fédor Dostoievski — *Les Pauvres Gens.*
4143. Ray Bradbury — *Meurtres en douceur.*
4144. Carlos Castaneda — *Stopper-le-monde.*
4145. Confucius — *Entretiens.*
4146. Didier Daeninckx — *Ceinture rouge.*
4147. William Faulkner — *Le caïd.*
4148. Gandhi — *En guise d'autobiographie.*
4149. Guy de Maupassant — *Le verrou et autre contes grivois.*
4150. D.A.F. de Sade — *La philosophie dans le boudoir.*
4151. Italo Svevo — *L'assassinat de la via Belpoggio.*
4152. Laurence Cossé — *Le 31 du mois d'août.*
4153. Benoît Duteurtre — *Service clientèle.*
4154. Christine Jordis — *Bali, Java, en rêvant.*
4155. Milan Kundera — *L'ignorance.*

Composition IGS.
Impression Société Nouvelle Firmin-Didot
à Mesnil-sur-l'Estrée, le 7 avril 2005.
Dépôt légal : avril 2005.
Numéro d'imprimeur : 73346.

ISBN 2-07-030665-8/Imprimé en France.